Neugebauer/Simperl · Als Europa erwachte

Johannes-Wolfgang
Neugebauer ·
Kurt Simperl

Als Europa erwachte

Österreich in der Urzeit

VERLAG DAS BERGLAND-BUCH
SALZBURG

Gestaltung des Schutzumschlags: Herbert Schiefer

Bildnachweis:

H. Adler: 280 (1); – F. E. Barth: 201 (2); – Bundesdenkmalamt: 280 (1); – Burgenländisches Landesmuseum: 55 (1), 203 (1); – H. Fasching: 34 (1), 204 (1); – F. Felgenhauer: 54 (1), 147 (1); – R. Girtler: 202 (1); – R. Göbl: 277 (1); – Hofstetter-Dia, Steirisches Landesmuseum Joanneum: 221 (2); – Keltenmuseum Hallein, E. Penninger: 257 (1), 259 (2); – Meyer, PA. des Naturhistorischen Museums Wien: 53 (1), 54 (1), 90 (1), 109 (2), 148 (1), 167 (2), 168 (2), 222 (1), 260 (1); – Meyer, Sammlung des Instituts für Ur- und Frühgeschichte der Universität Wien: 92 (1), 148 (1), 204 (1); – F. Moosleitner: 223 (2); – F. Moosleitner, Museum Carolino Augusteum, Salzburg: 92 (1), 110 (3), 112 (1); – Museum Carolino Augusteum, Salzburg: 258, 278 (1); – J.-W. Neugebauer: 33 (3), 34 (2), 36 (2), 53 (1), 55 (2), 56 (1), 111 (2), 112 (1), 113 (2), 146 (1), 147 (1), 165 (1), 202 (1), 203 (2), 224 (1), 260 (1), 278 (1), 279 (1); – L. Neustifter: 56 (1), 89, 90 (1); – J. Offenberger: 91 (2), 92 (1); – Österreichisches Bundesheer, Fliegerbildkompanie Langenlebarn: 35 (1); – G. Piccotini: 277 (1), 279 (1); – J. Reitinger: 112 (1), 222 (1); – K. Simperl: 146 (1); – Spacetec, Datengewinnung Ges. m. b. H. & Co. KG.: 35 (1); – E. Vonbank: 279 (1); – K. Zeller: 224 (1), 257 (1).
Schutzumschlag: Meyer

ISBN 3-7023-0099-6

Printed in Austria

INHALT

Vorwort

Archäologie ist mehr als das Hobby einiger verstaubter Gelehrter, aber auch mehr als eine Modeerscheinung der letzten Zeit. Über rund 95 Prozent der Menschheitsgeschichte geben nämlich keine schriftlichen Quellen Auskunft – sie können nur mit Hilfe von Bodenfunden rekonstruiert werden. Auch in Österreich stellen sie für etwa 100.000 Jahre die einzige Quelle geschichtlicher Erkenntnis dar. Nur sie geben darüber Auskunft, wo und wie der Mensch in der Urzeit lebte. Sie liefern Anhaltspunkte über die damaligen politischen und wissenschaftlichen Gegebenheiten, über Kulturkontakte, über soziale Gliederungen, über Kunst und Religion. Wie wichtig die Erforschung der Vergangenheit ist, erkannte bereits der griechische Philosoph Aristoteles: »Nur wenn man den Ursprung der Dinge kennt, versteht man ihre wahre Natur.«

In vielen Ländern in West und Ost wird heute die archäologische Forschung intensiv betrieben. Sowohl von staatlicher als auch von privater Seite unternimmt man dort gewaltige Anstrengungen, um mit komplizierten und kostspieligen wissenschaftlichen Methoden das Dunkel der Urzeit zu erhellen. Es ist ein Wettlauf mit der Zeit: Verzweifelt versucht man, der immer umfangreicher werdenden Bautätigkeit und der Zerstörung der prähistorischen Hinterlassenschaften zuvorzukommen.

Während viele Forschungsergebnisse des Auslandes einer breiten Öffentlichkeit zugänglich gemacht wurden und werden, war das in Österreich bisher kaum der Fall. Dieses Buch ist die erste umfassende Zusammenschau, eine anhand des letzten Forschungsstandes erarbeitete Darstellung der österreichischen Urzeit. Um die umfangreichen Forschungsergebnisse allgemein verständlich zu machen, arbeiteten bei diesem Buch ein Fachwissenschaftler und ein Wissenschaftsjournalist zusammen. Dieses Anliegen unterstützen auch zahlreiche Bilder und Graphiken. Im Lexikonteil werden die wichtigsten Fachausdrücke erklärt. Wer sich mit Detailproblemen der Urgeschichtsforschung auseinandersetzen will, dem wird das umfangreiche Literaturverzeichnis weiterhelfen.

Abschließend sei all jenen herzlichst gedankt, die durch tatkräftige Mithilfe, durch wertvolle Informationen, die nicht selten unpubliziert sind, und durch die Bereitstellung von Unterlagen und Bildmaterial entscheidend zum Werden des Werkes beigetragen haben:

Bundesdenkmalamt Wien
Abteilung für Bodendenkmalpflege: Oberrat Dr. G. Mossler, Oberrat Dr. H. Ladenbauer, Dr. H. Adler, H. Offenberger, G. Melzer und V. Hiertz
Universität Wien

Institut für Ur- und Frühgeschichte: Univ.-Prof. Dr. H. Friesinger, Univ.-Prof. Dr. F. Felgenhauer, Univ.-Prof. Dr. C. Eibner, Dr. H. Kerchler, Dr. W. Heinrich und H. Kühler
Institut für Alte Geschichte und Altertumskunde: Univ.-Prof. Dr. G. Dobesch.
Institut für Numismatik und Vorislamische Geschichte Mittelasiens: Univ.-Prof. Dr. R. Göbl
Institut für Humanbiologie: Dr. E. M. Winkler.
Institut für analytische Chemie: Dr. E. Pernicka.
Naturhistorisches Museum Wien
Prähistorische Abteilung: Dir. Hofrat Dr. W. Angeli, Dr. F. E. Barth, Dr. E. Ruttkay, Dr. H. Melichar
Zoologische Abteilung: Dr. P. Wolff
Museum für angewandte Kunst, Wien: Oberrat Ak. Rest. L. Neustifter
Burgenländisches Landesmuseum: Dir. Hofrat Dr. A. Ohrenberger, Dr. K. Kaus
Niederösterreichisches Landesmuseum: Dr. H. J. Windl
Stadtmuseum St. Pölten: Univ.-Prof. Dr. K. Gutkas
Stadtmuseum Poysdorf: FL. J. Preyer, Ing. F. Parisch
Oberösterreichisches Landesmuseum: Dr. J. Reitinger
Salzburger Museum Carolino-Augusteum: Dr. F. Moosleitner
Keltenmuseum Hallein: Dr. h. c. Dipl.-Ing. E. Penninger, cand. phil. K. Zeller
Vorarlberger Landesmuseum: Dir. Univ.-Prof. Dr. E. Vonbank
Kärntner Landesmuseum: Dir. Univ.-Doz. Dr. G. Piccottini
Steiermärkisches Landesmuseum Joanneum: Dr. E. Hudecek
Die Textillustrationen fertigte Graphiker Leo Leitner an. Besonders verpflichtet sind die Autoren auch für die mannigfaltige Mithilfe ihrer Frauen: cand. phil. Christine Neugebauer-Maresch und Eva Simperl.

Detektive mit dem Spaten

Skelette in der Schottergrube

Am 19. April 1973 klopfte im niederösterreichischen Traismauer der Bauunternehmer Leopold Maurer an die Tür von Alois Gattringer, einem ehrenamtlichen Mitarbeiter des Bundesdenkmalamtes in Wien. Maurer berichtete, daß in seiner Schottergrube in Gemeinlebarn seit Tagen Skelette zum Vorschein kämen. Diese Gegend ist Urgeschichtsforschern keineswegs unbekannt. Hier am Kreuzungspunkt der Donau mit der Nord-Süd-Verbindung entlang von Kamp und Traisen entstand schon in der Urzeit wegen der günstigen Verkehrslage ein Siedlungszentrum.

Bereits gegen Ende des vorigen Jahrhunderts war man hier auf frühbronzezeitliche Gräber gestoßen: Am 21. April 1885 hatte man beim Bau eines Wasserdurchlasses unter einer Straße die erste Bestattung entdeckt. Als man im Juli desselben Jahres im südlichsten Teil des Ortes einen Graben für den Bahndamm der Franz-Josefs-Bahn aushob, kamen weitere zehn Gräber zum Vorschein. Sie zählen heute durch die zahlreichen Beigaben, vor allem Bronzegeräte, zu den reichsten des gesamten Gräberfeldes.

Systematische Geländearbeiten wurden allerdings erst 1889 durchgeführt. Sie beaufsichtigte Johann Szombathy, der Leiter jener Abteilung am Naturhistorischen Museum in Wien, die auch für die Urgeschichtsforschung zuständig war. Diese Grabungen wurden mit großen Unterbrechungen bis 1925 fortgesetzt. Die Untersuchungen ergaben eine Mindestausdehnung des Friedhofes von rund 30.000 Quadratmetern. Etwa die Hälfte dieser Fläche konnte aber nicht erforscht werden. Auf ihr befanden sich Straßen, Gebäude und Gärten. Bei einem Teil der übrigen Nekropole hielt man eine Untersuchung nicht für lohnend, weil »viele Gräber von alters her ausgeplündert worden sind«, wie Szombathy schrieb. So wurde letztlich nur ein Achtel des Friedhofes mit 270 Gräbern systematisch ausgegraben. Dennoch sind die damals erzielten Forschungsergebnisse nach wie vor von Bedeutung: Szombathy – mehr ein Praktiker als ein Theoretiker – stellte relativ genaue Fundbeobachtungen an. Zwischen den gut 3500 Jahre alten Skeletten aus der frühen Bronzezeit stieß er gelegentlich auch auf Urnengräber. Deren Beigaben wiesen darauf hin, daß sie aus der Spätbronzezeit bzw. der beginnenden Eisenzeit, also aus den Jahren 1200 bis 600 v. Chr., stammen mußten.

Da die Toten aus der frühen Bronzezeit 1 bis 2,5 Meter tief in den Schotter eingegraben und die Gruben mit Erdmaterial aufgefüllt worden waren, entdeckte Szombathy diese Gräber oft schon oberflächlich: Der tiefergehende Humus bewirkte, daß an diesen Stellen langwurzelige Gewächse wie Klee viel besser wuchsen. Anhand der Skelette konnte Szombathy feststellen, daß die Verstorbenen in der Regel in liegender Stellung mit angehockten Beinen ins

Grab gelegt worden waren. Wahrscheinlich wollte man bei dieser von der Forschung als „Hockergrab" bezeichneten Bestattungsart den Toten in einer der Schlafstellung nachgeahmten Lage beisetzen. Das Kopfende der Skelette befand sich bei einigen Gräbern im Norden, bei anderen wiederum im Süden. Das Gesicht zeigte immer nach Osten, die Toten lagen also entweder auf der linken oder auf der rechten Seite. Die Bedeutung dieser beiden Bestattungssitten erkannte Szombathy noch nicht. Heute weiß man, daß der Unterschied geschlechtsbedingt war: Frauen wurden mit dem Kopf nach Süden, Männer umgekehrt beigesetzt.

Reichere Gräber waren zumeist bereits in alter Zeit ausgeraubt worden. Zerstörte Skelette und das Fehlen von Schmuckstücken, Waffen und Werkzeugen beweisen dies. Das ehemalige Vorhandensein der Bronzegegenstände konnte Szombathy anhand der teilweisen Grünfärbung der Knochen feststellen. Denn die Bronzen bekommen im Lauf der Zeit durch Oxydation einen grünen Überzug, die sogenannte Patina, die auch die nahe liegenden Gebeine verfärbt. Die Grünfärbung bewies aber auch, daß die Grabräuber die Verstorbenen nicht unmittelbar nach dem Begräbnis ausplünderten, sondern erst geraume Zeit später. Von den Toten war zu diesem Zeitpunkt nur mehr das Skelett über, und die Bronzen waren bereits patiniert. Da damals Metalle als besonders wertvoll galten, hatten es die Grabräuber nur auf die Bronzegegenstände abgesehen. Tongefäße sowie Schmuckstücke aus Knochen und Muscheln blieben unangetastet.

Fast 90 Jahre nach den ersten Funden war man nun wieder auf Skelette gestoßen. Gattringer begab sich daher unverzüglich zur Maurerschen Schottergrube, die sich rund 500 Meter östlich des alten Gräberfeldes erstreckte. Mit einem Blick konnte er dort feststellen, daß es sich bei den Skeletten um urzeitliche Bestattungen handelte. Kurz entschlossen ersuchte er deshalb den Bauunternehmer, die Schottergewinnung für einige Zeit in einen anderen Teil der Grube zu verlegen, was dieser auch bereitwillig veranlaßte. Danach verständigte Gattringer die zuständige Abteilung für Bodendenkmalpflege des Bundesdenkmalamtes in Wien, die vom Gesetzgeber mit der Überwachung des Ausgrabungs- sowie des Fundwesens betraut ist.

Er hatte jedoch Pech: Durch die frühjahrsbedingte Bautätigkeit hatten sich die Fundmeldungen im Bundesdenkmalamt derart gehäuft, daß bereits alle Mitarbeiter im Einsatz standen. Die Leiterin der Abteilung, Gertrud Mossler, konnte allerdings in diesem Fall mit ruhigem Gewissen Gattringer selbst mit der Durchführung der Bergungsarbeiten betrauen, da er genügend Erfahrung im Bergen von Funden besaß.

Geheimnisvolle Grabräuber

Bereits am 20. April 1973 begann Gattringer den Streifen zwischen Abbauzone und Schottergrubengrenze systematisch zu untersuchen. Da die etwa 70 Zentimeter dicke Humusschicht bereits für die Schottergewinnung entfernt war, entdeckte er relativ rasch die mit dünklerem Erdmaterial gefüllten Grabschächte im umgebenden hellen Schotter. Mit einigen Helfern entfernte er die Abraumreste in der Umgebung der Gräber, die bis zu fünf Meter voneinander entfernt waren. Nun wurden sie vermessen und ihre Lage in einen vergrößerten Parzellenplan eingezeichnet.

Anschließend ging es ans Freilegen der Bestattungen. Vorerst arbeiteten sie sich vorsichtig mit Schaufeln, Krampen und Spaten tiefer, bis sie auf die Skelette und die Beigaben stießen. Oder besser gesagt: auf das, was Grabräuber davon noch übriggelassen hatten. Und das war nicht viel. Die Gräber waren oft so stark zerstört, daß man die ursprüngliche Lage der Toten nur mehr andeutungsweise erkennen konnte. Allem Anschein nach waren hier nicht nur die metallenen Wertgegenstände bei Nacht und Nebel entwendet, sondern absichtlich Verwüstungen angestellt worden. Unter anderem dürften halbverweste Leichen und Körperreste, die teilweise noch von Muskeln zusammengehalten worden waren, aus dem wiedergeöffneten Grab gezerrt, beraubt und in die offenen Schächte vorher geplünderter Gräber geworfen worden sein. Der Friedhof mußte also bereits kurz nach den letzten Begräbnissen, die hier stattgefunden hatten, von Grabräubern zerstört worden sein. Wer sie waren und woher sie kamen, kann heute nicht mehr gesagt werden.

Dennoch suchte Gattringer mit Kelle und Pinsel, mit deren Hilfe morsche Gebeine, zerbrechliche Gefäße und die oft leicht zu beschädigenden Bronzen freigelegt werden, weiter. Doch lediglich eine einzige der insgesamt dreizehn freigelegten Bestattungen war nicht völlig beraubt: Einem auffallend grazilen Mann, der im Alter von 50 bis 60 Jahren verstorben sein mußte, wurde scheinbar nur ein Wertgegenstand entwendet, der sich einst auf seiner Brust befunden haben dürfte. Den Rest der Grabbeigaben ließ man eigenartigerweise unangetastet, so daß noch eine Schmucknadel, ein verzierter Dolch, ein Prunkbeil und ein Tongefäß von der Erde befreit werden konnten, ohne daß dabei die Position der Gegenstände verändert wurde. Wie jedes andere auch noch so verwüstete Grab wurde es danach fotografiert und die Lage des Skelettes sowie der Beigaben in einer Planskizze festgehalten. Nun erhielt jedes Fundobjekt eine Nummer und wurde für den Transport in die Restaurierungswerkstätten verpackt.

Das Prunkbeil aus diesem Grab ist heute eines der interessantesten Schaustücke des Stadtmuseums St. Pölten, nicht zuletzt weil es eine für Österreich einmalige Form besitzt. Denn das Beil und der normalerweise aus einem Knieholz bestehende Schaftkopf sind hier in einem Stück gegossen. Die zierliche Ausführung des Beiles und die reichlichen Verzierungen lassen darauf schließen, daß es nicht als Waffe, sondern als Würdezeichen diente. Dieses Beil und die gründliche Beraubung der anderen im Bereich der Maurerschen Schottergrube aufgedeckten Gräber verdeutlichen, daß es sich bei den Toten um Angehörige einer reichen Bevölkerungsschicht gehandelt haben muß.

Der von Gattringer freigelegte Friedhof unterschied sich wesentlich von dem von Johann Szombathy untersuchten Hauptgräberfeld und von den in der näheren Umgebung des Ortes entdeckten Gräbergruppen. Dennoch deutete vorerst alles darauf hin, daß es sich hier nur um einen kleineren Friedhof handelte, der vielleicht für die Oberschicht reserviert war. Diese Meinung mußte allerdings schon ein Jahr später revidiert werden.

Im Laufe der Jahre 1974/75 stieß man beim Schotterabbau unmittelbar an der Grundstücksgrenze der Maurerschen Grube erneut auf vier bronzezeitliche Gräber. Der Friedhof schien sich also im Westen fortzusetzen und war wesentlich breiter als ursprünglich angenommen wurde. Offenbar hatte man bis jetzt nur den äußersten Teil eines zweiten ausgedehnten bronzezeitlichen Gräberfeldes untersucht. Die Entdeckung eines von den Räubern übersehenen Golddrahtringelchen verdeutlichte zudem, daß manche Grabbeigaben auch aus Edelmetallschmuck bestanden haben mußten. Da allerdings die Schottergrube in Richtung des Gräberfeldes nicht erweitert werden sollte, stellte man die Untersuchungen ein. Erst als 1977 der angrenzende Acker in Bauland umgewidmet wurde, entschloß sich das Bundesdenkmalamt, den gesamten Friedhof systematisch freizulegen.

Im Frühjahr 1978 wurde mit Hilfe einer Schubraupe die Humusschicht der an die Schottergrube angrenzenden Parzelle entfernt. 44 Grabgruben kamen zum Vorschein, ohne daß man auf Anzeichen für eine Begrenzung des Friedhofes stieß. Auch bei diesen Gräbern konnten Grabräuberei und umfangreiche Zerstörungen festgestellt werden. Die Räuber dürften nicht einmal vor makabren Fußballspielen zurückgeschreckt haben: Johannes-Wolfgang Neugebauer, der die Ausgrabung leitete, entdeckte in einem Grab einen Totenschädel, der wohl mit einem Fußtritt von einem Ende der Grube in die andere befördert worden war. Eine deutliche Spur ausgefallener Zähne markierte den Weg, den er in dieser Art zurückgelegt haben mußte.

Trotz dieser Verwüstungen entdeckte man den Grabräubern verborgen gebliebene Objekte wie Schmucknadeln, Lockenringe, verschiedene Zierstücke, Armreifen und Knöchelspiralen. In einem Grab hatten sie sogar den gesamten Gürtel mit dem daran befestigten Dolch übersehen: Das Wehrgehänge war dem Toten nämlich abgenommen und in Armhöhe neben ihn gelegt worden. So blieb der Gürtelhaken und die verzierte Dolchklinge aus Bronze erhalten.

Je mehr Bestattungen freigelegt wurden, um so mehr fiel auf, daß sich dieses Gräberfeld nicht nur durch die Art der Beraubung, sondern auch durch andersartige Bronzebeigaben von den übrigen Friedhöfen, vor allem von dem von Szombathy untersuchten, unterschied. Wurde letzterer schon während der Frühbronzezeit mit Gräbern belegt, begann man hier erst an der Wende zur mittleren Bronzezeit Tote zu beerdigen. Dadurch ergab sich in Gemeinlebarn die einmalige Gelegenheit, die modischen Entwicklungen der Grabbeigaben über einen Zeitraum von rund 300 Jahren zu verfolgen. Die für die Urgeschichtsforschung besondere Bedeutung dieser Gräberfelder liegt darin, daß die hier gewonnenen Erfahrungen und wissenschaftlichen Fakten künftig in ganz Österreich zur zeitlichen Einordnung von Fundgegenständen herangezogen werden können.

Eine junge Wissenschaft

Wenngleich auch die Ausgrabung von Gemeinlebarn wieder etwas Licht in das Dunkel dieser Zeit brachte, ist unser Wissen dennoch sehr gering. Schon morgen kann es durch wesentliche Erkenntnisse erweitert, vielleicht sogar als nur teilweise richtig erkannt werden. Denn was wir von der Urgeschichte wissen, ist lediglich ein Spiegelbild des augenblicklichen Forschungsstandes. Die Wurzeln der Urgeschichtsforschung reichen in die erste Hälfte des 19. Jahrhunderts zurück. Damals versuchte man erstmals mit wissenschaftlichen Methoden das Problem der zeitlichen Einordnung von Funden und Perioden zu lösen. Erst später nahm man historische Deutungen vor. Die Urgeschichtsforschung ist also eine relativ junge Wissenschaft.

Die grundsätzliche Gliederung der Urzeit erfolgt noch heute nach dem von dem dänischen Kaufmann und Sekretär der »Kommission zur Erhaltung von Altertümern«, Christian J. Thomsen, begründeten Dreiperiodensystem. Bei seiner Tätigkeit am Dänischen Nationalmuseum in Kopenhagen war ihm aufgefallen, daß bei den ans Museum eingesandten alten Steinwerkzeugen nie Metallgegenstände dabei waren und daß die Bronzefunde ein ganz anderes Gepräge besaßen als jene aus Eisen. In seinem 1836 erschienenen »Leitfaden der nordischen Altertumskunde« beschrieb er die Steinzeit als jene Periode, »als Waffen und Gerätschaften aus Stein, Holz, Knochen und dergleichen hergestellt wurden und in denen man Metalle sehr wenig oder gar nicht gekannt hat . . .«. Die Bronzezeit charakterisierte er als jene Epoche, »in welcher die Waffen und schneidenden Gerätschaften von Kupfer oder Bronze waren und als man entweder gar nicht oder nur sehr wenig mit Eisen und Silber bekannt gewesen ist . . .«. Und unter der Eisenzeit verstand er jene »heidnische Zeit, in welcher man das Eisen zu den Gegenständen gebrauchte, zu denen es vorzugsweise geeignet ist, so daß es für diese an die Stelle der Bronze getreten ist . . .«.

Thomsens Gliederung der Urgeschichte in eine Stein-, Bronze- und Eisenzeit war anfänglich heftig umstritten. Erst um die Mitte des vorigen Jahrhunderts konnte sie sich durchsetzen. Mittlerweile hatten auch zahlreiche andere Urgeschichtsforscher erkannt, daß überall diese Abfolge von Materialien bei der Herstellung von Waffen und Werkzeugen anzutreffen ist. Eduard Freiherr von Sacken, Direktor des Münz- und Antikenkabinetts in Wien, veröffentlichte 1865 unter dem Titel »Leitfaden zur Kunde des heidnischen Alterthums mit Beziehung auf die österreichischen Länder« die erste zusammenfassende Darstellung der Urzeit mit besonderer Berücksichtigung der Donaumonarchie. Darin wurden auch erstmals Anweisungen über »richtiges« Ausgraben und die nachherige Behandlung der geborgenen Funde gegeben.

Im Laufe des 19. Jahrhunderts entstanden zahlreiche Museen, die sich prähistorischer Funde annahmen. Nur vier Jahre nachdem das Dänische Nationalmuseum in Kopenhagen gegründet worden war, erhielt Österreich sein erstes Landesmuseum: 1811 gründete in Graz Erzherzog Johann das heutige steirische Landesmuseum, nach ihm Joanneum genannt. Etwas später wurden auch in Innsbruck, Linz und Salzburg Museen errichtet. Der Grund

			±O
EISENZEIT	LATÈNE-(KELTISCHE)KULTUR	JÜNGERE EISENZEIT	
			450/400 v.Chr.
	HALLSTATTKULTUR	ÄLTERE EISENZEIT	
			750/700 v.Chr.
BRONZEZEIT	URNENFELDERKULTUR	SPÄTE BRONZEZEIT	
			1300/1250 v.Chr.
	HÜGELGRÄBERKULTUR	MITTLERE BRONZEZEIT	
			1500 v.Chr.
	(HOCKERGRÄBERKULTUR) AUNJETITZKULTUR	FRÜHE BRONZEZEIT	
			1800 v.Chr.
JUNGSTEINZEIT	GLOCKENBECHERKULTUR BADENER KULTUR MONDSEE KULTUR	SPÄTE JUNGSTEINZEIT (KUPFERZEIT)	
			3000 v.Chr.
	BEMALTKERAMISCHE KULTUR	MITTLERE JUNGSTEINZEIT	
			4500 v.Chr.
	BANDKERAMISCHE KULTUR	FRÜHE JUNGSTEINZEIT	
			6000/5000 v.Chr.
ALTSTEINZEIT	MITTELSTEINZEIT (MESOLITHIKUM)		
			10000/8000 v.Chr.
	JÜNGERE STUFE DER ALTSTEINZEIT (HOMO SAPIENS FOSSILIS)		
			40 000 v.Chr.
	MITTLERE STUFE DER ALTSTEINZEIT (NEANDERTHALER)		
			100 000 v.Chr.
	ÄLTERE STUFE DER ALTSTEINZEIT		
			(1000 000 v.Chr.)

Chronologietabelle für den Österreichischen Raum

für diese rege Gründungstätigkeit ist im damaligen Nationalgefühl zu sehen, das durch die napoleonischen Kriege geweckt worden war. Man wollte die Bedeutung des heimatlichen Bodens auch durch die Dokumentation der ältesten Geschichtsabschnitte in den Museen gewürdigt wissen.

In Wien gingen die Museen aus den kaiserlichen Sammlungen hervor, so 1876 das Naturhistorische Museum, das 1889 auch die urgeschichtlichen Gegenstände übernahm. 1892 wurde an der Universität Wien für die Urgeschichtsforschung unter dem Titel »Prähistorische Archäologie« ein Lehrstuhl errichtet, dessen erster Inhaber Moritz Hoernes wurde. Damit war dies die erste Universität der Welt, an der eine solche Dozentur bestand. Sie war der Vorläufer des heutigen Instituts für Ur- und Frühgeschichte. Aber auch die »Anthropologische Gesellschaft« und die Österreichische Akademie der Wissenschaften haben bedeutenden Anteil an der österreichischen Urgeschichtsforschung.

Daß in Österreich stets großes Interesse für die Urgeschichtsforschung herrschte, ist nicht nur dem Schaffen einiger hervorragender Fachgelehrter zu verdanken, sondern auch seinem Reichtum an prähistorischen »Bodenschätzen«. Denn der österreichische Raum war bereits in der Urzeit von besonderer Bedeutung. Mit seiner Lage inmitten des Kontinents nahm er trotz der scheinbar trennenden Alpenbarriere eine entscheidende Mittlerstellung zwischen West und Ost sowie Nord und Süd ein. Entlang der großen Flüsse, besonders der Donau, und über zahlreiche Alpenpässe bildeten sich frühzeitig wichtige Verkehrswege. Auch jede der Großlandschaften, an denen Österreich Anteil hat, spielte ihre spezifische Rolle: Die Alpen waren das Jagdgebiet der frühen Höhlenbärenjäger und später das Zentrum des prähistorischen Bergbaues. Ihre reichen Lagerstätten von Kupfer, Eisen, Blei und Salz ließen sie zum Mittelpunkt des wirtschaftlichen und politischen Interesses werden. Das Alpen- und Karpatenvorland wiederum war der Lebensraum und das Durchzugsgebiet vieler Völker. Hier lebte einst das Mammut, eine begehrte Jagdbeute. Später wurden die fruchtbaren Lößgebiete dieser Landstriche zu Kornkammern der bäuerlich orientierten Kulturen.

Um die Verhältnisse in Österreich während der Urzeit begreifen zu können, müssen die Verbindungen zu den angrenzenden Großräumen ebenso berücksichtigt werden wie die Gegensätze zu diesen Gebieten. Im Osten ist es der Karpatenraum und die ungarische Tiefebene, im Norden Böhmen und Mähren, im Westen Süddeutschland und die Schweiz und im Süden der Südalpenraum mit Norditalien und Jugoslawien, die stets im engen Zusammenhang mit der Urgeschichte Österreichs gesehen werden müssen.

Von der Jagd zum Handel

Heute, fast 150 Jahre nachdem Christian Thomsen mit seinem Dreiperiodensystem Aufsehen erregte, ist seine Gliederung der Urzeit noch immer gebräuchlich: Die Steinzeit wird in eine Altsteinzeit, in das sogenannte Paläolithikum, und in eine Jungsteinzeit, in das sogenannte Neolithikum, unterteilt. Der Mensch der Altsteinzeit lebte in vergangenen geologischen Perioden wie dem Tertiär und dem Quartär. In diesem rund drei Millionen Jahre andauernden Zeitabschnitt machte der noch unstet lebende Mensch einen Entwicklungsprozeß vom primitiven Wildbeuter bis zum hochspezialisierten Jäger durch. Hauptsächlich sind es die aus Felsgesteinen und dann aus Feuersteinknollen zugeschlagenen Geräte, die, zuerst nur grob zugerichtet, dann immer mehr verfeinert, Auskunft über den Entwicklungsstand der Kultur geben.

Mit dem schrittweisen Rückgang des Eises der letzten Eiszeit und dem Ende der geologischen Vergangenheit kam es in der Jungsteinzeit nach einer Übergangsphase, der Mittelsteinzeit oder dem Mesolithikum, das von 10.000/8000 bis 6000/5000 v. Chr. dauerte, zu einer seßhaft-bäuerlichen Lebensform. Als Jungsteinzeit wird in Mitteleuropa die Zeit von 6000/5000 bis 1800 v. Chr. bezeichnet. In dieser Epoche ging der Mensch von der aneignenden Wirtschaftsform des Jägers zur produzierenden des Bauers über. Diese Entwicklung erfolgte äußerst langsam, denn mit dem Pflanzenanbau und der Haltung von Haustieren wurde erst allmählich begonnen. Die Jungsteinzeit kennzeichnen geschliffene Steingeräte aus Serpentinen, die Keramikherstellung und der Hausbau.

Die Steinzeit wurde von den Metallzeiten abgelöst. Wie schon ihr Name sagt, trat nun ein neuer Werkstoff in den Mittelpunkt: das Metall. In einer Frühphase dominierte reines Kupfer, und man spricht in diesem Zusammenhang oft auch von der Kupferzeit. Dann wurde Kupfer mit Zinn zu Bronze legiert. Die Bronzezeit dauerte in unserem Raum von 1800 bis 750/700 v. Chr. Von 750/700 v. Chr. bis Christi Geburt prägte das Eisen die Urzeit.

Die geänderten Lebensformen in der Bronzezeit wurden nicht wie etwa beim Übergang von der Alt- zur Jungsteinzeit durch natürliche Umweltveränderungen bewirkt, sondern basierten in erster Linie auf der Entdeckung der Kupfer- und Zinngewinnung sowie dem Wissen um die Verarbeitung dieser Metalle. Hand in Hand mit dieser technologischen Umwälzung ging eine tiefgreifende Umgestaltung der wirtschaftlichen und gesellschaftlichen Bereiche.

Betriebe zur Gewinnung und Aufbereitung sowie Institutionen, deren Aufgabe der Handel mit Rohstoffen war, wurden gegründet. Eine Entwicklung von handwerklichen und gewerblichen Berufsgruppen war die Folge. Produktion, Verarbeitung und Handel führten zur Kapitalbildung, die verstärkte Sicherheits- und Schutzbedürfnisse und letztlich auch eine mächtige Oberschicht mit sich brachten.

Die frühe und die mittlere Bronzezeit bildeten trotz gewisser Unterschiede – so ist in der Frühbronzezeit die Hockerbestattung in einfachen Erdgräbern und in der Mittelbronzezeit ein Nebeneinander von Körper- und Brandbestattungen in Hügelgräbern üblich – eine Einheit. Die späte Bronzezeit, die ausschließlich von Brandbestattungen in großen Friedhöfen gekennzeichnet ist und daher den Namen »Urnenfelderkultur« erhielt, unterscheidet sich von der übrigen Bronzezeit bereits stärker. Zum ersten Mal wurden damals vereinzelt Eisengegenstände verwendet. Denn diese Periode steht bereits an der Wende zur Eisenzeit, der letzten großen urzeitlichen Epoche.

Nicht nur ein neuer Werkstoff kennzeichnet die Eisenzeit, sondern auch neuerliche Veränderungen auf wirtschaftlichem, geistigem und gesellschaftlichem Gebiet. Durch die Gewinnung des Eisens und anderer wichtiger Rohstoffe wie Blei und Salz wurden die alten eingefahrenen Strukturen durchbrochen, und es bildeten sich neue Ordnungen und Herrschaftsgefüge.

Auch der Handel erfuhr eine neue Blüte: Verbesserte Transportmittel ermöglichten immer weiter reichende Handelsbeziehungen.

Im mitteleuropäischen Raum wird die ältere Stufe der Eisenzeit nach dem oberösterreichischen Salzbergbauort Hallstatt und nach dem dazugehörigen reichen Gräberfeld als Hallstattkultur bezeichnet. Die jüngere Eisenzeit heißt nach einem Schweizer Fundort am Neuenburger See Latènekultur. Heute wird allgemein angenommen, daß die Träger dieser Kultur jene Stämme waren, die von den antiken Quellen Kelten genannt wurden. Zahlreiche Urgeschichtsforscher glauben darüber hinaus, daß die Kelten bereits die Träger der Westhallstattkultur waren, während sie den Osthallstattkreis als illyrisch ansehen.

Nicht nur die Bezeichnungen Hallstatt- und Latènekultur sind Schöpfungen der Wissenschaft, sondern auch alle anderen Namen von urgeschichtlichen Kulturen. Da schriftliche Quellen fehlen, wissen wir erst ab der Eisenzeit, wie sich die Völker der Urzeit nannten. Wobei sich natürlich die Frage erhebt, ob sich die einzelnen Stämme, Sippen und Klans überhaupt bewußt waren, daß sie der Teil eines Volkes waren. Möglicherweise gab es zwar Namen für die zusammenlebenden Bevölkerungsgruppen, aber keinen Oberbegriff für die überregionale Kulturerscheinung. Die von der Forschung geprägten Namen für urgeschichtliche Kulturen gehen nicht nur auf Fundorte zurück, sondern auch auf Besonderheiten ihrer materiellen Hinterlassenschaften und auf die geographische Region, in der die Kultur wahrscheinlich verbreitet war.

Seit dem Anfang des 19. Jahrhunderts beschäftigte sich die Urgeschichtsforschung auch mit dem Problem der ethnischen Deutung. Darunter versteht man die Frage, ob einem Volk eine bestimmte, archäologisch faßbare Kultur zugeordnet werden kann. Der 1858 geborene deutsche Bibliothekar und Urgeschichtsforscher Gustav Kossina ist wohl der bekannteste Vertreter jener Wissenschaftler, die dieses Problem zu lösen versuchten. 1911 umriß er seine Theorie mit den Worten: »Scharf umgrenzte archäologische Kulturprovinzen decken sich zu allen Zeiten mit ganz bestimmten Völkern oder Völkerstämmen.« Den Beweis für diese Hypothese blieb er allerdings schuldig. Seine These über ein einheitliches germanisches Urvolk wurde dann in der Zwischenkriegszeit vor allem für den Nationalsozialismus zum Politikum. Damit war aber für viele Jahre eine sinnvolle Diskussion dieses Problemkreises unmöglich geworden.

Allerdings hat man auch heute noch keine Patentlösung gefunden, wie man die Verbindung zwischen Völkern und Kulturen herstellen könnte. Nur etwas steht fest: Je mehr man über eine Kultur weiß, je mehr kulturelle Erscheinungen wie Siedlungs- und Bestattungswesen, Wirtschaft, Sozialstruktur, Kunst und Brauchtum man aus den Funden rekonstruieren kann, desto eher wird man sagen können, ob die Kulturgemeinsamkeiten auf regen Handelsbeziehungen basieren, ob es sich hier um ethnische Verbände oder um ein Volk gehandelt hat.

Wenn Funde sprechen sollen

Wenngleich die Urzeit noch lange nicht alle Geheimnisse preisgegeben hat, weiß man heute doch einiges über die »dunklen Jahrtausende« der Menschheitsgeschichte. Die Erreichung des heutigen Forschungsstandes war schwieriger, als man bei einer oberflächlichen Betrachtung vermuten würde. Denn im Gegensatz zur übrigen Geschichtsforschung stehen bei urgeschichtlichen Untersuchungen keine schriftlichen Quellen, also keine les- und deutbaren Nachrichten, zur Verfügung. Ein wenigstens rahmenhaftes Geschichtsbild der menschlichen Urzeit kann daher meist nur mit Hilfe der Interpretation von Bodenfunden gezeichnet werden. Die bei Ausgrabungen entdeckten materiellen Hinterlassenschaften der Menschen werden als Indiz verwendet, um den Geschichtsablauf eines ungeheuren Zeitraums zu rekonstruieren. Vom ersten Auftreten des Menschen bis zur Anfertigung der ersten ausreichenden les- und deutbaren schriftlichen Nachrichten vergingen immerhin rund drei Millionen Jahre.

Da manche Geschichtsforscher der Meinung sind, daß die Geschichte erst mit dem Beginn schriftlicher Überlieferungen einsetzt, wird im Zusammenhang mit der Urgeschichte oft auch von der Vorgeschichte gesprochen. Geht man jedoch davon aus, daß die Menschheitsgeschichte in dem Moment beginnt, in dem ein denkendes Wesen erstmals Geräte herstellt, um sich mit ihrer Hilfe Arbeitsvorgänge zu erleichtern, erscheint die Bezeichnung Urgeschichte nicht nur angemessener, sondern auch richtiger.

Beschränkte sich die Urgeschichtsforschung früher auf mehr oder weniger systematische Ausgrabungen, die in erster Linie dem Auffinden wertvoller Fundobjekte diente, so muß heute eine Grabung so geplant und durchgeführt werden, daß möglichst viele Daten und Befunde erfaßt werden können, die mit anderen Grabungsergebnissen vergleichbar sind. Wurde bei Grabungen im vorigen Jahrhundert zum Beispiel die nach damaligen Begriffen künstlerisch wertlose Gebrauchskeramik gar nicht oder nur ungenügend geborgen, wird heute pedantisch darauf geachtet, daß selbst die kleinsten, oft unbedeutend scheinenden Fundgegenstände untersucht sowie die Lage des Objekts und die Bodenschichten genau dokumentiert werden.

Trotz der immer zahlreicheren naturwissenschaftlichen Hilfsmittel ist die Urgeschichtsforschung nach wie vor eine Spatenwissenschaft, also eine archäologische Disziplin. »Archäologie« ist allerdings heute ein Sammelbegriff für alle jene Wissenschaften, die mit dem Spaten nach Hinterlassenschaften vergangener Kulturen suchen. Deshalb muß zum Beispiel zwischen der prähistorischen Archäologie und der klassischen unterschieden werden. Beide bedienen sich jedoch großteils derselben Methoden. Und beide Disziplinen gelangen auf zwei Arten zu Funden und Forschungsergebnissen: durch Zufall oder durch eine systematische Grabung an einem mit Hilfe spezieller Methoden ausgesuchten geschichtsträchtigen Platz.

Bei den Zufallsfunden, die heute zum archäologischen Alltag gehören, handelt es sich nur in den seltensten Fällen um geheimnisvolle Schätze, die ein Bauer auf seinem Feld findet, oder um in einer Höhle verborgene Hinterlassenschaften unserer prähistorischen Vorfahren, die ein einsamer Wanderer entdeckt. Die meisten Zufallsfunde werden von Baggern oder von hochtechnisierten landwirtschaftlichen Geräten brutal aus dem Erdboden gerissen. Und nicht selten gelangen sie in die Privatsammlung eines zahlungskräftigen Liebhabers. Bei Bautätigkeiten ist man oft froh, wenn solche Funde unauffällig verschwinden, da man Unterbrechungen fürchtet. Für manche Bauern ist der Verkauf von Fundgegenständen wiederum ein lohnender Nebenerwerb. In all diesen Fällen wird die Mißachtung der gesetzlichen Meldepflicht als Kavaliersdelikt betrachtet. Dennoch bleibt für den prähistorischen Archäologen noch immer genug zu tun: Die modernen Maschinen, die in der Landwirtschaft, beim Abbau von Bodenschätzen, beim Städtebau und bei der Errichtung von Verkehrswegen zum Einsatz gelangen, haben die Zahl der Entdeckungen vervielfacht. Bei den in solchen Fällen in Windeseile organisierten Rettungsgrabungen ist eine planmäßige Forschung meist unmöglich. Selbst ein Befund der Notbergungsstelle ist oft sehr schwierig anzufertigen. Nicht nur aus diesem Grund sehen Urgeschichtsforscher moderne Erdbewegungsmaschinen nicht gern. Sie stellen eine nicht zu unterschätzende Gefahr für die Zeugen der Vergangenheit dar. Bei den heutigen umfangreichen Bauprojekten werden die Fundamente und die Schächte für die Versorgungsleitungen oft bis zum gewachsenen Boden eingetieft, also bis auf die von menschlichen Eingriffen bisher verschont gebliebenen Schichten. Früher erreichte man nicht einmal den Schutt des Mittelalters. Und wenn man bei den noch im »Handbetrieb« gebauten Straßen wenigstens einen Teil der prähistorischen Fundstellen ermitteln und untersuchen konnte, gelingt dies heute nur noch äußerst selten.

Trotz der notwendigen Bergung vieler Zufallsfunde werden in Österreich auch einige umfangreiche systematische Grabungen durchgeführt. Für ein solches Vorhaben muß der Grabungsplatz sorgfältig lokalisiert und ausgewählt werden. »Prospektion« nennt man diese »Vorbereitungsarbeiten« in der archäologischen Fachsprache. Für diese Prospektion stehen heute zahlreiche – oft neuentwickelte – Verfahren zur Verfügung. Doch werden auch noch jene Prospektionstechniken angewendet, mit denen man schon im vorigen Jahrhundert Erfolg hatte: Man analysiert mündlich bewahrte, lokale Überlieferungen. Aber nicht nur Sagen und Heiligenlegenden enthalten häufig wichtige Hinweise auf Art und Lage noch unbekannter, oberirdisch nicht mehr sichtbarer Hinterlassenschaften, sondern auch Orts- und Flurnamen.

In Gemeinden zum Beispiel, wo im Orts- oder in einem Flurnamen das Wort »lewer« oder eine Abwandlung davon vorkommt, befindet sich zumeist ein urgeschichtlicher Grabhügel. Lewer ist nämlich die Weiterbildung des althochdeutschen »hlêo«, das Grabhügel bedeutet. So wird der im niederösterreichischen Großmugl befindliche Riesengrabhügel, der diesem Ort seinen Namen gab, im Volksmund Leeberg genannt. Aber auch in den niederösterreichischen Orten Gemeinlebarn und Langenlebarn sowie in Fluren mit den Namen Leeäcker, Leberfeld oder Leeberg entdeckte man prähistorische Grabhügel.

Urkunden und andere schriftliche Hinterlassenschaften können ebenfalls wertvolle Anhaltspunkte liefern. Vor allem Landschaftsbeschreibungen und längst vergessene topographische Namen stellen eine wahre Fundgrube für den Urgeschichtsforscher dar. Daneben kann man mit Hilfe der sogenannten Begehung Informationen durch auffällige Ansammlungen von Steinen, Scherben, Feuersteinen, Knochen, Münzen oder Holzkohle erhalten. Auch Bodenstellen mit ungewöhnlicher Färbung oder Feuchtigkeit, besonders günstige Wachstumsbedingungen für bestimmte Pflanzen sowie ungewöhnliche Ablagerungen und Schichten in Gruben, Gräben und Abwässerkanälen können auf Fundstellen hinweisen. Apropos Pflanzen: Es zählt zu den Binsenweisheiten der Archäologie, daß sich in der Vegetation über verdeckten prähistorischen Hinterlassenschaften deutliche Wachstumsunterschiede ergeben können. Ansammlungen humushältiger Erde in ehemaligen Gräben und Gruben fördern das Wachstum, unterirdische Gebäudereste erschweren es. Wichtig bei der Beurteilung eines Geländes ist natürlich auch das Wasser, auf dessen Nähe alle menschlichen Siedlungen angewiesen sind.

Moderne Methoden

Nicht immer sind die traditionellen Prospektionsverfahren von Erfolg gekrönt, denn sie setzen meist relativ auffällige Hinterlassenschaften des Menschen der Urzeit voraus. Abhilfe schaffen hier die modernen Methoden, die es ebenfalls erlauben, archäologische Fundstätten zu entdecken: die Luftbildarchäologie und die geophysikalischen Methoden.

Die Luftbildarchäologie ist fast schon eine klassische moderne Methode: Bereits zwischen 1906 und 1908 hielt der Italiener Capitano Tardivo von einem Ballon aus ein 50 Kilometer langes Gebiet in Reihenaufnahmen fest, um es archäologisch zu untersuchen. 1911 machte sein Landsmann Paglieri die ersten Luftbilder von Ostia antica, dem alten Hafen von Rom. Etwa zur selben Zeit wurden die auf dem Forum Romanum geleiteten Ausgrabungen als erste in der Geschichte der Archäologie durch Luftbilder unterstützt. Die dabei gemachten Aufnahmen gaben zwar einen ungewohnten Überblick über die Monumente, die Möglichkeiten dieser neuen Methode wurden jedoch noch nicht genützt.

Während des Ersten Weltkrieges wurde die Entwicklung im Flugzeugbau und in der Luftbildtechnik beschleunigt. Nicht zuletzt, weil in den Luftaufklärungseinheiten viele archäologisch ausgebildete und interessierte Offiziere dienten. Die Geburtsstunde der eigentlichen Luftbildarchäologie schlug dann 1922, als dem englischen Archäologen O. G. S. Crawford, der sich immer schon für Luftaufnahmen interessierte und als Beobachter im Royal Flying Corps an der Westfront entscheidende Erfahrungen gesammelt hatte, einige Bilder mit merkwürdigen Markierungen vorgelegt wurden. Es handelte sich um Aufnahmen vom Flugplatz Old Sarun bei Salisbury aus etwa 3000 Meter Höhe. Sie zeigten weiße rechteckige Muster und dunkle Linien, die offenbar verschüttete Gräben darstellten. Auf ihnen gedieh der Weizen besser und war daher kräftiger gefärbt. Crawford war mit einemmal klar geworden, daß die historischen Hinterlassenschaften nicht für alle Zeiten unsichtbar unter Äckern begraben sind, sondern daß jeder menschliche Eingriff in den Boden kaum zerstörbare Zeugen hinterläßt.

Wenn auch die Luftbildarchäologie seit damals noch zahlreiche technische Verbesserungen erfuhr, so basiert die Methode der Auswertung von Luftbildern nach wie vor auf den Erkenntnissen Crawfords. Drei Arten von Oberflächenmerkmalen werden zur Beobachtung herangezogen: Schatten-, Boden- und Bewuchsmerkmale.

Nicht völlig eingeebnete, aber für den auf der Erde befindlichen Beobachter nur schwer auszumachende Reste von Bauten und Erdwerken wie etwa Wälle, Gräben, Terrassen, Hügelgräber und Häuserreste werfen bei bestimmter Beleuchtung lange Schlagschatten. Vor allem im starken Schräglicht der niedrig stehenden Sonne am frühen Morgen oder am späten Nachmittag gibt es optimal auswertbare Schattenreliefs. Um sie allerdings auf Bildern festzuhalten, bedarf es langwieriger Beobachtungen und mehrmaliger Anflüge in den frühen Morgen- oder Abendstunden.

Manche Hinterlassenschaften unserer Vorfahren sind allerdings durch keine Unebenheiten mehr zu erkennen. Sofern sie aber knapp unter der Erdoberfläche liegen, zeichnen sie sich im Luftbild durch sichtbare Verfärbungen des Bodens oder Veränderungen in der Beschaffenheit der Oberflächenerde ab. Solche Merkmale entstehen, wenn sich zum Beispiel Gruben und Gräben oder andere Vertiefungen im Boden mit Erdmaterial füllen, das sich vom umliegenden Terrain unterscheidet. Ganz allgemein bilden sich Bodenmerkmale bei jedem Eingriff in den Boden, bei dem Erdschichten an die Oberfläche gelangen, die sich von denen der Umgebung unterscheiden. Vom Flugzeug aus können diese Merkmale zu bestimmten Tages- oder Jahreszeiten, bei starker Feuchtigkeit oder bei besonders trockenem Wetter, jeweils nach den – nicht zuletzt geologischen – Gegebenheiten des Gebietes erkannt werden. Schatten- und Bodenmerkmale gehen in vielen Fällen Hand in Hand, denn noch nicht völlig eingeebnete Erdwerke unterscheiden sich meist auch als Verfärbung von der Umgebung.

Die wichtigsten und häufigsten durch das Luftbild erfaßbaren Kennzeichen sind die Bewuchsmerkmale. Denn sie sind durch Feldbestellung und Erdbewegungen nur schwer zu zerstören und bilden sich unter entsprechenden Vegetationsbedingungen immer wieder: Höhenwachstum und die Bewuchsdichte gleicher Pflanzen sind jeweils von Tiefe und Qualität des Humus und von der Bodenfeuchtigkeit abhängig. Jede Störung des Bodens durch Gräber, Bauten oder Straßen beeinflußt die Wachstumsbedingungen. Im meist humosen, gelockerten Füllmaterial verschütteter Gräben zum Beispiel finden Pflanzen mehr Feuchtigkeit. Sie werden daher – wie bereits erwähnt – dort dichter und höher wachsen und eventuell auch farbkräftiger werden. Über Fundamentresten wiederum wird der Pflanzenwuchs lichter und kleiner sein als die umgebende Vegetation und in trockenen Sommern auch leicht welken und sich gelb färben. Diese Bewuchsmerkmale lassen sich aus der Luft sehr

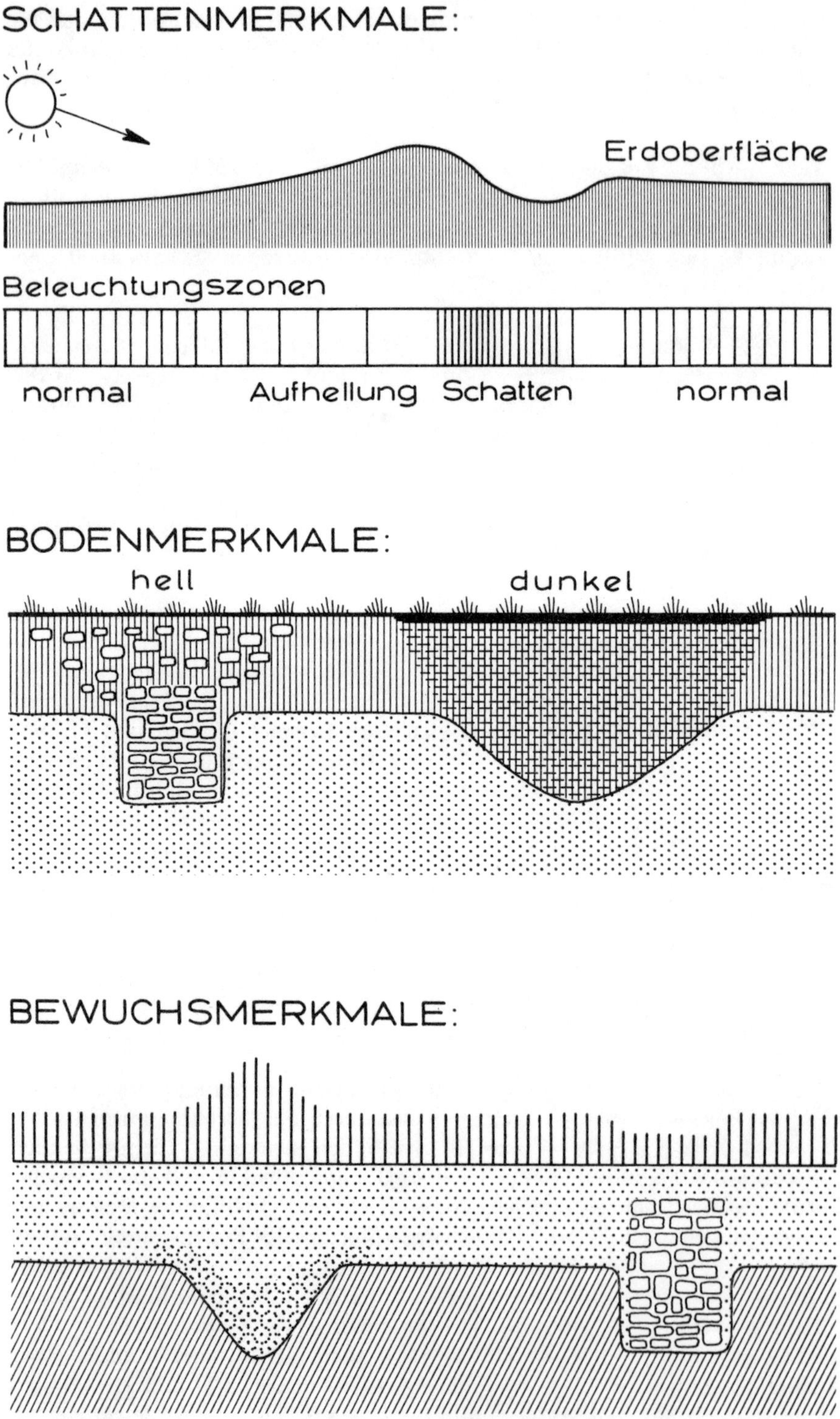

Für die Luftbildarchäologie auswertbare Merkmale (nach F. G. Maier)

gut erkennen, selbst wenn die prähistorischen Hinterlassenschaften keinerlei Oberflächenspuren mehr aufweisen.

Im August des Jahres 1976 wurde in Österreich ein interessantes luftbildarchäologisches Experiment gemacht: Man nahm die Getreidefelder des Kärntner Zollfeldes, unter denen sich die Ruinen der römischen Stadt Virinum verbergen, mit Hilfe eines »Scanners« aus der Luft auf. Rund 300 Jahre vorher waren dort dem Kärntner Johann Dominik Prunner, dem ersten Ausgräber von Virinum, im Bewuchs »underschidliche Crentz-Linien, wie die Wohnungen formiret« aufgefallen. Der Scanner dokumentierte diese Bewuchsmerkmale besser als jedes Luftbild: Im Gegensatz zu fotografischen Verfahren tastet er die zu untersuchende Erdoberfläche zeilenweise – quer zur Flugrichtung – ab. Der »Vorschub« ist durch die Fortbewegung des Flugzeuges gegeben. Gleichzeitig hält er die Oberfläche nicht nur im Bereich des sichtbaren Lichts, sondern auch im Infrarotbereich fest. Darüber hinaus bestimmt er über die »Eigenstrahlung« der aufgenommenen Objekte die Temperatur. Die Infrarot-Aufzeichnung macht auch die geringsten, auf normalen Aufnahmen nicht wahrnehmbaren Vegetationsunterschiede als deutlich kontrastierende Rottöne sichtbar. Die Temperaturmessung bietet dabei eine wertvolle Hilfe, da sich gewisse Merkmale nur »thermisch äußern«. Zum Beispiel ist eine starke Vegetation wesentlich »kühler« als andere, weniger bewachsene Oberflächen. Der Versuch ergab, daß der Scanner insgesamt mehr und genauere Merkmale aufzeigt, die noch dazu elektronisch ausgewertet und auch in Fotos verdeutlicht werden können.

Weitere moderne und relativ junge Prospektionsverfahren sind die sogenannten geophysikalischen Methoden. Geophysikalische Meßtechniken werden in der Geologie, bei der Suche nach Öl und Mineralien und bei großen Bauvorhaben schon seit geraumer Zeit verwendet. 1946 wurde eine solche zum erstenmal systematisch von dem englischen Urgeschichtsforscher R. C. Atkinson bei jungsteinzeitlichen Fundplätzen in der Nähe von Dorchester angewandt. Er maß den elektrischen Bodenwiderstand, um oberflächlich nicht sichtbare Fundstellen erkennen zu können. Heute gibt es mehrere geophysikalische Verfahren, bei denen bestimmte physikalische Größen über der Erdoberfläche gemessen werden, wobei man aus Veränderungen dieser Meßwerte Informationen über verdeckte prähistorische Hinterlassenschaften ableitet. Denn jeder menschliche Eingriff in die natürlichen Oberflächenverhältnisse bedeutet eine Veränderung der physikalischen und chemischen Eigenschaften der oberen Bodenschichten. Dabei ändert sich die elektrische Bodenleitfähigkeit und das Magnetfeld der Erdoberfläche. Zum Beispiel nimmt der elektrische Widerstand über Gräben ab und steigt über Mauern an. Umgekehrt ist das magnetische Erdfeld über Gräben stärker und über Mauern schwächer. Auch Fundgegenstände aus Metall und Anhäufungen von gebranntem Ton, wie sie bei Feuerstellen oder Brennöfen vorkommen, beeinflussen das Magnetfeld. Da die geophysikalischen Verfahren von zahlreichen Störfaktoren beeinflußt werden, bedurfte es erst zahlreicher Verbesserungen, um sie in der Praxis verwenden zu können. Infolge der umfangreichen Berechnungen, die für die Analyse der Daten und ihre Eintragung in eine Karte notwendig sind, bemühte man schon bald Computer. Sie bearbeiten die Datenmasse und stellen sie gleich graphisch dar.

Einen Ersatz für eine planmäßige Flächengrabung bieten die Prospektionsverfahren allerdings nicht. Aber sie können meist dazu beitragen, die in der Regel knappen Mittel, die bei einer Ausgrabung zur Verfügung stehen, optimal einzusetzen.

Akademische Maulwürfe

Wenn eine Fundstelle mit Hilfe der Prospektion geortet ist, beginnt der Urgeschichtsforscher mit der eigentlichen Arbeit: Er gräbt. Wenn er nicht mit Hilfe von Bodenproben den Grabungsplatz festlegen konnte, tut er dies mit sogenannten Suchschnitten oder durch großflächige Humusabhebungen. Beide Verfahren lassen sich auch mit maschineller Hilfe durchführen, allerdings nur von geübten Fachkräften und unter ständiger Kontrolle eines Wissenschaftlers. Diese »Feinaufklärung« erleichtert die Planung einer Grabung oft wesentlich. Denn wenn man weiß, mit welchen Fundkomplexen man zu rechnen hat, kann man die entsprechende Untersuchungsmethode bestimmen. Die Erforschung eines Gräberfeldes wird anders verlaufen als die eines Grabhügels, einer Höhle oder einer Siedlung.

Gleichzeitig muß aber auch eine genaue Dokumentation der Fundumstände erfolgen. Vor allem muß jene Erdschicht festgehalten werden, die den Fund enthielt. Die exakte Beobachtung der sogenannten Kulturschichten, also jener Erdschichten, deren Ablagerung auf menschliches Wirken zurückgeht, und ihrer Abfolge sind die Grundlage jeder archäologischen Forschung. Die Fachsprache bezeichnet die Methode der Schichtbeobachtung als Stratigraphie.

Schon der dritte Präsident der Vereinigten Staaten, Thomas Jefferson, erkannte die Bedeutung der Kulturschichten und verwendete sie 1794 zur archäologischen Interpretation. Für nahezu 100 Jahre geriet diese Methode jedoch wieder in Vergessenheit. Erst der exzentrische englische Offizier und begeisterte Archäologe Henry Augustus Lane Fox, Baron Pitt-Rivers erkannte erneut die Bedeutung der Schichtabfolge. Bei Ausgrabungen auf seinen ausgedehnten Ländereien verlangte er, daß jedes einzelne Fundobjekt in seiner genauen Fundlage in einem Plan festzuhalten sei. Dazu bestand er auf der vollständigen Ausgrabung der Fundplätze bis auf den gewachsenen, also von Menschenhand noch nicht gestörten Boden – zu einer Zeit, als man bei Hügelgräbern einfach mit Hilfe eines Schachtes im Zentrum die Hauptbestattung suchte.

Die im Boden befindlichen Kulturschichten geben Zeugnisse von aufeinanderfolgenden Phasen des menschlichen Lebens und Wirkens und dienen in der Urgeschichtsforschung als Ersatz für schriftliche Hinterlassenschaften. Nicht umsonst spricht der Archäologe davon, daß sie sich »lesen« lassen, und zwar von unten nach oben. Denn auf allen Fundplätzen lagerten sich während der Lebensdauer einer Siedlung Kulturschichten ab, deren Abfolge die »Stratigraphie« eines Fundplatzes bildet. Naturgemäß liegen die ältesten

Schichten unten und die jüngsten oben. Die Kulturschichten sind das Ergebnis menschlicher Lebensvorgänge wie Bauen und Wohnen, Leben und Arbeiten, aber auch von Naturkräften und Katastrophen.

Beim Anlegen von Lagerstellen, bei Haus- und Straßenbauten wird der natürliche Boden meist abgegraben und eingeebnet. Jetzt beginnt die Bautätigkeit. Doch Häuser werden auch irgendwann einmal umgebaut, können abbrennen und einstürzen oder verfallen. Darüber oder daneben werden neue Gebäude errichtet. Bei allen Arbeiten werden Erdmassen abgetragen, angehäuft und umgelagert.

Egal ob Löcher gegraben wurden, die die Pfosten eines Hauses aufnehmen sollten, oder ob man Vorratsgruben aushob – alle durch den prähistorischen Menschen einmal angelegten Vertiefungen füllen sich später bei Regenfällen mit humushältiger Erde. Mitunter werden sie – sobald die Vertiefungen nicht mehr ihren ursprünglichen Zweck erfüllen – absichtlich mit Abfällen gefüllt. Das dünklere Füllmaterial markiert noch nach Jahrtausenden die Stellen urzeitlicher Bautätigkeit. So kommen zum Beispiel heute die Standspuren der in den Boden eingegrabenen Pfosten eines Hauses häufig als dunkle, kreisförmige Verfärbungen zutage.

Auch die bereits zitierten Abfälle sind ein wesentlicher Bestandteil der Kulturschichten. Sie stammen vom Wohnen, Kochen und Werken, wo Werkzeuge, Gefäße und andere Gebrauchsgegenstände zu Bruch gehen und weggeworfen werden. Oder es werden Dinge einfach verloren. All diese Abfälle sammeln sich entweder in Gruben oder in Form von Haufen, die irgendwann einplaniert und mit Erde zugeschüttet werden.

Nicht nur die Schichten selbst, sondern auch ihre Beziehung zu den menschlichen Hinterlassenschaften müssen bei Ausgrabungen beobachtet und dokumentiert werden. Daher wird der Spaten nicht einfach angesetzt und nach Funden gewühlt, sondern das Grabungsgelände so durchforscht, daß Schichten und Schichtenabfolge auf dem ganzen Gelände beobachtet werden können. Grundsätzlich stellt die Flächengrabung – soferne die räumliche Ausdehnung der zu untersuchenden Objekte nicht sichtbar gering ist – die effektivste Untersuchungsmethode dar. Nur sie garantiert die Erfassung aller Funde. Zu diesem Zweck wird die Grabungsfläche in ein Netz aus quadratischen oder rechteckigen Feldern aufgeteilt. Zwischen den Feldern, die in der Fachsprache auch Quadranten genannt werden, bleiben rund ein Meter breite Stege stehen. Auf der Wandfläche dieser Stege kann man die Aufeinanderfolge von Schichten beobachten, die sich als sogenanntes Schnittprofil abzeichnen. Am Ende der Grabung werden auch die Stege abgetragen und untersucht.

Das Analysieren von Schichten ist eine der schwierigsten Aufgaben des Archäologen. Bei komplizierten Verhältnissen ist ein langjähriges »Einsehen« auf solche Schichtabfolgen notwendig, um sie zu erkennen. Es ist dort noch relativ einfach, wo die Schichten durch Böden, Brandschichten oder andere eindeutige Grenzhorizonte getrennt sind. Ansonsten ist man auf Abweichungen und Veränderungen im Material angewiesen. Man muß beobachten, ob die Schicht aus Erde, Lehm, Kies, Sand oder aus Vermengungen solcher Stoffe besteht, ob Unterschiede in der Farbe, in der Verbindung des Materials und in der Konsistenz existieren, ob es abweichende Feuchtigkeitsgehalte, auffällige Beimengungen oder eben spezifische Funde gibt.

Da das »Geschichtsbuch der Archäologen«, die Schichtenabfolge, bei der Grabung zerstört wird und damit unwiederbringlich verloren ist, muß sie, ebenso sorgfältig dokumentiert werden wie die Fundobjekte. Man spricht dabei von Befundsicherung. Die Grabungsergebnisse, also die Schichtenabfolge, die Artefakte und die Fundzusammenhänge werden sofort nach Freilegen der Objekte beschrieben, gezeichnet und fotografiert. Zu diesem Zweck muß das Grabungsgelände vermessen worden sein. Dann erst werden die Fundobjekte geborgen. So bleibt die Einheit Fund und Fundumstand gewahrt, und es ist auch Fachleuten, die nicht an der Grabung teilnahmen, möglich, Auswertungen, Analysen und Interpretationen vorzunehmen.

Nach der Bergung der Funde folgt die Reinigung sowie Konservierung der Objekte, die Inventarisierung und schließlich die Restauration. Unter Umständen wird auch eine Analyse der Gegenstände im Labor vorgenommen, um eine bessere Interpretation zu ermöglichen. Diese Fundsicherung kann nur von einem erfahrenen Restaurator gemacht werden. Meist ist es so, daß die Reinigung und eine mögliche notwendige vorläufige Konservierung gleich bei der Ausgrabung erfolgen. Dazu muß ein Feldlabor mit den notwendigsten Chemikalien und Geräten vorhanden sein. Eine eingehende Konservierung und die Restaurierung wird dann erst in den Labors der Museen durchgeführt.

Die Verfahren zur Konservierung, Restaurierung und Analyse von Funden sind heute durch immer mehr und immer neue naturwissenschaftliche Erkenntnisse geprägt. Sie sind bereits so differenziert, daß eine genaue Kenntnis der physikalischen und chemischen Prozesse unbedingt notwendig ist.

In den Tiefen der Zeit

Die prähistorische Archäologie verfolgt im Grunde genommen nur einen Zweck: die Rekonstruktion der menschlichen Geschichte während der schriftlosen Zeit. Eine gesicherte Chronologie ist daher die Grundvoraussetzung der Interpretation von Funden und Fundzusammenhängen. Bei dem Versuch, Aussagen zu gewinnen, ist die Frage nach der Zeitstellung nach wie vor von entscheidender Bedeutung. Denn nur, wenn man die Veränderungen der menschlichen Lebensform in der Vergangenheit exakt datieren kann, ist es möglich, die Menschheitsgeschichte in Perioden zu gliedern. Gleichzeitig ermöglichen es gesicherte Daten, Kulturkontakte und die Geschwindigkeit des sozio-kulturellen Wandels zu erkennen.

Es gibt zwei Arten der Zeitbestimmung: die relative und die absolute Chronologie. Einen ersten Hinweis auf die Abfolge der Ereignisse erhält der Archäologe bereits bei der Beobachtung der Schichtenabfolge. Entdeckt man in den einzelnen Schichten charakteristische Fundobjekte, kann man sie sozusagen als »Leitformen« benutzen. Als ein solches gelten – je nach Periode – Keramikbruchstücke, aber auch Steinwerkzeuge sowie metallene Schmuck- und Gebrauchsgegenstände wie zum Beispiel Fibeln. Mit ihrer Hilfe ist es möglich, nicht nur wie bei der stratigraphischen Methode die Aufeinanderfolge der Kulturen, sondern auch die Wandlungen innerhalb einer Kultur festzustellen.

Diese sogenannte typologische Methode geht ebenfalls auf den englischen Offizier Henry Lane Fox zurück, der einen Hang zur naturwissenschaftlichen Denkweise besaß, die nicht zuletzt durch Darwins Werke beeinflußt wurde. Als er sich aufgrund seines Interesses für die Schußwaffen der britischen Armee auch mit der historischen Entwicklung der Feuerwaffen beschäftigte, gelangte er zu der Auffassung, daß der waffentechnische Fortschritt nicht auf geniale Ideen großer Erfinder zurückzuführen sei, sondern das »Ergebnis einer langen Reihe winziger, manchmal zufälliger Änderungen« darstelle. Aus dieser Entdeckung leitete er ab, daß sich auch Gebrauchsgegenstände im Rahmen einer Evolution veränderten. Daher könnten sie in typologischen Reihen geordnet werden, die wiederum Schlüsse bezüglich ihres Alters zulassen. Auch wenn diese Gedanken sehr stark von Darwins Evolutionstheorie beeinflußt waren, glaubte Fox nicht blind an Gesetzmäßigkeiten der Entwicklung: »Fortschritt ist wie ein Dominospiel. Gleiches fügt sich an Gleiches; doch in keinem Fall können wir von vornherein sagen, was für eine Form aus diesem Zusammenfügen entsteht. Wir wissen nur, daß die Grundregel des Spiels die richtige Reihenfolge ist.«

Heute ist die Erfassung der »richtigen Reihenfolge« eine wesentliche Methode der Urgeschichtsforschung. Bei der Altsteinzeitforschung zum Beispiel bedient man sich dabei der Feuersteingeräte. Bei jungsteinzeitlichen Untersuchungen steht zusätzlich noch die Keramik zur Verfügung. Während gebrochene Steingeräte häufig noch zu kleineren umgearbeitet und unbrauchbar gewordene Metallgegenstände wieder eingeschmolzen werden konnten, landeten zerbrochene Tongefäße zumeist im Müll. Und da Keramik nun einmal leicht zerbrechlich ist, mußte sie in relativ kurzer Zeit immer wieder ersetzt werden. Der Prähistoriker, der die Scherben wieder zusammensetzt, Fehlendes zeichnerisch oder mit Gips bzw. Kunststoff zu ergänzen versucht, kann mit Hilfe der Keramik besonders gut modische Wandlungen bei Formen und Verzierungen, aber auch Veränderungen bei der Materialzusammensetzung, der Funktion und dem Herstellungsverfahren feststellen. Nicht zuletzt deshalb gehört die Keramik zu den signifikantesten Leitformen urzeitlicher Kulturen ab der Jungsteinzeit. Mit Hilfe der Keramik und der typologischen Methode war es zum Beispiel möglich, die innere Entwicklung der bandkeramischen Kultur der frühen mitteleuropäischen Jungsteinzeit in mehrere Phasen zu gliedern. Man bemerkte, daß sich Formen und Ornamente im Laufe der Zeit wandelten.

Bei den so gewonnenen Erkenntnissen kann es sich allerdings nicht um absolute, sondern nur um relative Daten handeln. Man kann nicht sagen, wie alt ein Fund oder ein Kulturhorizont wirklich ist, sondern nur, ob er älter oder jünger als ein anderer ist. Daher spricht man hier auch von einer relativen Chronologie. Eine solche Chronologie stellt übrigens auch das von Christian Thomsen kreierte Dreiperiodensystem dar.

Natürlich vergleicht man die Schichtenabfolge verschiedener Fundstellen, auch solcher anderer Länder, miteinander. Da sich die Kulturschichten oft teilweise decken, kann so ein Modell der Schichtenabfolge erstellt werden. Der besondere Vorteil der Methode des Schichtenvergleichs, der komperativ-stratigraphischen Methode, liegt aber darin, daß man mit ihrer Hilfe auch zu einigermaßen sicheren Datierungen, zu sogenannten absoluten Daten, gelangen kann. Denn während sich Mitteleuropa noch im Stadium der Urzeit befand, gab es ja im mediterranen Raum bereits schriftliche Aufzeichnungen, die eine Datierung der dortigen Kulturschichten ermöglichen. Wurden einst aus diesem Gebiet Waren bezogen, die man heute bei Ausgrabungen entdeckt, kann man mitunter auch eine Kulturschicht des mitteleuropäischen Raumes datieren. Man spricht in diesem Zusammenhang von der Kulturkontaktchronologie.

Ein Beispiel, das der deutsche Urgeschichtsforscher Hans Jürgen Eggers ausarbeitete, verdeutlicht dies: Ein Gefäßtyp der griechisch-mykenischen Kultur, die sogenannten Bügelkannen, fand man auch in Ägypten, in der Hauptstadt Amarna des Pharaos Amenophis IV. der 18. Dynastie. Ferner entdeckte man Abbildungen von ihnen im Grab des Pharaos Ramses III. der 20. Dynastie. Zwischen dem Ende dieser nur kurzlebigen Hauptstadt – sie wurde von Amenophis IV. erbaut und nach seinem Tod wieder verlassen – und der Bauzeit des Grabes liegen 200 Jahre, nämlich die Zeit von 1350–1150 v. Chr. Diese Daten wurden mit Hilfe des ägyptischen Kalenders ermittelt. In dieser Zeit waren also die mykenischen Bügelkannen in Gebrauch.

In Mykene selbst ist eine einfache Bronzefibel, die sehr stark an unsere heutigen Sicherheitsnadeln erinnert, in einer Zeit verwendet worden, in der man auch eine Abart dieser Bügelkannen herstellte. Diese Fibel erscheint wiederum in spätbronzezeitlichen Gräbern Österreichs zusammen mit dem Typ der dort häufigen »Säulchenurnen«. Im Odermündungsgebiet fand man in einem Grab der Bronzezeit eine solche Urne zusammen mit einer skandinavischen »Plattenfibel«.

Damit kann man annehmen, daß die skandinavischen Gräber, in denen man solche Plattenfibeln fand, ebenfalls aus der Zeit um 1200 v. Chr. stammen. Ein Datum, das man letztendlich dem Handel bzw. den Kulturkontakten verdankt. Denn es ist natürlich nicht sicher, ob die einzelnen Objekte alle durch Handel erworben oder ob sie im eigenen Land hergestellt und nur nachgeahmt wurden.

Wenn auch mit Hilfe dieser Methode bedeutende Leistungen erzielt wurden, so ist doch der Bereich, den man damit erfassen kann, räumlich wie zeitlich beschränkt. Vor allem aber stellen die dabei gewonnenen Daten doch nur

Annäherungswerte dar. Nicht zuletzt, weil bei der Nachahmung von Objekten eine nicht zu unterschätzende Verzögerung eintreten kann, wie überhaupt bei kulturellen Ausstrahlungen das Tempo der Kulturdrift zu berücksichtigen ist. Dazu kommt, daß die so gewonnenen Daten bestenfalls noch für die jungsteinzeitlichen Kulturen Mitteleuropas anwendbar sind. In den Epochen davor herrschten auch noch im Mittelmeerraum urgeschichtliche Zustände, was eine Datierung unmöglich macht. Deshalb bemühte man schon bald die Naturwissenschaften, um Verfahren zu erhalten, die eine absolute Chronologie ermöglichen. Mit Erfolg: Heute stehen rund acht physikalisch-chemische Verfahren und drei botanische zur Verfügung. Dabei spielen jene, die auf der Messung der Radioaktivität beruhen, die bedeutendste Rolle, unter anderem weil sie am ehesten zu einer für alle archäologischen Fundregionen der Erde gültigen absoluten Chronologie führen können.

»Radioaktive« Uhren

Die Verfahren, die den radioaktiven Zerfall als Zeitmesser benutzen, basieren auf einer einfachen Tatsache: Die Struktur der Atome, die die radioaktiven Substanzen bilden, strebt nach einer stabileren Zusammensetzung und verändert sich daher ständig: die Atome zerfallen. Dabei wird hochenergetische Strahlung abgegeben. Dieser Prozeß ist unabhängig von Umgebungsbedingungen, und zudem sind seine Gesetzmäßigkeiten bekannt. Unterschiedliche radioaktive Substanzen werden nicht nur durch ihre spezifische Strahlung charakterisiert, sondern auch durch ihre »Halbwertzeit«, also jene Zeit, in der die Hälfte des radioaktiven Zerfalls stattgefunden hat. Ist diese Halbwertzeit bekannt, so läßt sich die seit dem Beginn des Zerfallprozesses verflossene Zeit berechnen.

Von den Verfahren, die den radioaktiven Zerfall nutzen, ist die sogenannte C-14- oder Radiokarbonmethode die erfolgreichste, aber auch die umstrittenste. Sie wurde im Zuge der kernphysikalischen Forschung während des Zweiten Weltkrieges entwickelt, als sich die amerikanischen Wissenschaftler Willard F. Libby und James R. Arnold die Frage stellten, welche Wirkung von den durch kosmische Strahlen erzeugten Neutronen auf die Erdatmosphäre zu erwarten ist. Sie wußten, daß die Erdatmosphäre einen geringen Anteil von radioaktivem Kohlenstoff enthält, das sogenannte C 14. Es entsteht, indem die aus dem Weltall kommende kosmische Strahlung auf die oberen Schichten unserer Atmosphäre einwirkt, die ja aus Gasen besteht. Die Atomkerne eines Teiles der Gasmoleküle werden dabei gespalten, wodurch unter anderem Neutronen frei werden. Sie verbinden sich mit Stickstoff, der in radioaktive Kohlenstoffatome und Wasserstoffatome zerfällt.

Wie der in der Atmosphäre enthaltene stabile Kohlenstoff C 12 verbindet sich auch der radioaktive Kohlenstoff mit dem reichlich vorhandenen Sauerstoff zu Kohlendioxid. Dieses nehmen wiederum die Pflanzen auf und geben dafür Sauerstoff ab. Dabei gelangt auch radioaktives Kohlendioxid – im gleichen Prozentsatz, in dem es in der Atmosphäre enthalten ist – in die Pflanzen. Die

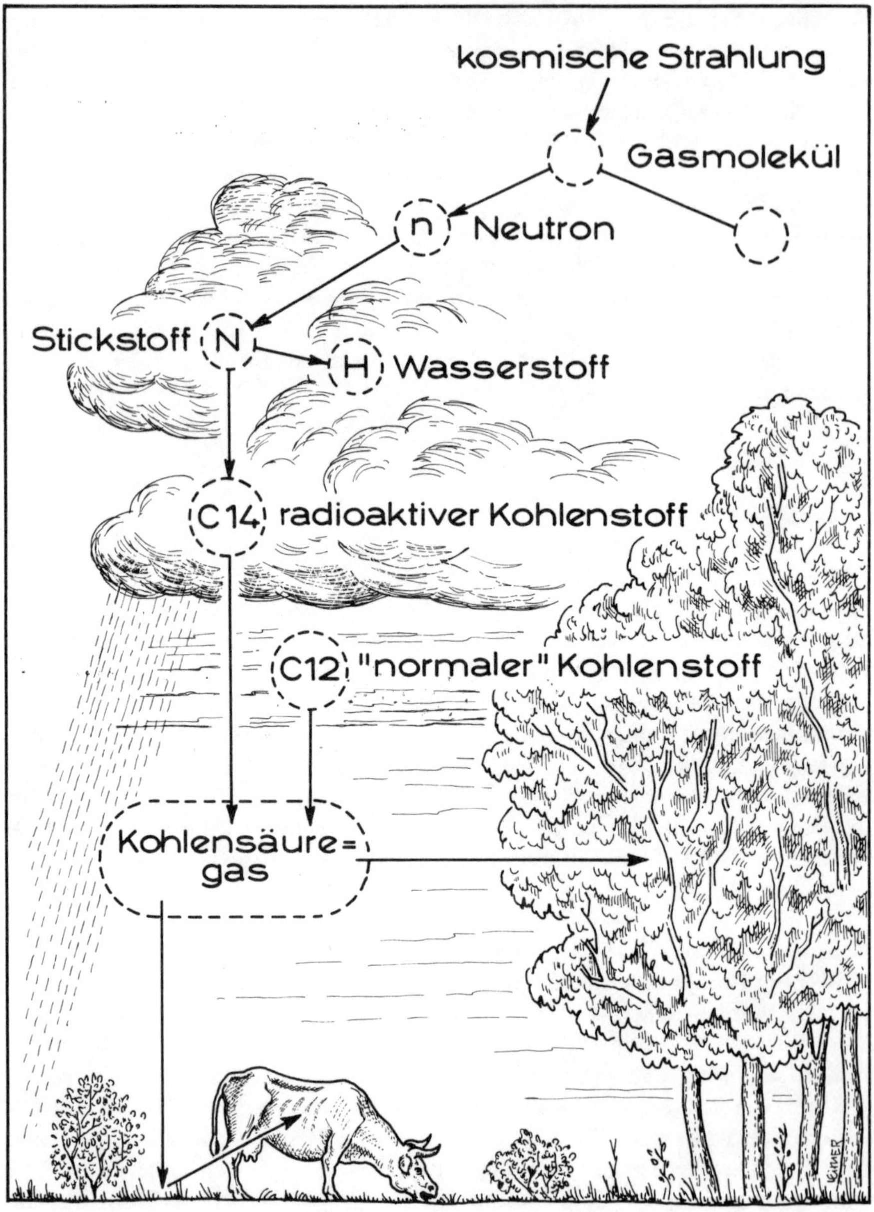

Entstehung und Aufnahme von radioaktivem Kohlenstoff durch Pflanzen und Tiere als Grundlage der C-14-Datierung (nach W. Meier-Arendt und A. Ducrocq)

Tiere fressen nun diese Pflanzen, und die Menschen verzehren wiederum Pflanzen sowie das Fleisch der Tiere. Somit ist in allen Lebewesen ein relativ konstantes Mengenverhältnis von radioaktivem Kohlenstoff C 14 und stabilem Kohlenstoff C 12 vorhanden. Nach dem Tod des Organismus ändert sich dieses Verhältnis, da kein Kohlenstoff mehr aufgenommen wird und C 14 zerfällt. Die Halbwertzeit für radioaktiven Kohlenstoff liegt bei rund 5730 Jahren. Von einer vorhandenen Menge C 14 ist also nach 5730 Jahren nur

noch die Hälfte über, nach 2×5730 Jahren noch ein Viertel, nach 3×5730 Jahren noch ein Achtel, nach 4×5730 Jahren noch ein Sechzehntel usw.
Der Anteil des radioaktiven Kohlenstoffs beträgt bei neuzeitlichem Holz oder Holzkohle nur 0,0000000002, also zwei Milliardstel Prozent des Gesamtgehalts an Kohlenstoff. Den gleichen Prozentsatz enthielten einmal organische Substanzen aus der Vorzeit. Trotz dieser geringen Menge kann der Gehalt an radioaktivem Kohlenstoff bis zu einem Alter der organischen Stoffe von rund 40.000 Jahren gemessen werden. Stellt man zum Beispiel fest, daß eine Holzkohlenprobe aus der Jungsteinzeit nur noch die Hälfte des ursprünglich vorhandenen C 14 enthält, so ist der Baum, von dem sie stammt, um das Jahr 3780 v. Chr. abgestorben oder gefällt worden.

Der Nachteil dieser Altersbestimmung besteht einerseits darin, daß nur organische Materialien, also Holzkohle, guterhaltenes Holz, Leder, Stoffe, Torf, Muscheln oder Knochen, in relativ großen Mengen herangezogen werden können, anderseits, daß die Meßungenauigkeit relativ hoch ist. Deshalb wird bei jedem C-14-Datum ein Unsicherheitsfaktor angegeben. Er drückt sich in jener Zahl aus, die nach dem Datum mit ± angegeben wird. Je länger man eine Probe mißt, desto kleiner ist diese Zahl.

Mitunter beeinflussen auch Atomversuche und Abgase, die bei der Verbrennung fossiler Stoffe wie Kohle und Benzin entstehen, das Verhältnis zwischen stabilem Kohlenstoff C 12 und radioaktivem Kohlenstoff C 14, was Fehldatierungen zur Folge hat. Vor allem aber Schwankungen der kosmischen Strahlung durch verschieden starke Sonnenaktivitäten sowie Veränderungen des Erdmagnetfeldes führen zu mehr oder minder großen und langfristigen Schwankungen des C-14-Gehalts. Dadurch kommt es zu einer Abweichung der Radiokarbonzeit vom – bei der Zeitrechnung verwendeten – astronomischen Kalender, der früher aufgrund der Mondphasen errechnet wurde und heute anhand des Erdumlaufes um die Sonne erstellt wird. Mit Hilfe anderer Methoden, vor allem mit Hilfe der Dendrochronologie, versucht man die »radioaktive Uhr« zu eichen. Mit anderen Worten: Man stellt bei einem mit der Dendrochronologie genau datierten Baum das C-14-Alter fest und vergleicht die beiden Werte. Mit Hilfe von Serienversuchen konnte man so relativ brauchbare Korrekturtabellen erarbeiten. Unter anderem entdeckte man, daß Frühbronzezeitgegenstände um 200 bis 300 Jahre älter sind als das C-14-Alter, zu Beginn und in der Mitte der Jungsteinzeit muß man sogar 400 bis 800 Jahre dazurechnen. Es gibt aber auch Perioden, wo das wirkliche Alter relativ gut mit der C-14-Datierung übereinstimmt.

Nicht zuletzt aufgrund der zahlreichen Unsicherheitsfaktoren bei der Radiokohlenstoffmethode entwickelte und verfeinerte man weitere physikalisch-chemische Datierungsverfahren. Sie haben aber meist den Nachteil, nur in bestimmten geographischen Gebieten oder nur bei speziellen Proben anwendbar zu sein. Ende der fünfziger Jahre startete man daher Versuche, die einen ganz anderen Weg beschritten. Das Ergebnis war die Thermolumineszenzmethode, kurz TL-Datierung genannt, die heute nach der Radiokohlenstoffmethode als bedeutendste Möglichkeit der Altersbestimmung von Fundgegenständen angesehen wird.

Leuchtende Scherben

Das Phänomen der Thermolumineszenz erkannte vermutlich bereits der Engländer Sir Robert Boyle im Jahre 1663. Er berichtete, daß gewisse Minerale leuchten, wenn man sie erwärmt. Heute weiß man es ganz genau: Die Strahlung radioaktiver Atome (Alpha- und Betateilchen, Gammastrahlung) verliert beim Durchgang durch zahlreiche Minerale etwas von ihrer Energie, die dort zum Teil gespeichert wird. Diese Energie wird beim Erhitzen in Form von Licht frei. Da die meisten Tone und Böden geringe Mengen radioaktiver Verunreinigungen wie Thorium, Uran und Kalium enthalten, wird ein zwar geringer, aber ständiger Fluß radioaktiver Strahlung verursacht. Ein Teil der Energie dieser Strahlung wird in den Mineralkörnern, die immer im Ton vorhanden sind – zum Beispiel Quarz und Feldspat –, gespeichert. Bei der Herstellung keramischer Gegenstände wird der Ton gebrannt, also auf etwa 800°C und mehr erhitzt, so daß die gesamte Thermolumineszenz, die ursprünglich im Ton enthalten war, gelöscht wird. Die »archäologische Uhr« wird sozusagen auf Null gestellt. Wenn nun die Keramik nach einigen Jahrtausenden gefunden und im Labor wieder erhitzt wird, so ist die Intensität des Lichtes, das sie aussendet, ein Maß für ihr Alter. Allerdings kann dieses Licht nur mit empfindlichen Photozellen gemessen werden. Bei der Berechnung des Alters müssen dann auch noch die radioaktiven Verunreinigungen berücksichtigt werden.

Wenn auch das Prinzip der Thermolumineszenzmethode relativ unkompliziert klingt, dauerte es mehr als zehn Jahre, bis man aus den ersten Datierungsversuchen Ende der fünfziger Jahre eine praktikable Methode zur Altersbestimmung entwickelte. Die dazu notwendigen Versuche wurden damals in der Schweiz und in den Vereinigten Staaten durchgeführt, wobei die Hauptarbeit an der Universität Oxford geleistet wurde.

Heute ermöglicht die TL-Methode eine Altersbestimmung mit einer Ungenauigkeit von weniger als zehn Prozent des Gesamtalters. Für den Archäologen und Urgeschichtsforscher ist dieses Verfahren deshalb von besonderem Wert, weil auch Keramik datiert werden kann. Außer bei Ausgrabungen, die die Alt- und Mittelsteinzeit betreffen, werden meist große Mengen an Keramikfragmenten geborgen. Denn gut gebrannte Keramik ist unter gewöhnlichen Lagerungsbedingungen unzerstörbar.

Zwar bleibt die Radiokohlenstoffmethode nach wie vor das wichtigste Verfahren zur Altersbestimmung, aber die Thermolumineszenzdatierung gilt als bedeutende Ergänzung dazu. Die Probemenge bei der TL-Methode stellt kaum ein Problem dar, da einerseits sehr wenig Material nötig ist, anderseits Keramik ja meist reichlich gefunden wird. Und vor allem wird bei der TL-Datierung der Zeitpunkt der Erhitzung auf über 500°C festgestellt, also meist das Datum der Entstehung eines Gegenstandes. Die C-14-Methode hingegen bezieht sich zum Beispiel bei der Datierung von Holz auf das Absterben der Pflanze. Von diesem Zeitpunkt bis zur Verwendung durch den Menschen kann aber eine große Zeitspanne verstreichen. Für Proben vor unserer Zeitrechnung bis etwa 5000 v. Chr. ist allerdings die Radiokohlenstoff-

Gräberfeld der ausgehenden Frühbronzezeit von Gemeinlebarn, NÖ. Übersicht über die Ausgrabung des Jahres 1978.

Intaktes Hockergrab (links); ausgeraubtes, völlig zerstörtes Körpergrab (rechts).

Gräberfeld der ausgehenden Frühbronzezeit von Gemeinlebarn, NÖ.
Knöchelspirale aus Bronze in Originallage.

Verziertes Bronzeprunkbeil.

Luftbild des jungsteinzeitlichen Kreisgrabensystems von Mollmannsdorf, NÖ., März 1979.

Multispektrale Scanner-Aufnahme der Römerstadt Virunum im Zollfeld bei Maria Saal, Kärnten, 1977.

Sogenannte Verlehmungszone, eine Humusbildung in einer zwischeneiszeitlichen Wärmeperiode, in Furth bei Göttweig, NÖ. (oben).
Peggauerwand mit zahlreichen Höhleneingängen, u. a. auch im linken Bildteil von der Großen Peggauer Höhle, Steiermark (unten).

methode genauer und vor allem weniger aufwendig. Die TL-Datierung ist vorteilhaft bei jüngeren und bei sehr alten Proben anzuwenden, die wegen ihres Alters mit der C-14-Methode nicht datiert werden können. Dazu gehören etwa gebrannte Lehmstücke oder Feuersteine, die durch Zufall in ein Feuer gerieten. So kann das Alter von gebranntem Feuerstein und Kalksinter bis etwa 500.000 Jahren bestimmt werden.

Eine große Bedeutung hat die Thermolumineszenzmethode auch für Museen, die gefälschte Keramiken mit ihrer Hilfe leicht entdecken können. Man benötigt ja nur sehr geringe Probenmengen, so daß das Kunstwerk fast nicht beschädigt wird. Heute gibt es auf der ganzen Welt 15 bis 20 TL-Datierungslabors. Eines davon befindet sich im niederösterreichischen Forschungszentrum Seibersdorf.

Magnetismus, Pollen, Jahresringe

Auch der Erdmagnetismus wird zur Zeitmessung verwendet. Bekanntlich hat ja unsere Erde die Eigenschaft eines Magneten. Der magnetische Nordpol liegt etwas westlich des geographischen Nordpols, was bewirkt, daß eine Kompaßnadel nicht genau nach Norden, sondern in nordwestliche Richtung zeigt. Das war nicht immer so, denn der magnetische Nordpol wandert. Sämtliche Eisenpartikel, die sich im Erdboden befinden, sind durch das Magnetfeld der Erde magnetisiert. Auch der Ton, aus dem Gefäße hergestellt wurden, und der Lehm, aus dem man Öfen errichtete und mit dem man Häuser verputzte, enthält solche Eisenteilchen. Wenn nun die Keramik gebrannt oder die Lehmöfen erhitzt wurden und man dabei Temperaturen von über 770°C erreichte, verloren die Eisenteilchen ihren Magnetismus. Sank die Temperatur, wurden die Teilchen neu magnetisiert und richteten sich naturgemäß auf den damaligen magnetischen Nordpol und nach der damaligen Stärke des Magnetfeldes aus. Diese Ausrichtung veränderte sich nicht mehr, soferne die aus Lehm oder Ton hergestellten Dinge ortsfest waren und nicht herumgetragen wurden. Mißt man heute den Magnetismus in solchen Proben, so kann man Stärke und Richtung des Magnetfeldes zur Zeit der Erhitzung über 770°C feststellen. Eine Datierung kann aber nur dann vorgenommen werden, wenn die Veränderungen des magnetischen Nordpols in der Vergangenheit bekannt sind, was zumeist wieder nur mit Hilfe der magnetischen Analyse von sicher datierten Tonobjekten möglich ist.

Von den biologischen Datierungsmethoden ist wohl die Jahresringdatierung, die sogenannte Dendrochronologie, die bekannteste. Sie basiert auf der Auszählung und dem Vergleich der Jahresringe bei Bäumen. Da jeder dieser Ringe einem Jahr entspricht, braucht man an der Schnittfläche eines gefällten Baumes nur die Ringe zu zählen, um sein Alter zu erfahren. Die Breite der Ringe entspricht dem Wachstum des Baumes, das wiederum mit dem Klima des Jahres in Zusammenhang steht. Ein schmaler Ring entspricht einem trockenen, kalten Jahr, ein breiter einem regenreichen und heißen. Da mitunter auch das Holz von vor langer Zeit gefällten Bäumen erhalten ist, können die Jahresringe verschiedener, zu unterschiedlichen Zeiten gefällter Bäume miteinander verbunden und eine Jahresringkette gebildet werden. Diese Kette reicht dann von der Jetztzeit bis in jene Zeit zurück, von der Holz mit erkennbaren Jahresringen erhalten geblieben ist. Bei Moor- und Ufer-randsiedlungen, wo das Holz gut konserviert wird, gelangt man auf diesem Weg oft bis in die Jungsteinzeit. Ist nun eine solche, natürlich regional begrenzte Kette dokumentiert, können Holzfunde damit verglichen und zeitlich zugeordnet werden, soferne das Holz von einem Baum stammt, der unmittelbar vor seiner Verwendung gefällt wurde. Allerdings hat auch die dendrochronologische Methode ihre Tücken, da die Messung und Auszählung der Jahresringe nicht immer unproblematisch ist. Dazu kommt, daß nicht von jedem Regionalgebiet eine Jahresringkette erstellt werden kann, da gut konserviertes Holz selten ist. Auch in Österreich gibt es solche Ketten nur in ungenügendem Ausmaß.

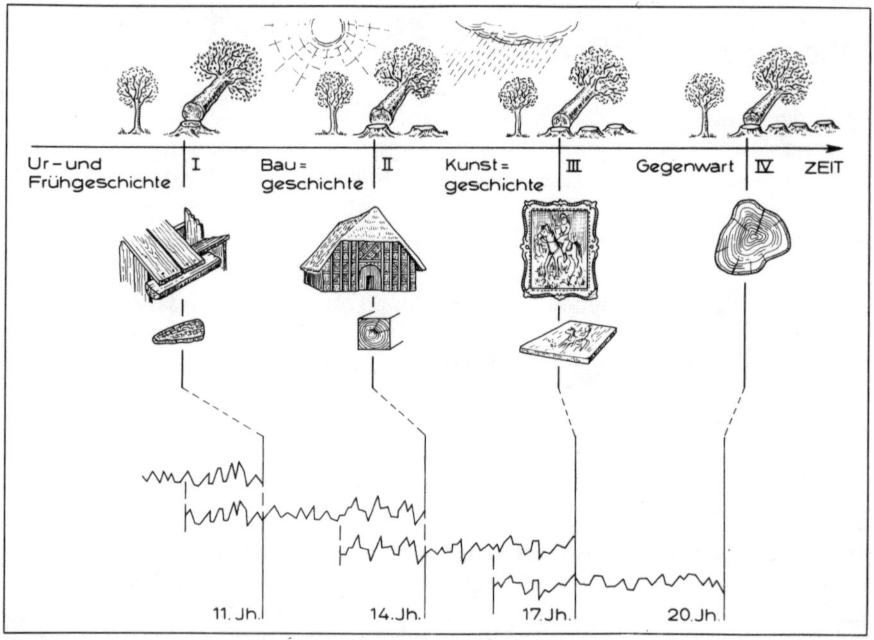

Erstellung einer Jahresringkette bei der Dendrochronologie (nach O. Grosser, Eckstein, Mathieu und Bauch)

Eine weitere biologische Datierungsmethode ist die Pollenanalyse. Sie wurde von dem schwedischen Geologen Lennart von Post entwickelt, der beobachtete, daß die im Frühling weit über das Land gewehten Blütenstaubkörner, die sogenannten Pollen, in stehenden Gewässern auf den Grund sinken. Da sie besonders widerstandsfähig sind, blieben sie im Torf vermoorter Seen bis heute erhalten. Nun kann man aus den verschiedenen Schichten eines Moores Proben entnehmen und unter dem Mikroskop die in den einzelnen Proben enthaltenen Pollen nach Pflanzengattungen bestimmen und auszählen. Jede Pflanze hat nämlich eine eigene Pollenform. So kann man mit Hilfe der prozentuellen Anteile der verschiedenen Pollen das Verhältnis der Bäume, Büsche und Gräser früherer Zeiten rekonstruieren. Vergleicht man nun die

Pollenanalyse der verschiedenen Schichten, erfährt man, wie sich die Pflanzenwelt entwickelte.

Dieses Verfahren ergibt also eine relative Chronologie. Sind die Wandlungen des Pflanzenkleides von einer Region bekannt, kann ein neuer Fundplatz in diesem Gebiet mit Hilfe seines Pollendiagramms in die entsprechende Phase eingeordnet und damit sein relatives Datum bestimmt werden. Zudem liefert die Pollenanalyse einen wertvollen Beitrag zur Erforschung der Ökologie vergangener Kulturen. Sie gibt Einblick in die botanische Umwelt des prähistorischen Menschen und zeigt seine Einwirkungen auf diese Umwelt durch Ackerbau, Viehzucht und Waldrodung auf. Durch die Pollenanalyse konnte man zum Beispiel feststellen, daß die Lößlandschaften während der Eiszeit tatsächlich waldfrei waren, wie man früher schon angenommen hatte. Auch gelang der Nachweis, wann zum erstenmal in Mitteleuropa Getreide angebaut wurde. Da diese Zeit noch durch die C-14-Methode erfaßbar ist und die Moore ja aus pflanzlichen Substanzen bestehen, konnte dieser Zeitpunkt auch absolut festgestellt werden.

Zwei Fundgruppen allerdings lassen sich auch heute noch nicht absolut datieren: Feuersteinwerkzeuge und Metallgegenstände. Sie können nur mit den diversen relativen Chronologieverfahren in den Ablauf der menschlichen Kulturen eingeordnet werden. Doch die Entwicklung der Technik schreitet unaufhaltsam fort. Vielleicht kann man morgen schon das Alter eines Bronzeschwertes messen.

Ein Blick in die Zukunft

So paradox es klingt: Trotz ständig verbesserter Untersuchungs- und Datierungstechniken, trotz des Zieles, nicht mehr nur künstlerisch wertvolle Fundobjekte zu bergen, sondern auch die historischen Gesellschaften und ihren sozio-kulturellen Wandel zu erforschen, und trotz eines rapid anwachsenden Fundanfalls infolge der explosionsartig zunehmenden Bautätigkeit werden die Forschungsergebnisse immer magerer. Denn die immer komplizierteren Methoden können nur dann angewendet werden, wenn entsprechend viel Geld und viel Zeit zur Verfügung steht. Mit beidem kann die Urgeschichtsforschung nicht aufwarten. Das Forschungsbudget bleibt gleich oder wird sogar beschnitten. Zeit für großangelegte systematische Ausgrabungen gibt es nur mehr in begrenztem Maß, da die »Grabungskapazität« hauptsächlich von Rettungsgrabungen aufgezehrt wird. Der unaufhaltsame Prozeß der Verstädterung, die verstärkte Bautätigkeit im Zuge der Freizeitnutzung und des Massentourismus sowie die Mechanisierung der Landwirtschaft gefährden Funde und Forschung. Daß manchmal dabei aufsehenerregende Entdeckungen gemacht werden, kann nicht darüber hinwegtäuschen, daß mehr zerstört als gewonnen wird. Bei den wenigen großangelegten Ausgrabungen werden die modernen Methoden zwar meist angewandt, doch erlauben die finanziellen Mittel sowie die zeitraubenden Untersuchungen meist nur ein langsames Fortschreiten der Forschungen.

Angesichts dieser Situation ist es kein Wunder, wenn der englische Archäologe Max E. L. Mallowan, der mit der Kriminalschriftstellerin Agatha Christie verheiratet war, in seinen Memoiren schrieb: »Es entgeht uns zwar ... nichts mehr, aber wir finden auch immer weniger.« Und der deutsche klassische Archäologe Franz Georg Maier klagt über die archäologische Feldforschung: »Hier klafft in der heutigen Zeit eine Lücke zwischen Theorie und Praxis, ein Mißverhältnis zwischen Zahlen und Mitteln.« Der Urgeschichtsforscher muß sich damit abfinden. Denn solange dem Menschen die Vergangenheit etwas bedeutet, wird er mit den Mitteln, die ihm zur Verfügung stehen, versuchen, die schriftlose Vergangenheit zu erforschen. Solange es Menschen gibt, denen die historische Dimension ihres Daseins wichtig ist, wird man mit dem Spaten in die Tiefen der Zeit eindringen. Denn weit über neunzig Prozent der Menschheitsgeschichte können nicht durch schriftliche Quellen, sondern nur durch Bodenfunde erforscht werden. Auch die Erhellung dieses viel größeren Teiles der Gesamtgeschichte bleibt ein Weg zum Verstehen der eigenen Situation.

Wirklich erhellen wird man die Urgeschichte allerdings nur dann können, wenn die Forschung alle ihr zur Verfügung stehenden Möglichkeiten ausschöpft. Dazu gehört auch eine sinnvolle Zusammenarbeit mit anderen Wissenschaften. Dies wird auch bereits getan. Die Anthropologen stellen anhand von Skeletten bzw. Skelettresten fest, inwieweit es sich um einen »homo sapiens« oder um einen Vorfahren des Jetztmenschen handelt, sie ergründen rassische und andere Körpermerkmale, aber auch Krankheiten und Todesarten. Geologen, Zoologen und Botaniker wiederum geben Aufschluß über klimatische Verhältnisse und über die Landschaft vergangener Zeiten sowie über die einst vorherrschende Flora und Fauna. Die Bestimmung von in damaligen Siedlungen gefundenen Tierknochen und Pflanzenresten wirft ein Licht auf die Haustierhaltung, auf den Anbau von Nutzpflanzen, aber auch auf die Rolle, die Jagd, Fischfang und Pflanzensammeln für die Ernährung spielte. Materialbestimmungen von Fundobjekten geben wiederum Aufschluß über Handelsbeziehungen. Darüber hinaus sollte allerdings auch die Zusammenarbeit mit Soziologen, Psychologen und Verhaltensforschern gepflogen werden. Auch die Völkerkunde, die Ethnologie, ist in der Lage, einen wertvollen Beitrag zu leisten. Sie beschäftigt sich ja mit den außereuropäischen Naturvölkern, die oft mit ähnlichen Problemen konfrontiert sind oder waren wie die prähistorischen Menschen Europas. Natürlich kann man die Erkenntnisse anderer Wissenschaften nicht unkritisch auf die Urgeschichte übertragen. Vergleiche mit den Naturvölkern zum Beispiel dürfen nur mit größter Vorsicht vorgenommen werden.

Doch nur so ist es möglich, der prähistorischen Vergangenheit ihre Geheimnisse zu entreißen. Und das ist auch laut Aussage des deutschen Philosophen Karl Jaspers notwendig: »Die Vorgeschichte ist eine Realität – denn in ihr ist der Mensch zur Erscheinung gekommen –, doch eine Realität, die wir im Grunde nicht kennen. Aber wenn wir fragen, was wir Menschen eigentlich sind, und Antwort suchen durch die Erkenntnis woher wir kommen, so können wir uns nicht genug in das Geheimnis der Vorgeschichte versenken.«

Auf den Spuren von Bär und Mammut

Altsteinzeit

Neandertaler in Niederösterreich

15 km nordwestlich von Krems an der Donau thront auf einem steilen Felsen, hoch über der Kleinen Krems, die Burg Hartenstein. 1187 von Heinricus de Hartensteine aus dem Geschlecht der Kuenringer gegründet, stand sie immer schon im Mittelpunkt zahlreicher Sagen. Unter anderem erzählte man sich, daß eine Höhle in der Felswand unterhalb der Burg der Ausgang eines geheimen Fluchtgangs wäre. Dieser 7,5 Meter über der Talsohle liegende Hohlraum war jedoch keineswegs künstlich angelegt. Das dort zutage tretende Kalkgestein ist für eine Höhlenbildung prädistiniert.

Am 27. September 1883 wurde die Höhle im Tal der Kleinen Krems für die Wissenschaft entdeckt. An diesem Tag befanden sich die Heimatforscher Ferdinand Brun, Pater Leopold Hacker und Oberlehrer Walter Werner auf der Suche nach prähistorischen Funden. Vor allem die Höhlen interessierten sie. Als sie, vom Lauf der Kleinen Krems kommend, über eine Böschung aus Steinen und Erde kletterten, standen sie plötzlich auf dem terrassenförmigen Vorplatz einer Höhle, der fast zur Gänze mit Gestrüpp verwachsen war. Sie hatte eine Höhe von 0,9 Meter und zog sich 22 Meter knieförmig durch den Berg bis zu einem zweiten Ausgang. Es handelte sich um eine von der Kleinen Krems ausgewaschene Durchgangshöhle, bei der in der Mitte eine »Säule« stehen geblieben war. Die Gangbreite im Berginneren betrug 2–3 Meter.

Eine oberflächliche Untersuchung des Vorplatzes und des Höhleninneren ließ keinen Zweifel: In grauer Urzeit hausten hier Menschen. Frohlockend über diesen Fund benannte man die Höhle kurzerhand nach dem damaligen Besitzer dieses Landstrichs und der Burg Hartenstein, dem Reichsfreiherrn Heinrich von Gudenus. Wie Leopold Hacker in seinen Aufzeichnungen festhielt, blieb der Dank dafür nicht aus: »Der Reichsfreiherr gestattete auf die Bitte der Heimatforscher im Interesse der Wissenschaft grossmüthigst die Ausbeutung dieser prähistorischen Schatzkammer.« Bald schon rückten Brun, Hacker und Werner mit Krampen und Spaten an. Zuerst zogen sie vom Rande des Abhanges zum größeren Eingang der Höhle einen 4 Meter langen, 0,75 Meter breiten und 1 Meter tiefen Suchgraben. Die Funde ermutigten sie, die gesamte obere Hälfte der Höhlenfüllung und einen Teil der unteren Schichten abzugraben. Danach betrug die Höhe des Höhlenraumes rund 2,5 Meter.

Bei der Ausräumung der Höhle fand man Feuerstellen, 1200 Steinwerkzeuge, mannigfaltige Knochen- und Geweihgeräte sowie tierische Knochen als Speiseabfälle. Unter den Beingeräten befanden sich Nadeln, Pfrieme, Speerspitzen, ein gelochter Zierstab, der als »Kommandostab« gedeutet wurde, und ein Adlerknochen mit einer eingeritzten Rentierdarstellung. Pater Leopold Hacker meinte, daß man hier Reste der Siedlungstätigkeit in der »Renthierzeit«, wie die damalige Bezeichnung für die späte Altsteinzeit lautete, entdeckt hätte. Die gefundenen Steinwerkzeuge waren seiner Meinung nach an Ort und Stelle verfertigt worden, was der Fund unzähliger Steinteilchen als Abfälle beim Zuschlagen beweise. Wie die Lage der Funde zeigte, bewohnte der Mensch der Altsteinzeit hauptsächlich die Südhälfte der Höhle und den kleinen Vorplatz.

1908 unterzogen zwei damals weltberühmte Altsteinzeitspezialisten den Fundkomplex einer kritischen Untersuchung: Abbé Henri Breuil, ein katholischer Priester, der sich »mit kirchlicher Erlaubnis« ausschließlich mit der Urgeschichte beschäftigte und besonders die bekannten französischen Fundstellen erforschte, sowie Hugo Obermaier, ein in Wien ausgebildeter Fachmann. Ihre eingehende Analyse des Fundmaterials erschütterte die Zuverlässigkeit des alten Grabungsbefundes. Sie kamen nämlich zu dem Ergebnis, daß es nicht einen, sondern zwei Siedlungshorizonte gegeben haben müsse, daß also dieser Platz in der Altsteinzeit zweimal besiedelt war. Die untere, von Hacker, Brun und Werner übersehene Kulturschicht müsse daher in die mittlere, die obere in die späte Altsteinzeit datiert werden.

1922/23 untersuchte Josef Bayer, der damalige Direktor der Prähistorischen Abteilung des Naturhistorischen Museums, erneut die Gudenushöhle. Dabei konnte auch er das Vorhandensein zweier Siedlungshorizonte nachweisen. Nach dieser Grabung galt der Höhleninhalt als weitgehend erschöpft. Der nach Australien ausgewanderte österreichische Höhlenforscher Robert G. Bednarik schloß sich allerdings nicht der Meinung an, daß die Höhle keine Funde mehr berge. Da er wußte, daß er vom Bundesdenkmalamt keine Grabungsgenehmigung erhalten würde, versuchte er ab 1963 sein Glück, ohne viel darüber verlauten zu lassen. Bei dieser illegealen Grabung stellte er in einigen Felsspalten wirklich fundführende, primär gelagerte Sand- und Erdablagerungen fest. Im August und im September 1976 erforschte Bednarik mit einer Grabungsmannschaft zum letztenmal die Höhle – nach wie vor unbemerkt von der Behörde. Dabei rekonstruierte er auch das Niveau der Höhlenfüllung vor 1883 und stellte die Position der ausgeräumten oberen Kulturschicht fest. Auch die Reihenfolge der verschiedenen Ablagerungen wie Sande, Lehme, Steine usw. dokumentierte er zusammen mit Proben aus diesen Schichten.

Bednarik untersuchte unter anderem die Ablagerungen in einer Spalte, die er erst nach dem Entfernen mehrerer Steinblöcke erreichte. Der schwerste davon soll zwei Tonnen gewogen haben. In dieser Spalte stieß auch er auf einen unteren Siedlungshorizont, der seiner Meinung nach sogar drei Phasen aufwies. Allerdings ist es für die österreichische Forschung unmöglich, Bednariks Angaben zu überprüfen: Er führte die Proben und Funde – ebenfalls illegal – nach Australien aus, wo er sie angeblich im Rahmen einer umfangreichen Publikation verwerten will. Auf jeden Fall konnte auch er die Besiedlung der Höhle in der mittleren Stufe der Altsteinzeit nachweisen. Damit zählt die Gudenushöhle mit den nur in der warmen Jahreszeit aufgesuchten alpinen Höhlen, den sogenannten Höhlenbärenjägerstationen, zu den ältesten bekannten Siedlungsstellen Österreichs. Zwischen 100.000 und 40.000 v. Chr. lebte da der Neandertaler. Hier verzehrte er das mit seinen Steinwerkzeugen erlegte Wild und die gesammelten Beeren und Wurzeln, hier fertigte er seine einfachen Gerätschaften an, und hier suchte er mit seiner Familie Schutz vor den Unbillen der Natur.

Trotz des beachtlichen Alters der ersten Siedlungsspuren in Niederösterreich handelt es sich keineswegs um die Hinterlassenschaften des ersten Menschen der Geschichte. Seine Wiege befand sich außerhalb Österreichs. Wo genau, darüber streiten sich die Gelehrten seit geraumer Zeit ebenso wie über das genaue Alter des Menschengeschlechts.

Rätselraten um den Menschen

Schon in der Antike machte man sich Gedanken darüber, wie der Mensch und die menschlichen Kulturen entstanden seien. Damals allerdings waren diesbezügliche Erklärungen sehr stark mit Mythen und Sagen verflochten.

Weit verbreitet war die pessimistische Sage von den vier Weltaltern, wie sie von Hesiod und Ovid berichtet wird. Danach ist die Menschheitsgeschichte ein stetiger Abstieg vom goldenen Zeitalter, dem Paradies, über das silberne und kupferne zum ehernen mit alles vernichtenden Kriegen. Der römische Dichter Lukrez hingegen, der von 97 v. Chr. bis 55 v. Chr. lebte, vertrat eine andere Meinung: Der Mensch führte am Anfang ein primitives Leben und kannte weder Feuer noch Ackerbau. Erst später kam es zur Erfindung des Feuers und den anderen Errungenschaften der Zivilisation. Die vom Eisen gekennzeichnete Periode sei die gegenwärtige. Seine Darstellung erinnert an das Dreiperiodensystem Steinzeit-Bronzezeit-Eisenzeit. Lukrez verdeutlichte damit auch seine Meinung vom Aufstieg der Menschheit von einer einfachen Lebensform zu einem höheren kulturellen Niveau.

Neben der dichterischen Beschäftigung mit dem Werden des Menschen setzte man sich auch mit Funden aus der Urzeit auseinander. So besaß der römische Kaiser Augustus eine Sammlung alter »Riesenknochen«. Diese habe sich laut antiker Quellen noch zu Lebzeiten des Kaisers Hadrian im 2. Jahrhundert n. Chr. im Palast von Capri befunden.

Mit dem Ausklingen der Antike verblaßten die Vorstellungen vom Werden des Menschen und seiner Kulturen immer mehr. Das Dunkel des Mittelalters schluckte das Wissen der Antike. Theoretische Gedanken über die Herkunft des Menschen wurden keine mehr angestellt. Gelegentlich gefundene Steinbeile deutete man als »Donnerkeile«, als Überreste von Blitzschlägen, und von den Töpfen prähistorischer Urnengräber meinte man, daß sie im Boden gewachsen wären.

Trotz eines langsam steigenden Interesses an den Funden der Vorzeit, das zu einem bis in die zweite Hälfte des 15. Jahrhunderts anhaltenden leidenschaftlichen Sammeln von urzeitlichen Kuriositäten führte, gelangte man bis ins 18. Jahrhundert lediglich zu romantischen, von der Bibel geprägten Erklärungen der Geschichte unserer Ahnen.

Erst zu Beginn des 19. Jahrhunderts berichtete man zögernd von Beobachtungen, daß Menschenknochen und Steinwerkzeuge zusammen mit ausgestorbenen Tieren gefunden worden wären. Daraus folgerte man, daß der Mensch Zeitgenosse heute nicht mehr vorkommender Tiere, wie etwa des Mammuts, gewesen sein müsse. Doch bis ins späte 19. Jahrhundert wurden diese Gedanken von der etablierten Forschung nicht anerkannt. Damals war man nämlich noch der Meinung, daß die einzelnen erdgeschichtlichen Perioden durch Katastrophen voneinander getrennt wären. Bei der letzten, dem Diluvium, also der Sintflut, seien die die Erde bevölkernden Lebewesen weitgehend vernichtet worden. Danach seien neue Formen entstanden. Umstritten war damals nur, ob die anhand von Schottermassen festgestellte »Überschwemmung riesigen Ausmaßes« die biblische Sintflut oder ein vor Entstehen des Menschen erfolgtes Ereignis darstellte. Der deutsche Naturforscher Johann Jakob Scheuchzer war zum Beispiel im 18. Jahrhundert der Meinung, daß das in den Schiefern von Oeningen in Baden-Württemberg gefundene Skelett eines Riesensalamanders das »betrübte Beingerüst eines alten Sünders« sei, der »in der Sündflut« ertrunken war.

Die Sintflut-Theorie geriet erst nach den Entdeckungen des französischen Zolldirektors und Mitglieds einer naturwissenschaftlichen Gesellschaft, Jacques Boucher de Perthes, ins Wanken. 1838 fand er in den Schotterablagerungen der Somme bei Abbeville im Nordwesten Frankreichs zusammen mit Mammut- und Wollhaarnashornknochen Steinwerkzeuge. Die Erzeugung dieser Geräte mußte er wohl oder übel Menschen zuschreiben, die »vor der Sintflut« lebten. Natürlich wurden seine Beobachtungen nur zögernd anerkannt. Die französische Forschung ignorierte sie vorerst gänzlich. Sogar dann noch, als englische Geologen und Prähistoriker 1858/59 mit Boucher de Perthes die Fundstellen besichtigten und seine Funde bestätigten. Erst 1864 beseitigte der Rechtsanwalt und begeisterte Naturforscher Eduard Lartet jegliche Zweifel an einer Gleichzeitigkeit des Menschen mit ausgestorbenen Dickhäutern: In diesem Jahr fand er in La Madeleine in Südwestfrankreich ein Stück Elfenbein mit einer Mammutdarstellung. Nun endlich gewann die Erkenntnis an Bedeutung, daß nicht die Sintflut, sondern die Vereisungen Nordeuropas und des Alpengebietes während der Eiszeit für die Ablagerungen der mächtigen Schottermassen verantwortlich seien. Denn durch die Frosteinwirkung in gebirgigen Gegenden und durch den Abtransport des dabei entstandenen Schuttes durch Gletscher und Flüsse bildeten sich im nichtvereisten Vorland riesige Schotterflächen. Statt Diluvium wurde nun der Begriff Glazial, also Eiszeit, verwendet.

Angesichts der vielen französischen Fundplätze der Altsteinzeit, des Paläolithikums, ist es kaum verwunderlich, daß dort nicht nur entscheidende Entdeckungen gemacht, sondern auch umfangreiche Forschungen betrieben wurden. Bereits 1869 begann der französische Urgeschichtsforscher Gabriel de

Mortillet die Perioden der Altsteinzeit nach typischen Steinwerkzeugen, sogenannten archäologischen Leitformen, zu unterscheiden und nach charakteristischen Fundorten zu benennen. Bis heute bezeichnet man die Abschnitte des Paläolithikums nach französischen Fundorten, allerdings stimmt die heute übliche Einteilung nur zum Teil mit der von de Mortillet überein. Angeregt durch die Erfolge der Franzosen setzten um 1870 auch in anderen Ländern zahlreiche Untersuchungen ein.

Streit um den fossilen Menschen

Parallel zu den Forschungen der Geologie, Paläontologie und der Prähistorie versuchten nun auch die Paläoanthropologen die ausgestorbenen »Menschenahnen« zu beweisen. Dagegen wandte sich jedoch wieder ein Großteil der Wissenschaftler sowie die Kirche, die sich nach wie vor auf die Bibel berief. 1856 allerdings schien ein Fund jenen recht zu geben, die an das Bestehen des fossilen Menschen glaubten.

In den Kalksteinbrüchen des Neandertales, das sich zwischen Düsseldorf und Wuppertal erstreckt, war man im Zuge der Abbautätigkeit schon immer auf Hohlräume gestoßen. Im Sommer 1856 sollten auch die letzten beiden Höhlen beseitigt werden. Man sprengte einen Teil der Felswand ab, wodurch man in die vorher nicht zugänglichen Hohlräume eindringen konnte. Beim Wegschaffen des Lehms, der den Höhlenboden bedeckt und das Brechen des Kalkes behinderte, stieß man auf ein paar alte Knochen. Der Steinbruchbesitzer teilte dem an solchen Dingen interessierten Elberfelder Gymnasialprofessor Johann Carl Fuhlrott mit, daß er sich ein paar »Höhlenbärenknochen« abholen könne. Fuhlrott war einigermaßen erstaunt, als ihm nicht die Gebeine eines Tieres, sondern die eines menschenähnlichen Wesens mit außerordentlich rohem Körperbau übergeben wurden. Es handelte sich um ein niedriges, langes und weit zurückspringendes Schädeldach mit mächtigen Knochenwülsten über den Augenhöhlen und um dicke, plumpe Oberschenkelknochen, die eine eigenartige Krümmung aufwiesen. Bei der sofort angestellten Nachuntersuchung fand er noch einige weitere Skelettreste. Der Bonner Anatom Hermann Schaaffhausen, der zur Beurteilung herangezogen wurde, stellte fest, daß es sich um einen fossilen Menschen handeln müsse. 1864 prägte der englische Anatom William R. King für diese Menschenart, die im letzten Drittel der Eiszeit lebte, den Namen Homo neanderthalensis, kurz »Neandertaler«. So gelangte das Neandertal, das nach einem Kirchenlieddichter des 17. Jahrhunderts benannt worden war, zu Weltruhm.

Und wieder wurde eine lebhafte Diskussion entfacht, vor allem weil das Skelett nur bruchstückhaft und ohne Begleitfunde geborgen worden war. Als entschiedener Gegner der Meinung Fuhlrotts trat der berühmte deutsche Arzt Rudolf Virchow auf, der auch auf dem Gebiet der vorgeschichtlichen Anthropologie ein anerkannter Wissenschaftler war. Er meinte, daß das Neandertalskelett zu keinem normalen Individuum gehöre, sondern zu einem Menschen mit krankhaft verändertem Knochenbau. Es lägen hier die Überreste eines »gichtgeplagten, rachitischen Idioten« vor. Trotz weiterer gleichartiger Funde in anderen Ländern, wie etwa in der Höhle von Spy d'Orneau, unweit der belgischen Stadt Namur, im Jahre 1886, blieb Virchow bei seiner Ablehnung. Für einige Zeit hemmte er dadurch die Erforschung des fossilen Menschen. Erst 1900 konnte der Straßburger Anatom Gustav Schwalbe mit Hilfe einer eingehenden Untersuchung dem Neandertaler auch innerhalb der deutschen Forschung Anerkennung verschaffen.

Heute ist es selbstverständlich, auch die Entwicklung der ausgestorbenen Menschenahnen mit einzubeziehen, wenn man den Formenwandel der Arten im Laufe der Erdgeschichte zu erklären versucht. Den Evolutionsgedanken, der dahintersteckt und der erst die Stammesgeschichte der Organismen verständlich macht, griff der französische Naturwissenschaftler Jean-Baptiste de Lamarck bereits 1809 in seinem Werk »Philosophie zoologique« auf. Die eigentliche Evolutionstheorie wurde dann von dem englischen Biologen Charles Darwin begründet. Er formulierte seine Überlegungen in seinem 1859 erschienenen Werk »Die Entstehung der Arten durch natürliche Auslese oder die Erhaltung der bevorzugten Rassen im Ringen ums Dasein«: Die Wandlung der Organismen werde von einem Ursachengefüge bedingt. Basis dafür sei eine Selektion, eine natürliche Auswahl, die das jeweils für den Lebenskampf geeignetere erfaßt und fördert. Im »Ringen ums Dasein« haben die für die entsprechende Umweltsituation geeignetsten Lebewesen die größte Chance für ein Überleben, was Darwin als die »natürliche Auswahl« bezeichnete.

Die Konsequenzen für den Menschen lagen auf der Hand. Schon bald versuchte man auch für die Hominiden, die Ahnen des Menschen, eine Abstammungsgeschichte zu erstellen. 1863 erklärte auf einer Versammlung deutscher Naturforscher in Stettin der deutsche Zoologe Ernst Haeckel, daß die nächsten Stammesverwandten der Hominiden in »affenähnlichen Säugetieren« des Tertiärs zu suchen wären. Im gleichen Jahr veröffentlichte der englische Biologe und Abstammungstheoretiker Thomas Huxley, ein Fürsprecher von Darwins Theorie, sein Werk »Zeugnisse für die Stellung des Menschen in der Natur«, in dem er auf die Abstammung des Menschen von tierischen Vorfahren hinwies. Darwin selbst publizierte erst 1871 seine umfangreiche Arbeit zur Abstammung der Menschen, worin er die Hominiden als Abkömmlinge von tertiären Formen von Menschenaffen darstellte. Dies begründete er mit der Ähnlichkeit zwischen solchen Affen und den Menschen. Sie wäre sowohl in der körperlichen Erscheinungsform als auch in der Physiologie, in der Anfälligkeit für Krankheiten und in den psychologischen Charakteristika wie Instinkt, Gefühl und Sozialverhalten bemerkbar.

Trotz zahlreicher Gegner, die vor allem aus kirchlichen Kreisen kamen und die Abstammung des Menschen vom Menschenaffen nicht in Einklang mit dem biblischen Schöpfungsmythos bringen konnten, setzte sich der Evolutionsgedanke durch und ist heute allgemein anerkannt. Kontroversen gibt es nur in den Einzelheiten des Abstammungsweges. Suchten früher viele Wissenschaftler nach dem »missing link«, nach dem fehlenden Bindeglied zwischen dem Menschenaffen und dem Menschen, so weiß man heute, daß

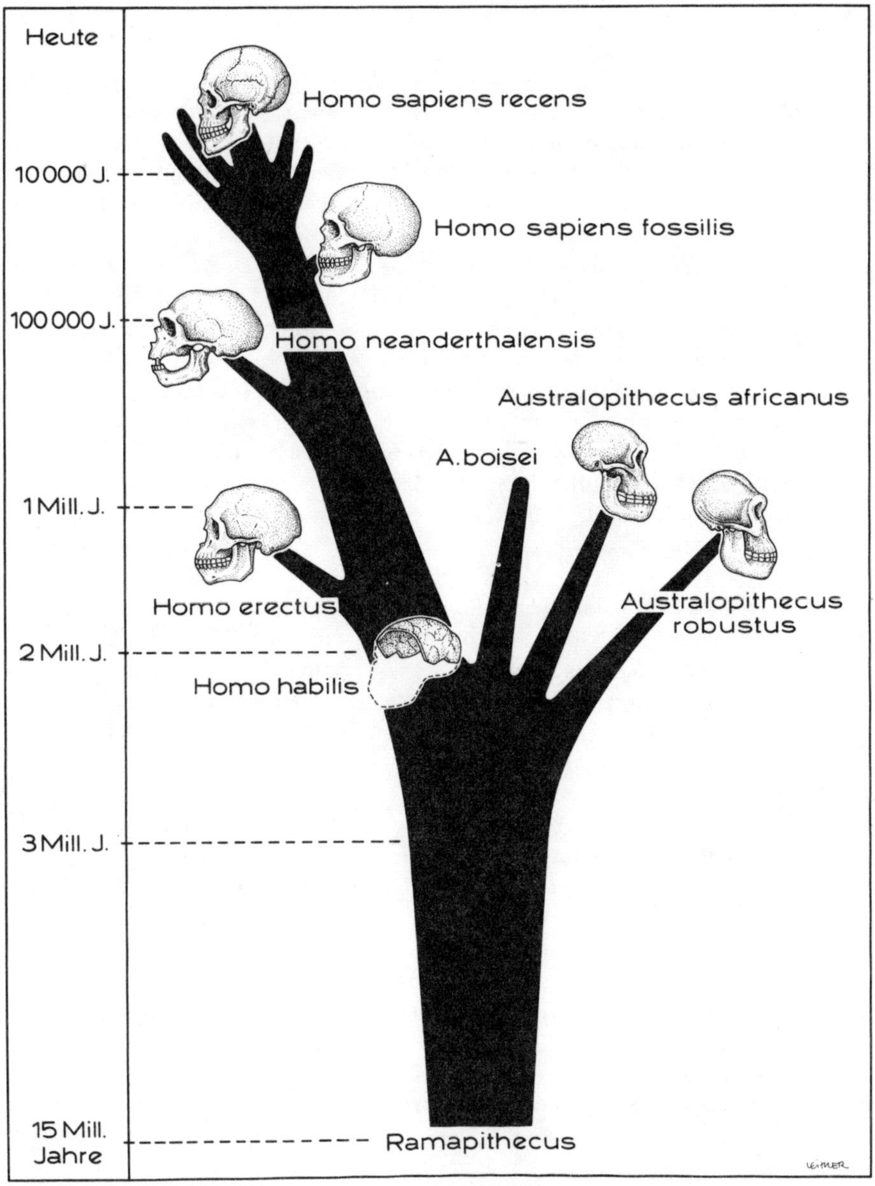

Stammbaum der Hominidenentwicklung (nach E. M. Winkler)

die Problematik anders gelagert ist. Darwin hatte zwar vorausgesetzt, daß im Rahmen der Evolution ständig neue Merkmale auftauchen, kannte aber den Begriff der Mutation im Sinne der Veränderung des Erbgutes noch nicht. Die Mutationstheorie tauchte erst um die Jahrhundertwende auf. Nach ihr liefert die Mutation die Basis für die Selektion, also für die natürliche Auslese. Dabei sind jedoch vor allem jene Faktoren umstritten, die zur Entstehung von neuen Arten und Rassen führen. Vor allem über die Zahl und die Art dieser Faktoren ist man geteilter Meinung.

Die Wiege der Menschheit

Immer wieder stellte sich die Wissenschaft die Frage, wo sich die Wiege der Menschheit befunden habe. Doch erst die intensive Forschungs- und Ausgrabungstätigkeit der Archäologen und Paläoanthropologen seit dem Zweiten Weltkrieg ließ diesbezügliche Überlegungen zu. Ihr verdanken wir nämlich zahlreiche fossile Funde, aus deren geographischer Verteilung und Datierung man darauf schließen kann, daß Afrika, wenn schon nicht der Ursprung, so doch eines der Zentren der menschlichen Entwicklung gewesen ist. Die Funde ergaben hier zwei Schwerpunktgebiete einer solchen Evolution: den Süden und den Osten. An beiden Stellen fand man Überreste der sogenannten Ramapithecinen, eines Vertreters der Vormenschen. Nach neuesten Ergebnissen stehen sie an der Wurzel der Entwicklung zu den Hominiden. Sie lebten vor etwa 15 Millionen Jahren im Tertiär, also im älteren Abschnitt der geologischen Neuzeit, und standen noch auf tierischem Niveau. Allerdings unterscheiden sich die Kauflächen ihrer Zähne von denen der Menschenaffen, was darauf schließen läßt, daß dieser Vormensch etwas entwickelter als der Menschenaffe war.

Die ältesten bisher nachgewiesenen Vorfahren der Menschen sind die Australopithecinen. Ihr Name bedeutet soviel wie »Südaffe«, obwohl sie der Gruppe der Hominiden angehören. Als 1924 erstmals Gebeine des Australopithecus in Südafrika entdeckt wurden, wagte man es noch nicht, sie als »menschliche Überreste« anzuerkennen. Die in jüngster Zeit gefundenen Australopithecinen stammen fast ausschließlich aus Süd- und Ostafrika.

Die Existenz dieser Vorfahren des Menschen fällt in den Zeitraum von 3 Millionen bis 700.000 v. Chr. Die wesentlichste Weiterentwicklung bei ihnen war der aufrechte Gang. Beine und Füße dienten nur mehr der Fortbewegung, Arme und Hände zum Greifen und Halten. Der Schädel verlor im Zug des Übergangs vom Gehen auf allen vieren zum aufrechten Gang die schwere Muskulatur. Er wurde leichter, und es entstand mehr Platz für die Entwicklung des Gehirns. Die Australopithecinen fertigten bereits einfache Geröllgeräte an.

Es gab drei verschiedene Arten dieser Vorfahren des Menschen. Das entscheidende Merkmal zwischen den beiden wichtigsten Gruppen, nämlich dem Australopithecus africanus und dem Australopithecus robustus, stellt ein sogenannter »Scheitelkamm« dar. Der Australopithecus africanus war zierlicher gebaut und maß nur 1,2 bis 1,5 Meter. Er besaß einen relativ kleinen Hirnschädel und ein großes, aber menschlich gestaltetes Gebiß. Der Australopithecus robustus war ein kräftig gebautes Wesen mit einer beachtlichen Kaumuskulatur. Zu ihrem Ansatz reichte die Oberfläche des relativ kleinen Gehirnschädels nicht aus, so daß sich in der Mitte des Scheitels als zusätzlicher Ansatzpunkt ein kleiner Knochenwulst, der sogenannte Scheitelkamm, befand.

Nach der Meinung des in Kenia geborenen Anthropologen Louis S. B. Leaky und anderer Wissenschaftler entstand parallel zu den Australopithecinen eine entwickeltere Form der Hominiden, der sogenannte Homo habilis, der fähige Mensch. Er wurde so genannt, weil man in ihm das erste für das Menschendasein geistig befähigte Wesen zu erkennen glaubte. Überreste des Homo habilis entdeckte man in der Olduvai-Schlucht in Tansania. Laut Leaky dürfte er bereits in der Linie zum Jetztmenschen stehen. Leaky ist auch der Meinung, daß die Australopithecinen nur Werkzeugbenützer gewesen seien, während der Homo habilis als erster Gerätehersteller die in Süd- und Ostafrika gefundenen Geröllgeräte erzeugte. Sein Hirnschädelvolumen war jedenfalls größer als das der Australopithecinen.

Ein wirklich über jeden Zweifel erhabener Vertreter der Gattung Mensch ist der Homo erectus. Er ist der erste Weltbürger, der sowohl in Afrika als auch in Asien sowie in Europa lebte. Unter anderem fand man Spuren dieses Menschen in China, auf Java, in Heidelberg in Deutschland und in Verteszöllös in Ungarn. Er bevölkerte die Erde zwischen 1 Million und 200.000 v. Chr. Es gilt als sicher, daß er sich das Feuer nutzbar machte und Steingeräte gezielt herstellte. Die einfachen, nur spärlich bearbeiteten Geröllgeräte differenzierte er immer mehr.

Zur Herstellung von Geräten verwendete der Homo erectus nicht mehr einfache Felsgesteine, sondern vor allem Feuersteinknollen. Dabei formte er entweder den Knollen durch gezieltes Zuschlagen, der sogenannten Zuschlag- oder Kerntechnik. Oder er versuchte mit Hilfe der Abschlagtechnik, also aus möglichst regelmäßigen Abschlägen, spezialisierte Werkzeuge und Waffen herzustellen. Das wichtigste Gerät dieser Zeit war der sogenannte Faustkeil, ein durch verschieden starke Schläge zweiseitig bearbeitetes flaches Mehrzweckgerät von ovaler bis birnenförmiger Gestalt. Die Bezeichnung Faustkeil rührt von der Annahme her, daß er ohne Schäftung in der Faust gehalten benutzt wurde. Manche Wissenschaftler glauben, daß dies aber nur bei größeren Exemplaren der Fall gewesen sein dürfte, während kleinere geschäftet waren. In der neueren Literatur wird für diese Geräte oft auch die Bezeichnung »Zweiseiter« gebraucht.

Vom Faustkeil zum Spezialwerkzeug

Zwischen 200.000 und 40.000 v. Chr., also während der mittleren Stufe der Altsteinzeit, lebte der Neandertaler. Von ihm existiert eine große Anzahl von Funden. Dementsprechend umfangreich ist auch die Unterteilung in verschiedene geographische und zeitliche Typen. Zeitlich unterscheidet man zwischen frühen und klassischen Neandertalern. Das durchschnittliche Hirnschädelvolumen des robuster aussehenden klassischen europäischen Neandertalers lag bereits weit über jenem des Homo erectus und übertraf sogar das des Jetztmenschen. Die besondere Größe seines Gehirns dürften vor allem jene Gehirnanteile bedingt haben, die mit den Sinnen der Wahrnehmung im Zusammenhang stehen. Die damit verbundenen Eigenschaften dieser hochspezialisierten Jäger, wie zum Beispiel eine besondere Beobachtungsgabe, sind uns heute wieder verlorengegangen.

Der Neandertaler war der Träger verschiedener Kulturen, unter anderem jener, die nach dem französischen Fundort Le Moustier benannt wurde. Das Moustérien Mitteleuropas ist überwiegend durch Abschlaggeräte charakterisiert. In den anderen Verbreitungsgebieten des Moustérien, im übrigen Eurasien, im Nahen Osten und in Nordafrika, stellte der Neandertaler nicht nur Geräte aus Feuersteinknollen mit Hilfe der Kern- und Abschlagtechnik her, sondern verwendete auch nach wie vor Geröllwerkzeuge. Er lebte in Höhlen und Halbhöhlen sowie auch schon in Freilandsiedlungen bzw. Freilandstationen. Unter letzterem versteht man die Errichtung und Benützung von Lagerplätzen im freien Gelände, also außerhalb natürlich geformter Wohnstätten und außerhalb der alpinen Regionen. Sie wurden oft an Flußläufen, die das Wild als Tränke benutzte, oder an Abhängen angelegt. Im Verlauf des Moustériens wurde die Verwendung des klassischen Faustkeils aufgegeben. An seine Stelle traten kleinere, eher spitze bis dreieckige Formen. Dies konnte man auch bei der Gudenushöhle feststellen, wo man solche Kleinformen, sogenannte »Fäustel«, sowie Spitzen und Schaber aus plattenförmigem Feuerstein und Bergkristall fand.

Obwohl in der Tschechoslowakei, unter anderem in Šala und Gánovce, Skelettreste des Neandertalers gefunden wurden, konnten in Österreich noch keine entdeckt werden. Dennoch kann man annehmen, daß von der Tschechoslowakei aus, die ein wichtiges Bindeglied zwischen den westeuropäischen und vorderasiatischen Neandertalern darstellt, zumindest auch Nordösterreich in den Lebensraum des Neandertalers einbezogen wurde.

Auf den Neandertaler folgte der Homo sapiens fossilis, der unmittelbare Vorgänger des Menschen der Jetztzeit, der Homo sapiens recens genannt wird. Die Frage der Abstammung des Homo sapiens ist schwierig zu beantworten, da sein Verhältnis zum Neandertaler noch ungeklärt ist. Eine direkte Ableitung aus dem klassischen Neandertaler ist nicht möglich, da an einigen Stellen Neandertaler mit Sapiens-Typen sogar gleichzeitig gelebt haben, wie zum Beispiel am Berg Karmel in Palästina. Der Homo sapiens fossilis scheint sich also parallel zum Neandertaler entwickelt zu haben.

Es existierten mindestens zwei Unterarten dieser Menschenform, der robuste Cromagnon- und der grazile Combe-Capelle-Typus, die in verschiedenen Gebieten verbreitet waren. Am Ende der letzten Eiszeit, etwa um 10.000 v. Chr., hatten die Menschen mit Ausnahme der Antarktis sämtliche Kontinente erreicht und besiedelt. Ab der späten Altsteinzeit tritt auch die Aufgliederung in die heutigen Großrassen ein, nämlich in die Europiden, in die Mongoliden und in die Negriden.

Der Homo sapiens fossilis begann verfeinerte Feuersteinabschläge zu sehr differenzierten und spezialisierten Geräten zu formen. Aus ihrem Aussehen lassen sich noch heute ihre ehemaligen Funktionen ablesen: Scharfe Klingen dienten zum Schneiden, Schaber und Kratzer verwendete man zum flächigen Abheben, Stichel zum Ausheben und Bohrer zum Lochen von Holz und Knochen. Auch Waffen, wie Pfeil- und Lanzenspitzen, sind gut erkennbar. Die Mehrzahl der oft beachtlich kleinen und feinen Werkzeuge und Waffen

Erzeugung von Feuersteinabschlägen (nach J. Wolf und Z. Burian)

werden natürlich mit einer Schäftung aus – heute verlorengegangenen – organischen Materialien versehen gewesen sein. Ein seltener Nachweis für einen geschäfteten Kratzer gelang bei einer Bergung in einer Ziegelei im niederösterreichischen Langenlois bei Krems. Dort war zwar der Stiel ebenfalls nicht mehr erhalten, er hinterließ jedoch einen Hohlraum im Lehm, den man ausgießen konnte. So erhielt man ein naturgetreues Abbild des ehemaligen Schaftes.

Auch die Kulturen der späten Stufe der Altsteinzeit wurden nach französischen Fundorten benannt: Aurignacien, Gravettien und Magdalénien. Die älteren Stufen, Aurignacien und Gravettien, konnten in vielen niederösterreichischen Fundorten nachgewiesen werden.

Spezifische Unterschiede zwischen Aurignacien und Gravettien lassen sich unter anderem in der feineren Weiterbehandlung der Abschläge erkennen: Im Aurignacien wurden die Klingen in ihrem gesamten Umfang stufig abgearbeitet und nur eine Schmalseite etwa zu einem Schaber gestaltet. Im darauffolgenden Gravettien wurde meist eine Längsseite der Klingen zu einem stumpfen Rücken geformt. Auch wurden damals kleine Geräte zusammengesetzt und aneinandergereiht geschäftet. Das Magdalénien zeichnet sich neben Steingeräten vor allem durch einen Reichtum an Knochen- und Horngeräten, wie Lanzenspitzen, Harpunen und Pfrieme, aus.

Das einzige je in Österreich komplett aufgefundene Skelett aus dieser Zeit wurde aus abergläubischer Furcht zerstört. Man entdeckte es 800 Meter nördlich vom niederösterreichischen Spitz an der Donau, wo es im Mießlingtal im Schutz eines natürlichen überhängenden Felsens lag. 1896 schachtete man dort ein Fundament aus und stieß auf eine Schicht mit Steinwerkzeugen und Tierknochen sowie auf dieses Skelett. Die Tierknochen und Steinwerkzeuge schüttete man mit dem ausgehobenen Erdmaterial neben dem Haus auf, das Skelett zerschlug man und warf es in den Mießlingbach. Erst zwischen 1912 und 1921 fand Josef Bayer bei systematischen Grabungen neben zahlreichen Steinwerkzeugen und Tierknochen das guterhaltene Unterkiefer eines Kindes. Möglicherweise gehörte es zu einer weiteren Bestattung. 1926 bemühte sich Bayer vergebens darum, das Felsdach unter Schutz zu stellen. Heute ist es völlig zerstört: Man verwendete es zur Gewinnung von Steinplatten für den Wegbau.

Das Rätsel der Eiszeit

Nicht nur in der Gudenushöhle und in einigen anderen »Tieflandstationen«, wie der Teufelslucken bei Eggenburg in Niederösterreich und der Bärenhöhle bei Winden im Burgenland, hinterließ der Neandertaler seine Spuren. Er drang auch in die alpinen Regionen ein. Dies allerdings war ihm nur während den Zwischeneiszeiten möglich, in denen das die Alpen wie ein Panzer bedeckende Eis schmolz.

Zahlreiche Wissenschaftler zerbrachen sich bereits den Kopf darüber, wieso es überhaupt zu Eiszeiten kommen konnte. Die rund 50 Theorien, die mittlerweile aufgestellt wurden, reichen von vermuteten Schwankungen der Strahlungsintensität der Sonne bis zu Veränderungen des Rotationswinkels der Erdachse. Heute neigt man dazu, die Ursache der Eiszeiten in einem Zusammenwirken verschiedener Umstände zu suchen. Doch im Grunde genommen ist sie ebenso ungeklärt wie die genaue Anzahl und die Dauer der Klimaschwankungen. Tatsache jedenfalls ist, daß es im Quartär, in der jüngsten

Gudenushöhle unterhalb der Burg Hartenstein im Tal der Kleinen Krems, NÖ.: Wohnplatz des Menschen während der mittleren und spätesten Stufe der Altsteinzeit.

Drei Steinwerkzeuge (außen zwei kleine Faustkeile, Bildmitte ein Schaber) aus der mittleren Stufe der Altsteinzeit (»Mousterien«) aus der Gudenushöhle, NÖ.

Eingipsen eines Mammutstoßzahnes während der Grabung von 1961 in der Ziegelei Kargl in Langenlois, NÖ.

Spätaltsteinzeitliche Frauenstatuette aus Kalkstein mit Rötelspuren aus Willendorf, NÖ., sog. »Venus von Willendorf«: Frontalansicht und Halbprofil nach links.

Rekonstruktion eines Langhauses der Linearkeramik im Museum für Urgeschichte des Landes Niederösterreich in Asparn/Zaya.

Jungsteinzeitliche »Bombe« mit Notenkopfverzierung aus Guntramsdorf, NÖ. (links).

»Venus von Draßburg«, halbplastische Frauendarstellung auf einem Gefäßbruchstück der späten Linearkeramik (rechts).

Übersicht über einen Abschnitt der Grabungen von 1976 in den Befestigungen der Lengyelkultur am Schanzboden zu Falkenstein, NÖ.

Gefäßbruchstücke mit typischen mehrfärbigen Bemalungen aus den Befestigungen der Lengyelkultur vom Schanzboden zu Falkenstein, NÖ.

geologischen Formation, die um 3 Millionen v. Chr. auf das Tertiär folgte, zu einem mehrfachen Wechsel von Kalt- und Warmzeiten kam. Dieser Zeitabschnitt, der bis rund 10.000 v. Chr. dauerte, wird Pleistozän, also Eiszeitalter, genannt und umfaßte die gesamte Altsteinzeit. Die Mittelsteinzeit, das Mesolithikum, reichte bereits in das Holozän, in die geologische Gegenwart, hinein.

Im Eiszeitalter sank das Jahresmittel der Temperatur während der Kaltphasen um etwa 8 bis 12°C ab. In der Folge bildeten sich mächtige Eiskappen in den nördlichen Teilen der Welt. Auch in den Alpen reichten die Gletscher weit ins Vorland, und die Schneegrenze sank beträchtlich. Das höhergelegene Flachland entsprach einer baumlosen Tundren- und Kaltsteppenlandschaft, die Flußtäler hatten auwaldartigen Charakter.

Nach den älteren voreiszeitlichen Kalt- und Warmphasen folgte ab 900.000 v. Chr. die »eigentliche Eiszeit« mit den nach bayrischen Voralpenflüßchen benannten Kaltphasen Günz, Mindel, Riß und Würm sowie den drei dazwischenliegenden Warmphasen Cromer, Holstein und Eem. Aber auch innerhalb der einzelnen Phasen gab es größere Schwankungen.

In der österreichischen Landschaft findet man ebenfalls deutliche Spuren der Eiszeiten, wie zum Beispiel Moränen und Flußterrassen. Die vor dem Eisrand liegenden Gebiete, besonders im nördlichen Niederösterreich, waren in der Kaltzeit von einer baumlosen Steppe bedeckt. Hier wurde der vom Wind aus den Überschwemmungsgebieten der Flüsse und Moränen ausgeblasene, feine Staub vor allem an Süd- und Osthängen als Löß abgelagert. Diese typischen Lößlandschaften, wie die der Wachau, der Gegend um Krems, des Kamptales und des Weinviertels, stellten den Lebensraum des Eiszeitmenschen dar. Im jungeiszeitlichen Löß findet man auch die Reste der »Mammutfauna«, also Reste von Mammut, Wollhaarnashorn, Steppenwisent, Bison, Riesenhirsch, Rentier, Wildpferd, Wildrind usw.

Die heute im Löß zu beobachtenden, kräftig rötlich bis bräunlich gefärbten Bänder sind Überreste der zwischen den Kaltzeiten liegenden Wärmeperioden. Man nennt diese Bodenbildungen auch Verlehmungszonen. Mehrere in der Fachliteratur übliche Bezeichnungen für die einzelnen Bänder gehen auf in Niederösterreich beobachtete Horizonte zurück, wie zum Beispiel die Göttweiger, Kremser oder Stillfrieder Bodenbildungen.

In diesen Zwischeneiszeiten war es im Jahresmittel um etwa 4°C wärmer als heute. Es herrschte ein günstiges Klima mit milden Wintern und feuchten Sommern. In den Alpen wuchsen die pontische Alpenrose und die wilde Weinrebe – Pflanzen, die heute nicht mehr in solcher Höhe gedeihen. Weiters gab es Schwarzföhren, Fichten, Tannen, aber auch Weiden, Ulmen, Buchen, Ahornbäume und Linden. Zusätzlich existierte eine weit üppigere Alpenflora als heute.

Den Menschen der Altsteinzeit lockte vor allem der Tierbestand in die alpinen Regionen. Neben Steinbock, Gemse, Hirsch, Murmeltier, Schneehase und Edelmarder tummelte sich damals in schwindelerregenden Höhen auch eine Reihe heute ausgestorbener Tiere, wie der Höhlenlöwe, der Höhlenpanther, der Vielfraß und vor allem der Höhlenbär. Letzterer war weit größer als sein heute noch lebender Verwandter, der Braunbär. Aufgerichtet maß er gut 2,5 Meter.

Die günstigen Bedingungen in der letzten Zwischeneiszeit ermöglichten dem Neandertaler das Besteigen der Alpen. Schnee, Eis und Wind der Würmvereisung zerstörten allerdings seine Siedlungsspuren im Freien. Diese haben sich lediglich im flachen Land erhalten, wo sie von Löß bedeckt und konserviert wurden, und in den Höhlen der Alpen, die der Neandertaler im Zuge der Bärenjagd in Besitz nahm.

Als Pflanzenfresser lebte der Höhlenbär mit seiner Familie in den alpinen Höhlen, wo er sich an abgelegenen Stellen auch zum Winterschlaf zurückzog. Der Mensch dieser Zeit muß seine Lebensgewohnheiten beobachtet und ausgenützt haben. Er lauerte ihm auf und erlegte ihn mit Holzkeulen oder Steintrümmern. Zahlreiche Bärenschädel, die man in den Höhlen entdeckte, weisen Hiebverletzungen, ja mitunter sogar verheilte Brüche am Schädel auf. Diese Jagd muß also besonders gefährlich gewesen sein. Da sich dennoch die in den Höhlen vorgefundenen Speiserückstände, vor allem Bärenknochen, häufen, kann von einer richtigen »Höhlenbärenjäger-Kultur« gesprochen werden.

Jagdrevier Alpen

Schon vor rund 100 Jahren machte man sich Gedanken über die Anwesenheit des Menschen in den alpinen Höhlen. Kurz nach 1900 sprach der Schweizer Naturforscher Emil Bächler bereits von einem eigenen »Alpinen Paläolithikum«, das in der Schweiz, in Österreich und in Jugoslawien verbreitet war. Doch erst neuere Funde, besonders jene in der Schweiz, gaben Aufschluß über das Leben der Höhlenbärenjäger. Obwohl man heute zumeist annimmt, daß die Kulturstufe, der der Mensch dieser Zeit angehörte, das Moustérien war, kann eine Einordnung nicht immer leicht getroffen werden. Denn die lediglich für eine momentane Verwendung hergestellten Steingeräte des Alpinen Paläolithikums sind nicht so exakt ausgeführt wie die der Bewohner des Flachlandes. Man verwendete gröbere, nur wenig bearbeitete Steine von Felsen, die an Ort und Stelle vorkamen, oder Kieselsteine aus nahen Bächen. Zum Teil wurden auch Höhlenbärenknochen entsprechend zugerichtet.

All das spricht nicht für einen längeren Aufenthalt in einer Bärenhöhle, sondern eher für das stete Wechseln von Höhle zu Höhle, also für ein Ziehen von einem Jagdplatz zum anderen. Dennoch dürften die Höhlen nach dem Erlegen der Bären für einige Zeit als Wohnplatz benützt worden sein, was Feuerstellen mit Speiseresten und Arbeitsplätze zum Erzeugen von Steingeräten beweisen. Aus Bärenfellen, Hölzern und Steinblöcken wird man sich eine einfache Einrichtung gebaut haben. Das Feuer mußte Licht und Wärme

Jungeisenzeitliche Säugetiere (nach E. Thenius)

spenden. In manchen Höhlen fand man auch von Steinen umstellte Bärenschädel und andere Knochen als Opfergaben, was wohl überirdische Mächte zur Gewährung reicher Jagdbeute und zum Schutz des Lebens der Jäger bewegen sollte.

Eine Frage allerdings kann bis heute nicht beantwortet werden: Warum wurde der Neandertaler zum ersten alpinen Bergsteiger? Denn wenn auch das günstige Klima eine gute Begehbarkeit der Berge ermöglichte und das reiche Vorkommen des Höhlenbären lockte, waren die Lebensbedingungen in den ebenfalls wildreichen Niederungen zweifellos besser. Und trotz der Warmphasen wird man wohl nur im Sommer die alpinen Regionen Tirols (Tischoferhöhle bei Kufstein), Salzburgs (Durchgangshöhle am Schlenken bei Vigaun in der Nähe von Hallein), Oberösterreichs (Salzofenhöhle bei Bad Aussee), Kärntens (Höhle im Griffener Burgberg) und der Steiermark aufgesucht haben.

Die wohl am längsten bekannte Höhle des alpinen Jägers ist die Drachenhöhle bei Mixnitz in der Steiermark, die von den Bauern dieser Gegend früher »Kogelluckn« genannt wurde. Sie liegt 12 Kilometer südöstlich von Bruck an der Mur in 950 Meter Seehöhe an einer schwer zugänglichen Stelle. Zahlreiche Inschriften, die sich bis in die Mitte des 14. Jahrhunderts zurückverfolgen lassen, zeugen davon, daß die Drachenhöhle bereits im Mittelalter bekannt war. Auch österreichische Erzherzöge ließen sich die Höhle zeigen.

Glaubt man den Überlieferungen, mußte es damals in der Steiermark von Schlangen und Drachen nur so gewimmelt haben. 1589 schrieb Conrad Gesner in seinem Schlangenbuch: »ein buchhendler aus Steyrmarck erzalt auff ein zeyt herrn Froschowern/ daß im 43 jar der mindern zal/ zunechst bey der Steyermark vil fliegende vor anderen giftige/ und glych wie eidexen vierfüssige schlangen weren einsmals gesehen worden.« 1678 berichtete der gelehrte Jesuit Athanasius Kircher in seinem »Mundus subterraneus«, daß am Rötelstein an der Mur in einer Höhle ein ganzes Drachenskelett gefunden worden sei. In Wirklichkeit dürfte es sich dabei um Skelette von Höhlenbären gehandelt haben.

Das bekannte Denkmal des Lindwurms auf dem Marktplatz von Klagenfurt, der von einem Riesen mit einer Keule bekämpft wird, geht ebenfalls auf einen Knochenfund aus der Mitte des 16. Jahrhunderts im Zollfeld zurück. Die Fundstelle heißt heute noch »Drachengrube«. Dort entdeckte man einen Schädel, der sich nun in der Städtischen Sammlung von Klagenfurt befindet und der bereits 1840 vom Botaniker Franz Unger als Wollhaarnashorn identifiziert werden konnte. Der unbekannt gebliebene Künstler, der den Klagenfurter Lindwurm um 1590 schuf, blieb beim Kopf dem Original treu, Krokodilleib und Flügel fügte er nach dem damals bereits erschienenen Schlangenbuch Gesners hinzu.

Daß die Drachenhöhle von Mixnitz nicht nur von Tieren bewohnt worden war, entdeckte man nach dem Ersten Weltkrieg: Um den Düngemittelmangel zu beheben, wurde 1919 eine private Gesellschaft gegründet, die in Höhlen Phosphaterde abzubauen begann, die sich aus den Überresten der dort einst lebenden Tiere gebildet hatte. Auch die Drachenhöhle wurde in diese Abbauaktion mit einbezogen. Dabei stieß man 1921 auf einen künstlich bearbeiteten Kieselstein. In der Folge kümmerte sich der Paläontologe Othenio Abel um die Tierknochenfunde und der Urgeschichtsforscher und Höhlenkundler

Georg Kyrle um die archäologischen Funde. Sie verfaßten 1931 eine zusammenfassende Arbeit über ihre Forschungsergebnisse, in der sie auch die Drachenhöhle eingehend beschrieben. In der fundführenden Schicht stieß man auf Branderde, Kohlestückchen, plumpe Quarzitwerkzeuge und massenhaft Höhlenbärenknochen. Die Werkzeuge waren aus Quarzitgeröll aus der Mur hergestellt und nur grob zu breiten keulenähnlichen Formen zubehauen worden. Es handelt sich dabei deutlich um Werkzeuge für den momentanen Gebrauch, um sogenannte »ad hoc«-Industrien.

Die zahlreichen Knochenreste stammen großteils vom Höhlenbären, der sie an seinem Wurf- und Sterbeplatz hinterlassen hat. An den Höhlenwänden entdeckte man Schleif- und Kratzspuren, die möglicherweise von sterbenden Tieren stammen. Zahlreiche Höhlenbärenschädel wiesen Verletzungen, vor allem Hiebe über der Nasenwurzel, auf. Besonders viele Hand- und Fußknochen, meist von Jungtieren, zeugen davon, daß diese Teile der Beute vom Jäger besonders gerne verspeist wurden. Die in der Höhle gefundenen Nadelhölzer, unter anderem Reste der Schwarzföhre, beweisen, daß das Klima damals wesentlich milder war. Sinterblättchen wiederum lassen darauf schließen, daß eine Klimaverschlechterung große Feuchtigkeit mit sich brachte, was dazu geführt haben dürfte, daß dieser Jagdplatz aufgegeben wurde.

Höhlen, die zeitweise von Neandertalern bewohnt waren, gibt es auch muraufwärts in der Peggauer Wand. Im Badlgraben, einem Seitental des Murtales, befindet sich 70 Meter über dem Tal die Repolusthöhle, benannt nach dem Bergmann, der sie 1910 entdeckte. Sie ist lediglich 35 Meter lang und stellt den Rest eines Paläohöhlenflußsystems dar. 1920 wurde sie in die Höhlendüngerabbauaktion mit einbezogen. Zum Glück geriet sie jedoch nach einigen wenigen Probegrabungen in Vergessenheit. 1947 entdeckte Maria Mottl, die damalige Kustodin am steirischen Landesmuseum Joanneum in Graz, den Eingang der Höhle wieder. Mit einigen Unterbrechungen grub sie dort bis zum Jahre 1955. Die beiden vorgefundenen Kulturschichten, die sich von ihren Funden her kaum unterscheiden, sind durch die Schuttschicht einer Kaltzeit getrennt. In den beiden Fundhorizonten entdeckte man rund 2000 Artefakte, vorwiegend Spitzen und Klingen aus Quarzit, aber auch aus Hornstein und Knochen. Grabungen im rückwärtigen Höhlenteil ergaben eine bis 10 Meter mächtige Füllung, die hauptsächlich umfangreiches paläontologisches Material enthielt. Rund 80 Prozent waren Überreste von erlegten Tieren, die von den Jägern als Speiseabfälle hier deponiert worden waren. Hauptsächlich handelte es sich wieder um Höhlenbären- und Steinbockknochen, aber auch um solche von Edelhirsch, Wildschwein, Löwe, Murmeltier, Wolf usw. Die bei Herdstellen gefundenen Pflanzenreste stammen von Fichten, Birken, Eiben und Zirbelkiefern.

Zu den höchstgelegenen Höhlen, die der Neandertaler aufsuchte, zählt die Salzofenhöhle im Toten Gebirge. Sie liegt an einem Südhang in 2000 Meter Höhe und diente Salzschmugglern als Zufluchtsstätte. Bereits 1924 bis 1944 grub dort der Ausseer Schulrat Otto Körber. 1939 und ab 1948 leitete dann der Paläontologe Kurt Ehrenberg die Grabungen. Er stellte kultische Bärenschädel-Hinterlegungen fest, die allerdings umstritten sind. Weiters entdeckte er Lochungen vor allem bei Höhlenbärenknochen, wobei er ebenfalls an eine magisch-kultische Handlung dachte. Im ethnologischen und volkskundlichen Bereich ist ja vielfach heute noch eine zeremonielle Behandlung des Bären anzutreffen, so zum Beispiel bei nordasiatischen und nordamerikanischen Völkern. Dort stellt der tote Bär den Mittelpunkt verschiedenartiger Zeremonien dar, bei denen er durchwegs als ein Gast behandelt wird, dem man Verehrung schuldet. Oft gilt er auch als Ahne oder mythischer Urmensch.

Nicht immer ist es der ganze Bär, der im Mittelpunkt des Zeremoniells steht. Manchmal ist es nur das Bärenfell mit dem Kopf und den Tatzen. Mitunter wird bei einem feierlichen Mahl das Gehirn verzehrt. Danach wird der Bär bestattet, häufig in Form von Beisetzungen auf Plattformen, um die Wiederbelebung des Tieres und die Erhaltung seiner Art zu erreichen. Der tiefere Sinn des ganzen Zeremoniells liegt neben der Wiederbelebung scheinbar in einer Versöhnung des Tieres mit seinen Jägern und in einem mystischen Zurücksenden des Tieres an eine Art höchstes Wesen. Interessant ist in diesem Zusammenhang auch, daß der Bär in Mitteleuropa in Märchen und Sagen ebenfalls eine besondere Rolle spielte und spielt.

Durch einen neuerlichen Vorstoß des Eises während der letzten Kälteperiode der Würmeiszeit wurde der Neandertaler aus den Alpen wieder vertrieben. So manchen Tieren und Pflanzenarten erging es nicht besser: Sie starben in diesen Regionen aus.

Der »Riese der Vorzeit«

Das Mammut war wohl das wichtigste Jagdtier des Menschen der jüngeren Altsteinzeit. Kein Wunder: Es wog im Durchschnitt vier Tonnen und besaß trotz seiner großen Stoßzähne eine relativ geringe Wehrkraft. Dennoch war es schwierig genug, diesen Koloß zu erlegen, der – außer in tropischen Bereichen – in ganz Eurasien verbreitet war. Dementsprechend häufig stieß man bereits im Mittelalter beim Grundaushub von Großbauten immer wieder auf Mammutknochen. Damals schrieb man diese überdimensionalen Dinger den »Riesen der Vorzeit« zu.

Knochen und Zähne des Mammuts wurden auch im mittelalterlichen Wien entdeckt. In der »Wienerischen Chronica« berichtet Wolfgang Lazius 1546, daß man die Gebeine der Riesen Gog und Magog gefunden habe. Auch das romanische Portal des Stephansdomes führt seit alter Zeit den Namen »Riesentor«, obwohl es keineswegs das größte Tor des Domes ist. Bereits 1862 konnte der Wiener Geologe und Paläontologe Eduard Suess nachweisen, daß diese Bezeichnung auf einen gewaltigen Knochen zurückzuführen ist, der einst an diesem Tor befestigt war, heute jedoch leider verschollen ist.

Ein Mammutknochen befindet sich auch in der Sammlung des geologischen Institutes der Universität Wien. Dabei handelt es sich um einen Oberschen-

Mammutknochen vom Wiener Stephansplatz (nach E. Suess)

kelknochen, auf dessen einer Seite die Jahreszahl 1443, auf der anderen der Wahlspruch Friedrichs III., A. E. I. O. U., aufgemalt ist. Da 1444 die Fundamente für den unvollendeten Nordturm des Stephansdomes ausgehoben wurden, kann man mit einiger Berechtigung darauf schließen, daß der eigentümliche Knochen aus dieser Baugrube stammt.

Der Name Mammut wurde von Isbrand Ides, einem Gesandten am Hof Zar Peters des Großen, erstmalig 1704 in die Literatur eingeführt. Der Begriff scheint aus einer sibirischen Sprache zu stammen und soviel wie »Erdentier« zu bedeuten, was weiter nicht verwunderlich ist, da die meisten Mammutfunde in Sibirien gemacht wurden. Bereits zur Zeit Alexanders des Großen im 4. Jahrhundert v. Chr. kannte man die Überreste des Mammuts. Damals wurde Elfenbein nicht nur von lebenden Elefanten gewonnen, sondern auch von ausgegrabenen. Wie viele Mammuts einst die Erde bevölkert haben, verdeutlicht die Schätzung, daß allein in Sibirien in den letzten 200 Jahren gut 40.000 Stück, also etwa 400 Tonnen Mammutelfenbein, geborgen wurden.

Von besonderem Interesse sind jene sibirischen Funde, bei denen im Eis eingeschlossene Mammutleiber, die die Jahrtausende völlig unversehrt überstanden haben, zutage kommen. Der berühmteste und wissenschaftlich wohl wertvollste in dieser Art konservierte Eiszeitelefant ist das Jungtier von der Beresovka in Nordostsibirien. Es dürfte im Alter von erst 25 Jahren beim Weiden in eine Gletscherspalte gestürzt und von den nachrutschenden Schuttmassen so rasch erstickt worden sein, daß es nicht einmal mehr Zeit hatte, die Gräser und Blätter, die es kaute, hinunterzuschlucken. Anhand des Beresovka-Mammuts konnte man nachweisen, daß diese Tiere mit 4 Meter Schulterhöhe fast um 1 Meter größer wurden als die heutigen Elefanten. Ihre Rumpflänge betrug rund 5 Meter, wovon der Kopf ein Drittel ausmachte. Dieser hatte nicht nur eine gewaltige Muskulatur zu tragen, sondern auch vier bis acht Backenzähne mit starken Falten aus Zahnschmelz, von denen jeder 8 Kilogramm wog, und die bis 4,5 Meter langen, spiralig gebogenen Stoßzähne, die zusammen 250 Kilogramm schwer werden konnten. Als Vorbeugungsmaßnahme gegen das Abfrieren waren die Ohrmuscheln klein und der gewaltige Rüssel behaart. Zum Abrupfen der niedrigen Pflanzen besaß dieser im Gegensatz zum indischen Elefanten ein zweifingriges Ende. Auch durch die vier Zehen seiner Füße unterscheidet sich das Mammut von den heutigen Elefanten. An den spitzscheiteligen Kopf des Mammuts schloß ein Fetthöcker an, von dem das Tier in winterlichen Notzeiten zehren konnte. Das Mammut war über den ganzen Körper mit rötlichbraunen zottigen Haaren bedeckt, die gegen unten hin heller wurden. Sie hingen von Brust und Bauch besonders reichlich bis 50 Zentimeter lang herab und boten dem Tier eine ausgezeichnete wärmehaltende Unterlage, wenn es sich in der winterlichen Eiszeitsteppe auf Schnee und Eis zu einem kurzen Schlaf niederließ. Dem besonderen Wärmeschutz des Mammuts diente ein dichter Unterpelz aus 2 bis 3 Zentimeter langen Wollhaaren. Darunter befand sich die 2 bis 3 Zentimeter dicke Lederhaut und eine Speckschicht, die schon beim jungen Beresovka-Mammut 9 Zentimeter dick war. So konnte dieses Tier der Kälte und den Schneestürmen standhalten. Allerdings lebte das Mammut nicht in der Region des ewigen Winters; dort wäre auch dieser widerstandsfähige Eiszeitelefant elend zugrunde gegangen. Die 15 Kilogramm unverdaute Pflanzennahrung im Magen des Beresovka-Tieres bewies, daß das Mammut Gräser, Blätter und Blumen, wie sie heute noch in der Beresovka wachsen, im Winter wohl auch Triebe verschiedener Nadelhölzer, Weiden und Birken, zum Leben benötigte. Und dies wahrscheinlich noch in größerer Menge als der heutige indische Elefant, der, als Arbeitstier verwendet, täglich rund 300 Kilogramm Grünfutter beansprucht. Vergleichsuntersuchungen mit den heutigen Elefanten ergaben übrigens eine nahe Verwandtschaft des Mammuts zum indischen Elefanten.

Die Menschen, die das Mammut jagten, standen auf der Kulturstufe des »höheren Jägertums«. Darunter versteht man eine aneignende, noch nicht produzierende Wirtschaftsform, bei der aber bereits Vorräte angelegt werden. Davor existierte ein reines Jäger- und Sammlertum mit unsteter Lebensweise.

Die Mammutjagd war einigermaßen schwierig, da der Pelz, die Lederhaut und die Speckschicht einen guten Schutz gegen Holzspeere, Feuersteinspitzen und Knochenharpunen boten. Zudem überstieg die Fluchtfähigkeit und -geschwindigkeit dieses Kolosses die Verfolgungsmöglichkeit des Eiszeitjägers um ein Vielfaches. So blieb den Menschen dieser Zeit nichts anderes über, als sich den Lebensgewohnheiten dieses Tieres anzupassen, es an seinen natürlichen Zugstraßen zu erwarten und mit List und Tücke zu erlegen. Unter anderem versuchte man es über Steilstufen zu drängen und zum Absturz zu bringen. Oder man legte künstliche Fallgruben an. Mitunter trachtete man danach, das Mammut zu verwunden, um damit seine Flucht zu verhindern. Dabei war man bestrebt, Speere schräg von unten in das Tier zu stoßen, damit es sich im Zusammensinken die Waffe noch tiefer in den Leib rennt. Das solcherart erlegte Tier wurde teilweise an Ort und Stelle mit provisorischen Werkzeugen zerlegt und auf einmal verzehrt, teilweise wurden die Fleischstücke in nahe gelegene Lagerplätze abtransportiert. Hier wurden das Fleisch und das Fett kurzfristig, die Knochen und das Elfenbein über längere Zeiträume aufbewahrt.

Die Jagd spielte in der Altsteinzeit eine zentrale Rolle. Und so dürften auch die Struktur und die Organisation der damaligen Gesellschaft von den Notwendigkeiten des Jagdbetriebes bestimmt gewesen sein. Bei den Mammutjägern ist es denkbar, daß die jagdfähigen Männer den Spuren des Mammuts folgten, während sich die Frauen der Sammelwirtschaft und dem Bewahren des Feuers widmeten.

Bauen mit Mammutknochen

Durch den Mangel an Wohnhöhlen und Felsdächern in der Nähe der Jagdplätze war man gezwungen, Lagerplätze in Form von Freilandsiedlungen, also in Form von Zelten und Hütten, zu errichten. Ein wichtiges Baumaterial waren dabei die Mammutknochen. Sie dienten sowohl zur Konstruktion eines tragfähigen Daches als auch für den Unterbau. Zur Beschwerung der Planen aus Fell und zur Abstützung der Lößwände bei eingetieften Hütten wurden ebenfalls Mammutknochen verwendet. Neben einfachen kegelförmigen Bauten mit kreisrundem Querschnitt gab es damals auch schon regelrechte Langbauten mit zahlreichen Feuerstellen. Die hier gefundenen Mammutknochen scheinen Heizmaterialvorräte gewesen zu sein. Der Wiener Altsteinzeitspezialist Fritz Felgenhauer ist der Meinung, daß man unter diesen Umständen nicht von einem Nomadentum sprechen kann, wenngleich die Menschen dieser Zeit auch nicht seßhaft waren. Sie siedelten längere Zeit an bestimmten bevorzugten Plätzen, die sie zuweilen auch immer wieder aufsuchten, vor allem, wenn sie dort ihre Vorräte deponiert hatten. Ansonsten war ihre unstete Lebensweise in erster Linie abhängig vom Jagdwild und von der Witterung.

In Mähren in den Pollauer Bergen entdeckte man unter anderem in Dolní Věstonice (Unterwisternitz) und Pavlov (Pollau) in der Nähe von Mikulov (Nikolsburg) die Reste solcher Hütten, bei denen Mammutknochen als Baumaterial Verwendung fanden. Auch in Österreich wurden in oder um Siedlungen der jüngeren Stufe der Altsteinzeit zahlreiche solcher Knochen gefunden, unter anderem in Niederösterreich.

1919 untersuchte Johann Bayer in Langmannersdorf an der Perschling, 9 Kilometer von Herzogenburg, einen Lagerplatz der Mammutjäger. Er legte dabei eine Grube von ehemals 1 Meter Tiefe und etwa 2,5 Meter Durchmesser frei. Ihre Wände fielen steil ein, nur gegen Süden bildeten sie einen schrägen Zugang. Da drei dazugehörige Pfostenlöcher auf eine pultartige Überdachung schließen lassen, wird diese Anlage als eingetiefte Wohnstätte gedeutet. Rund 1000 Feuersteinabschläge, die man in der Grube entdeckte, deuten darauf hin, daß sie einem Steinschläger als Arbeitsstätte gedient hat.

In Langenlois stieß Fritz Felgenhauer 1961 bei einer Rettungsgrabung in der Ziegelei Kargl auf wannenförmige Vertiefungen, Feuerstellen, Pfostenlöcher und teilweise noch senkrecht stehende Mammutknochen. Aus diesen Hinterlassenschaften schloß er, daß sich hier ehemals kegelförmige oder längliche

Rekonstruktion der altsteinzeitlichen Siedlung von Dolni Věstonice, ČSSR, 25.000–30.000 v. Chr. (nach B. Klima)

Hütten befunden haben müssen, wobei die Mammutreste, Stoßzähne und Knochen, sowie Steine die Funktion von Wandstützen hatten. Aufgrund der Ausdehnung der einzelnen Siedlungsplätze kann man annehmen, daß hier einst einige Familien, also rund 20 bis 100 Personen, siedelten.

Der Hundssteig in Krems an der Donau ist eine der wichtigsten Aurignacien-Fundstellen Österreichs. Die prähistorischen Hinterlassenschaften haben ein C-14-Datum von 35.200 ± 1960 Jahren ergeben. Hier wurden schon 1645 Überreste von »Riesen« entdeckt. Als die Schweden damals unter ihrem General Torstenson den Rückzug vor den kaiserlichen Truppen antreten mußten und die Donau aufwärts zogen, hoben sie nördlich der Stadt Schanzwerke aus. Die dabei zutage gekommenen »Riesenknochen« kamen teilweise in das Kremser Jesuitenkolleg, teilweise in die verschiedensten Teile der Welt. Matthäus Merian bildete 1647 einen Backenzahn im 5. Band seines »Theatrum Europaeum« ab und schrieb dazu: »Waarhaffte grösse und abbildung eines Zaan, von dem Jenigen Rissen cörper welcher zu Krembs in unter Österreich A. 1645 gefunden und ausgraben worden . . .« Schon 1729 erkannte man auf der qualitativ hochwertigen Abbildung einen Mammutzahn. Der Originalzahn, der lange Zeit als verschollen gegolten hatte, konnte durch Nachforschungen Othenio Abels in der Sternwarte des Benediktinerstiftes Kremsmünster entdeckt werden.

1893 und in den folgenden Jahren wurden zur Errichtung eines Hochwasserschutzdammes in der Nähe von Krems größere Mengen an Schüttmaterial benötigt. Also baute man kurz entschlossen die Lößkuppe nordwestlich des sogenannten Wächtertores ab. Man grub riesige Stufen, die man einstürzen ließ. Auf diese Weise konnte man rasch und billig Material gewinnen. Die Überwachung der Fundstelle durch die Wissenschaft wurde dadurch natürlich nahezu unmöglich gemacht. Wegen Verschüttungsgefahr wurde sogar der Zutritt verboten. So war man lediglich auf die Mithilfe der Arbeiter angewiesen, die nach und nach zahlreiche Fundstücke ablieferten, vor allem Klingen, Kratzer und verschiedene Spitzen aus Feuerstein sowie Knochenpfrieme und Schmuckschnecken. Natürlich konnte man die Fundumstände, die für eine fachliche Auswertung notwendig gewesen wären, nicht beobachten. Es konnte lediglich in Erfahrung gebracht werden, daß in 8 Meter Tiefe eine 10 Zentimeter mächtige Kulturschicht mit zahlreichen Feuerstellen vorhanden war. So zählt die einstige Freilandstation Krems-Hundssteig heute nicht nur zu einer der reichsten Fundstellen an Steingeräten, sondern ist auch eine der am schlechtesten erforschten.

Der wohl bekannteste altsteinzeitliche Fundplatz in Österreich ist Willendorf in der Wachau. Durch den Lößabbau für Ziegeleien wurden hier schon ab der Mitte des 19. Jahrhunderts Zufallsfunde gemacht.

In Fachkreisen bekannt wurde der Fundplatz durch Ferdinand Brun. In einer handschriftlichen Notiz sprach er 1883 von »einer holzkohlen- und feuersteinführenden Schicht«, die er als Überreste eines »Lagers aus der Mammutperiode« bezeichnete. In dieser Zeit wurden auch die ersten Probegrabungen unternommen. 1889 entdeckte Brun eine weitere Fundstelle, die heute Willendorf II genannt wird.

Wer fand die Venus von Willendorf?

Zu systematischen Grabungen kam es erst 1908. Ab Mai dieses Jahres führte man nämlich bei einem Eisenbahnbau durch die Wachau größere Erdbewegungen durch. Dabei stieß man auf fünf weitere Fundstellen. Am 28. Juli begann unter der Leitung von Johann Szombathy sowie unter der Mithilfe von Josef Bayer und Hugo Obermaier eine systematische Grabung. Am 7. August fand man in Willendorf II eine 11 Zentimeter große, unförmige Figur, die eine beleibte, unbekleidete Frau mit starken Hüften, vorstehendem Bauch und schweren Brüsten darstellt. Auf ihren schwachen Schultern sitzt ein verhältnismäßig großer Kopf ohne Gesicht. Die dünnen Arme sind nur angedeutet, die Füße ganz weggelassen. Um den Kopf ist eine komplizierte, bis in den Nacken reichende Frisur aus parallelen Lockenreihen gelegt. Beide

Handgelenke schmücken gezackte Armringe. Ursprünglich war die Figur dick mit roter Farbe bemalt gewesen, die jetzt jedoch nur mehr stellenweise erhalten ist. Die Beine laufen spitz zu.

Diese Statuette wurde unter dem Namen »Venus von Willendorf« weltberühmt. Weniger berühmt wurde ihre Fundgeschichte. Und man tat gut daran, sie nicht in alle Winde hinauszuposaunen: Obwohl Johann Szombathy auch andere archäologische Untersuchungen zu überwachen hatte und sich normalerweise daher nur Bayer und Obermaier am Grabungsplatz befanden, waren an diesem Tage alle drei anwesend. Zum eigentlichen Zeitpunkt der Auffindung hielten sie sich allerdings im nahe gelegenen Gasthaus auf. Wenn nun auch keiner der drei wirklich Augenzeuge des Fundes gewesen sein konnte, behaupteten sie in ihren Aufzeichnungen und Tagebüchern, dabeigewesen zu sein. Dieser Umstand führte zu jenem legendären Streit, wer nun eigentlich als Finder des Stückes zu gelten hätte. Viel schlimmer allerdings war, daß – nachdem die Leiter der Ausgrabung im Wirtshaus saßen – niemand registrierte, aus welcher Kulturschicht die Venus stammte. Willendorf II besaß nämlich neun Kulturschichten übereinander, wobei die Schichten 2 bis 4 dem Aurignacien und die Schichten 5 bis 9 dem Gravettien zugeschrieben werden können. In seinem Tagebuch verbesserte Szombathy die Angabe »Schicht 7« später auf »Schicht 9«. Und gewöhnlich wird heute die neunte und jüngste Schicht als jene angesehen, die die Venus beherbergte, was einem absoluten Alter von 25.000 bis 30.000 Jahre v. Chr. entspräche.

Die Venus von Willendorf zählt zu den markantesten Vertreterinnen von menschlichen, zumeist weiblichen, aus dem Gravettien stammenden Statuetten. Bis jetzt fand man von Frankreich bis Rußland und auch in Sibirien rund 100 mehr oder minder vollständige Figuren dieser Art. Auch wenn sie im Aussehen variieren, besitzen sie bestimmte typologische und stilistische Gemeinsamkeiten: Sie sind nackt, zeigen eine aufrechte Haltung und fallen oft durch eine beachtliche Leibesfülle auf, der selbst das Wort Fettleibigkeit nur mit Mühe gerecht wird. Da die zusammengepreßten Beine häufig in kleinen Zapfen enden, nimmt man an, daß sie in den Behausungen in den Lößboden oder in die Wände gesteckt wurden. Bei der Deutung der Statuetten allerdings gehen die Meinungen auseinander: Manche glauben, daß sie Fruchtbarkeits- und Muttergöttinnen waren, andere wiederum sehen in ihnen Schutz- oder Hausgöttinnen. Der deutsche Urgeschichtsforscher Hermann Müller-Karpe hingegen meint, daß es sich viel eher um Selbstdarstellungen von konkreten Einzelmenschen handelt, die sich einerseits so wie sie aussahen, anderseits aber auch in einer Bezogenheit zu einer übernatürlichen Macht wiedergaben.

Im September bzw. Oktober wurden die Grabungen an der Fundstelle I und 1909 wieder an der Fundstelle II fortgesetzt. Im Zuge der Grabungen vom Juni bis Juli 1926 wurde in Willendorf II in der Schicht 5 eine weitere Venusstatuette entdeckt: In einer Grube lag auf dem rechten Ast eines Mammutunterkiefers eine Elfenbeinstatuette von ehemals 29 bis 30 Zentimeter Länge. Sie wurde aus dem Ende eines Mammutstoßzahnes geschnitzt und stellt eine stilisierte, schlanke Frau dar. Da der Kopf und die Fußspitze schon in alter

Zeit abgebrochen waren, mißt sie nur noch 23,2 Zentimeter. Bayer deutete die »Venus 2« infolge ihrer Lage auf dem Mammutkiefer als Jagdopfer.

Im September 1955 führte Fritz Felgenhauer nach einer kleineren Probegrabung an der Fundstelle II nochmals eine systematische Grabung durch. Heute gilt dieser Platz bis auf Reste der Schichten 1–3 als erschöpft. Felgenhauer war es auch, der 1959 das gesamte je in Willendorf geborgene Fundmaterial in einer umfassenden Monographie veröffentlichte. In Anbetracht der Bedeutung der »Venus 1« errichtete man 1978 an ihrer Fundstelle ein Denkmal, das in groben Zügen überdimensioniert die Statuette wiedergibt.

Funde aus dem spätesten altsteinzeitlichen Magdalénien wurden bisher in Österreich kaum gemacht. Diese Kulturstufe charakterisieren weniger Steingeräte, sondern vielmehr die reichen Knochengerätinventare. Wie schon erwähnt, gehört die obere Kulturschicht der Gudenushöhle dem Magdalénien an. Ein Teil der kleinen Steingeräte, Knochennadeln und -spitzen, Harpunen und der gelochte Knochenstab, der »Kommandostab«, bestätigen dies. Besonders interessant ist ein ausgehöhlter Adlerknochen, der mit einem Rentierkopf verziert ist und als Behälter für feine Knochennadeln diente.

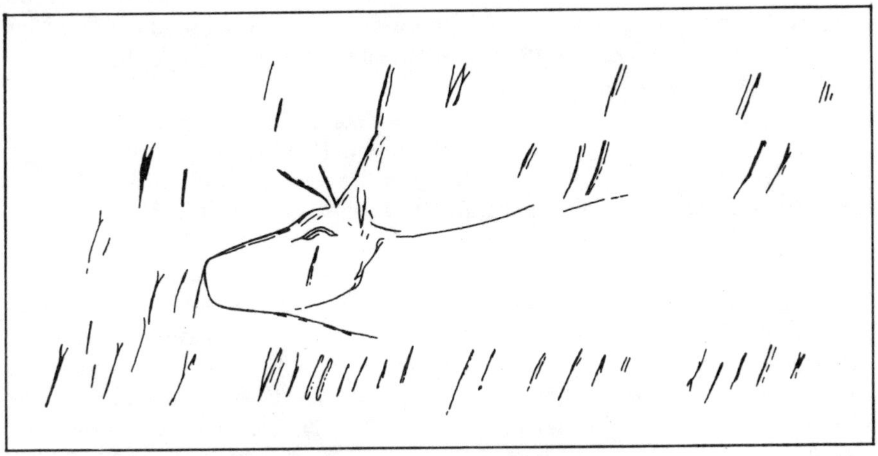

Rentierkopf auf dem Adlerknochen aus der Gudenushöhle, Niederösterreich (nach H. Obermaier und H. Breuil)

Daß auch die Menschen der spätesten Stufe der Altsteinzeit am Ende der letzten Eiszeit wieder in die Alpen vorgedrungen sind, beweist das Fundmaterial von der 600 Meter über dem Meeresspiegel liegenden Halbhöhle von Unken an der Saalach bei Saalbach in Salzburg. Schon im vorigen Jahrhundert wurden bei Wegbauten Teile der Höhle weggesprengt. Als die Halbhöhle durch den Neubau der Straße von Lofer zur Staatsgrenze erneut gefährdet erschien, beauftragte der damalige Salzburger Landesarchäologe Martin Hell den Loferer Tierarzt Helmut Adler, Probegrabungen durchzuführen. Aus nur noch zum Teil unberührten Schichten barg er in einer Tiefe von 0,7 bis 0,9 Meter Holzkohlestückchen, Knochensplitter, Tierknochenfragmente, das Bruchstück einer Geweihharpune und etwa 450 Geräte und Abschläge aus Hornstein, Quarzit und Bergkristall. Das archäologische Fundmaterial konnte der spätesten Stufe der Altsteinzeit zugeordnet werden. Diese Datierung entspricht auch den Durchschnittswerten der drei C-14-Proben, die dieser Höhle entnommen wurden und die ein Alter von 9490 ± 430 v. Chr. ergaben.

Die Nahrung wird knapp

Mit dem Ende der letzten Eiszeit kommt es zu einem Temperaturanstieg, der zum Schmelzen der Inlandgletscher führt. Vorübergehende Warmzeiten erhöhen die Temperatur um 2 bis 3 Grad Celsius. Das hat eine völlige Veränderung der Umwelt, der Fauna und der Flora zur Folge und stellt den Menschen vor gewaltige Probleme: Durch das Aussterben der eiszeitlichen Großsäuger fällt eine wichtige Ernährungsquelle weg. Andere eiszeitliche Herdentiere, wie das Ren, wandern nach Norden. Der Wald breitet sich aus, erstmals treten auch Pflanzen aus dem Mediterranraum auf.

Der immer noch von der Jagd- und Sammelwirtschaft lebende Mensch betritt die geologische Gegenwart und muß mit der radikalen Veränderung seiner ökologischen Umwelt und damit seiner Lebensgrundlage fertig werden. Manche Gruppen folgen nun den Herden wie die Rentierjäger im Norden Europas. Es kommt zu Bevölkerungsverschiebungen, vor allem aber zu Bevölkerungsrückgängen.

Als Jagdwild werden nun Waldtiere – besonders Hirsche – und Kleintiere wie Vögel bevorzugt. Auch Fischfang wird mit Harpunen, Angeln und Netzen verstärkt betrieben. Mit Einbaum und Paddel befährt man die Binnengewässer.

Die Veränderung des Jagdwildes spiegelt sich auch in den Waffen wider. Das recht vielfältige und spezialisierte Typenspektrum der späten Altsteinzeit »verarmt« deutlich, und manche Urgeschichtsforscher sprechen von einer »sterbenden Altsteinzeit«. Lediglich bestimmte Kratzerformen, Stichel und Mikrospitzen leben bis in die Jungsteinzeit fort. Diese ökologische wie auch technologische Übergangsperiode – die Mittelsteinzeit oder das Mesolithikum – dauerte von 10.000/8000 v. Chr. bis 6000/5000 v. Chr. Der Knochenbau des Menschen wird graziler, die Geschlechtsunterschiede sind weniger markant.

An neuen Errungenschaften gibt es in dieser Kulturstufe Kleingeräte aus Feuerstein, die sogenannten Mikrolithen. Wenige Millimeter große Abschläge werden sorgfältig zu vielfach geometrischen Formen wie kleinen Dreiecken, Halbmonden und Trapezen zugerichtet. Der spezialisierte Prähistoriker kann innerhalb dieser doch recht ähnlichen Geräte 26 nur in der Mittelsteinzeit verwendete Typen unterscheiden. Sie waren durchwegs mit Holzgriffen oder Knochenschäftungen versehen. Häufig wurden auch mehrere dieser winzigen Stücke zu einem Gerät zusammengesetzt.

Auf der Jagd begleitete den Menschen dieser Zeit bereits der Hund, der ja bekanntlich das älteste Haustier ist. Ursprünglich suchte er wohl als Abfall-

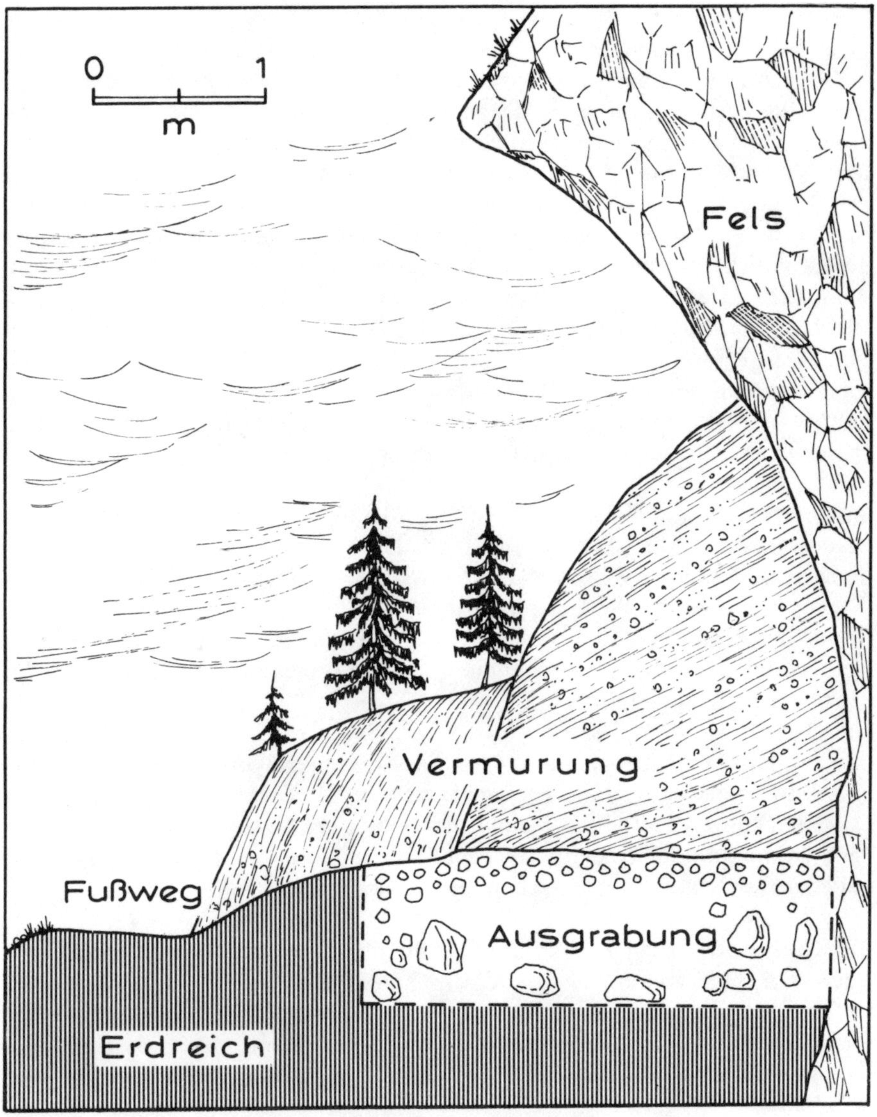

Schnitt durch die Halbhöhle von Uncen, Salzburg (nach H. Adler)

fresser die Nähe der Menschen auf, ehe er gezähmt und schließlich auch gezüchtet wurde. Schon dieser Umstand verdeutlicht, daß der Mensch, obwohl er noch Jäger und Sammler war, langsam seßhaft wurde. Auch entdeckte man zahlreiche Freilandsiedlungen aus dieser Zeit, die aus Hütten und Zelten gebildet wurden und die mitunter relativ kontinuierlich bewohnt waren.

Nicht nur beginnende Seßhaftigkeit zeugt vom langsamen Eintritt in die Jungsteinzeit: Ab etwa dem 6. Jahrtausend v. Chr., dem sogenannten Spätmesolithikum, sind deutlich Änderungen in der Steinwerkzeugindustrie zu bemerken. Immer häufiger werden regelmäßige Klingen hergestellt, wie sie dann in der Jungsteinzeit, im Neolithikum, üblich sind. Auch geschliffene Felsgesteinbeile treten bereits vereinzelt als Geräte zur Holzbearbeitung auf. Vielleicht hatte der Mensch des mitteleuropäischen Mesolithikums schon Kontakt mit den ältesten jungsteinzeitlichen Kulturen Südosteuropas. Dann hätte er die Kenntnis dieser neuen Techniken noch vor dem Auftreten der ersten Bauern in der Jungsteinzeit besessen. Vielleicht gab es sogar eine Zeit, in der mesolithische Jäger und jungsteinzeitliche Bauern nebeneinander gelebt haben. In einem solchen Fall hatten sie untereinander wohl kaum Kontakte, da sie ja unterschiedliche Landschaftsräume bevorzugten: Der Mensch der Mittelsteinzeit war in Landschaften mit sandigen Böden in der Nähe von Flüssen und Seen zu finden. Der Bauer dort, wo es den für den Getreideanbau günstigsten Lößboden gab. Als sicher jedenfalls gilt, daß die fruchtbaren Böden Ostösterreichs schon von Bauern besiedelt waren, während in den alpinen Zonen noch Jäger und Sammler lebten.

In Österreich sind bis jetzt nur wenig Siedlungsplätze der Mittelsteinzeit entdeckt worden. Möglicherweise spielt dabei neben der geringen Bevölkerungsdichte in dieser Zeit auch die Verwendung von nur wenig auffallenden Kleingeräten eine Rolle. Ein bevorzugtes Siedlungsgebiet scheint das Waldviertel mit dem Kamptal gewesen zu sein, ein weiteres dürfte sich am Bisamberg befunden haben. Eingehende Untersuchungen wurden allerdings bis jetzt noch nicht angestellt.

Eine weitere Fundstelle ist die Zigeunerhöhle bei Gratkorn in der Steiermark. Dort fand man Steingeräte, wie einen kleinen Rundschaber aus Bergkristall, Angelhaken und Harpunen. Neben der schon seit 1923 bekannten Herdanlage entdeckte man ein Hirschgeweihgerät mit ornamentalen Verzierungen und der Darstellung einer kriechenden Schlange.

Bei Grabungen in der Rheinbalme am Kummen bei Koblach in Vorarlberg stieß man ebenfalls auf einen mesolithischen Siedlungsplatz. Anhand der dort gefundenen Tierknochen rekonstruierte man den Speisezettel der Menschen dieser Siedlung: Sie verzehrten das Fleisch von Bison, Wolf, Sumpfschildkröte, Wildkatze, Marder, Biber, Fischotter, Rothirsch, Steinbock, Gemse, Wildschwein, Bär und Fisch.

Die ersten Bauern
Jungsteinzeit

Ein Haus für eine ganze Sippe

Im Park des Schlosses Asparn an der Zaya, Österreichs größtem urgeschichtlichem Museum, befinden sich zahlreiche Rekonstruktionen prähistorischer Behausungen. Am auffallendsten ist ein gewaltiger, vierschiffiger Pfostenbau, dessen Wände aus mit Lehm beworfenem Flechtwerk bestehen und dessen Dach mit Schilf und Stroh gedeckt ist. Vor rund 6000 Jahren stand das Originalhaus als Teil eines jungsteinzeitlichen Dorfes im heutigen Kölner Vorort Lindenthal.

Die Überreste dieser Wohnstätte wurden 1930 im Zuge von Planierungsarbeiten zur Errichtung eines Botanischen Gartens für die Universität Köln entdeckt. Bei der unverzüglich eingeleiteten Ausgrabung entfernte man von dem 40.000 Quadratmeter umfassenden Areal den Humus und legte den gewachsenen Boden frei. Dabei stieß man auf ehemalige Abfallgruben sowie auf Fundamentgräben und Pfostenlöcher, die sich als dunkle Verfärbung deutlich vom lehmigen Untergrund abhoben. Während die Fundamentgräben die ehemaligen Pfostenwände der Häuser markierten, wiesen die Pfostenlöcher auf den Standort der vor Jahrtausenden in den Boden eingegrabenen Holzpfosten hin, die für die Konstruktion des Hauses notwendig waren. Nach der Vermessung und der zeichnerischen Dokumentation stellte man 52 komplette Hausgrundrisse und 45 teilweise erhaltene fest. Allerdings lagen diese Grundrisse nicht neben-, sondern übereinander. Den Urgeschichtsforschern bot sich ein verwirrendes Bild von sich überschneidenden Pfostenreihen. Die Wohnhäuser konnten also nicht alle gleichzeitig bestanden haben, sondern waren nach und nach, oft als Ersatz für zerstörte oder unbewohnbar gewordene Häuser, errichtet worden. Das jungsteinzeitliche Dorf von Köln-Lindenthal dürfte zu einem Zeitpunkt höchstens 9–14 Bauten umfaßt haben. Demnach müßte es im Laufe der 500 bis 700 Jahre dauernden Siedlungstätigkeit etwa zehnmal neu aufgebaut worden sein.

Teilweise waren die Hausgrundrisse so gut erhalten, daß die ehemaligen Bauten nicht nur zur zeichnerischen Rekonstruktion, sondern auch zum Nachbau reizten. So versuchte Franz Hampl, der Leiter des Urgeschichtsmuseums des Landes Niederösterreich in Asparn an der Zaya, ein Haus mit der beachtenswerten Länge von 25 Metern, einer Breite von 7 Metern und einer Höhe von 5,4 Metern nachzubauen. Er stellte anhand des Grundrisses fest, daß der Innenraum durch drei Längspfostenreihen in vier Schiffe unterteilt gewesen war, deren 27 Pfosten auch das weit heruntergezogene Dach trugen. Die Außenwände bestanden aus 14 Eichenpfosten, deren Zwischenwände Haselgeflecht mit Lehmbewurf ausfüllte. Der Lehm war mit zerkleinertem Stroh, sogenanntem Häcksel, gemagert, was allzu starke Risse beim Trocknen verhindern helfen sollte. Manchmal dürfte der Lehm auch bemalt gewesen sein, worauf Lehmreste schließen lassen, die rote Farbspuren aufweisen. Die Wand des hinteren Teils des Hauses bestand aus aneinandergereihten, in einem Fundamentgraben versenkten Pfosten. Der Boden war gestampft.

Die Querpfostenreihen lassen auf eine Dreiteilung des Hauses schließen. Man vermutet, daß sich im ersten Drittel ein Arbeitsraum, im zweiten ein Schlafraum und im dritten ein Vorratsraum für Getreide befanden. Zur Unterbringung von Vieh und Viehfutter dürften diese Häuser nicht gedient haben. Im ersten Raum werden die frühen Bauern, die dieses Haus bewohnten, ihre Geräte hergestellt haben, die sie zur Holzbearbeitung und zur Feldbestellung benötigten. Hier formten sie auch aus Ton Keramikgefäße und erzeugten mit einfachen Webgeräten grobfaserige Stoffe. Sowohl hier als auch im Vorratsraum bereiteten sie das Getreide für die Herstellung von Brotfladen auf. Im mittleren Raum dürften sich Schlafgelegenheiten aus Matten und Tierfellen befunden haben. Obwohl man in diesen Häusern bis jetzt fast nie Herde und Öfen entdeckte, dürfte in ihnen ein Feuer zum Heizen und Kochen gebrannt haben.

Die Häuser dieser frühen Bauern zählen zu den größten der Urzeit. Vereinzelt wurden sie mit einer Länge von 60 Metern errichtet. Sie dienten wahrscheinlich rund 25–30 Menschen, also einer ganzen Sippe, als Wohn- und Wirtschaftsraum. Eine solche verwandtschaftlich verbundene Gemeinschaft dürfte eine Arbeitsgruppe gebildet haben, deren Umfang der damaligen Wirtschaftsweise entsprach. Denn die ersten Bauern des österreichischen Raumes lebten wahrscheinlich vom sogenannten Wanderfeldbau: Da man keine Düngung kannte, war der Boden nur kurze Zeit ertragreich. Es mußten also immer neue Flächen gerodet und in Felder umgewandelt werden. Jedes Dorf mußte daher über riesige Nutzflächen verfügen, was periodisch die Verlegung der Siedlung notwendig machte.

Damit könnte man die verschiedenen Siedlungsphasen in Köln-Lindenthal erklären. Doch auch bei anderen Dörfern dieser Kultur stellte man fest, daß die Wohnhäuser an gleicher Stelle immer wieder errichtet wurden und oft sogar Abweichungen in der Bauart erkennbar sind. Die frühen Bauern scheinen also, nachdem sich der Boden erholt hatte, immer wieder an altbekannte Siedlungsplätze zurückgekehrt zu sein.

Für die Rekonstruktion der einzelnen Besiedlungsphasen eines Dorfes sind vor allem die mit Abfällen gefüllten Gruben von Bedeutung. Denn in ihnen findet man zum Beispiel Gefäßscherben, die nicht nur eine kulturelle, sondern vor allem auch eine zeitliche Einordnung ermöglichen. Auch in Köln-Lindenthal entdeckte man in der nächsten Umgebung der einstigen Wohnbauten Gruben, die durch die Entnahme des Lehms für den Wandbewurf gebildet und später mit Abfällen, unter anderem mit inzwischen vergangenen organischen Substanzen, gefüllt worden waren. Weiters entdeckte man in ihnen gebrannte Lehmbewurfreste, sogenannte Hüttenlehmbrocken, die noch den Abdruck des Flechtwerks der Wände zeigten und bei Feuersbrünsten übriggeblieben waren. Vor allem aber fand man in den Gruben keramische

Reste, mit deren Hilfe man vier Hauptbesiedlungsphasen rekonstruieren konnte. Sie wiesen eine charakteristische und für die Kultur namengebende Verzierung aus bandartig angeordneten Ornamenten auf. Diese bandkeramische Kultur, kurz »Bandkeramik« genannt, war vom 6. Jahrtausend v. Chr. bis ins 4. Jahrtausend von Holland bis zur Ukraine verbreitet, wobei sie in den einzelnen Gebieten zu unterschiedlichen Zeitpunkten auftrat und verschieden lang dauerte. Sie gilt als die älteste Bauernkultur dieses Gebietes und damit auch des österreichischen Raumes. Zu den Kennzeichen dieser Kultur, die eine neue Epoche der Menschheitsgeschichte, die Jungsteinzeit, einleitete, zählen neben dem ersten Auftreten von Gefäßen aus gebranntem Ton das Wohnen in festen Behausungen, die regelrechte Dörfer bildeten, der Ackerbau, die Viehzucht und die Technik des Steinschliffs.

Der älteste Abschnitt der bandkeramischen Kultur wird »Linearkeramik« genannt. Die Tongefäße dieser Periode weisen sehr einfache Formen auf. Sie bestehen aus dreiviertelkugeligen Töpfen, die in der Fachsprache als »Bomben« bezeichnet werden, und aus halbkugeligen Schalen. Beide Gefäße besitzen eine nur wenig ausgeprägte Standfläche. Die Bandverzierung wurde vorerst aus bis zu 4 Millimeter breiten, im Querschnitt U-förmigen Rillen in Spiral- oder Mäanderform gebildet. Im Laufe der Zeit wurden diese Ornamente durch notenkopfartige Eindrücke unterbrochen, was die Urgeschichtsforscher veranlaßte, von einer »Notenkopfkeramik« zu sprechen.

Vom Jäger zum Bauern

Seit der Mittelsteinzeit lebte der Mensch in der geologischen Gegenwart, dem sogenannten Holozän, in welchem keine besonderen Veränderungen der Erdoberfläche mehr stattfanden. Dafür gab es nach wie vor Klimaschwankungen: Um 7000 v. Chr. setzte – wie bereits erwähnt – eine nacheiszeitliche Wärmeperiode ein, die im fünften vorchristlichen Jahrtausend ihren Höhepunkt erreichte und nach 3000 v. Chr. wieder abklang. Während dieser Zeit kam es zur Ausbreitung des Eichenmischwaldes in Mitteleuropa.

Der Übergang von der aneignenden zur produzierenden Wirtschaftsform vollzog sich im Vorderen Orient bereits einige tausend Jahre früher als bei uns. Bereits um 9000 v. Chr. wurden dort aus den Jägern, Fischern und Sammlern Ackerbauern und Viehzüchter. Es kam zum »Beginn produktiver Nahrungswirtschaft nach den Jahrhunderttausenden der Abhängigkeit von dem, was die natürliche Umwelt an pflanzlichen und tierischen Ernährungsmöglichkeiten für Jäger und Sammler bot«, wie es der deutsche Urgeschichtsforscher Günter Smolla formulierte.

3000 bis 4000 Jahre später kam es auch in Mitteleuropa zu einer solchen Entwicklung. Ob sie allerdings selbständig vor sich ging oder durch Kulturkontakte zum Vorderen Orient zustande kam, ist noch nicht geklärt. Auch wie man in Palästina, Syrien und Mesopotamien die Domestikation von Wildpflanzen, also die Verwandlung wild wachsender Gräser in Kulturformen, erlernte, darüber gibt es nur Vermutungen: Vorerst wurden die Samenkörner von wild wachsenden Gräsern, wie Wild-Einkorn und Wild-Emmer, zwei Wildformen des Weizens, eingesammelt, was nicht unbedingt einfach war: Während bei Kulturpflanzen der Samen für längere Zeit in der Ähre bleibt, fällt er beim wilden Weizen sofort nach dem Reifungsprozeß aus. So hatte man die Wahl, entweder unreifes Getreide zu ernten oder Ähren, die die meisten Körner verloren, bevor sie in einem entsprechenden Behälter lagen. Wollte man den idealen Erntezeitpunkt feststellen, mußte man den Weizen über einen längeren Zeitraum beobachten.

Es gab jedoch auch »anormale« Pflanzen, deren Körner nicht ausgestreut wurden, obwohl sich ihre Ähren äußerlich nicht von anderen unterschieden. Es liegt auf der Hand, daß diese nichtstreuenden Ähren einen hohen Anteil an der Ernte gebildet haben müssen, da sie sich ja für ein Abernten besser eigneten. An abgelegenen Stellen, die erst gegen Ende der Reifezeit aufgesucht wurden, waren sie überhaupt die einzigen Ähren, die man noch vorfand.

Wurden Körner aus Unachtsamkeit in der Umgebung des Dorfes verloren, führte dies dazu, daß dort viele von ihnen im nächsten Jahr auskeimten und wuchsen. Da ein Großteil von ihnen zu der nichtstreuenden Art gehörte, war auch der Anteil dieser Sorte bei dem um das Dorf wachsenden Weizen unverhältnismäßig hoch. Diese »Selbst-Domestikation« vollzog sich sicher nicht gleichzeitig in allen Siedlungen von Weizensammlern, denn dafür mußten die Bodenbeschaffenheiten, die Niederschlagsmengen sowie andere natürliche Gegebenheiten besonders günstig sein. Auch mußte das Dorf geraume Zeit an ein und derselben Stelle bestehen bleiben.

Die Entdeckung, daß man Weizen auch aussäen kann, verdankt man wahrscheinlich einem Zufall. Von der »Selbst-Domestikation« bis zum Anbau des Weizens war es jedenfalls nur mehr ein Schritt. Das Ergebnis waren Kulturpflanzen, die sich in der Form und in der Größe von den wilden Gräsern unterschieden. Allen Kulturpflanzen gemeinsam ist, daß ihre Körner für längere Zeit in der Ähre bleiben und daher ohne Verluste genutzt werden können. Die Überschußkörner wurden aufbewahrt und regelmäßig ausgesät.

Der Pflanzenanbau dieser Zeit wurde noch ohne Pflug, lediglich mit einfachen Geräten, wie dem Grabstock und der Hacke, durchgeführt. Wie heute bei manchen Naturvölkern wird der Grabstock ein einfacher, unten zugespitzter Holzstock, manchmal am unteren Ende mit Holzstücken oder Knochen verbreitert und damit einem Spaten ähnlich, gewesen sein. Er wird zur Umarbeitung des Erdreiches und zum Bohren von Löchern, in die die Setzlinge oder Samenkörner gesteckt wurden, gedient haben. Die Hacke dürfte aus einem knieförmigen Hartholz bestanden haben und eventuell mit einer Muschel, einem Tierschulterblatt oder einer Steinklinge versehen gewesen sein. Mit ihr wird ebenfalls das Erdreich gelockert und zum Setzen der Pflanzen bzw. der Aussaat vorbereitet worden sein.

Die Bedeutung dieser wirtschaftlichen Änderung erkannte unter anderem der englische Archäologe V. Gordon D. Childe, der sogar annahm, daß es sich

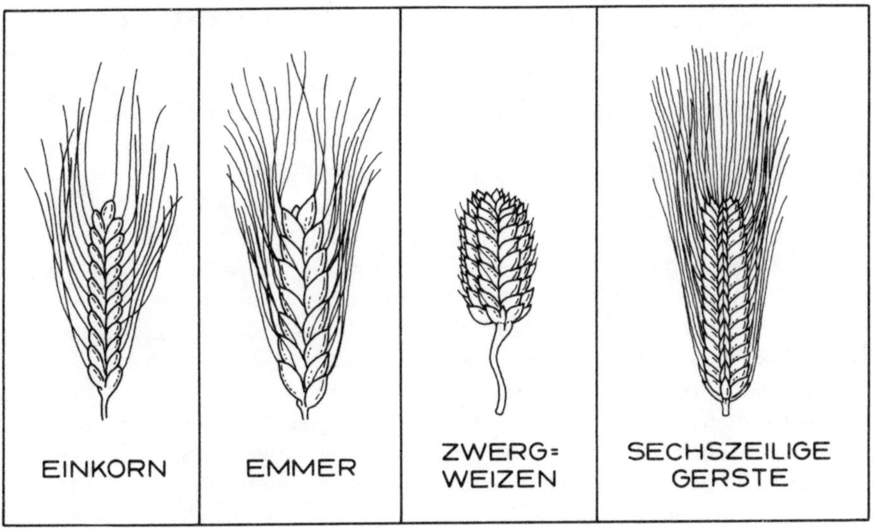

Kulturpflanzen der europäischen Jungsteinzeit (nach F. Hampl)

dabei, ähnlich wie beim Übergang zur Stadtkultur oder zum Industriezeitalter, um eine plötzliche Umwälzung handelte. In Anlehnung an die Termini »urban revolution« und »industrial revolution« prägte er 1936 den Begriff einer »neolithic revolution«, also einer jungsteinzeitlichen Revolution. Er stellte die Theorie auf, daß der Übergang vom Jäger- und Sammlerleben zum Bauerndasein auf die klimatischen Veränderungen am Ende der letzten Eiszeit, also um 10.000 v. Chr., zurückzuführen ist. Childe meinte, daß damals fruchtbare, gut bewässerte Gebiete, die von wenigen Jägern und Sammlern besiedelt waren, mit dem Zurückziehen der Gletscher austrockneten, weil viele Flüsse versiegten. Wo früher Wälder und Grasland waren, entstanden so Treibsandwüsten. Um überleben zu können, hätten die Jäger und Sammler in den wenigen verbleibenden Gebieten mit ausreichender Bewässerung Zuflucht suchen müssen. Da es in diesen Gebieten nun zu einer Bevölkerungszusammenballung kam, war man dort gezwungen, Nahrungspflanzen anzubauen, da die natürlichen Nahrungsreserven nicht mehr reichten. Außerdem behielt man einen Teil der Wildtiere bei sich, die wegen des Wassermangels die Oasen und Flußtäler aufsuchen mußten.

Gegen diese Theorie wandte sich 1960 der amerikanische Forscher Robert J. Braidwood. Er meinte, daß die klimatischen Veränderungen nicht so tiefgreifend gewesen seien, wie Childe angenommen hatte. Außerdem habe sich der Übergang zum Ackerbau wahrscheinlich nicht in einem übervölkerten Flußtal oder einer Oase vollzogen, sondern in einem Teil des Nahen Ostens, wo Menschen und wilde, aber domestizierbare Pflanzen und Tiere nebeneinander lebten.

Auch der amerikanische Geograph Carl A. Sauer glaubt an einen langsamen Entwicklungsprozeß. Er geht davon aus, daß es zwei Formen des vorpflugzeitlichen Pflanzenanbaues gegeben habe: den älteren Knollengewächsbau und den jüngeren Körnerbau. Beim Knollengewächsbau wurde eine Vermehrung der Nahrungspflanzen durch das Setzen von Stecklingen und Wurzelknollen bewirkt. Für diese Art des Pflanzenanbaues fehlen allerdings die archäologischen Beweise bzw. können möglicherweise auch gar nicht erbracht werden. Sauer glaubt, daß der Knollengewächsbau in warmen, flußreichen Gebieten, wie etwa dem bengalischen Meerbusen, entstanden wäre.

Der Körnerbau hingegen kann nachgewiesen werden: Oft schon fand man Körner in angekohltem oder verkohltem Zustand. Zudem entdeckte man auch zahlreiche Getreideabdrücke. Wie bereits erwähnt, mengte man dem Hüttenlehm, aber auch dem Ton, aus dem die Gefäße hergestellt wurden, Häcksel bei. Dabei geriet so manches Getreidekorn in den Ton, das nach dem Brennen verkohlt oder als Abdruck erhalten blieb. Auch Feuersteinklingen, die als Erntemesser oder als Sicheln dienten, wiesen die beim Schneiden der Garben entstehenden charakteristischen Gebrauchsspuren auf. Diese werden auf die Reibung mit harten, kieselsäurehältigen Halmen zurückgeführt. Ein weiteres Zeugnis für den Körnerbau geben die Mahlsteinfunde, auf denen das Getreide mit Hilfe eines sogenannten »Läufers« zerquetscht wurde.

Wenngleich auch Sauers Modell zum Teil nur eine Hypothese darstellt, zeigt es doch auf, daß nicht unbedingt ein schlagartiger Wechsel der Lebensweise der damaligen Menschen stattfand. Vielmehr dürfte es in der Jungsteinzeit erst im Zuge eines längerdauernden Entwicklungsprozesses mit Versuchen und Rückschlägen zu entscheidenden Neuerungen gekommen sein. Eines allerdings steht fest: Der Pflanzenanbau konnte sich schließlich durchsetzen und führte zu tiefgreifenden Veränderungen der Lebensweise.

Um überhaupt Pflanzen anbauen zu können, mußten die Menschen allerdings ihr Nomadendasein aufgeben und wurden – wenigstens für eine bestimmte Zeit – seßhaft. Der damit verbundene Hausbau, aber auch die Feldbestellung bedingten neue Werkzeuge, die mit Hilfe neuer Techniken hergestellt wurden. Aus Felsgesteinen, wie etwa aus dem Serpentin, stellte man Beile mit einer parallel zum Schaft verlaufenden Schneide und Dechseln mit einer quer zum Schaft stehenden Schneide her. Die Dechseln, die zu den Querbeilen gehören, werden von den Urgeschichtsforschern unsinnigerweise als »Schuhleistenkeile« bezeichnet. Beide Werkzeugarten verwendete man zum Roden der Ackerflächen und zum Bearbeiten des Holzes für den Bau der Häuser, der Einfriedungen sowie der Wasserfahrzeuge. Die Steinwerkzeuge waren im Gegensatz zur Altsteinzeit geschliffen und mitunter durchbohrt. Da die dazu notwendigen Techniken einer besonderen Übung bedurften und eine längere Arbeitszeit in Anspruch nahmen als die bis dahin praktizierte Art der Werkzeugherstellung, scheinen die Seßhaftigkeit und eine gesicherte Versorgung mit Nahrungsmitteln eine Voraussetzung dafür gewesen zu sein.

Noch etwas scheint durch die Seßhaftigkeit begünstigt worden zu sein: die Herstellung von Keramik. Denn solange man mit Hab und Gut umherzog, war das Mitführen zerbrechlicher Gefäße einigermaßen hinderlich. Auch umherziehende Naturvölker schleppen äußerst selten Tongefäße mit sich und behelfen sich lieber mit Leder-, Holz- und Rindenbehältern.

Der erste chemische Prozeß

In den Anfangsphasen der Jungsteinzeit hat man wahrscheinlich noch keine Keramik hergestellt. Ähnlich wie der Pflanzenanbau entwickelte sich das Töpfereiwesen erst allmählich. Deshalb spricht man auch von einer vorkeramischen Jungsteinzeit, dem »prepottery neolithic«.

Erfunden wurde die Keramikherstellung im 7. vorchristlichen Jahrtausend in Vorderasien, wobei die Anfänge im dunkeln liegen. Es wäre denkbar, daß man Körbe mit Lehm oder Ton abdichtete und diese durch Zufall ins Feuer gerieten, wobei die Abdichtungen gebrannt wurden und erhärteten. Man nutzte diese Erkenntnisse zuerst bei der Herstellung von figuralen Plastiken, später erst bei der Anfertigung von Gefäßen. Auf jeden Fall stellt die Keramikherstellung den ersten chemischen Prozeß dar, den der Mensch zur Anfertigung eines Produktes verwendete. Denn dabei wird einem anorganischen Stoff – dem mit verschiedenen Beimengungen versehenen Ton – durch Hitze Wasser entzogen, wodurch er erhärtet. Die Beimengungen konnten aus anorganischen Stoffen wie Sand, zerstoßenen Muschelschalen und gebrannten Tonstückchen oder aus organischen Materialien wie Häcksel bestehen. Die Magerung mit unplastischen Materialien entfettete den Ton und hatte den Zweck, ein Verziehen und Reißen des Gefäßes beim Vortrocknen zu verhindern, was vor dem Brennen unumgänglich notwendig ist. Die Magerung mit organischen Stoffen machte den Ton auch poröser und wasserdurchlässiger. Auch das ist – wie uns ein Vergleich mit Naturvölkern zeigt – unter Umständen wünschenswert: Die im Gefäß befindliche Flüssigkeit dringt durch die Keramikwände. Dieses »Schwitzen« hält die Flüssigkeit kühl.

Ähnlich wie der Mensch eine Entwicklung vom Jäger und Sammler zum Bauern durchmachte, veränderte sich im Laufe der Urzeit die Technik der Formung der Gefäße: Am Anfang wurde das Gefäß aus einem Tonklumpen durch Herausdrücken mit der Hand hergestellt. Mitunter nahm man einen Kürbis bzw. einen Korb zu Hilfe, über den die Rundungen geformt wurden, oder man drückte den Ton in eine entsprechende Model. Später wandte man die »Spiralwulsttechnik« an, bei der das Gefäß spiralartig aus Tonwürsten aufgebaut wird. War dieser Aufbau vollendet, wurden die Rippen verstrichen und die Flächen geglättet. Die schnell drehende Töpferscheibe, die um 3500 v. Chr. in Mesopotamien erfunden wurde, verwendeten die Menschen Mitteleuropas erst gegen Ende der Urzeit. War das Gefäß aus dem feucht-plastischen Ton fertig geformt, wurde es getrocknet. Im sogenannten lederharten Zustand brannte man es dann im offenen Feuer oder in speziellen Töpferöfen bei Temperaturen von mindestens 450°C, meist aber bei 800 bis 1000°C.

Die Herstellung von Keramikgefäßen verbesserte vor allem die Möglichkeiten der Nahrungsaufbereitung. Wenn man auch schon früher in der Lage war, mit Hilfe von erhitzten Steinen Wasser in abgedichteten Körben oder Erdgruben zum Sieden zu bringen, wurde das Kochen durch Tongefäße wesentlich erleichtert und zur Basis der Nahrungsaufbereitung.

Nicht nur die Keramikherstellung ging Hand in Hand mit dem beginnenden

Keramikherstellung in „Spiralwulsttechnik" (nach D. Drost)

Pflanzenanbau. Nach der Ansicht Hermann Müller-Karpes tat dies auch die Domestikation fleischspendender Tiere. Die Wurzeln dieser Umbildung wilder Tiere zu Haustieren sind allerdings nicht klar erkennbar. Manche Wissenschaftler sind der Meinung, daß Ansätze zur Haustierhaltung in historisch bekannten Übergängen zu beobachten seien, wie bei den Rentierjägern, die zu Rentierhirten wurden und den Herden nicht mehr nachzogen, um sie zu jagen, sondern zu beschützen. Andere kontern wiederum, daß dies bereits späte Sekundärerscheinungen seien. Tatsache jedenfalls ist, daß sich der Hund schon in der Mittelsteinzeit dem Menschen anschloß. In der Jungsteinzeit kann man anhand von Veränderungen im Knochenbau nachweisen, daß zuerst das Schaf und die Ziege sowie etwas später das Schwein und das Rind domestiziert wurden.

Denn bei Tieren, die in Gefangenschaft gehalten werden, verändert sich der Körperbau. Während nämlich in der Wildnis die natürliche Auslese jede Abweichung von der durch die Natur festgesetzten Norm verhindert, verändern sich die in der Obhut des Menschen befindlichen Tiere entsprechend seinen Zwecken. Denn jeder Bauer wird danach trachten, daß sich von einer Herde nur jene Tiere vermehren, die seinen Wünschen entsprechen, die anderen wird er schlachten. Diese Auslese hinterläßt auch Spuren im Knochenbau der Tiere, wobei so manche Veränderungen ein zoologisches Rätsel darstellen, wie zum Beispiel die Modifizierung der Hörner bei domestizierten Schafen und Ziegen.

Wie es in Europa zur Haustierhaltung, zum Getreideanbau und zur Keramikherstellung kam, ist noch nicht geklärt. Vielleicht veränderte sich die Kultur Mitteleuropas durch Kulturkontakte oder sogar durch Einwanderungen. Hermann Müller-Karpe ist der Meinung, daß der Getreideanbau durch eine Kolonisation von Vorderasien aus in Europa verbreitet wurde. Er glaubt, daß die Brücken nach Mitteleuropa über Griechenland, dem Westbalkan und die Donauländer geschlagen worden seien.

Auf der Suche nach fruchtbarem Boden

Die Verbreitung der bandkeramischen Kultur als erste Bauernkultur Mitteleuropas zeugt davon, daß man bereits damals die fruchtbaren Böden nutzte, wenn in der Nähe ausreichende natürliche Wasservorkommen vorhanden waren. So entwickelten sich die besonders fruchtbaren Lößflächen Niederbayerns, Ober- und besonders Niederösterreichs zu Siedlungsschwerpunkten. Die früheste seßhafte Bevölkerung dieses Raumes muß spezielle Methoden entwickelt haben, um gutes Siedlungsgebiet ausfindig zu machen. Vielleicht erhielt sie Hinweise durch eine bestimmte natürliche Vegetation, oder sie überprüfte die Bodenqualität durch Entnahme von Proben. Natürlich war neben der Güte des Bodens und der Wassernähe auch das Gelände von entscheidender Bedeutung. Es mußte so beschaffen sein, daß die Häuser an einem strategisch günstigen Punkt und gleichzeitig in der Nähe der Felder errichtet werden konnten.

Die damalige Siedlungsdichte konnte in Österreich lange Zeit nur anhand von Einzelfunden dokumentiert werden. Reste von Großbauten, wie sie in Köln-Lindenthal entdeckt wurden, blieben in Österreich in der Erde verborgen: Aus finanziellen Gründen konnten die für die Erfassung so großer Siedlungsobjekte notwendigen Flächenabdeckungen nicht durchgeführt werden. Erst als Bagger und Planierraupen im Rahmen einiger Großbauvorhaben auf ehemaligen Siedlungsflächen der bandkeramischen Kultur die Erde aufwühlten, stieß man auf Hausgrundrisse. 1957 passierte dies in einer Schottergrube nördlich der Bundesstraße Wien–Deutsch Altenburg bei Mannswörth und 1968 beim Ausbau der Bundesstraße Nr. 45, wenige hundert Meter östlich von Pulkau. In beiden Fällen wurden die Siedlungen in Windeseile dokumentiert und die Funde geborgen.

1960 wertete Fritz Felgenhauer die Mannswörther Forschungsergebnisse aus. Er stellte fest, daß die auf einer Fläche von 1300 Quadratmeter beobachteten 223 Verfärbungen im Schotter Pfostenlöcher waren und zu zwölf Großbauten gehört haben müssen. Damit konnte östlich von Wien, unmittelbar an der Donau, die bislang erste österreichische Siedlungsanlage mit Rechteckhäusern nachgewiesen werden.

Fritz Felgenhauer hatte 1954 auch das Glück, in Herrnbaumgarten, am westlichen Ortsende unmittelbar an der Straße nach Poysdorf, einen Platz bandkeramischer Kultübungen erforschen zu können. Er entdeckte dort eine T-förmige Anlage von 1,5 mal 0,5 Meter und einer Höhe von etwa 30 Zentimeter, die aus acht Tonschichten bestand. Zwischen den stark mit Häcksel gemagerten Tonplatten fanden sich verschiedene organische Substanzen. Aufgrund des tischartigen Charakters und der immer wieder erneuerten Tonplatten dachte Felgenhauer an eine kultische Verwendung der Anlage im Sinne eines Tonaltares. Auch außerhalb Österreichs wurden mehrere solcher Objekte entdeckt. Dabei schloß man ebenfalls auf Opferstellen, die vielleicht im Rahmen eines Fruchtbarkeitskultes Verwendung gefunden hatten.

Mit kultischem Brauchtum werden auch Gefäße in Verbindung gebracht, auf denen tierische und menschliche Gesichter als Ritzverzierung oder als halbplastische Darstellungen an der Außenwand zu sehen sind. Das bekannteste Stück wurde 1933 am Taborac bei Draßburg im Burgenland gefunden. Auf diesem Gefäß ist das deutliche Relief einer Frauenfigur zu erkennen, wobei Augen, Mund, Finger und das primäre Geschlechtsmerkmal zusätzlich durch tiefgezogene Striche angedeutet sind. Wegen der Betonung der Geschlechtsmerkmale denkt man auch hier an die Darstellung einer Fruchtbarkeitsgöttin. Die wissenschaftliche Bearbeiterin des Stückes, die Urgeschichtsforscherin Eva Lenneis, meint, daß die mit Gesichtsdarstellungen versehenen Gefäße möglicherweise zur Aufnahme eines Inhaltes dienten, der unter den Schutz eines Gottes gestellt oder einem Gott geweiht werden sollte.

Daß sich in der Nähe der bandkeramischen Siedlungen auch die dazugehörigen Friedhöfe befanden, beweisen das 1931 bis 1935 ausgegrabene Hockergräberfeld von Kleinhadersdorf bei Poysdorf in Niederösterreich und der 1960 erforschte Friedhof von Rutzing in der Nähe der Gemeinde Hörsching in Oberösterreich. Die Toten wurden in Hockerstellung mit Gefäßen, Steinwerkzeugen und Schmuckstücken beigesetzt. In einem Grab von Kleinhadersdorf, das die Reste von drei Menschen enthielt, waren zwei Schädel mit gemahlenem Rötel bestreut worden. Eine Sitte, die öfters bei Gräbern, die mehrere gleichzeitig Bestattete enthielten, beobachtet werden konnte.

Verschiedene in England vor kurzer Zeit entwickelte Untersuchungsverfahren ermöglichen es, die aus Meeresmuscheln bestehenden Schmuckstücke wie Ringe und Perlen, die mitunter richtige Kolliers bildeten, zu analysieren. Anhand ihrer Zusammensetzung kann man feststellen, woher sie stammen. Mit Hilfe dieser Methode entdeckte man, daß nicht alle Muscheln von Fossilien, sondern auch aus dem Schwarzen Meer und dem Mittelmeer stammen. Es mußten damals also weitreichende Handelsbeziehungen bestanden haben. Im österreichischen Raum hatte man die Muscheln in erster Linie aus dem Mediterranraum bezogen.

Die älteste Wallburg Mitteleuropas

Versteckt inmitten ausgedehnter Wälder zwischen Poysdorf und Falkenstein liegt im nordöstlichen Niederösterreich auf einem Ausläufer des 420 Meter hohen Heidberges ein kleiner Ringwall mit einem Durchmesser von 115 bis 120 Meter. Sowohl im Voksmund als auch in einer alten Übersichtskarte der gräflichen Herrschaft Poysbrunn, zu der die Waldungen gehören, ist er unter dem Namen »Schanzboden« bekannt. In den zwanziger Jahren unseres Jahrhunderts versuchte Karl Heinrich, der Friseurmeister von Poysdorf, mit Hilfe des Spatens herauszufinden, wer die Anlage errichtet hatte. Die Keramik, die er zutage förderte, wurde von dem Ur- und Frühgeschichtsspezialisten Herbert Mitscha-Märheim und dem späteren Direktor der Prähistorischen Abteilung des Naturhistorischen Museums, Eduard Beninger, als jungsteinzeitlich erkannt. Und so nahmen beide an, daß der Ringwall ebenfalls dieses hohe Alter haben müßte. Dies widersprach jedoch der damals gültigen Lehrmeinung. Denn der Wiener Universitätsprofessor Oswald Menghin hatte 1931 in seiner »Weltgeschichte der Steinzeit« die Behauptung aufgestellt, während der Jungsteinzeit habe es im mitteleuropäischen Raum keine Befestigungen gegeben. Da keine Klärung der Frage herbeigeführt werden konnte, geriet die Angelegenheit für nahezu ein halbes Jahrhundert in Vergessenheit.

Erst 1973 beschäftigte das Alter des »Schanzbodens« erneut den Poysdorfer Geschäftsmann Fritz Parisch. Kurz entschlossen spürte er die Anlage im dichten Unterholz wieder auf. Systematisch begann er die Oberfläche abzusuchen, und bald schon entdeckte er eine Anzahl von buntbemalten Keramikresten und Steingeräten sowie den über und über mit eingeritzten Mäandern verzierten Seitenteil eines tönernen Schemelmodells.

Johannes-Wolfgang Neugebauer, dem die Funde zunächst zur Bestimmung vorgelegt wurden, konnte die in den zwanziger Jahren vorgenommene Altersbestimmung bestätigen: Die Funde stammten tatsächlich aus der Mitte der Jungsteinzeit. Das Schemelbruchstück gehörte zu einer Sitzgelegenheit für eine menschliche Statuette, die mindestens 30 Zentimeter groß gewesen sein mußte. Solche kultische Statuetten – Idole genannt – und die bemalte Keramik sind typisch für eine Kultur, die nach einem ungarischen Fundort Lengyel-Kultur, bemaltkeramische Kultur oder Kultur der bemalten Keramik genannt wird. Damit stand endgültig fest, daß der Heidberg in der Jungsteinzeit besiedelt gewesen war. Wer aber hatte den heute noch gut sichtbaren Ringwall erbaut? Vielleicht stammte er erst aus der Zeit der Schwedenkriege und war zum Schutz der Bewohner aus den umliegenden Ortschaften errichtet worden?

1975 versuchte man unter der Leitung von Johannes-Wolfgang Neugebauer diese Frage zu klären: Zahlreiche Freiwillige, hauptsächlich Lehrer aus den umliegenden Ortschaften, stellten sich begeistert als Helfer zur Verfügung. Eine Schneise wurde durch das dichte Unterholz geschlagen und dann ein 60 Meter langer Suchschnitt von der Mitte der Innenfläche durch Graben und Wall nach außen angelegt. Sehr bald konnte man ausschließen, daß die Befestigung in historischer Zeit erbaut worden war: Die zahlreichen Funde stammten durchwegs aus der Kultur der bemalten Keramik, was darauf schließen ließ, daß auch der Ringwall in der Jungsteinzeit errichtet worden war.

Diese Entdeckung war der Anlaß für ein mehrjähriges Forschungsprojekt. Am Schanzboden bestand nun endlich die Möglichkeit, ein von moderner Bautätigkeit verschont gebliebenes Bodendenkmal zu untersuchen. Dennoch war Eile geboten: Der Ausbau eines Netzes von ganzjährig befahrbaren Güterwegen schritt rasch voran, und vor allem die moderne Forstwirtschaft wurde zur Gefahr, da sie aus Gründen der Wirtschaftlichkeit auch nicht davor zurückschreckt, mit schweren Maschinen den natürlichen Waldboden einzuplanieren und in eine Kulturlandschaft zu verwandeln. Vorerst wurde der Schanzboden vom Unterholz befreit und mit der planmäßigen Vermessung und der eigentlichen Grabung begonnen. Auch ein Höhenschichtlinienplan wurde erstellt. Er bewies am Papier das, was durch die Schlägerungen schon längst ersichtlich war: Die Befestigungsanlage war an einem günstigen Punkt angelegt worden, nämlich am äußersten Ende des südöstlichen Ausläufers des Heidberges. Dieser Höhenrücken ist durch die mehr oder minder steilen Abfälle in drei Himmelsrichtungen optimal geschützt.

Wasser stand hier ebenfalls reichlich zur Verfügung: Zu Füßen der Anhöhe entspringen die Quellen des Gfällbaches. Imposant wie die Anhöhe ist der Blick, den man von hier aus durch das Tal des Gfällbaches hat: An klaren Tagen kann man bis zu den am Horizont liegenden Karpaten sehen.

Die große Sensation aber entdeckte man bei der ersten großen Grabungskampagne im Jahr 1976: Bei der Verlängerung des 1975 angelegten Suchschnittes, der nun quer durch die Innenfläche der sichtbaren Anlage führte, wurde ein noch weit mächtigerer Befestigungsgraben entdeckt. Nach einigen weiteren Kontrollschnitten stand es fest: Schon vor der Errichtung des heute sichtbaren Ringwalles hatte auf dem gesamten Höhenrücken eine Siedlung bestanden, die teilweise von drei mächtigen Gräben und Wällen umgeben war. Diese Volksburg hatte einen Durchmesser von rund 400 Meter und besaß einen bis zu 2,5 Meter tiefen Hauptgraben, streckenweise zwei vorgelagerte kleinere Gräben sowie wahrscheinlich zwei Zugänge. Eine solche Anlage mußte bereits von der Ferne ein eindrucksvolles Bild geboten haben.

Sowohl die Siedlungsobjekte im Südostteil der großen Wallburg als auch die Gräben und Wälle selbst wurden aus bisher unbekannten Gründen nach wenigen Generationen wieder einplaniert. An diesem äußersten Ende des Höhenrückens wurde der heute noch deutlich sichtbare kleinere Ringwall errichtet. Gegen das Hinterland zu sind Graben und Wall noch am besten erhalten. Die ursprüngliche Tiefe des Grabens betrug rund 1,5 Meter. Von dem aus dem Aushubmaterial des Grabens aufgeschütteten, ehemals wohl 3 Meter hohen Wall ist heute nur noch die halbe Höhe erhalten.

Bei beiden Anlagen befinden sich die Wälle vor den Gräben. Da jedoch bei Befestigungen normalerweise die Gräben als Annäherungshindernis den Wällen vorgelagert sind, mußte damals entweder eine uns heute unbekannte Angriffs- beziehungsweise Verteidigungstechnik existiert haben, oder aber diese imposante Wallburg sollte bloß Macht demonstrieren. Warum allerdings wurde die Anlage relativ bald nach ihrer Errichtung teilweise wieder einplaniert und die kleinere Wallburg erbaut, die in ihrem Inneren nicht bewohnt war und nur Fluchtburgcharakter besaß? War der Aufwand zu groß, um die große Burg instand zu halten? Gab es zuwenig Einwohner, um sie zu verteidigen? Fragen über Fragen, die wir wahrscheinlich nie beantworten werden können.

Nach dem derzeitigen Stand der Forschungen wurde die ältere Anlage vom Schanzboden um 4500 v. Chr. errichtet und ist damit die älteste in Höhenlage befindliche Wallburg Mitteleuropas. Interessant ist, daß bis jetzt keine weitere dieser Art entdeckt wurde. Allerdings gibt es ähnliche Erdwerke. Ein solches befindet sich in Wetzleinsdorf bei Korneuburg. Dieses ist geringfügig jünger als jenes am Schanzboden, aber ebenfalls von einem Befestigungsgraben umgeben. Die Anlage ist erst seit 1972 bekannt, als sie im Zuge von Rettungsgrabungen entdeckt wurde. Weiters dürften sich in der hügeligen Landschaft des Weinviertels noch einige Befestigungsanlagen verbergen, die zum Teil ebenfalls von einem Außenwall und einem Innengraben umgeben sind, die aber noch nicht eingehend erforscht wurden.

Observatorium und Kultplatz

Die Träger der Kultur der bemalten Keramik schufen aber nicht nur Wallburgen. Sie errichteten auch Anlagen, die aus ein bis drei konzentrischen Kreisgräben bestanden und die sich zum Unterschied zu den befestigten Siedlungen zumeist in Hang- oder Tallagen befanden. Die Entdeckung dieser heute obertägig meist nicht mehr sichtbaren Erdwerke verdanken wir dem Einsatz der Luftbildarchäologie. Im Zuge eines umfangreichen Forschungsprojektes unter der Leitung des Wiener Universitätsprofessors Herwig Friesinger in Zusammenarbeit mit der Bildkompanie des Fliegerstabsbataillon Langenlebarn des österreichischen Bundesheeres entdeckte man eine Anzahl solcher Anlagen vor allem im niederösterreichischen Waldviertel. Unter anderem bei Strögen, Mühlbach am Manhartsberg und Glaubendorf. Schon etwas länger ist die Anlage von Mollmannsdorf bei Korneuburg bekannt.

Durch intensive Grabungen in Ungarn und vor allem durch die bereits seit einem Jahrzehnt dauernden Forschungsarbeiten an einer solchen Anlage in Těšetice-Kyjovice in Südmähren ist über diese Kreisgräben relativ viel bekannt: Die Těšeticer Anlage besitzt nur einen Grabenring, an dessen Innenseite sich eine doppelte Palisadenreihe befand. Ansonsten war die Fläche unverbaut. Graben und Palisaden waren in den vier Himmelsrichtungen – wie wenn es dort einst Eingänge gegeben hätte – unterbrochen. Diese Orientierung der Anlage läßt an einen Kultplatz denken. »Die kultische Interpretation setzt eine Mehrzweckfunktion des Objekts als Observatorium zur Beobachtung grundlegender Kalenderperioden (Sonnenwende, Mondzyklen), ferner als Versammlungsort des Rates der Familienälteren oder verwandter Familien und natürlich auch als Ort der eigentlichen mit dem Kult der Naturkräfte (Fruchtbarkeit, Ergiebigkeit) verbundenen Riten voraus«, meinen die tschechischen Forscher.

Wenn die Interpretation dieser eigenartigen Grabensysteme als Kultplätze auch kaum beweisbar ist, so spricht doch einiges für diese Theorie. Vor allem erscheinen der Bau und die Instandhaltung solcher Anlagen als zu aufwendig, um sie lediglich als Einzäunungen für das Vieh zu deuten, wie das lange Zeit geschah.

Ein Steinzeitidol auf der Weltausstellung

Eine ungeheure Zahl von Einzelfunden aus der Lengyel-Epoche entdeckte man im Laufe der Zeit in Niederösterreich, im Burgenland und in Oberösterreich bis zur Enns. Dennoch dauerte es bis in die späten fünfziger Jahre, daß bei Rettungsgrabungen erstmals größere, geschlossene Fundeinheiten geborgen werden konnten, so unter anderem in Niederösterreich, vor allem im Wald- und Weinviertel sowie im Traisental.

Auch in Langenzersdorf bei Wien, am Fuße des Bisambergs, stieß man in den fünfziger Jahren bei Bauarbeiten auf Siedlungsobjekte der Lengyel-Kultur. Und hier machte man einen aufsehenerregenden Fund: Unter der Leitung der Urgeschichtsforscherin Hertha Ladenbauer-Orel vom Bundesdenkmalamt Wien wurden mehrere Bruchstücke einer weiblichen Tonstatuette geborgen. Diese Figur konnte bei der Restaurierung komplett ergänzt werden. Sie war das erste relativ gut erhaltene Fundobjekt dieser Art in Österreich. Die Statuette fiel aber auch durch ihre schöne Ausführung auf und wurde sogar 1958 bei der Weltausstellung in Brüssel gezeigt.

Diese sogenannten Idole, die zumeist weibliche Züge besitzen, gab es bereits in der bandkeramischen Kultur, allerdings in weit geringerer Zahl. Die vor allem in den Siedlungen entdeckten Statuetten werden besonders von der älteren Forschung gerne als »Magna Mater«, was soviel wie »Große Mutter« bedeutet, interpretiert. Die Große Mutter gilt als Darstellung des beschützenden, schöpferischen Lebensquells und als Symbol des Geborgenseins in allumfassender mütterlicher Liebe und Fürsorge. Sie ist, mutmaßte man, die Trägerin der Tradition, ein häuslicher Schutzgeist und ein Sinnbild der Fruchtbarkeit. Als erdhaft verbundene Muttergöttin ist sie die Beschützerin des häuslichen Herdes.

In der letzten Zeit entflammte erneut der Streit, ob die Figuren wirklich Götter darstellen. So meinte Hermann Müller-Karpe: »Alle Versuche, in den neolithischen Statuetten Europas Bilder von Göttern zu sehen, müssen als unbegründet, methodologisch verfehlt und anachronistisch abgelehnt werden ...« Er geht nämlich davon aus, daß die jungsteinzeitlichen Kulturen Europas sehr stark von den frühen Hochkulturen im Vorderen Orient beeinflußt wurden. Dort gab es jedoch erst seit der sogenannten frühdynastischen Zeit Bilder menschengestaltiger Gottheiten. Dieser Zeitabschnitt entspricht in unserem Raum aber der Kupferzeit, also der Periode nach dem eigentlichen Neolithikum. Es ist seiner Meinung nach daher höchst unwahrscheinlich, daß die europäische Bevölkerung in der Jungsteinzeit menschengestaltige Gottheiten oder deren bildliche Darstellungen gekannt hat. Man könnte diese Statuetten vielmehr als Ahnendarstellungen oder einfache Votivfiguren, die den Anbetenden selbst wiedergeben sollen, deuten.

Gegenteiliger Meinung ist Olaf Höckmann, ein Spezialist für südosteuropäische Idolplastik, die die Statuetten der bandkeramischen Kultur unmittelbar beeinflußte. Er glaubt einen Hinweis entdeckt zu haben, daß die Figuren und Figurengefäße als lebende Wesen empfunden wurden: Die auch bei den

Idolen der Kultur der bemalten Keramik vorhandenen Lochungen zwischen den Beinen dienten seiner Ansicht nach zur Fesselung an einen bestimmten Ort. Dies würde aber bezeugen, daß in den Idolen doch höhere Wesen mit eigenem Willen gesehen wurden.

In Österreich wurden besonders viele Idole aus der Lengyel-Kultur in der Siedlung von Unterpullendorf im Burgenland und in den Befestigungen am Schanzboden von Falkenstein gefunden. Die dort größtenteils bruchstückhaft erhalten gebliebenen Statuetten weisen mitunter noch Bemalungsspuren auf, wie der große Torso eines thronenden Idols, der in Falkenstein entdeckt wurde. Bei ihm ist mit feinen schwarzen Strichen die Kleidung angedeutet. Bisher einmalig erhalten und ausgeführt ist eine stehende Idolfigur vom Schanzboden, die ähnlich wie die »Langenzersdorferin« aussieht: dicke Hüften, ein schlanker Körper mit kleinen Brüsten, seitlich weggestreckte Armstümpfe, ein langer Hals und ein stilisierter Kopf. Im Gegensatz zur Statuette vom Bisamberg ist dieses Idol jedoch komplett bemalt. Gelbe Farbe kennzeichnet die Haut, schwarze, wie schon beim Torso, das Gewand und auch die Haare. Bekleidet ist sie lediglich mit einem Schürzchen. Dafür fallen ihre langen Locken bis weit über die Schultern. Als Schmuck trägt sie einen kleinen roten Punkt am höchsten Punkt des Kopfes, einen ebenfalls roten Anhänger auf der Brust und einen Gürtel der gleichen Farbe um die Hüften, der bis über die Schürze herabhängt. Zweifellos stellt diese Tracht kein alltägliches Gewand dar.

Auch ein am Schanzboden entdecktes, etwa zwei Zentimeter großes menschliches Köpfchen, dessen Gesicht plastisch gestaltet ist, scheint zu einer Statuette gehört zu haben. Die markante Profilierung der Gesichtszüge läßt den Schluß zu, daß es sich hier um eine der äußerst seltenen männlichen Plastiken gehandelt haben muß. Dieses relativ naturalistisch ausgeführte Köpfchen ist jedenfalls das älteste dieser Art, das jemals in Österreich gefunden wurde.

Spezialisten der Töpfereikunst

Wenn auch in Österreich einige interessante Untersuchungen auf dem Gebiet der Kultur der bemalten Keramik gemacht wurden, klaffte hier doch eine Forschungslücke: Bis zur Ausgrabung des Falkensteiner Schanzbodens hatte man noch keine größere Siedlung unter die wissenschaftliche Lupe genommen. Und so erhielt man durch die Erforschung dieser Wallburg erstmals eine umfassende Übersicht über die Hinterlassenschaften der in Österreich ansässigen Menschen dieser Kultur. Vor allem zwei tiefe Lößentnahmegruben, die bei der Einplanierung der älteren Anlage mit Abfall gefüllt worden waren, enthielten zahlreiche feine, aber auch dickwandigere Gefäße mit vielfältigen Bemalungen in Rot, Gelb, Weiß und Schwarz. Der großen Tiefe und den aschigen Schichten dieser urzeitlichen Mülldeponie verdanken wir die oft hervorragende Erhaltung der leicht zerstörbaren Bemalungen mit Erdfarben, die erst nach dem Brennen der Keramik aufgetragen wurde. Der Prozentsatz solcherart verzierter Gefäße ist so hoch, daß nicht nur jene bemalt gewesen sein dürften, die eine besondere Bedeutung besaßen und etwa zu kultischen Zwecken benutzt wurden.

Vielfältige und komplizierte Muster finden sich vorwiegend auf den Bechern und Schüsseln der sogenannten »Feinkeramik« dieser Zeit. Diese Keramik zeichnet sich durch eine besonders feine Schlämmung des verwendeten Tones und durch geringe Wandstärken von nur 1 bis 3 Millimeter aus. Sie wurde bei sehr hohen Temperaturen gebrannt, so daß der Scherben oft hart ist und man ihn heute nur mit einem Stahlmesser ritzen kann. Neben der Bemalung gab es auch noch andere Verzierungen. Unter anderem wurden Deckelgriffe oft in Form von Kleinplastiken, meist in Tierform, ausgeführt.

Diese technisch hochwertige und kompliziert bemalte Keramik ist wohl von Spezialisten hergestellt worden, fast im Sinne eines Kunsthandwerkes. Das wiederum läßt den Schluß zu, daß die Träger der Kultur der bemalten Keramik nicht nur aus einer bäuerlichen Bevölkerung bestanden, sondern daß zumindest die Töpferei ganz oder teilweise als Gewerbe betrieben wurde. Interessant ist auch, daß nur die Träger der älteren Stufen dieser Kultur eine derartig qualitätvolle mehrfarbig bemalte Keramik kannten. Auch die Verwendung von Obsidian, einem vulkanischen glasartigen Gestein, aus dem feine Klingen gefertigt wurden, beschränkt sich auf diesen Zeitraum. Nur damals bestanden Handelsbeziehungen, die es ermöglichten, dieses Gestein aus der Slowakei oder aus Ungarn zu importieren.

In der Lengyel-Epoche standen in Österreich auch regelrechte Feuersteinbergwerke in Verwendung. Bisher entdeckte man in Europa rund 80 Orte, wo in der Jungsteinzeit Feuerstein abgebaut worden ist. Allerdings ist es in den meisten Fällen nicht möglich, genau festzustellen, wann der Feuerstein gewonnen wurde. Denn die dazu notwendigen Gerätschaften wie Hacken, Hammer, Äxte und Beile, die man in solchen Bergwerken findet, veränderten sich in den einzelnen kulturellen Phasen kaum, da ihre Formen ja zweckgebunden waren.

In Wien konnte man nun nachweisen, daß in zumindest zwei Bergbaubetrieben die Träger der Lengyel-Kultur Feuerstein abbauten. Der bekannteste befindet sich auf der Antonshöhe in Wien-Mauer. Hier fand man Bestattungen in bereits stillgelegten Feuersteingruben, deren Beigabengefäße davon zeugen, daß sie der Lengyel-Kultur angehören. Früher deutete man sie prinzipiell als Unfallopfer. Heute neigt man eher dazu, in ihnen kultische Bestattungen zu vermuten.

Der Feuerstein durchzieht meist in Knollenbändern Kreideschichten. Dort wo diese Feuersteinknollen dicht unterhalb der Erdoberfläche zu finden waren, grub man die Deckschichte weg und brach die Kreideschichten auf, bis man die Feuersteinknollen aus der Kreide herausstemmen konnte. Diese fundführende Schicht wurde verfolgt und ausgebeutet. Da man dabei das überlagernde Erdreich unterhöhlte, konnte man nur so lange abbauen, bis die Einsturzgefahr zu groß wurde. Dabei scheint es auch zu Unglücksfällen gekommen zu sein. Dicht daneben versuchte man sein Glück erneut. In

Komplett erhaltene und mehrfärbig bemalte Frauenstatuette der Lengyelkultur vom Schanzboden zu Falkenstein, NÖ.

Außenseite einer bemalten Schale der Lengyelkultur vom Schanzboden zu Falkenstein, NÖ.

Zwei Goldscheiben aus dem Depotfund von 1864 von der Hohen Wand bei Wr. Neustadt, NÖ.

Luftbild des Mondsees mit Pfahlbaustationen »See« und »Schafling«, OÖ.

Bodenschwelle eines Hauses aus dem Pfahlbau von Weyregg am Attersee, OÖ.

Typische verzierte Keramik der Mondseekultur aus der namensgebenden Station »See«, Mondsee, OÖ.

Flächig bearbeitete Lanzenspitzen aus Feuerstein der Mondseekultur vom Rainberg, Salzburg.
Gerättaucher während einer Vermessung an einer Pfahlbaustation des Attersees, OÖ.

einigen Fällen wurden die so entstandenen Gruben durch Stollen miteinander verbunden. Auf der Antonshöhe sind die Gruben 4 bis 8 Meter tief und oben 2,5 bis 3 Meter breit, weiter unten nur noch 1 Meter. Die tiefste Grube mißt 12 Meter. Der Feuersteinabbau dürfte hier bis in die Badener Kultur hinein bestanden haben. Der Vorteil des in dieser Art gewonnenen Feuersteines bestand in der sogenannten »Bergfeuchte«, das heißt er besaß einen höheren Feuchtigkeitsgehalt als oberflächlich gefundener, was ihn besser verarbeitbar machte.

Es stellt sich die Frage, ob bereits ein eigener Bergmannsstand bestanden hat, da der Abbau ja gewisse technische Voraussetzungen und entsprechende Kenntnisse verlangte. Vergleiche mit Naturvölkern in Nord-Amerika sprechen eher gegen eine solche Annahme. Dort gab es Stämme, die saisonweise in einem Bergwerk Feuerstein abbauten und so ihren Bedarf deckten.

Leider konnten bisher keinerlei Hausgrundrisse der Lengyel-Epoche entdeckt werden, die Rekonstruktionen ermöglichen würden. Auch am Schanzboden von Falkenstein wurden die Reste der ehemaligen Häuser großteils durch einen natürlichen Bodenüberprägungsprozeß ausgelöscht. Lediglich Herdvertiefungen mit ihren Pfostenkonstruktionen sowie Vorrats- und Abfallgruben konnten identifiziert werden. Dennoch wissen wir von kleinen Tonmodellen, daß damals Ständerbauten in Verwendung standen. Während man am Falkensteiner Schanzboden das Bruchstück eines solchen Modells mit einem Eingang an der Längsseite und ritzverzierten Außenwänden fand, wurde bereits um 1930 in St. Pölten-Galgenleithen ein zu einem Tonmodell gehörendes Dach entdeckt. Es weist eine deutlich modellierte Rofenkonstruktion auf.

In Střelice in der Tschechoslowakei stieß man auf ein vollständig erhaltenes Hausmodell, dessen Eingang sich wiederum an der Schmalseite befindet. Auf dieser Seite besitzt der Firstbaum ein eigenartiges tönernes Anhängsel. Möglicherweise waren damals Tierschädel zu magischen Zwecken über dem Eingang aufgehängt.

Das Innere der Häuser war, soweit aus den Befunden erkennbar, für damalige Verhältnisse relativ reichhaltig ausgestattet: Fußboden und Wände waren lehmverschmiert. In Falkenstein entdeckte man, daß der Estrich mitunter mit weißer Farbe versehen war. Es wäre denkbar, daß auch die Wände bemalt gewesen waren. Als Lampen dürften kleine Tonwürfel mit hohlem Innenraum gedient haben, in den Öl gefüllt wurde. Senkrechte Lochungen weisen darauf hin, daß sie an Schnüren aufgehängt waren.

Über den damals im österreichischen Raum gepflogenen Totenkult wissen wir heute noch fast nichts. Man fand zwar eine Anzahl vereinzelter Gräber, dabei wurden jedoch die Fundumstände nicht genau beobachtet. In Ungarn allerdings stieß man in Zengörvárkony und Aszód auf Siedlungen der Lengyel-Kultur mit ihren Gräberfeldern. Bei der Freilegung entdeckte man, daß immer wieder Teile der relativ großen Siedlungsfläche aufgegeben und andere neu besiedelt worden waren. In den aufgelassenen Zonen wurden dann die Toten bestattet. Die 188 in Aszód freigelegten Bestattungen waren mit Ausnahme von zehn Brandbestattungen durchwegs Hockergräber und in Gruppen bis zu 30 Gräbern geordnet. Bei den meisten Frauenbestattungen fand man Muschelschmuck. Ein kleines Mädchen trug vier Armreifen und hatte 900 Perlen um den Hals, um das Becken, am Handgelenk und unter den Knien. In den Männergräbern entdeckte man Steinäxte, Steinkeulen und Eber-Unterkiefer.

Tönernes Hüttenmodell aus Střelice, ČSSR (nach H. Müller-Karpe)

Fragen ohne Antwort

Alles in allem waren die Menschen der Lengyel-Epoche die Träger einer für diese Zeit ungewöhnlich hohen Kulturstufe. Die Frage allerdings, wer sie waren und woher sie kamen, kann – wie so oft in der Urgeschichtsforschung – nur zum Teil beantwortet werden. Anthropologische Untersuchungen ergaben, daß es sich hier um eine von der Gestalt her keineswegs gleichartige, sondern um eine morphologisch uneinheitliche Bevölkerung handelt. Gemeinsam ist der grazile Skelettbau und die verhältnismäßig geringe Körpergröße von durchschnittlich 1,60 Meter.

Die Entstehung der bemaltkeramischen Kultur wird auf südosteuropäische und vorderasiatische Einflüsse zurückgeführt. Als ursprüngliche Heimat nimmt man das Gebiet von Nordjugoslawien, Westungarn, Ostösterreich, Slowakei und Mähren an, wobei man in Mähren und im angrenzenden Niederösterreich die schönste und reichhaltigst bemalte Keramik fand. Sie war es, die der Kultur ihren Namen gab. Während der jüngeren Abschnitte dieser Kulturepoche scheint sie über ein noch größeres Gebiet verbreitet gewesen zu sein: Von Jugoslawien bis Polen und von der Südwestslowakei bis fast zum oberen Flußlauf der Donau fand man ihre aus dieser Zeit stammenden charakteristischen Hinterlassenschaften. Der spätere Abschnitt steht dann bereits an der Wende zur Kupferzeit, fällt also in die zweite Hälfte des vierten vorchristlichen Jahrhunderts.

Während der Lengyel-Kultur erreichte die Besiedlungsdichte im urzeitlichen Mitteleuropa einen ihrer Höhepunkte. Allein in Niederösterreich entdeckte man bisher über 300 Fundstellen, im besser durchforschten Mähren sogar 400.

Umstritten wie die Entstehung der Kultur ist auch der Zeitpunkt ihres ersten Auftretens. Überhaupt zeichnet sich die Jungsteinzeit durch ein mehrmaliges Revidieren der chronologischen Daten aus: Ursprünglich versuchten namhafte Urgeschichtsforscher eine absolute Datierung für das Neolithikum mit Hilfe von Fundvergleichen aus Ägypten und Mesopotamien zu erhalten. Als dann in den Nachkriegsjahren die C-14-Methode angewendet wurde, stellte man fest, daß diese Datierung falsch war: Mit Hilfe der Kulturkontaktchronologie wurde die Entstehung der Kultur der bemalten Keramik in unserem Gebiet mit rund 3000 v. Chr. angesetzt. Die C-14-Datierung differierte davon um nicht weniger als 1000 Jahre und ließ die Forschung zu dem Schluß kommen, daß ihr Beginn auf rund 4000 v. Chr. zurück zu verschieben sei. Dann aber zeigten Untersuchungen, daß die Radiokarbonzeit nicht mit der astronomischen übereinstimmt und sämtliche, mittels der C-14-Methode gewonnenen Daten einen Fehler bis zu 800 Jahren enthielten. Gerade die Datierung der Jungsteinzeit war davon stark betroffen. Unter anderem wurden nun die Anfänge der Lengyel-Kultur um weitere 500 Jahre zurückverschoben. Derzeit versucht man diese hohen Daten mit anderen naturwissenschaftlichen Methoden zu untermauern. Zum Beispiel wurden Keramikreste des Falkensteiner Schanzbodens mittels des Thermoluminiszenz-Verfahrens untersucht. Dabei wurde erneut das mit Hilfe der Kulturkontaktchronologie gewonnene Datum ad absurdum geführt und die Annahme, die Kultur der bemalten Keramik sei in der Mitte des fünften vorchristlichen Jahrtausends entstanden, erneut bestätigt.

Vorboten einer neuen Zeit

Westlich von Wiener Neustadt erstreckt sich von Südwesten nach Nordosten die »Hohe Wand«, ein langes Kalkmassiv. Gegen Osten fällt es in seiner ganzen Länge nach steil ab und bildet eine imposante Felswand. Gerade diese unwegsame Gegend scheint für den Menschen der Jungsteinzeit ein ideales Siedlungsgebiet gewesen zu sein. Jedenfalls entdeckte man hier bereits im vorigen Jahrhundert wiederholt urgeschichtliche Relikte.

Im Sommer des Jahres 1864 fand ein Hirtenjunge auf einer ziemlich schwer zu ersteigenden Abdachung der Hohen Wand in 700 bis 800 Meter Seehöhe eigenartige Metallgegenstände. Darunter waren auch zwei dünne Scheiben mit Buckelverzierung aus getriebenem Goldblech. Die eine Scheibe mißt 13,8 Zentimeter im Durchmesser, die andere 10,6 Zentimeter. Beide besitzen ähnliche Verzierungen: an der Innenfläche drei große Buckel, die in einem regelmäßigen Dreieck zueinander stehen, und an den Rändern Punktreihen. Jede Scheibe ist an zwei Stellen paarweise gelocht. Dort ziehen kleine, ebenfalls aus Punktreihen gebildete Bänder ein Stück Richtung Mitte. Die Löcher sind einfach durchgeschlagen und dienten wohl zum Durchziehen eines Fadens. Die kleinere Scheibe ist weit mehr abgenutzt, sie scheint häufiger oder länger als die große in Verwendung gewesen zu sein.

Durch die Entdeckung eines reich ausgestatteten Grabes dieser Zeit in Nordwestpolen wissen wir, welchen Verwendungszweck diese Scheiben hatten. Dort fand man nämlich ein ähnliches Scheibchen in der Brustgegend. Demnach kann es sich bei den Goldplättchen nur um einen Brustschmuck handeln, der einst an einer Halskette befestigt gewesen ist. Möglicherweise wurde diese Art der Zierde im Rahmen von Kulturkontakten aus dem südosteuropäischen Raum importiert. Denn dort wurde zu dieser Zeit ein ähnlicher Schmuck getragen. Man entdeckte hier in Frauengräbern ringförmige Scheiben aus Gold. Nach Ansicht zahlreicher Urgeschichtsforscher könnten Ringamulett und Buckelscheibe eine Abstraktion der weiblichen Fruchtbarkeit und der männlichen Zeugungskraft darstellen.

Die anderen auf der Hohen Wand gefundenen Gegenstände, Schmuckstücke und Geräte wie Spiralen und Flachbeile, waren aus reinem Kupfer gefertigt. Man vermutete daher, daß sie jener Zeit zuzuordnen wären, in der man die Legierung von Kupfer mit Zinn zu Bronze noch nicht kannte. Die neuere Forschung konnte anhand dieses Indizes nicht nur die Goldscheiben, sondern auch die Doppelspiralen und eines der beiden Kupferbeile der späten Jungsteinzeit, der sogenannten Kupferzeit zuordnen.

An der Wertigkeit dieses Zeitraumes scheiden sich die Geister. V. Gordon Childe meinte, daß man ihn nicht als eigene Epoche betrachten könnte, da es kaum zu einer Veränderung der Gesellschaftsordnung kam. Dies wird aber in erster Linie von östlichen Forschern bestritten, die der Kupferzeit sogar den Charakter einer sozio-ökonomischen Epoche geben möchten. Sie sprechen davon, daß die Entdeckung des Kupfers tiefgreifende wirtschaftliche Veränderungen mit sich brachte und eine neue Kraft relativ große Gemeinschaften zusammenhielt, wovon die in dieser Zeit angelegten großen Gräberfelder zeugen.

Wie man auch die Kupferzeit sieht, der Schatzfund von der Hohen Wand barg jedenfalls das älteste Gold Österreichs und die Vorboten einer neuen Zeit. Schon die Träger der älteren Stufe der Lengyel-Kultur hatten Kontakt mit Südosteuropa und Asien, wo das Kupfer bereits bekannt war und verarbeitet wurde. Bis nach Ungarn wurden dünne Kupferblättchen als Schmuck verwendet. Bisher dachte man, daß in der Kupferzeit lediglich natürlich vorkommendes »Gediegenkupfer« Verwendung fand. Bei jüngsten Untersuchungen auf dem Zentralbalkan stieß man jedoch auf Reste eines kupferzeitlichen Bergbaues, wo einst Oxyderze, die speziell aufbereitet und verhüttet werden müssen, gewonnen wurden.

Ob im österreichischen Raum zu dieser Zeit ebenfalls schon nach Kupfer geschürft wurde, kann heute nicht mit Sicherheit gesagt werden. Die alpinen Regionen, die später bei der Metallgewinnung eine bedeutende Rolle spielten, waren in der Jungsteinzeit zwar dichter besiedelt, vor allem entlang der Flußtäler, mehr konnte man jedoch nicht feststellen. Der größte Teil der bekannten Funde sind Einzelstücke wie etwa Steinbeile, deren Formen ja funktionell bedingt sind und nur in den seltensten Fällen eine nähere Datierung ermöglichen.

Scherben, Knochen, Kannibalen

In der späten Jungsteinzeit taucht im Osten Österreichs eine neue Kulturerscheinung auf. Man nennt sie Badener Kultur, weil ihre Hinterlassenschaften – vor allem Scherben – erstmals in der Königshöhle in der Nähe von Baden entdeckt wurden. Die Höhle liegt westlich der altehrwürdigen Kurstadt am Nordwesthang eines schluchtartigen Tales, das am Eingang des Helenentales zum Rauhenecker Plateau abzweigt. Ihr Eingang ist 5 Meter hoch und 11 Meter breit, die Decke ist in der Mitte eingestürzt.

Bereits 1892 wurde die Königshöhle vom Heimatforscher Gustav Calliano, seinem Bruder Carl und von Franz Skribany, dem Gründer des Mödlinger Museums, entdeckt. Die Forschungsergebnisse, die Gustav Calliano später veröffentlichte, waren aber recht unglaubwürdig. Auch beim Zeichnen der Funde waren ihm, wie sich später herausstellte, Fehler unterlaufen. Zunächst wurden die Fundobjekte aus der Königshöhle der beginnenden Bronzezeit zugeordnet. Man glaubte nämlich in den schärfer profilierten Formen der

Gefäße Einflüsse von Metallarbeiten erkennen zu können. Auch erinnerte ein in der Königshöhle gefundener Ösenhalsreif an die Barren der Frühbronzezeit. Schließlich erkannte Oswald Menghin das kupferzeitliche Alter dieses Barren und auf Grund von Parallelen mit anderen Kulturen das spätjungsteinzeitliche Alter der Badener Kultur. Während des letzten Krieges entschloß sich das Bundesdenkmalamt, die Gefäße aus der Königshöhle neu zu präparieren, so daß nun endlich das Material des namengebenden Fundortes neu aufgenommen, gezeichnet und wissenschaftlich untersucht werden konnte.

Zur Zeit der Badener Kultur war vor allem der südliche Wienerwald dicht besiedelt. Hier reihte sich eine Höhensiedlung an die andere. Ähnlich war es auch im Traisental. Hier befand sich einer der Siedlungsplätze am 330 Meter hohen Grasberg südöstlich von Ossarn bei Herzogenburg. Josef Bayer war auf Grund älterer Funde auf dieses urgeschichtliche Wohngebiet aufmerksam geworden und begann diese Fläche Ende der zwanziger Jahre unseres Jahrhunderts zu untersuchen. Die Ossarner Funde stammen aus einer jüngeren Stufe der Badener Kultur. Das bekannteste Fundobjekt aus dieser Siedlung ist eine zweiteilige Schüssel, die einer weitverbreiteten Meinung nach bei kultischen Handlungen Verwendung fand.

Unter den zahlreichen Abfallgruben, die man am Grasberg entdeckte, fielen solche mit einer regelmäßigen zylindrischen Form auf, in die der Abfall nicht irgendwie hineingeschüttet, sondern anscheinend nach einem bestimmten Schema hineingelegt worden war. Selbst unbeschädigte Gegenstände und auf den Kopf gestellte Gefäße fand man in ihnen. In einer ovalen Grube dieser Art lagen rund 30 Kilogramm verkohlter Weizen, die wohl die Reste eines Getreideopfers waren, wie sie auch die antiken Dichter Homer und Ovid beschrieben hatten. Zu all diesen eigenartigen Entdeckungen gesellten sich noch zerschlagene und angebrannte Menschenknochen, die Bayer vermuten ließen, daß dies die Reste einer kultischen Kannibalenmahlzeit waren.

Es gibt eine ganze Reihe von jungsteinzeitlichen Fundkomplexen, vor allem aus dem Bereich der Lengyel-Kultur, die gespaltene menschliche Röhrenknochen oder angebrannte Schädelreste beinhalten. Unter anderem entdeckte man einen solchen im niederösterreichischen Langenlois. Die Schädel dürften geröstet, danach aufgeschlagen und das Hirn gegessen worden sein. In vielen Fällen handelte es sich um jugendliche Individuen, die vielleicht anläßlich einer kultischen Mahlzeit geopfert worden waren.

Im niederösterreichischen Poigen bei Horn fand man in einer jungsteinzeitlichen Abfallgrube die Schädel von einem männlichen und drei weiblichen Erwachsenen sowie einen Kinderschädel. Sie alle wiesen Hiebverletzungen auf. Da bei vier Köpfen noch die Überreste des Halses vorhanden waren, kann man annehmen, daß diese vier Menschen erschlagen worden waren und danach die Köpfe vom Rumpf getrennt wurden.

Auf eine rituelle Tötung läßt auch ein Grab der Badener Kultur aus Leobersdorf schließen, wo einem Bestatteten fünf Kinderschädel zu Füßen lagen. Aus

Lichtenwörth bei Wiener Neustadt stammt der jüngste Nachweis kannibalistischer Handlungen dieser Zeit: Bei einer Rettungsgrabung des Bundesdenkmalamtes wurde 1978 ein Siedlungsobjekt untersucht, in dem neben einer ungeheuren Menge von Keramikresten und Tierskeletten sieben zum Teil gespaltene Schädel junger Menschen lagen. Hier scheint abermals der eindeutige Beweis vorzuliegen, daß, aus welchen Gründen auch immer, neben tierischem Fleisch auch menschliches verzehrt wurde.

Das Atlantis der Urzeit

Der Winter von 1853/54 schien kein Ende zu nehmen. Die langandauernde Trockenheit und die eisige Kälte bewirkten den tiefsten historisch bekundeten Niederwasserstand in den Seen des Schweizer Mittellandes. Durch das Absinken der Fluten traten an den Uferzonen des Zürichsees ganze Felder alter Pfahlstümpfe zutage. In Obermeilen stießen Seeanrainer, die ihren Grundbesitz durch Uferverbauungen vergrößern wollten, beim Ausheben der Fundamente auf Geräte aus Stein und Knochen sowie auf Tongefäßreste.

Die seltsamen Funde erregten die Aufmerksamkeit des dortigen Lehrers Johann Äppli, der zahlreiche Fundstücke der »Antiquarischen Gesellschaft« in Zürich überließ. Der Begründer dieser wissenschaftlichen Vereinigung, der Archäologe Ferdinand Keller, war von den Fundobjekten fasziniert und versuchte zu ergründen, wie die urgeschichtliche Siedlung am Zürichsee einst ausgesehen haben muß. Zu diesem Zweck beschäftigte er sich mit Schilderungen über die Lebensverhältnisse verschiedener Naturvölker, wie etwa jener in Westafrika und in Neuguinea, wie sie seit dem 17. Jahrhundert immer wieder von Weltreisenden und Forschern verfaßt worden waren. Mit ihrer Hilfe entwickelte er seine Pfahlbautheorie, mit der er zu beweisen versuchte, daß die aufgetauchten Überreste von einer urzeitlichen Bevölkerung stammten, die ihre Hütten auf von zahllosen Pfählen getragenen Plattformen über den Wellen des Sees errichtet hatten. Um seine Forschungsergebnisse entsprechend publizieren zu können, schuf Keller noch 1854 seine »Pfahlbauberichte«. In den ersten Ausgaben legte er seine Meinung fest: Es handle sich um eine Bevölkerung, »die am Rande der Schweizer Seen Hütten bewohnte, die sie nicht auf trockenem Boden, sondern an seichten Uferstellen auf Pfahlwerk errichtet hatten ...«

Diese Worte ließen sowohl die Prähistoriker als auch die Laien neuerliche Untersuchungen starten sowie Überlegungen anstellen und wirkten durchaus befruchtend auf die weitere Forschungstätigkeit. Dennoch hat kaum je eine Theorie die Gemüter der Wissenschaftler für rund 100 Jahre so erregt wie die Pfahlbautheorie. Was lange Zeit unkritisch übernommen wurde, ließ allmählich erste Zweifel aufkommen. Man stellte sich die Frage, ob die romantischen Vorstellungen vom Pfahlbaudorf auch realistisch seien. So, wie man diese Siedlungen in Unteruhldingen am Bodensee ab 1922 und in Kammerl am Attersee schon 1910 »rekonstruiert« und in Originalgröße nachgebaut hatte, nämlich als wasserburgähnliche Siedlungen mitten im See, mit dem Ufer nur durch einen Steg verbunden, schienen sie nicht der Wirklichkeit zu entsprechen.

Das Ende der Diskussionen brachten schließlich Untersuchungen in den Schweizer Seen, die nach dem Zweiten Weltkrieg durchgeführt wurden. Man entdeckte, daß die Häuser nicht mitten im Wasser, sondern am Ufer gebaut worden waren. Die Hausböden lagen einst unmittelbar auf der Oberfläche des sumpfigen, moorigen Bodens entlang der Seen. Die Pfähle dienten als Traggerüst für die Wand- und Dachpfosten und verhinderten ein Einsinken in dem feuchten, morastigen Uferboden. Durch Klimaverschlechterungen, die möglicherweise erst während der Eisenzeit im letzten vorchristlichen Jahrtausend auftraten, stieg der Wasserspiegel der alpinen Seen so stark an, daß die Uferrandsiedlungen überflutet wurden. Die urzeitlichen Dörfer versanken damals in den Fluten wie einst das sagenumwobene Atlantis. Die Pfahlstümpfe stellen heute also die Reste aller in verschiedenen urzeitlichen Perioden an einer Stelle am Ufer errichteten Holzbauten dar. Die kulturellen Hinterlassenschaften, wie Gefäße und Werkzeuge, lagerten sich um diese erhalten gebliebenen Pfahlunterbauten an.

Um die Mitte des vorigen Jahrhunderts dachte allerdings noch niemand daran, daß die Theorie von den Pfahlbaudörfern Mitteleuropas auch falsch sein könnte. Man begann in einem wahren Altertumstaumel nach »Pfahlbaumaterialien« zu suchen. So entstand eine eigene Berufsgruppe: die Pfahlbaufischer.

Sobald sie einen Gegenstand von einem Boot aus entdeckten, steckten sie dort eine Stange mit einer eisernen Spitze in den Seegrund. Dann wurde das Boot verankert. Mit Hilfe einer speziell dafür konstruierten langen Zange wurde das Stück emporgezogen. Leicht zerbrechliche Gegenstände, wie zum Beispiel Töpfe, hob man mit dem Schleppnetz. Da die Oberfläche des Seegrundes, auf dem sich einst ein Pfahlbau befunden hatte, relativ rasch abgesucht war, wurde mittels einer festen Stange der Seeboden aufgewühlt. Sobald der Wellenschlag die so an die Seegrundoberfläche beförderten Gegenstände abgespült hatte, konnte weitergefischt werden. Die Zangen zum Herausziehen der Fundgegenstände wurden laufend verbessert. Besonders bewährte sich ein Gerät mit Feder und Zugdraht, das vor allem kleine Gegenstände fassen konnte. Wo es möglich war, mit gröberem Werkzeug zu arbeiten, verwendete man spezielle Baggerschaufeln, die allerdings sehr viel zerstörten.

Angeregt durch die Schweizer Erfolge wurde nun auch in Österreich mit einer systematischen Pfahlbauforschung begonnen. Noch im selben Jahr wurde im Kärntner Keutschachersee ein erster Pfahlbau entdeckt. Er lag einst auf einer kleinen, heute nicht mehr sichtbaren Insel inmitten des Sees. An der seichtesten Stelle hat hier das Wasser heute nur eine Tiefe von 1,3 Meter.

Wenngleich man schon 1861 meinte, »daß vielleicht auch in jenen Seen des Landes ob der Enns, welche aus dem Hochgebirge hervortreten, Spuren von Seewohnungen sich finden lassen werden, wie man sie in der Schweiz entdeckt hat«, dauerte es bis 1870, bis endlich auch im oberösterreichischen Salzkammergut der erste Pfahlbau gefunden wurde. Damals beschloß nämlich die Sektion Urgeschichte der neugegründeten Anthropologischen Gesellschaft in Wien, die Erforschung der Seen und Moore Österreichs voranzutreiben. Dazu lud man den in der Pfahlbauforschung erfahrenen Schweizer Fischer Hans (Hensli) Kopp von Nidau am Bielersee ein. Am 25. August stieß man im Attersee am Seeabfluß der Ager bei Seewalchen endlich auf eine Kulturschicht mit Pfahlresten und auf Scherben. Daraufhin trat der Schweizer Fischer in Aktion und sammelte mit den mitgebrachten Such- und Baggergeräten die am Seegrund liegenden Fundobjekte ein. In der Folgezeit wurden im Attersee noch weitere derartige Siedlungen lokalisiert. Bereits damals versuchte man mit Hilfe von Beobachtungen vom Boot aus die Ausdehnungen der Pfahlbauten festzuhalten.

Veralteter Rekonstruktionsversuch eines „Pfahlbaudorfes" im Mondsee (nach M. Much, 1884; Zeichnung I. Spöttl)

Bauern am Mondsee

Auch Matthäus Much, einer der Väter der österreichischen Urgeschichtsforschung, der sich für die Etablierung dieser Disziplin als eigene Forschungsrichtung einsetzte, widmete sich der Pfahlbauforschung. Er untersuchte Teile des Mondsees und fand dort 1872 Pfahlbaureste am Ausfluß der Seeache und 1874 solche bei Scharfling. Innerhalb der ersten von Much entdeckten Siedlung, der sogenannten »Station See«, stieß man auf eine besonders große Menge Fundmaterials spezifischer Prägung. So kam es, daß dieser See namengebend für eine weitere Kultur der späten Jungsteinzeit im nordalpinen Raum, der Mondseekultur, wurde. Ihre Verbreitung umfaßte Siedlungszentren in Oberösterreich und Salzburg, vor allem natürlich die Uferrandsiedlungen der Salzkammergutseen, aber auch Fundorte an der unteren Enns, nördlich der Donau im unteren Mühlviertel, im Salzburger Becken, im Salzburger Vorland und im Bergbaugebiet Mühlbach-Bischofshofen im Pongau. Zu den besonderen Charakteristika dieser Kultur zählt die Keramik, die aus Henkelkrügen und Schalen mit tief eingestochenen Sonnenrädern, Winkelbändern und Schachbrettmustern besteht. Die Vertiefungen im Ton sind mit weißer, kalkhältiger Paste gefüllt. Weiters verwendeten die Träger dieser Kultur sauber geschliffene Flach- und Lochbeile, Keulenköpfe, bootförmige Äxte mit hammerartigen Knäufen sowie prächtige Geräte aus Plattenfeuerstein, wie Pfeilspitzen, Dolche, Sicheln und Schaber. Einfache Kupfergegenstände zeugen von der frühen Kenntnis der Kupferverarbeitung.

Bei einer Untersuchung der Much'schen Tierknochenfunde vom Mondsee ergaben sich interessante Einblicke in das damalige Leben. Als Grundlage dienten 11.337 Einzelstücke, alles Speiseüberreste und Schlachtabfälle der jungsteinzeitlichen Menschen. An Haustieren hielt man in erster Linie Rinder, gefolgt von Schafen, Ziegen und Schweinen. Letztere schlachtete man in der Regel bereits in einem Alter von sechs bis neun Monaten, da die Weideverhältnisse für Schweine ungünstig waren. Das Schaf diente nicht nur als Fleisch-, sondern auch als Wollelieferant. Der Hund lebte natürlich ebenfalls als Haustier. Gejagt wurden damals Rothirsch, Gemse, Steinbock, Reh und Wildschwein sowie einige heute zum Teil oder ganz ausgestorbene Tiere wie Ur, Wisent, Elch, Luchs und Biber.

Der Biber, der als der größte heimische Nager bis über die Mitte des 19. Jahrhunderts in Österreich vorkam, war in der Jungsteinzeit nicht nur wegen seines Haarkleides, sondern auch wegen seines wohlschmeckenden Fleisches eine beliebte Jagdbeute. Bei den im Mondsee gefundenen Biberknochen entdeckte man Schnittspuren am Schädel und an den Schwanzwirbeln, was auf eine Entnahme des Hirns, beziehungsweise auf ein Abtrennen von Schwanzteilen und damit auf die Bevorzugung gewisser »Leckerbissen« hinweist.

Interessant ist, daß in der »Station See« die Haustierhaltung gegenüber der Jagd bevorzugt wurde, während es in der Siedlung Scharfling umgekehrt war. Möglicherweise hing dies vom Vorhandensein ausreichenden Weidelandes ab. Da Scharfling in einem bergigen Gebiet liegt, gab es dort nur wenige Weideflächen. Um der drohenden Futterknappheit zu entgehen, wird man zum Beispiel bei Schafen und Ziegen Almwirtschaft betrieben haben.

Über all diese Probleme zerbrach man sich allerdings bei der Pfahlbauforschung in der zweiten Hälfte des vorigen Jahrhunderts noch nicht den Kopf. Damals galt es in erster Linie, möglichst viele Siedlungsobjekte zu entdecken und möglichst viele Funde zu bergen. So war es weiters nicht verwunderlich, daß man bis 1880 neben Pfahlbauten im Keutschacher- und im Mondsee noch sechs Siedlungen im Attersee und zwei im Traunsee »untersuchte«. Dann allerdings erlahmte die allgemeine Begeisterung für die Pfahlbauten. Erst um die Jahrhundertwende wurden die Untersuchungen wieder aufgenommen, was nicht zuletzt auf die Aktivitäten des »Sandfischers und Seefrächters« Theodor Wang zurückzuführen ist: Er begann eifrig den Untergrund des Attersees abzusuchen und erhielt von Privatleuten und auch von diversen Museen für die Funde einen befriedigenden Preis. Besonders dem Naturhistorischen Museum gab er den Vorzug, da dieses alles Angebotene nahm, wie er es ausdrückte. Erst als Max Schmidt, der Inhaber eines Inneneinrichtungsunternehmens, das ganze Schlösser stilgerecht mit Möbeln und Antiquitäten ausstattete, prähistorische Funde zu sammeln begann, wechselte Wang seinen Kundenstock: Zwischen 1903 und 1915/16 lieferte er gegen beste Bezahlung alle wesentlichen Funde an Schmidt ab.

Johann Szombathy beschrieb 1910 die Schmidtsche Sammlung: »700 steinerne Flachbeile, 60 durchbohrte Steinhämmer, 70 flache, gekrümmte Feuersteinklingen (Messer), 50 Feuerstein-Pfeilspitzen, 450 Schlagsteine, 100 Tongefäße, meist nur in Fragmenten erhalten, und 50 Bronzen, besonders Dolchklingen, Angelhaken und charakteristische Schmucknadeln.« Da diese Sammlung Schmidt kurz vor Ende des Ersten Weltkrieges in Wien im Wege stand, verlegte er sie in sein Schloß Kiscell bei Budapest. Dieses wurde 1944/45 durch Kriegseinwirkungen teilweise zerstört und zuletzt noch geplündert, wobei die größten Teile der Pfahlbausammlung verloren gingen. 1957 gelangte der traurige Rest nach langwierigen Verhandlungen an das Oberösterreichische Landesmuseum in Linz.

In der Zwischenkriegszeit versuchten einige namhafte Fachleute, wie Josef Bayer, Leonhard Franz und Kurt Willvonseder, die Forschungsarbeiten wieder anzukurbeln und den »Raubbau mit der Baggerschaufel«, der mittlerweile durch die Verbauung der Seen rasant zugenommen hatte, in den Griff zu bekommen.

Als bleibende Heimstatt von Funden aus dem Attersee wurde 1932 eine eigene Abteilung im Heimathaus Vöcklabruck geschaffen. Zahlreiche Fundobjekte wurden gespendet, unter anderem auch von Max Schmidt. Selbst Theodor Wang lieferte seine Fundstücke hier ab.

In den nächsten Jahren wurden die österreichischen Seen weiter untersucht. Mittels eines »Kastenfangdammes« legte man 1938 sogar eine gewisse Fläche des Seegrundes für einige Zeit trocken, um eine reguläre Ausgrabung durchführen zu können. Doch kaum hatte man damit begonnen, verhinderte die unsichere Situation am Vorabend des Zweiten Weltkrieges die Realisierung der hochgesteckten Ziele.

Die Forschung geht baden

Im Herbst 1947 wurden die Forschungen an den Salzkammergutseen wieder aufgenommen. Doch erzielte man damals und in den nächsten Jahren nur geringe Ergebnisse. Am Keutschacher See hatte man 1951/52 mehr Erfolg. Dort untersuchte ein Taucher den bereits 1864 entdeckten Pfahlbau. Dieser wurde als erster in Österreich nach modernen wissenschaftlichen Richtlinien dokumentiert. Durch Lotungen und Vermessungen von einem Floß aus und mit Hilfe mehrerer Boote konnte zudem eine langgestreckte ovale Siedlung von mindestens 760 Quadratmeter festgestellt werden. Auch Unterwasseraufnahmen wurden angefertigt und Pollenanalysen durchgeführt. Sie ermöglichten eine Datierung der ältesten Siedlungsphase in das 3. Jahrtausend v. Chr.

1960 begann sich auch der Heimatverein Mondsee für die Pfahlbauforschung zu interessieren. Im Bauernhaus-Freilichtmuseum am Mondseeberg wollte man ebenfalls die über 4000 Jahre alte Mondsee-Pfahlbauernkultur dokumentieren. Um dafür Fundstücke zu erlangen, wurden im Sommer 1960 und 1961 in der von Matthäus Much entdeckten »Station See« Tauchaktionen durchgeführt. Denn die seinerzeit von Much geborgenen Objekte waren 1912 vom damaligen Ministerium für Kultus und Unterricht für das Urgeschichtliche Institut der Wiener Universität erworben worden.

Unter der Leitung namhafter Fachleute, unter anderem des Urgeschichtsforschers am Linzer Landesmuseum, Josef Reitinger, wurden im Mondsee nun erstmals in Österreich Gerätetaucher einer Salzburger Sporttauchergruppe eingesetzt. Man barg mehr als 40 ergänzbare Gefäßreste, darunter besonders große Töpfe und Hunderte von Tierknochen. Zudem entnahm man Bodenproben, um die Schichtenabfolge festzustellen und führte genaue Messungen durch, so daß man erstmalig eine genaue Vorstellung von der Siedlung erlangte. Sogar die Bergung eines kompletten Pfahles gelang.

Weitere zehn Jahre mußten vergehen, bis sich die Abteilung für Bodendenkmalpflege des Bundesdenkmalamtes veranlaßt sah, auf dem Gebiet der Pfahlbauforschung die längst überfälligen Schritte einzuleiten: Die Zerstörungen durch die allgemeine Technisierung und durch die forcierte, großflächige Bautätigkeit hatte auch nicht vor den Österreichischen Seen haltgemacht. So gesellten sich nun zur zwar unbefugten, aber nichtsdestoweniger verstärkt betriebenen Sammelleidenschaft von Raubtauchern und der Gefährdung der Pfahlbauten durch die Schiffahrt großzügige Uferverbauungen und die Errichtung von Ringkanalleitungen. Am Mondsee wurden während des Autobahnbaues hunderte Meter des Seeufers mit Abraummaterialien aufgefüllt. Die Bucht bei der Ortschaft Mondsee wurde mit Bade- und Erholungsanlagen verbaut, der Agerfluß des Attersees unkontrolliert ausgebaggert, der

Pfahlbau von Seewalchen durch Badeeinrichtungen zerstört, zahlreiche Pfahlbauten durch einen Ringkanal im Attersee durchschnitten und die Siedlung am Ausfluß des Traunsees beim Brückenbau vernichtet.

In dieser alles andere als erfreulichen Situation zeigte sich, daß ein Versäumnis der Vergangenheit den Pfahlbausiedlungen den Todesstoß zu versetzen schien: Da die einzelnen Pfahlbauten niemals genau lokalisiert worden waren, war die Schaffung von Schutzzonen unmöglich. Kurz entschlossen griff 1970 die Abteilung für Bodendenkmalpflege des Bundesdenkmalamtes zur Selbsthilfe und begann unter der Leitung des Grabungstechnikers Johann Offenberger mit unterwasserarchäologischen Untersuchungen. Dabei wurden keineswegs Unterwassergrabungen vorgenommen, sondern die Pfahlbauten systematisch vermessen und aufgenommen, um so entsprechende Unterlagen zu erhalten, welche Gebiete geschützt werden sollten.

Experimente unter Wasser

Da aus finanziellen Gründen keine Berufstaucher engagiert werden konnten, wurden für dieses Unternehmen Sporttaucher aus verschiedenen Vereinen gewonnen. Zu den eifrigsten Mitarbeitern zählte schon bald eine Tauchergruppe des Union-Tauchclubs Wels. Da weder Geräte noch einschlägige Erfahrungen vorhanden waren, mußte vieles erst ausprobiert, beschafft und mitunter auch selbst konstruiert werden. Im Laufe der Jahre wurden immer bessere Vermessungsmethoden entwickelt.

Das erste Meßgerät bestand lediglich aus einer an einem Autoreifen befestigten Meßlatte mit einem Lot, mit dem die Pfähle am Seeboden angepeilt wurden. Da sich bei der vom Land aus vorgenommenen Einmessung herausstellte, daß die Meßungenauigkeit sehr groß war, mußte weiter experimentiert werden.

Ab 1972 wurde die Detailvermessung zur Gänze unter Wasser verlegt. Dazu wurden über tausende Quadratmeter Schnurnetze mit einem Meter Maschenweite mit Hilfe eines Rohrrahmens unter Wasser gespannt. Die erkennbaren Details wurden unter Wasser auf ein wasserfestes Papier im Maßstab 1 : 10 gezeichnet und später auf einen Plan übertragen, dessen Maßstab nur mehr 1 : 100 betrug. Daneben wurden zahlreiche Proben zur Holzbestimmung sowie Knochen- und Keramikfunde entnommen.

So wurden die Uferzonen des Fuschl- und Mondsees bis 10 Meter Wassertiefe zur Gänze und des Attersees zu einem Viertel nach Pfahlbauten abgesucht. Im Mondsee, in der Bucht von Mooswinkel, wurde ein unbekannter Pfahlbau gefunden und eine Siedlung bei Scharfling wieder lokalisiert. Auch am Westufer des Attersees entdeckte man die Reste mehrerer Siedlungsobjekte. Sie alle wurden in Form von Umrißvermessungen, bei denen nicht jeder einzelne Pfahl, sondern nur die Umrisse der Pfahlfelder dokumentiert werden, topografisch festgehalten. Mit der Vermessung der »Station Miesling II« im

Attersee, wo auf 2500 Quadratmeter über 20.000 Pfähle standen, gelang es, erstmals in Europa die gesamte ehemalige Siedlungsfläche eines heute unter Wasser befindlichen jungsteinzeitlichen Dorfes durch Taucher detailliert zu dokumentieren.

Obwohl keine Grabungen durchgeführt wurden, konnten von Offenberger wichtige Details beobachtet werden, die die Theorie von der Uferrandsiedlung bestätigen: »Am Seegrund wurden liegende und sich kreuzende Balken freigelegt, die durch Pflöcke, die in den Ausnehmungen stehen, in ihrer Lage verankert waren und Roste bilden. In der Siedlung Weyregg wurde die Grundschwelle eines neolithischen Hauses geborgen, die in ähnlicher Weise im Seegrund fixiert war. In der Oberfläche des 6 Meter langen und 50 Zentimeter starken Balkens wurden senkrechte Bohrungen festgestellt, die zur Aufnahme der Steher der Hauswände dienten, die miteinander durch Flechtwerk verbunden waren. In der Siedlung Miesling II wurden vier, annähernd im Quadrat stehende Pfähle aufgefunden, in die senkrechte Nuten eingeschnitten sind. Über diese Pfähle war vermutlich eine Rahmenkonstruktion errichtet worden. Ein Rekonstruktionsversuch zeigt einen Bau, wie er als Speicherbau bis in die Neuzeit im österreichischen Alpengebiet in Verwendung stand.«

Die bei diesen Untersuchungen entnommenen Bodenproben wurden pollenanalytisch und bodenkundlich untersucht. Zudem wurden die Holzarten der Pfähle, die Gesteinsart der gefundenen Werkzeuge und die Tierknochen bestimmt. Am Institut für Radiumforschung und Kernphysik der Österreichischen Akademie der Wissenschaften in Wien wurden Hölzer der Pfahlbauten nach der Radiocarbonmethode untersucht. Die dabei gewonnenen Daten umfassen den Bereich von 2990 bis 2310 v. Chr. Gespannt darf man auf die Bestimmung des relativen Alters einzelner Hölzer mit Hilfe der Dendrochronologie sein, die noch in Ausarbeitung ist. Auf jeden Fall verdeutlichen die C-14-Daten, daß ein Großteil der Pfahlbausiedlungen an den Salzkammergutseen in der Spätstufe der Jungsteinzeit, während der Mondseekultur, errichtet wurden. Die Form und Verzierung von Keramiken, die aus dem Keutschacher See gefischt wurden, weist sogar Parallelen zur mittleren Jungsteinzeit auf, so daß man bei den Kärntner Pfahlbausiedlungen sogar mit einem höheren Alter rechnen muß. Funde aus den Salzkammergutseen, unter anderem Gebrauchsgegenstände aus Bronze, wie Beile, Dolche, Sichelmesser und Angelhaken sowie Bronzeschmuckstücke, verschiedene Schmucknadeln und Anhänger, zeugen davon, daß hier auch von der Frühbronzezeit bis zur Wende zur Mittelbronzezeit Uferrandsiedlungen existierten. Manche Metallfunde lassen sogar darauf schließen, daß es eine spätbronzezeitliche Siedlungsphase gab.

Mitunter stammen Pfähle auch aus noch späteren Zeiten. So entdeckte Johann Offenberger am Ostufer des Attersees eine römische Hafenanlage, wie sie bis jetzt im Raum der mitteleuropäischen Seen noch nie gefunden wurde. Alte Ansichten von Orten im Seengebiet stellen zudem wiederholt mit Pfählen befestigte Inseln und Uferbauten des Mittelalters und der Neuzeit dar. Man darf also keineswegs alle kulturellen Hinterlassenschaften in den Uferbereichen der österreichischen Seen der endjungsteinzeitlichen Mondseekultur zuschreiben.

Alles in allem haben die zeit- und geldintensiven Untersuchungen in den österreichischen Seen einen wertvollen Beitrag zur Erforschung der späten Jungsteinzeit geleistet. Denn neben den üblichen Fundobjekten entdeckte man zahlreiche organische Materialien, die – ähnlich wie in Mooren oder im Salzgestein – durch die Lagerung im Wasser die Jahrtausende überdauert haben. Neben den Pfählen der Bauten stieß man auch auf Werkstücke aus Holz, unter anderem auf Bretter, auf Schafthölzer für Beile und auf Pfeilschäftungen. Daneben fand man Reste von Fischernetzen, Feuerschwämme, Apfelspalten, Seile und Schnüre aus Lindenbast, Schachteln aus Rinde und sogar Stallmist.

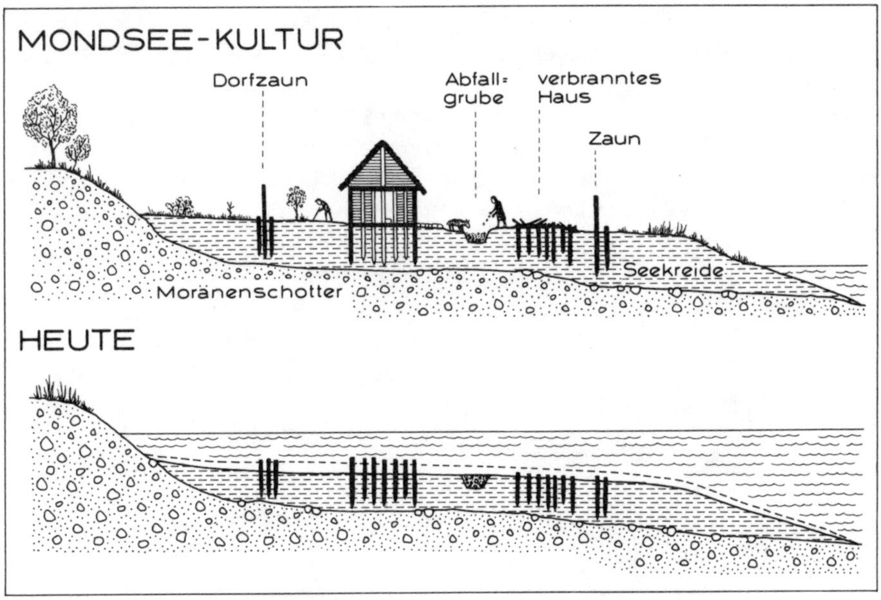

Uferrandsiedlung mit Pfahlbauten während der Jungsteinzeit (Mondseekultur) und deren heutige Überreste (nach J. Offenberger)

Angesichts dieser seltenen Funde meinte Johann Offenberger: »... die bedeutendsten Kulturdenkmale neolithischer Zeit in Österreich sind durch die Anwendung moderner naturwissenschaftlicher Untersuchungsmethoden aussagekräftiger denn je. Nur noch im Moor oder im Salz haben Holz, Pflanzenreste und andere organische Materialien Jahrtausende fast unbeschadet überstanden. Es ist ein faszinierendes Erlebnis der Urgeschichtsforschung, Werkstücke aus Holz in Händen zu halten, die vor 4500 Jahren bearbeitet wurden und deren von Steinbeilen herrührende Schlagmale noch so frisch sind, als wären die Bäume erst jüngst gefällt worden. Nur hier in diesen Pfahlbausiedlungen stehen noch Reste der Stämme aufrecht, die einst die Hauswände getragen haben; liegen die Balken im Boden verankert, auf denen der Fußboden des Hauses aufgelegt wurde; sieht man die handwerkliche Fähigkeit, mit der Bretter, Balken und Pflöcke behauen, Nuten und Bohrungen angefertigt wurden ...«

Wandernde Bogenschützen

Im Mai des Jahres 1932 stieß man in einer Sandgrube gegenüber des neueren Friedhofes der niederösterreichischen Stadt Laa an der Thaya auf mehrere urgeschichtliche Bestattungen. Neben frühbronzezeitlichen Körpergräbern entdeckte man zwei Brandgräber mit ungewöhnlichen Beigaben: Man fand in ihnen mehrere verzierte, einer umgedrehten Glocke ähnliche Keramikbecher, zwei geschliffene Steinplatten, einen Bernsteinknopf mit einer konischen Bohrung und zwei Eberzähne. Die Funde wurden zur Restaurierung und wissenschaftlichen Bearbeitung an die Prähistorische Abteilung des Naturhistorischen Museums nach Wien gesandt, wo man ihre Bedeutung sofort erkannte und das Inventar eines der Brandgräber erwarb. Die beiden Gräber stellten nämlich Hinterlassenschaften einer Kultur dar, die zwar einst über halb Europa verbreitet war, von der aber in Österreich bis dahin nur wenig Relikte entdeckt wurden und von der man relativ wenig wußte.

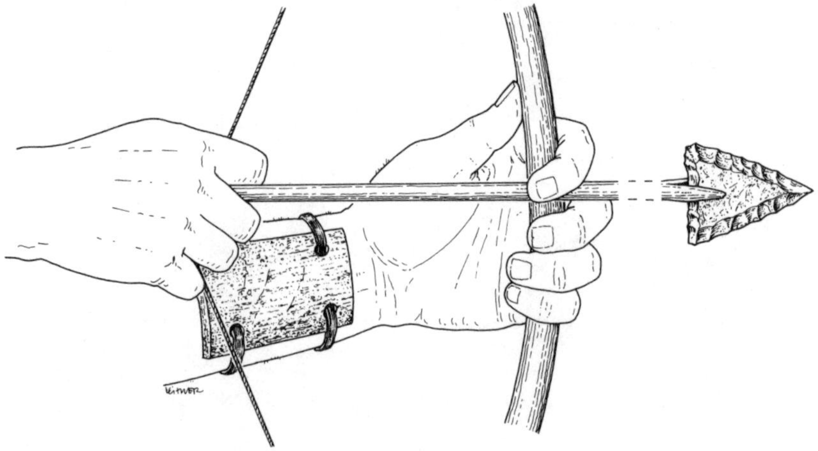

Bogenschütze aus der Glockenbecherzeit mit Armschutzplatte (nach J. Filip)

Benannt wurde diese Kultur nach den glockenähnlichen Bechern, die in ihrem gesamten Verbreitungsgebiet relativ gleichartig zu finden sind. Man entdeckte sie in Portugal, Spanien, Nordafrika (Algerien und Marokko), Frankreich, Holland, England, Mitteleuropa, Sardinien, Sizilien, Italien, Polen, in der ČSSR sowie in Ungarn. Man kann also wirklich von einer paneuropäischen Gefäßform sprechen.

Die Glockenbecher wurden zwar mit der Hand, aber besonders regelmäßig geformt. Die Außenfläche der aus rot gebranntem Ton bestehenden Becher

Zweigeteilte Schüssel mit kultischem Charakter aus Ossarn bei Herzogenburg, NÖ.

Typischer Glockenbecher aus einem Brandgrab von Laa/Thaya, NÖ.

Pingenzug auf dem Troyboden am Mitterberg bei Mühlbach am Hochkönig, Salzburg.

Tüllenpickel aus Bronze vom Mitterberg (links).
Schwerer Hammer aus Bronze vom Mitterberg (rechts).

Befestigte Siedlung vom Ende der Frühbronzezeit auf dem »Hochfeld« von Böheimkirchen, NÖ.

Rettungsgrabung 1974 auf dem »Hochfeld« von Böheimkirchen, NÖ., Schnitt durch den Befestigungswall.

Bronzene Spangenbarren aus einem Depotfund vom Jahre 1970 aus Obereching an der Salzach, Salzburg.

Große Bronzespirale mit eingerollten Enden aus Mödling, NÖ. (links).
Verziertes Tongefäß aus dem mittelbronzezeitlichen Hügelgräberfeld von Kronsdorf bei Enns, OÖ. (rechts).

war mit eingestempelten Mustern verziert, die ihre Oberfläche in waagrechte Streifen oder Zonen einteilte. Diese Muster stellen Ornamentreihen dar, die durch das Nebeneinandersetzen von mehrzahnigen Stempeln hergestellt wurden. Weitere charakteristische Hinterlassenschaften dieser Kultur sind Schmuckstücke: Bein- und Bernsteinknöpfe mit konischen Bohrungen, halbmondförmige Zierstücke aus Knochen und Geweih sowie verschiedene Tierzahnanhänger, wie zum Beispiel Eberhauer. Auch einfache Kupfer- und mitunter sogar Bronzedolche gehören zum Inventar der Glockenbecherkultur. Sie zeugen von ihrer Stellung an der Wende der Kupferzeit zur Frühbronzezeit, die um 2000 v. Chr. zu datieren ist.

Verschieden groß zugeschliffene, viereckige bis ovale Steinplättchen mit Bohrungen an den Rändern wurden in Verbindung mit – allerdings weitaus seltener vorkommenden – dreieckigen Feuersteinpfeilspitzen als Daumen- oder Armschutzplatten gedeutet. Nach den Vorstellungen vieler älterer Urgeschichtsforscher waren die Schutzplatten mit Sehnen oder Lederriemen am Daumen oder Handgelenk befestigt und sollten einen Pfeilschützen vor Verletzungen durch die zurückschnellende Bogensehne bewahren. Hermann Müller-Karpe meint jedoch, daß ein solcher Gebrauchsgegenstand nicht so sorgfältig ausgeführt worden wäre. Zudem sei die Form nicht unbedingt zweckentsprechend. Ein Daumen- bzw. Armschutz könnte mit wesentlich einfacheren Mitteln viel besser erreicht werden. Wahrscheinlicher sei daher, daß es sich bei den Steinplättchen um Zierstücke der Männer und gleichzeitig um soziale Standeskennzeichen gehandelt habe.

Nicht nur die ursprüngliche Deutung der Steinplättchen ist heute ins Kreuzfeuer der Kritik geraten, auch das bisher angenommene Ursprungsgebiet dieser Kultur und die Art ihrer Verbreitung sind es. Fast scheint es so, als sei die Erschütterung der alten Meinung für die Glockenbecherkultur charakteristisch. Bisher suchte man ihr Herkunftsgebiet im Südosten oder im Südwesten Europas. Am häufigsten nannte man Frankreich und die iberische Halbinsel als die Urheimat. Der Altmeister der tschechischen Urgeschichtsforschung, Jan Filip, meinte vorsichtig, daß die Glockenbecherkultur »auf einer Fläche größeren Ausmaßes im westlichen Mittelmeergebiet« entstanden sei, wobei die »Pyrenäenhalbinsel gewiß einer der Durchgangsräume« war, von wo die Glockenbecherkultur nach Osten vordrang. Man nahm an, daß sie sich über das Mittelmeer, die Flüsse – unter anderem die Donau – und das Festland, wie zum Beispiel das Rheinland oder Norditalien bis Mitteleuropa und weiter nach Osten ausbreitete. Da die Glockenbecherkultur nur von relativ kurzer Dauer war, sich zudem über weite Gebiete erstreckte und nur selten Siedlungsreste entdeckt wurden, glaubte man, daß die Träger dieser Kultur Nomaden waren und vorwiegend von der Jagd- und Sammelwirtschaft lebten. Ihre Hauptwaffe sei der Bogen gewesen. Einmal wurden sie sogar »ein reisig Volk von Bogenschützen« genannt.

1974 unternahm man in Oberried bei Freiburg in der Bundesrepublik Deutschland im Rahmen einer internationalen Tagung den Versuch, Licht in das Dunkel der Glockenbecherkultur zu bringen. Obwohl 27 europäische Spezialisten dieser Tagung beiwohnten, spiegelt der 1976 erschienene Tagungsbericht, in dem fast alle Referate und Diskussionsbeiträge schriftlich festgehalten sind, lediglich das Nebeneinander der wissenschaftlichen Meinungen wider. Die ungarische Forscherin Rósza Kalicz-Schreiber zum Beispiel vertrat die traditionelle Lehrmeinung: »Das Erscheinen der Glockenbecher ... ist auf das Eindringen kleinerer ethnischer Gruppen zurückzuführen. Wie stark diese Gruppen waren, wissen wir nicht; sehr zahlreich konnten sie jedoch nicht gewesen sein, denn sie gingen fast sofort in den Massen der ortseinsässigen Bevölkerung auf. Ihr Einfluß ... übertraf aber ihre zahlenmäßige Stärke um ein Vielfaches.«

Die interessanteste und realistischeste neue Modellvorstellung trug der tschechische Urgeschichtsforscher Evžen Neustupný vor. Eine Einwanderung sei unwahrscheinlich, was besonders deutlich die Wirtschaftsentwicklung dieser Zeit beweise: In der ausgehenden Kupferzeit habe sich nämlich der Pflug durchgesetzt und dadurch den Charakter der Landwirtschaft verändert. Eine Zunahme der Haustierhaltung drängte die Bedeutung der Jagd weiter zurück. Für ein nomadisches Hirtentum sei längst kein Platz mehr in Mitteleuropa gewesen. Die aufstrebende Metallurgie, also der Bergbau und die Verarbeitung der Metalle veränderte auch die Gemeinschaften. Eine nach Geschlechtern und Altersgruppen notwendige Arbeitsteilung war die Folge. Die Zurückdrängung der Frau aus wesentlichen Wirtschaftszweigen wie der Landwirtschaft und ihre Verbannung an den häuslichen Herd ging Hand in Hand mit der neuen patriarchalischen Orientierung der Familien. Kompliziertere Formen des Eigentums wie etwa der Gegensatz von Privateigentum innerhalb der Familien und die Ausprägung eines Allgemeingutes innerhalb der Gemeinschaften, die aus mehreren Dörfern bestanden, entwickelten sich. Frauen und Kinder waren von den Patriarchen abhängig und hatten nicht mehr die selben Rechte wie früher. Zu den nun – möglicherweise infolge Kulturkontakte mit dem Vorderen Orient – personifizierten Gottheiten, den Göttern, konnte nicht mehr jedermann Kontakt aufnehmen. Auch dazu bedurfte man der Patriarchen. Hierauf und auf ihrer wirtschaftlichen Position begründeten die Familienoberhäupter ihre Macht.

In dem von Neustupný gezeichneten Bild der Kupferzeit würden Wanderungen im Gegensatz zur traditionellen Lehrmeinung äußerst problematisch sein: Es wären ständig Rodungen notwendig, um neue Äcker und Futter für die Tiere im Winter zu schaffen.

Aber auch die Entwicklung neuer Kulturerscheinungen aus älteren, einheimischen, wirft viele Fragen auf. Eine Lösungsmöglichkeit hat der Engländer S. Shennan aufgezeigt. Er glaubt, daß die charakteristischsten Objekte der Glockenbecherkultur, die fast überall gefunden wurden, Prestigegegenstände waren, deren Besitz für das Ansehen einer bestimmten Bevölkerungsgruppe Voraussetzung war. Die Entstehung der Glockenbecherkultur würde sich in diesem Fall auf einen modischen Wandel der Prestigegegenstände reduzieren lassen, zu denen nun auch Kupferdolche und Bernsteinknöpfe zählen. Eine befriedigende Antwort auf die vielen offenen Fragen konnte jedenfalls bei der Oberrieder Tagung nicht gegeben werden.

Auch die österreichische Urgeschichtsforschung konnte seit dieser Tagung nichts dazu beitragen, die Entstehung und Verbreitung der Glockenbecherkultur zu klären. Obwohl sie in Salzburg, Oberösterreich, Niederösterreich, Wien und dem Burgenland verbreitet war, wurde in den letzten Jahren nur ein einziger nennenswerter Fund gemacht: 1976 stieß der Heimatforscher Alois Toriser von Laa an der Thaya in der Nähe der Stelle, wo 1932 die beiden Gräber entdeckt worden waren, auf Siedlungsreste.

Etwas jünger als die klassischen reichhaltig verzierten Glockenbecher – sie stammen aus der Zeit knapp vor 1800 v. Chr. – sind kugelige Tassen mit Bandhenkeln, die die klassischen Glockenbecher nicht aufweisen. Neben diesen vorwiegend unverzierten Gefäßen entdeckte man manchmal auch Stücke mit einfacheren Linienverzierungen und Schüsseln mit vier bis sechs Standfüßchen. Dieses keramische Inventar wird von kleinen Kupferdolchen, Beinknöpfen und aus Eberhauern geschnittenen und verzierten Anhängern ergänzt. Eine blaue Fayenceperle, die in Leopoldsdorf bei Wien neben Goldringen und Bernsteinanhängern gefunden wurde, zeigt Handelsbeziehungen zum ägyptischen Bereich auf. Diese jüngere Glockenbecherkultur stellt mit verschiedenen lokalen Eigenheiten den unmittelbaren Ausgangspunkt für die Entwicklung verschiedener frühbronzezeitlicher Kulturerscheinungen Österreichs dar.

Begehrter als Gold
Bronzezeit

Der Schatz vom Mitterberg

Im Jahre 1827 wurde in Salzburg, am Fuß des 2941 Meter in den Himmel ragenden Hochkönigs, eine eigenartige Entdeckung gemacht. Schuld an ihr war eigentlich ein Brotlaib, den der Bauer Jacob Glatzhofer zusammen mit einigen anderen und ein paar Sack Getreide im Markt Werfen im Pongau eingekauft hatte und über steile Gebirgswege heimwärts in Richtung Mitterberg transportierte. Fast schon hatte er sein Ziel erreicht, da bemerkte er, daß er einen Brotlaib verloren hatte. Am Hof angekommen bat er seinen Schwiegersohn, den Laib suchen zu gehen. Es verging eine geraume Zeit, doch der Schwiegersohn kehrte nicht zurück. Als man sich um ihn Sorgen zu machen begann, schickte man ihm den Knecht nach. Als auch er nicht zurückkam, sandte man die Magd aus. Bald schon hatte sie die beiden gefunden: Sie standen bei einem mit Bergschutt überdeckten Graben und suchten nach Erzbrocken. Als nämlich der Schwiegersohn des Bauern den in einen Graben gekollerten Brotlaib entdeckt hatte und aufheben wollte, bemerkte er eigenartige, gelbglänzende Erzbrocken. Das konnte nur Gold sein! Sofort begann er die Erzbrocken einzusammeln. Als der Knecht dazukam, wies er ihn an, ihm zu helfen. Und auch die Magd mußte mitmachen. Gemeinsam füllten sie zugebundene Rockärmel, Schürzen und natürlich alle Hosen- und Rocksäcke mit dem Erz. Doch als sie das vermeintliche Gold zu Hause einschmelzen wollten, gelang ihnen das nicht. Kein Wunder: Bei dem Schatz vom Mitterberg handelte es sich nur um goldglänzendes Kupfererz.

Dieser Fund kam schließlich auch dem in Tirol tätigen Bergmann Joseph Zötl zu Ohren. Er begab sich alsbald auf den Mitterberg und begann dort die Gegend nach Kupfervorkommen abzusuchen, allerdings ohne nennenswerten Erfolg. Schon wollte er entmutigt wieder abreisen, als er auf der sonst dürren, meist nur von Heidelkraut und Moosen bewachsenen Alm einen Streifen saftigen Grüns entdeckte. In länglichen Vertiefungen hatten sich Humus und etwas Wasser gesammelt, so daß hier Gras und Alpenkräuter üppig wuchsen. Beim Anblick dieser Mulden und Trichter kam Zötl der Gedanke, daß es sich hier um Pingenzüge der prähistorischen Bergleute handeln könnte, also um Vertiefungen in der Erdoberfläche, die entweder direkt durch Entnahme von Erzen oder indirekt durch den Einsturz von Stollen und anderen Untertagbauten entstanden sind. Solche Pingenzüge werden gewöhnlich noch von Schutthalden begleitet, die sich aus dem Abraummaterial zusammensetzen.

Zötl hatte richtig beobachtet: Am Mitterberg wurde bereits vor langer Zeit Kupfererz abgebaut. Im dortigen Bergbaugebiet gibt es mehrere Erzgänge von bedeutender Ausdehnung. Als wichtigster gilt der Mitterberg Hauptgangzug. In unmittelbarer Nähe des Alpengasthofes Arthurhaus am Mitterberg ist die westlichste Stelle, wo dieser Erzgang zutage tritt, also seine »Ausbisse« hat, wie es in der Fachsprache heißt. Von dort erstreckt er sich 12 Kilometer nach Osten. Er windet sich nördlich des Hochkeiles über den Götschenberg bis jenseits der Salzach an die Abhänge des Buchberges.

Die Mitterberger Lagerstätte besitzt also eine West-Ostorientierung und fällt gegen Süden zu steil ein. Es handelt sich bei ihr um eine sogenannte Spaltenfüllung. Sie entstand, als die durch Bewegungen der Erdkruste entstandenen Spalten mit heißen Lösungen aus der Tiefe ausgefüllt wurden. Nach dem Erkalten bildeten sie dann sogenannte Ganglagerstätten, die vertikal stehen und in große Tiefen reichen. Von den im Mitterberger Gebiet vorkommenden Erzen ist der Kupferkies am bedeutendsten.

1828 regte Zötl aufgrund seiner Beobachtungen bei der zuständigen k. k. Bergbehörde an, den Mitterberg zu untersuchen. Vom Hüttenamt im nahegelegenen Lend erhielt er jedoch die Antwort, daß man dieses Gebiet sehr wohl kenne, die dortigen Erzvorkommen allerdings schon größtenteils vor langer Zeit abgebaut worden wären. Zötl konnte dies nicht glauben und gründete 1829 einen Kupferbergbaubetrieb, die Mitterberger Kupfergewerkschaft. Doch erst nach vielen Jahren unproduktiver Aufschließungsarbeiten, die Unsummen verschlangen und Zötl fast zur Aufgabe gezwungen hätten, stellte sich 1843 der Erfolg ein: Hinter den »Verhauen des Alten Mannes«, also hinter den Gruben der urzeitlichen Bergleute kamen im neu angelegten »Maria-Hilf-Stollen« zum Abbau geeignete Kupfererze zum Vorschein. Für über 100 Jahre verhalf nun der Bergsegen dem kargen Gebiet zu bescheidenem Wohlstand.

Steinbeile als Touristenattraktion

Im Jahre 1878 fiel dem Konservator Georg Petzolt, einem Akademischen Maler aus Salzburg und Mitarbeiter der »k. k. Central-Commission zur Erforschung und Erhaltung der Kunst- und Historischen Denkmale«, auf, daß in Bischofshofen schon seit mehreren Jahren urtümlich aussehende Steingeräte an Touristen verkauft werden, deren Herkunft er nicht feststellen konnte. Er verständigte davon die Central-Commission, die wiederum Matthäus Much davon unterrichtete. Die im Amtshaus des Kupferwerkes in Mühlbach ausgestellten urgeschichtlichen Fundgegenstände aus den Mitterberger Stollen brachten Petzolt schließlich auf die Idee, daß auch die in Bischofshofen angebotenen Steingeräte aus dem urzeitlichen Bergwerk stammen könnten. Much, der am 30. September 1878 den Mitterberg besuchte, konnte diese Annahme bestätigen.

Obwohl Bischofshofen seit 1852 mit der 8 Kilometer südwestlich gelegenen Gemeinde Mühlbach am Hochkönig, zu der die Kupferlagerstätte gehört, durch eine Straße und eine Bahnlinie verbunden war, legte Much die Strecke zu Fuß zurück. Die beiden Verkehrswege waren von der Mitterberger Kupfergewerkschaft mit bedeutendem Kostenaufwand errichtet worden. Die

Schwierigkeiten in der Erbauung und Erhaltung sind in der Enge des Mühlbachtales zu sehen, dessen unterer Teil aus einer finsteren, tief in den Tonschiefer eingerissenen Schlucht, die vom Mühlbach durchbraust wird, besteht. Bis 1852 hatten es Felsstürze und Lawinenabgänge verhindert, den Weg durch die Schlucht zu führen. Das Dorf Mühlbach stand bis dahin nur durch schwierige, hoch über die Berge von Hof zu Hof führende Wege mit der Außenwelt in Verbindung. Selbst ein tüchtiges Ochsengespann konnte über solche Wege, die zweifellos auch die Verbindung in der Urzeit darstellten, kaum mehr als fünf Sack Getreide gleichzeitig transportieren.

In drei Stunden durchwanderte Matthäus Much die Schlucht des Mühlbachtales und erreichte schließlich das Dorf. Er war überwältigt von der Landschaft und schrieb enthusiastisch: »So gehört Mühlbach sowie Hallstatt zu jenen tief verborgenen, von undurchdringlichen Waldbergen und starrenden Felswänden abgeschlossenen, kaum auffindbaren und fast unzugänglichen Winkeln unserer Alpenwelt, in denen gleichwohl, da wie dort, in frühester Zeit schon ein frisches Leben pulsierte; die sich trotz ihrer Abgeschiedenheit aus Stätten menschlicher Betriebsamkeit nothwendig zu Centren der Cultur entwickelten, von wo diese in weitere Kreise ausstrahlte.«

In Mühlbach begab sich Much zu Johann Pirchl, dem Verwalter des Kupferbergwerkes. Er konnte ihn von der Bedeutung der archäologischen Funde überzeugen, und Pirchl versprach, Pläne für umfangreiche Nachforschungen auszuarbeiten. Nachdem Much die im Amtshaus verwahrten Objekte besichtigt und gezeichnet hatte, stellte sich Pirchl als ortskundiger Führer für einen Gang zum Mitterberg und durch das Kupferbergwerk zur Verfügung. Much erkannte sofort die großflächigen obertägigen Spuren des urzeitlichen Bergbaues. Zahlreiche Pingen reihten sich als Gräben von ungleicher Tiefe und Länge mit nur geringen Unterbrechungen in einer Linie aneinander. Sie stellten praktisch nur von mehr oder minder breiten Querriegeln unterbrochene Furchen, also richtige Pingenzüge dar, die dem Verlauf der Erzgänge entsprachen. Vom Arthurhaus erstreckten sie sich nach Osten. Eine Hauptfurche entsprach dem Weg des Erzganges, parallele Nebenfurchen und vereinzelte Pingen bezeichneten jene Punkte, wo sich die Schichten verschoben hatten. Deutlich war zu erkennen, welche Anstrengungen einst unternommen worden waren, um an das wertvolle Kupfererz zu gelangen.

Kein Wunder: Das begehrte Kupfer war ein Metall, das die Welt veränderte. Es erlaubte die Anwendung neuer Technologien, die letztendlich einfacher und nicht so zeitraubend waren wie die Steinbearbeitung. Zudem konnten nun auch Gegenstände hergestellt werden, die man mit den bisher verwendeten Materialien nicht anfertigen konnte. Allerdings eröffnete diese neuen Möglichkeiten nicht das Kupfer allein. Denn unlegiertes Kupfer ist relativ weich und eignet sich in erster Linie für die Herstellung von Schmuckstücken, was man ja bereits in der ausgehenden Jungsteinzeit erkannt hatte. Doch im vierten vorchristlichen Jahrtausend entdeckte man im Vorderen Orient die Bronzeherstellung. Dabei wird dem Kupfer Zinn zugesetzt, was ein wesentlich härteres Metall als das Kupfer ergibt. Im Zuge von Kulturkontakten erreichte die Kenntnis dieser Technologie – erst viel später – auch Mitteleuropa.

Den urzeitlichen Bergleuten vom Mitterberg dürfte das Auffinden der Gangausbisse, des Austritts der Erzgänge an der Oberfläche, nicht schwer gefallen sein. Denn das Nebengestein in der Umgebung ist weit weniger widerstandsfähig und verwittert daher leichter als die Erzgänge. Wo also nicht Humus oder Schutt alles überdeckte, mußten sie die Gänge als erhabene Rippen gut verfolgen können. Waren Überlagerungen vorhanden, so werden die zahlreichen Einschnitte der Wasserläufe und Gebirgsgräben den urzeitlichen Schürfern geholfen haben, die Kupferlagerstätten zu entdecken.

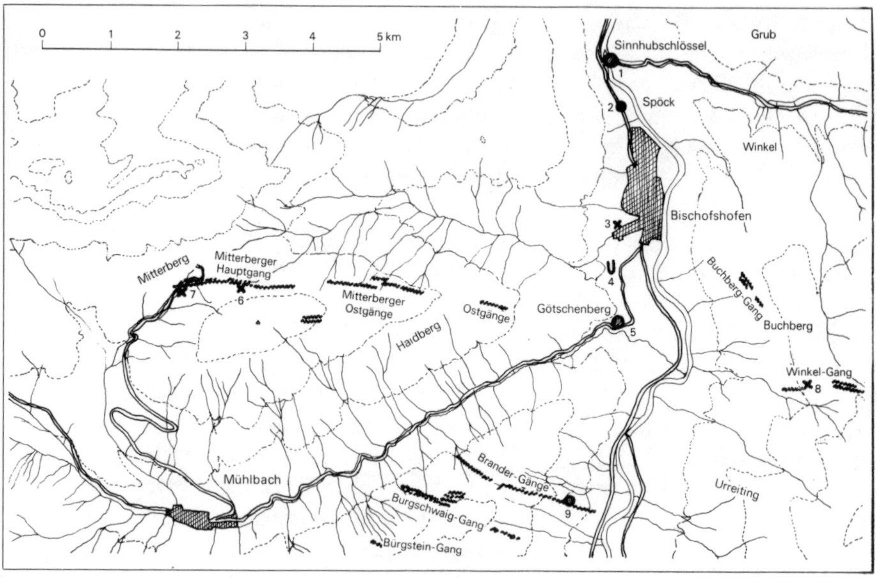

Karte der in der Urzeit abgebauten Erzgänge im Bereich von Mühlbach–Bischofshofen, Salzburg; Nr. 1–9: Fundstellen aus Bronze- und Hallstattzeit (nach C. Eibner)

Mit Pickel und Feuer

Der Abbau wurde anfangs wahrscheinlich nur oberflächlich durchgeführt. Später legte man dann Stollen und Schächte an. Die alten Anlagen wurden natürlich nicht so gleichförmig errichtet, wie es heute geschieht. Sie gingen unregelmäßig hin und her, wie es sich bei der Verfolgung der Erzgänge ergab. Einige dieser »alten Verhaue« konnte Johann Pirchl auch Matthäus Much zeigen. 1865 entdeckte man nämlich bei der Anlage eines neuen Stollens einen in der Urzeit angelegten Hohlraum. Als man den Stollen vorantrieb, bemerkte man plötzlich einen ungewöhnlich starken Wasserzufluß. Als dieser immer stärker wurde, erkannte Pirchl, der damals bereits die Leitung des Bergbaues innehatte, daß man in unmittelbarer Nähe eines vollständig »abgesoffenen«, also total mit Wasser gefüllten Hohlraumes war. Von hier drang das Wasser in den neuen Stollen. Da ein plötzlicher Durchbruch zu einem Grubenunglück geführt hätte, arbeitete man sich vorsichtig weiter. Schließlich gelang es, das Wasser abzuleiten, und man konnte die ursprünglichen Gruben betreten. Dabei kam man in einen größeren Komplex, der aus mehreren Hohlräumen, Stollen usw. bestand und von dem man durch einen schrägen Schacht sogar bis zum Mundloch, also zum Schachteingang, vordringen konnte. Dieser war jedoch mit Holzbalken, Lehm und Moos versperrt, so daß er von außen nicht mehr erkennbar war. Much glaubte, daß das Verschließen des Mundloches auf ein Verbergen des Bergwerkes während Unruhen in der Urzeit zurückzuführen wäre. Heute ist man jedoch eher der Meinung, daß eine Elementarkatastrophe, zum Beispiel eine Überflutung nach einem schweren Unwetter, die Ursache für die Aufgabe der Gruben war. Die Holzabdeckung muß aber überhaupt nicht aus der Urzeit stammen, sondern könnte auch im Zuge der jüngeren Almwirtschaft als Schutz für das weidende Vieh angebracht worden sein.

Da die untertägigen Hohlräume mit Wasser gefüllt waren, wurden hier normal nicht erhalten gebliebene organische Gegenstände bis zur Wiederentdeckung konserviert. Was Pirchl mit seinen Leuten fand, ließ sie erkennen, »wie mühsam und mit welch primitiven Mitteln der Bergbau einst betrieben worden ist«. So stieß man unter anderem auf die Lagerständer eines Handhaspels, also Teile einer einfachen hölzernen Seilwinde. Bei einem Schacht entdeckte man Treppenhölzer, »um der Mannschaft das Austragen der Erze möglichst zu erleichtern«, wie Johann Pirchl vermutete. Weiters gab es roh ausgehackte Steigbäume mit sehr hohen Treppenabsätzen, die am Fußende gabelförmig ausgezackt waren, hölzerne Rinnen, Kohlenreste und schwarzen Schlamm. Die Wände der Schächte waren mit Ruß, der von Kienspänen stammen dürfte, überkrustet. Auf einer Art Bühne befanden sich Holzscheite, die oben verkohlt waren. Hier mußte also längere Zeit ein Feuer gebrannt haben.

Alles deutete darauf hin, daß das Erz mit der sogenannten Feuersetzmethode abgebaut worden war. Dabei wurde das abzubauende Gestein rasch hoch erhitzt und danach auskühlen gelassen oder mit Wasser übergossen. Infolge der verschieden starken Wärmeausdehnung der Lagerstättenfüllung und des tauben Nebengesteins – besonders quarzreiche Erzgänge dehnen sich bei

Abbau von Kupfererz mittels Feuersetzen (nach G. Kyrle)

Hitzeeinwirkung schneller und stärker aus als das schiefrige Nebengestein – wird der Fels rissig und brüchig. Nun läßt sich das Erz relativ gut lösen. Ein Teil bricht bereits durch das Eigengewicht heraus, der Rest wird mit geeigneten Werkzeugen gelockert. Die prähistorischen Bergleute vom Mitterberg dürften für diese Arbeit hauptsächlich Bronzepickel benutzt haben. Jedenfalls fand man solche wiederholt unter Tag. Die Feuersetzmethode wurde zusammen mit der Schlägel-und-Eisen-Technik, bei der mittels eines Schlägels und eines spitzen Pickels Gestein gebrochen wird, von der grauen Urzeit bis zur Einführung von Sprengungen mittels Schwarzpulvers angewendet.

Aus dem gesamten Fundmaterial rekonstruierten 1932 die österreichischen Bergbauforscher Karl Zschocke und Ernst Preuschen, wie im Bergbaugebiet von Mühlbach-Bischofshofen, zu dem auch der Mitterberg gehört, beim Feuersetzen vorgegangen worden war: Wo Erzgänge an die Oberfläche traten, wurde durch Feuer und Losschlagen bzw. -brechen eine erste Vertiefung hergestellt. Mit Hilfe des sogenannten Vortriebsfeuers versuchte man dann schräg nach unten in den Berg einzudringen. Dabei war es allerdings nicht sehr leicht, das Feuer in die gewünschte Richtung, also gegen das Berginnere, zu lenken. Vorerst diente das Feuer vornehmlich zum Vorwärtskommen, erst allmählich nahm man dann den eigentlichen Abbau, also die »Verfolgung« der erzführenden Gangmasse auf.

Hatte die in den Berg getriebene Grube Mannshöhe überschritten, begann man Zimmerungen, sogenannte Türstockzimmer, aufzustellen. Dies diente drei Zwecken: Erstens konnte man auf den Zimmerungen taube Gesteinsmassen lagern und damit die immer größer werdenden Hohlräume bis auf einen schrägen Schacht und einen waagrechten Stollen wieder füllen, zweitens konnten dadurch außer dem Vortriebsfeuer am Stollenende noch mehrere Abbaufeuer im Schacht angezündet werden, und drittens sorgten Schacht und Stollen für eine geregelte Luftzufuhr in größeren Tiefen. Manchmal hat man auch die Abbaufeuer durch hölzerne Bühnen der Decke nähergebracht. War eine Grube in dieser Art angelegt, begann man in einiger Entfernung hangaufwärts mit dem Errichten einer weiteren. Im Zuge der Abbautätigkeit wuchsen die beiden Gruben zusammen, da man ja auch die dazwischen liegenden Teile der Ganglagerstätte entfernte. In dieser Art wurde der Mitterberger Erzgangzug in der Urzeit in einer Länge von 1600 Meter von der oberflächlichen Ausbißlinie bis zu einer Tiefe von stellenweise 100 Meter zur Gänze abgebaut.

Mit zunehmender Tiefe wurde die »Wasserlästigkeit« immer größer, hatten also die urzeitlichen Bergleute immer mehr unter dem Eindringen von Grubenwasser zu leiden. Dies dürfte auch die Tiefe des Eindringens in das Berginnere auf rund 100 Meter begrenzt haben. Heute leitet man das Wasser über einen tiefer gelegenen Stollen ab. Vielleicht versuchte dies auch der urzeitliche Bergmann. Wo dies nicht gelang, wurde das Wasser mit Hilfe eines Dammes gestaut und händisch mit Holzeimern ins Freie befördert. Auch das gewonnene Hauwerk, das Erz und das taube Gestein, mußte transportiert werden, was bei größeren Stücken durch Weiterreichen der einzelnen Stücke von Mann zu Mann und bei kleineren mit Holzeimern und Holztrögen erfolgte. Auf dem umgekehrten Weg wurde das ober Tag ausgeschiedene taube Material zur Auffüllung der Hohlräume wieder in die Grube zurückgebracht.

Bei all diesen Arbeiten verwendeten die prähistorischen Bergleute Geräte und Werkzeuge, die im Original erhalten blieben. Bereits erwähnt wurden die Steigbäume aus Fichtenstämmen und die entweder mit geraden Stangen zum Brechen oder mit Kniehölzern zum Hacken geschäfteten Bronzepickel.

Weiters gelangten steinerne oder hölzerne Schläger zum Einsatz, mit denen der Pickel in den Fels getrieben wurde. Schwere Bronzehämmer wurden zum Zerkleinern des Gesteins benutzt, kurzstielige Holzschaufeln zum Einfüllen des Erzes in die kleineren hölzernen Tröge oder in Eimer, die aus Holzspänen zusammengesetzt waren. Für die Beleuchtung sorgten harzhältige Späne.

Vom Erz zum Kupfer

Bei der Gewinnung von Kupfer ist jedoch nicht nur der Abbau wichtig, sondern auch die sogenannte Aufbereitung und der Verhüttungsprozeß. Beim Aufbereiten wurde das taube Gestein vom erzhältigen getrennt, um die für das Schmelzen nötige Erzanreicherung zu gewährleisten. Bei der Standortwahl für die Scheideplätze ging man davon aus, daß sie sich in der Nähe der Gruben befinden sollen, um den Transportweg kurz zu halten, sowie in der Nähe von Wasserläufen, um Waschwasser zur Verfügung zu haben.

Im Zuge der ersten Grobaufbereitung wurde das erzhältige Gestein vorerst mit Bronzehämmern zerteilt und dann auf mächtigen Unterlagsplatten aus Schiefer oder Granit mit Klopfsteinen zerkleinert. Die so gewonnenen Brocken wurden händisch ausgeklaubt, um das verhüttungsfähige Derberz vom tauben Gestein und vom »verwachsenen Zeug«, das einer weiteren Feinaufbereitung zugeführt wurde, zu trennen. Das Gestein, bei dem das Erz mit dem tauben Material »verwachsen« ist, wurde nun mittels Handmühlen zerkleinert, die aus zwei Platten, einem Bodenstein und einem gestielten Läufer bestanden. Dabei wurde das Gestein so stark zerrieben, daß ein händisches Scheiden der Materialien nicht mehr möglich war.

Wenn auch Johann Pirchl und Matthäus Much schon im vorigen Jahrhundert im Bereich des Mitterbergs Verhüttungsplätze untersuchten, konnten sie die dort in der Urzeit übliche genaue Art der Aufbereitung nicht in Erfahrung bringen. Der Wiener Bronzezeitspezialist und Bergbauforscher Clemens Eibner ging daher daran, diese Forschungslücke zu schließen. Er untersuchte vor allem die Aufbereitungsplätze im Bereich des Hauptganges. An einer Stelle entdeckte er 1968 unter einer Torfschicht eine mächtige bronzezeitliche Ablagerung mit Schichten aus gröberem und feinerem Aufbereitungsmaterial. Bei weiteren Untersuchungen stieß er auf einen annähernd quadratischen Holzkasten von 1,65 Meter Seitenlänge, der wohl einst zur Deponierung von feinem Erzkonzentrat bis zu dessen Abtransport zum Schmelzen diente.

1971/72 legte Eibner ein weiteres, dicht mit Anlagen bestücktes Aufbereitungsgelände frei. Dabei entdeckte er ein Gerinne, das darauf schließen ließ, wie das fein zermahlene taube Gestein vom ebenso fein zerriebenen Erz geschieden wurde. Das hierin fließende Wasser spielte sicher bei einem naßmechanischen Aufbereitungsverfahren eine Rolle, bei dem unter Ausnützung des verschiedenen spezifischen Gewichtes von Erz und taubem Gestein eine Trennung vorgenommen worden sein dürfte.

Mittelalterliche Klaubetafel, auf der das Erz vom tauben Gestein getrennt wurde (nach G. Agricola, 1556)

Um den im Bereich der Gruben in 1600 Meter Seehöhe nicht überreich vorhandenen Waldbestand für das unter Tag benötigte Holz zur Verfügung zu haben, verlegte man die Verhüttung in tiefere Regionen. Man mußte daher das Erz, bzw. das Erzkonzentrat von den Aufbereitungs- zu den Schmelzplätzen bringen. Letztere lagen weit verstreut und zeichnen sich noch heute in der Landschaft als schlecht verwachsene Schlackenflächen deutlich ab. Schon Johann Pirchl entdeckte 26 Schmelzstätten. Bis zur letzten kartographischen Aufnahme des Bergbaugeländes 1976 hatte sich diese Zahl auf 161 erhöht.

Der Verhüttungsprozeß wurde in vier Etappen vorgenommen. Vorerst wurde das Erz mit Holz und Holzkohle vermengt und in 6 bis 8 Meter langen Röstbetten, flachen Erdmulden, durchgeglüht, damit die Hauptmenge der flüchtigen, vor allem der schwefeligen Bestandteile als Gas entweichen konnte. Gleichzeitig wurden dabei die Metallverbindungen zum Teil in Oxide und Sulfate übergeführt. Dann folgte die sogenannte »Roharbeit«, der erste

Schmelzprozeß. Dabei wurde das geröstete Erz neuerlich mit Holzkohle vermischt und unter Beigabe von sauren oder basischen Stoffen, wie etwa Kalkstein, in den Ofen gefüllt. Die Zuschläge waren notwendig, um die Fremdmetalloxide, die Metall-Sauerstoff-Verbindungen, zum Verschlacken zu bringen. Das Kupfer verband sich mit einem Eisenrest und mit dem noch vorhandenen Schwefel. Bei der Roharbeit wurde ein erstes »Niederschmelzen« vorgenommen, bei dem unterhalb der Schlacke der sogenannte Rohstein überblieb. Die zweite Phase trägt den Namen »Konzentrierarbeit«. Hier wurde nach nochmaligem Rösten, bei dem die Sulfate bis auf kleine Reste verflüchtigen und nur Metalloxide – besonders Kupfer- und Eisenoxid – zurückbleiben, ein zweiter Schmelzprozeß vorgenommen. Dabei entstand ein eisenoxidärmerer und kupferreicherer »Konzentrationsstein«. Beim anschließenden »Schwarzkupferschmelzen« schmolz man den Konzentrationsstein unter Zusatz von Kohlepulver neuerlich. Dabei wurden die Oxide vom Sauerstoff befreit und zu Metall »reduziert«. Das dunkle Schwarz- oder Rohkupfer war allerdings ein blasiges und brüchiges Metall. Es mußte erst einer »Raffination« zugeführt werden, bei der der restliche Schwefel entfernt und das Kupferoxydul in Kupfer umgewandelt wurde. Die Rückstände bestanden aus verschiedenartigen Schlacken, von groben, klotzförmigen Stücken bis zu feiner Plattenschlacke. Diese stein- oder glasförmigen Schmelzflüsse ließ man auf den Schlackenplätzen zurück.

Der Salzburger Konservator Oliver Klose legte 1910 zwei solcher Öfen, von denen einer schon von Johann Pirchl und Matthäus Much angegraben wurde, frei. Es handelte sich um relativ kleine, im Grundriß quadratische Öfen von etwa 1,2 Meter Seitenlänge.

Manche der Verhüttungsstufen mußte unter Umständen wiederholt werden. Clemens Eibner meinte dazu, daß man sich »diesen Prozeß des andauernden Wiederholens von Schmelzen, Abziehen der Schlacke, Erzielen eines entsprechenden Konzentratsteines, wieder Rösten des Konzentrates und weiteren Schmelzens nicht zu einfach vorstellen könne.« Er rechnet damit, »daß diese Prozesse sechs bis siebenmal in der Urzeit wiederholt werden mußten, bevor man zu den erwünschten fladen- bis brotlaibförmigen Gußkuchen aus dem spröden Schwarzkupfer gelangte.«

Mit Hilfe des mit modernen Methoden betriebenen Bergbaues im Gebiet Mühlbach-Bischofshofen konnte die Menge des solcherart abgebauten Erzes und gewonnenen Kupfers berechnet werden. Aufgrund dieser Berechnungen nimmt man an, daß in einem Zeitraum von 1000 Jahren am Mitterberg etwa 3000 Tonnen Kupfer erschmolzen werden konnten, was einer dreifachen Menge, also 9000 Tonnen Kupferkies entsprechen würde. Natürlich sind diese Zahlen im Vergleich zu heutigen Förderleistungen geradezu lächerlich, doch für die beschriebenen Methoden der Urzeit stellen sie eine erstaunliche Leistung dar.

Auch auf die Frage, wann der urzeitliche Bergbau am Mitterberg aufgenommen wurde und wie lange er florierte, versuchte Clemens Eibner eine Antwort zu finden. Schon Matthäus Much stellte diesbezügliche Überlegungen an und glaubte, daß bereits die Träger der Mondseekultur hier Kupfererz abbauten. Eibner schließt dies keineswegs aus, auch wenn der endgültige Beweis dafür noch nicht gefunden wurde. Zwei Tatsachen jedenfalls sprechen für diese Theorie: Einerseits entdeckten Pirchl und Much bei Grabungen am Götschenberg, einem Siedlungshügel hoch über der Stelle, wo das enge Mühlbachtal in das Salzachtal mündet, Funde der Mondseekultur. Anderseits fand man zahlreiche Kupfergußlöffel und Kupfergegenstände in den Pfahlbaudörfern dieser Kultur.

Auf jeden Fall kann aufgrund der bisher gemachten Funde angenommen werden, daß mit der Bergbautätigkeit zumindest in der Frühbronzezeit begonnen wurde. Diese Annahme konnte mit Hilfe der C-14-Methode bestätigt werden: Im Bereich des Südreviers beim Einödberg in der Nähe des Götschenberges stieß man bei der Anlage des Arthurstollens auf ein offenes urzeitliches Grubengebäude. Es befindet sich 180 Meter senkrecht und 400 Meter waagrecht von der Oberfläche entfernt. Da hier keinerlei Spuren des Feuersetzens bemerkbar sind, muß man annehmen, daß das Erz mittels der »Schlägel-und-Eisentechnik« gewonnen wurde. Zum Auffangen des Bergdruckes wurden sogenannte Querstempel benutzt. Eine Anzahl von ihnen befindet sich nach wie vor in diesem Hohlraum, der heute zum Arthurstollen gehört. Einen dieser Stempel baute Clemens Eibner aus. Mit Hilfe der C-14-Methode wurde er auf etwa 1600 v. Chr. datiert.

Nach dem organisierten Beginn des Bergbaues in der Frühbronzezeit im Südrevier und im Bereich der Mitterberger Ostgänge wurde auch der Mitterberger Hauptgang in Angriff genommen, der bis etwa zum Jahr 1000 v. Chr. ausgebeutet wurde. Doch auch mit der Einstellung dieses Betriebes kam der Bergbau nicht gänzlich zum Erliegen, was ein ursprünglich als Gürtelblechbruchstück gedeutetes Henkelbruchstück einer Bronzetasse, das von einer Scheidehalde östlich der Salzach stammt, beweist. Ja, es gibt Hinweise auf einen Abbau bis in den Beginn der jüngeren Eisenzeit. Nur wurden dann in Folge einer Klimaverschlechterung keine Gänge in größerer Höhe mehr in Angriff genommen.

Auch der moderne Kupferbergbau dauerte nicht ewig. Ab dem Anfang der sechziger Jahre unseres Jahrhunderts ging es mit ihm bergab, da die großen Kupferproduzenten der Welt um mehr als 50% billiger abbauen konnten. Nach einem wechselvollen Schicksal mußte der zuletzt verstaatlichte Kupferbergbau am Mitterberg Ende 1976 schließen. Allerdings stellen heute die noch vorhandenen Lagerstätten eine Reserve dar, die in Zeiten einer akuten Rohstoffverknappung wieder einmal an Bedeutung gewinnen könnten. Auch in einem solchen Fall könnte die urgeschichtliche Bergbauforschung einen wertvollen Beitrag leisten. Denn die genaue Kenntnis der Lagerstätten, der prähistorischen Abbaumethoden, der Abbautiefen und der Weiterverarbeitung ist nicht nur für den Geologen und Urgeschichtler von höchstem Interesse, sie kann auch wertvolle Informationen für die Planung eines weiteren Abbaues liefern. Inzwischen rührt man fleißig die Werbetrommel für den Fremdenverkehr, von dem man sich erhofft, daß er die wirtschaftliche Lücke zu füllen imstande ist, die die Schließung des Bergwerkes hinterlassen hat.

Kupferbergbau in Tirol

Wie am Mitterberg befinden sich auch alle anderen urgeschichtlichen Kupferbergbauzentren in der sogenannten Grauwacken- oder Schieferzone, die sich zwischen den nördlichen Kalkalpen und den Zentralalpen erstreckt. Sie beginnt am Arlberg, reicht zum Oberinntal, wo sie am Südrand des Tales entlangläuft, verbreitert sich auf der Höhe von Innsbruck, umfaßt den größten Teil der Tuxer Alpen und bildet die Kitzbühler sowie die Salzburger Schieferalpen, den Sockel verschiedener Berge im oberen Ennstal, wie zum Beispiel des Dachsteins, und die Eisenerzer Alpen. Dann verläuft sie über das Mürztal, quert das Semmeringgebiet und erreicht schließlich den Rand des Wiener Beckens.

In dieser Zone besitzen die Berge rundliche Formen, da sie aus relativ weichen und leicht verwitternden Gesteinen, vor allem aus alten Schiefern, bestehen. Hier findet man den Großteil der österreichischen Bodenschätze, besonders aber die Kupfer- und Eisenvorkommen. Auch die Kupferkies-Lagerstätte bei Schwarz-Pirhang in Tirol, die sogenannte Berta-Grube, liegt in der Grauwackenzone. Der Wiener Urgeschichtsforscher Richard Pittioni ist davon überzeugt, daß hier ebenfalls bereits in der Frühbronzezeit Erz abgebaut wurde.

In dieser Zeit der aufstrebenden Kupfergewinnung und der -verarbeitung war auch die Hügelkappe des 1073 Meter hohen Gschleirbühels, 15 Kilometer südlich von Innsbruck, besiedelt. Kurz vor seiner Abbaggerung im Zuge des Brennerautobahnbaues konnte er noch untersucht werden. Man entdeckte, daß sich auf dieser Hochfläche in der späten Frühbronzezeit vorwiegend Wohn- und Wirtschaftsgebäude befunden hatten. Im Westen des Hügels war von den damaligen Bewohnern in einem aufgegebenen Siedlungsareal ein kleines Brandgräberfeld angelegt worden. Obwohl hier keine Bronzerelikte gefunden wurden, dürfte die gut geschützte Höhensiedlung mit der Gewinnung und dem Handel von Metall in Tirol in Zusammenhang stehen. Wahrscheinlich wurde sie neben einer Anzahl anderer zur Sicherung des alten Handelsweges über den Brenner errichtet.

Den Anstoß für das Interesse am urgeschichtlichen Bergbau in Tirol gaben natürlich die Much'schen Arbeiten am Mitterberg. Besonders die Kupferlagerstätten um das heutige Fremdenverkehrszentrum Kitzbühel wurden bereits im vorigen Jahrhundert von Heimatforschern untersucht. Man gelangt zu ihnen, wenn man die Jochberger Ache ein Stück flußaufwärts verfolgt. Dort erstrecken sich jene Schieferberge, in denen sich das Bergbaugebiet Kupferplatte und Kelchalpe befindet. Im späten Mittelalter, in der frühen Neuzeit, aber auch schon in der Spätbronzezeit, der sogenannten Urnenfelderzeit, wurde hier Kupfer gewonnen. Bis 1926 waren die Kupfergruben in Betrieb. Vor allem auf der Kelchalpe, einem flachen Sattelgelände in 1800 Meter Seehöhe etwa 8 Kilometer südöstlich von Kitzbühel, gibt es zahlreiche Spuren des urzeitlichen Bergbaues. Auch Matthäus Much besuchte die Kelchalpe und berichtete über dieses Bergbaugebiet: »Fürs erste zeigen sich hier schon über Tag genau dieselben Gruben, mittels denen die Alten dem Erzgange gefolgt sind, wie auf dem Mitterberg. Auch unter Tag stieß man dort auf die Gruben der Alten, welche ganz ebenso mit Wasser angefüllt waren, wie auf dem Mitterberg. Aber während es hier dem vorsichtigen Vorgehen des Bergverwalters gelang, den Durchbruch zu verhüten, trat derselbe dort am 19. November 1855 ein. In den Gruben lag nach Abfluß des Wassers eine große Menge von Kohlen, Reste der Feuersetzung... angebrannte Hölzer und zahlreiche angebrannte Leuchtspäne... Von Geräten fand man einen aus Fichtenbrettern bestehenden viereckigen Kasten und mehrere aus Fichtenholz roh verfertigte schüsselartige Gefäße... und am tiefsten Punkte der alten Verhaue, eine Nadel aus Bronze. Aufgrund all dieser Funde läßt sich mit Beruhigung behaupten, daß auch die alten Kupferbergwerke... auf der Kelchalpe bei Kitzbühel in die prähistorische Zeit zurückreichen...«

Obwohl außer Much auch Heimatforscher zahlreiches Fundmaterial bargen, blieb die wissenschaftliche Ausbeute so gering, daß man lediglich Vermutungen anstellen konnte. In dieser Situation beschloß Richard Pittioni in Zusammenarbeit mit Karl Zschocke und Ernst Preuschen, die Kelchalpe systematisch zu untersuchen. Im August 1931 begann man mit der kartographischen Neuaufnahme aller obertägig sichtbaren Spuren des prähistorischen Bergbaues. Man dokumentierte die hier eher seltenen Bodenvertiefungen, die Pingen, und die außergewöhnlich zahlreichen Scheidehalden. Im Bergbaugebiet Kelchalpe sind letztere in einer solchen Zahl und Größe vorhanden, daß sie das Aussehen des Geländes bestimmen. Im Bergbaugebiet Mühlbach-Bischofshofen ist das Gegenteil der Fall. Hier dominieren die Pingen bzw. die Pingenzüge. Die Ursache liegt in unterschiedlichen geologischen Verhältnissen, die am Mitterberg den Rücktransport des tauben Materials unter Tag als Versatz, also als Füllungen der Hohlräume, notwendig machten.

Die zwischen 1932 bis 1953 mit einigen Unterbrechungen durchgeführten Untersuchungen konzentrierten sich im Taggelände auf die eindrucksvollen Scheidehalden. Vor allem hier hoffte man prähistorische Hinterlassenschaften zu finden, die eine Datierung der Anlagen ermöglichen würden. Man entdeckte mehr als man zu hoffen wagte. Denn im Bereich der Kelchalpe herrschen für organische Substanzen ideale Erhaltungsbedingungen. Der lehmige, ständig gut durchfeuchtete Boden bewirkt bei Holzobjekten eine natürliche Konservierung. Aus diesem Grund zählt dieses Gebiet heute zu einem der wichtigsten österreichischen Lieferanten urgeschichtlicher Holzgeräte.

Unter den rund zwei Meter mächtigen Halden kamen nicht nur die technischen Überreste des Betriebes, besonders die Aufbereitungsanlagen, sondern auch Siedlungsbauten zum Vorschein, unter anderem der Steinunterbau eines Blockhauses in Trockenmauertechnik. Es sah ähnlich wie eine alpine Hütte von heute aus: Auf einer Mauer aus geschichteten Steinen, einer sogenannten Trockenmauer, befanden sich die Hölzer des Blockhauses. Massen von in der Umgebung der Bauten gefundenen Tierknochen lassen den Schluß zu, daß man die Almen im Sommer als Hochweiden benützte. Gleich neben den Arbeitsstätten hielt man Schweine, Rinder, Ziegen und Schafe, um die Bergleute mit Frischfleisch und Milchprodukten zu versorgen. Zahlreiche

Herde und Topfbruchstücke zeugen von der Speisenzubereitung vor 3000 Jahren. Die durch die spätbronzezeitliche Keramik ermöglichte Datierung wurde zusätzlich durch einige wenige, aber dafür aussagefähige Bronzegegenstände wie Schmucknadeln und kleine, etwas gebogene Messer, bestätigt. Fundobjekte dieser Art entdeckte man in vielen spätbronzezeitlichen Gräbern in Tirol, unter anderem in Hötting, Wilten, Imst, Schwaz und Kufstein.

Pittioni gelang es hier erstmalig – noch lange vor den bereits geschilderten jüngeren Grabungen am Mitterberg – die Aufbereitung der geförderten Kupfererze zu rekonstruieren. Das grobe und feine Zerkleinern des Gesteins, das Trennen des erzhältigen vom tauben Material mit Hilfe des Wassers sowie das Lagern des tauben Gesteins auf den Halden konnte in vielen Einzelheiten genauestens verfolgt und dokumentiert werden. Interessante Einblicke in den Ablauf des täglichen Lebens der Urzeit in diesem Gebiet gaben die vielen Holzgeräte, die heute zusammen mit der Mehrzahl der anderen Fundobjekte in der Bergbauabteilung des Museums der Stadt Kitzbühel zu sehen sind. Es sind dies Bretter, Pfosten, Halbrohre, Keile und Schäftungen. Letztere weisen auf die ehemalige Existenz von Bronzebeilen und -meisseln hin, die, nachdem sie nicht mehr zu brauchen waren, wahrscheinlich eingeschmolzen wurden. Man benutzte sie neben den Bronzemessern zum Zurichten und zur Bearbeitung von Holzgegenständen. Beachtlich ist auch die Vielfalt der alltäglichen Gebrauchsgegenstände wie Wassereimer, Schalen, Schaufeln, Spachteln, Kochlöffel, Milchquirln, Spindeln und Nadeln.

Zu den wertvollsten Funden zählen die beiden 1950 ausgegrabenen, nahezu gänzlich erhalten gebliebenen Holztröge. Sie bestehen aus längshalbierten und ausgehöhlten Fichtenstämmen von etwa 80 Zentimeter Durchmesser und rund 175 Zentimeter Länge. Sie dienten wohl ebenfalls zur naßmechanischen Aufbereitung der gemahlenen Erze.

Die kulturgeschichtlich bedeutendsten Funde sind die sogenannten »Kerbhölzer«. Es handelt sich dabei um 88 nur wenige Zentimeter lange, im Querschnitt kreisrunde bis ovale, dünne Astteile von Fichten, Tannen, Haselnuß- und Vogelbeersträuchern. Diese Hölzchen weisen Kerben auf, die ins Holz oder in die Rinde eingeschnitten wurden und Ähnlichkeiten mit geometrischen Figuren haben, so z. B. mit römischen Zahlenzeichen. Richard Pittioni ist der Meinung, daß die Hölzchen mit Sicherheit aus der Spätbronzezeit stammen. Seiner Ansicht nach könnte man sie als Personen- und Hausmarken, als Zeichen zur Regelung von Rechten und Pflichten, als Marken zur Kontrolle von Leistungen – etwa bei Abrechnungen – oder als Hölzer zum Losen deuten. Pittioni selbst stellt die Variante der Loshölzer in den Vordergrund, meint jedoch, daß auch eine Deutung als Verrechnungsmarken durchaus sinnvoll wäre. Auf jeden Fall seien sie ein weiteres Zeugnis des Ideenreichtums dieser prähistorischen Bergleute: »Mag es auch heute nicht möglich sein, die ureigenste Bedeutung dieser Kerbhölzer zu ergründen, so sind sie doch der unumstößliche Beweis dafür, daß unsere Vorfahren bereits vor 3000 Jahren abstrakte Zeichen schaffen konnten, denen eine bestimmte Bedeutung innewohnte. Waren diese Kerben auch keine Schrift in unserem Sinne, so waren sie doch der Ausdruck von Ideen und Vorstellungen, die die

Bergleute jener Zeit bewegten. Und daß diese Menschen wahrlich nicht gedankenarm waren, das erkennen wir aus ihren Leistungen, die in der eindrucksvollen Sprache jahrtausendalter Bodendenkmäler zu uns sprechen.«

Im Laufe der weiteren Untersuchungen gelang es Pittioni und seinen Mitarbeitern auch, eine große Anzahl von Schmelzplätzen im Raum von Kitzbühel zu lokalisieren. Sie waren meist durch eigenartigen Bewuchs und vor allem durch die reichhaltige Schlacke gekennzeichnet.

Der Metallbedarf steigt

Auch in Niederösterreich wurde in der Urzeit Kupfer gewonnen. Die Lagerstätten verlaufen am Alpenostrand über die Bucklige Welt bis in das Günser Gebirge mit dem Geschriebenstein, wo auf ungarischer Seite das große metallurgische Zentrum der Urzeit, Velem Szentvid (Velem St. Veit), liegt. Die Kupferkiesgänge dieser Zone sind allerdings relativ ärmlich und stark mit Spateisenstein vermengt, wovon die umfangreichen und teilweise sehr mächtigen Scheidehalden zeugen. Daß diese Vorkommen dennoch ausgenützt wurden, läßt auf einen gesteigerten Metallbedarf in der Spätbronzezeit schließen.

Umfangreiche Ausgrabungen, die der niederösterreichische Urgeschichtsforscher Franz Hampl leitete, brachten ein wenig Licht in das Dunkel des urzeitlichen Bergbaues in Niederösterreich. Man fand zahlreiche Hüttenanlagen und einige Aufbereitungsplätze. Spuren des Erzabbaues konnten allerdings bis heute keine entdeckt werden.

Bei den Grabungen stieß man auf einen gut erhaltenen Schmelzofen, auf Röstbetten, Röstgruben sowie auf einfache und doppelte Schmelzgruben, eine einfachere Form des Schmelzofens. In der näheren und weiteren Umgebung der Schmelzplätze fand man wiederholt brotlaibartige Schmelzkuchen als Endprodukte des Röst- und Schmelzprozesses. Bei der Veröffentlichung der Ergebnisse seiner Arbeiten regte Franz Hampl wiederholt die Lösung verschiedener offener, archäologisch nicht eindeutig zu beantwortender Probleme an, indem er auf Versuche der experimentellen Archäologie hinwies, wie sie der englische Archäologe John Coles mit Erfolg durchführt.

Coles begnügt sich nicht mit Vermutungen, wie Gebrauchsgegenstände in ferner Vergangenheit hergestellt und benutzt worden waren, wie Gebäude errichtet, der Wald gerodet, Ackerbau betrieben wurde usw. Er und zahlreiche andere Vertreter der experimentellen Archäologie bauen diverse Gegenstände unter ähnlichen Bedingungen, wie sie damals herrschten, nach und versuchen mit ihnen zu arbeiten. Aber auch mit den Technologien, die einst angewendet wurden, beschäftigen sie sich. Im Zuge solcher Experimente versuchte man auch Kupfererze in einer kleinen Grube im Boden ohne Zug zu schmelzen. Dabei bildete sich jedoch nur schwarzes Kupferoxid und kein Metall. Da der Grund für das Mißlingen des Experiments scheinbar ein

Übermaß an Luft war, legte man das Erz unter ein umgekehrtes Tongefäß, vergrub das Ganze und erhitzte es wie vorher. Dabei entstand schwammiges, metallisches Kupfer. Als man das Erz fein mahlte, konnte man in dieser Art und Weise sogar eine kleine Metallperle erzeugen.

Solche Experimente versuchte auch Hampl zu initiieren, der mit ihrer Hilfe Anhaltspunkte über die Röstdauer, die Höhe des Schmelzofens, das Gebläse, die Mengenverhältnisse zwischen den Erzen, die Brennmaterialien und Zuschläge, die Schmelzdauer sowie die anfallende Menge von Schwarzkupfer und dessen Zusammenbacken zu Schmelzkuchen gewinnen wollte.

Leider wurde in Österreich bis heute nur ein einziges Mal ein Experiment im Zusammenhang mit der bronzezeitlichen Kupferverhüttung durchgeführt: Zwischen 1964 und 1967 versuchte der deutsche Forscher Clemens Böhne zusammen mit Ernst Preuschen, aus Kupfererz vom Mitterberg Kupfer zu gewinnen. Dabei stellte sich heraus, daß die in der Bronzezeit angewandte Verhüttung durchaus zu brauchbaren Ergebnissen führte. Doch auch dieses Experiment ließ viele Fragen unbeantwortet, über die selbst die interessanten Grabungsergebnisse Hampls, die im 1957 begründeten Bergbaumuseum in Reichenau an der Rax ausgestellt sind, nicht hinwegtäuschen können.

Eine Frage allerdings kann heute beantwortet werden: Woher das Kupfer, das in irgendeinem Bronzegegenstand verarbeitet wurde, stammt. Wie man vom Fertigprodukt auf die Kupferlagerstätte schließen kann, zeigte bereits Richard Pittioni auf: Welche chemischen Grundstoffe in beliebigen Verbindungen oder Gemengen vorhanden sind, kann man mittels der Spektralanalyse durch Zerlegen des von ihnen ausgesandten Lichtes feststellen, ebenso ihre Konzentration. In der Archäologie wird dieses Verfahren vor allem zur Feststellung der Zusammensetzung von Metallen verwendet, obwohl man neuerdings erkannt hat, daß verschiedene Schmelzzuschläge das Bild entscheidend verzerren können.

Läßt man diese Fehlerquellen jedoch außer Acht, kann man – wie es Pittioni vorschlug – die genaue Zusammensetzung eines fertigen Metallgegenstandes mit der der Erze einer Lagerstätte vergleichen. Denn das beim in der Urzeit üblichen Schmelzprozeß gewonnene Kupfer enthält noch in Spuren die Reste all jener metallischen Elemente, die neben dem Kupferkies immer in den Erzen enthalten sind, wie Silber, Antimon, Arsen, Eisen, Mangan, Nickel, Blei, Zinn, Zink, Wismut, Kobalt, Tellur, Gold und sogar Quecksilber. Sie bleiben untrennbar mit dem Kupfer verbunden und verraten bei der Spektralanalyse ihre Herkunft. Bei Gediegenkupfer, also bei natürlich vorkommendem metallischen Kupfer, das durch Verwitterung seit dem Tertiär auf natürliche Weise entstanden ist, findet man dagegen nur Silberspuren.

So lassen sich heute für Österreich außer dem aus Ungarn, der Slowakei und aus Siebenbürgen eingehandeltem Kupfer folgende Kupferkiese feststellen: Typus Mitterberg (Salzburg), Typus südliche Salzburger Lagerstätten, Typus Kupferplatte-Kelchalm (Tirol), und Typus Schwaz, Alte Zeche – Bertagrube (Tirol).

Eine wirtschaftliche Revolution

Der Beginn der Bronzezeit wurde nicht durch natürliche Umweltveränderungen bedingt, sondern ist auf technologisch-wirtschaftliche Umwälzungen zurückzuführen. Seit der späten Jungsteinzeit kam es zwar zu einer steten Klimaverschlechterung, aber es wäre falsch, von einem gewaltigen Klimasturz zu sprechen. Es wurde vielmehr langsam und kontinuierlich kälter und feuchter. Diese Klimaverschlechterung wurde aber durchaus von Wärme-, ja sogar Trockenphasen unterbrochen, wie es zum Beispiel in der frühen bis mittleren Bronzezeit der Fall war, und unter anderem zu einer verstärkten Siedlungstätigkeit und einem Aufblühen der Landwirtschaft führte. Dennoch besitzt die Bronzezeit, wie auch die nachfolgende Eisenzeit ein eigenes Gepräge, was viele Urgeschichtsforscher bewog, beide Epochen zur »Metallzeit« zusammenzufassen.

Der Bergbaubetrieb in den Alpen verdeutlicht, daß die Gewinnung und die Aufbereitung der Rohmaterialien ohne organisierten Betrieb unmöglich ist. Es mußten sich also zwangsläufig handwerkliche und gewerbliche Berufsgruppen bilden, was wiederum zu einer stärkeren sozialen Differenzierung führte, als in der Jungsteinzeit. Der Kupferzeit kann man in diesem Zusammenhang durchaus eine Mittelstellung einräumen.

Die Bauern mußten nun einen Überschuß produzieren, um jene Berufsgruppen mitzuerhalten, die keine Nahrungsmittel erzeugten. Sie reichten von den sogenannten Prospektoren, die ständig unterwegs waren, um neue Lagerstätten in den Alpen ausfindig zu machen, bis zu den Gießern und Schmieden, die in den verschiedenen Siedlungszentren oft prachtvolle Bronzegegenstände herstellten. Vergessen dürfen natürlich auch nicht die Zwischenhändler werden, die einerseits die Kupferbarren aus den alpinen Räumen in das Vorland zu bringen und die Fertigprodukte einzutauschen hatten, anderseits auch das zum Legieren des Kupfers nötige Zinn herbeischaffen mußten. Dieses Metall kommt relativ selten vor, und bei der Bronzeherstellung wurden dem Kupfer immerhin 5 bis 20 Prozent Zinn zugesetzt. Wenngleich es in der Urzeit sicher auch zahlreiche kleinere, derzeit noch nicht lokalisierte Vorkommen gegeben hat, wurden im wesentlichen in Europa nur die Lagerstätten im englischen Cornwall, in Nordwestspanien, in Böhmen und möglicherweise auch noch in Mittelitalien ausgebeutet.

Die Kenntnis der Bronzegewinnung und -verarbeitung führte aber auch zum Horten von Metallgegenständen, also zur Kapitalbildung. Denn Bronze läßt sich jederzeit in handliche Objekte umformen, die leicht absetzbar sind. Egal, ob diese Gegenstände gebraucht, ungebraucht oder vielleicht sogar unbrauchbar waren, in jedem Fall besaßen sie einen gewissen Wert und konnten verhandelt werden. Kein Wunder also, daß man vor allem nicht gebrauchte Bronzeobjekte hortete und so Kapital anhäufte. Diesem Bestreben war lediglich durch gewisse strengere Beigabensitten im Todesfall Grenzen gesetzt: Man mußte die persönliche Habe dem verstorbenen Besitzer mit ins Grab legen. Die geforderte Einhaltung dieses Gebotes führte zu einer Einschränkung des Hortens, da dadurch jede Generation gezwungen war,

Gegenstände des täglichen Gebrauchs neu zu schaffen bzw. zu erwerben. Die Folge dieser steten Produktion war ein ständiger modischer Stilwandel, der heute die feinchronologische Einteilung jener Zeiten zweifellos begünstigt, wenn nicht überhaupt erst möglich macht.

Die Kapitalbildung brachte ein verstärktes Sicherheits- und Schutzbedürfnis mit sich. Durch das Anlegen von Befestigungen, beziehungsweise befestigter Siedlungen, wie zum Beispiel im niederösterreichischen Böheimkirchen bei St. Pölten, versuchte man diesem Wunsch entsprechend Rechnung zu tragen. Trotzdem wurde bei Anzeichen von Unruhen und Wirren oft die »metallene« Habe vergraben. Nicht immer war es später dann möglich, den Schatz wieder zu bergen. Mitunter war sein Besitzer gestorben oder er war aus dem Gebiet vertrieben worden. Manchmal mußte er den Schatz auch im Boden belassen, weil er ihn einfach nicht mehr finden konnte. Die gar nicht so seltenen Schatzfunde aus dieser Zeit, die der Fachmann als Depot- oder Verwahrfunde bezeichnet, stellen noch heute den Beleg für unruhige Zeiten dar. Solche Schatzfunde können aus Barren bestehen, wie dies bei den 1971 in Obereching bei Oberndorf, Salzburg, aufgefundenen 170 Spangenbarren mit einem Gesamtgewicht von 35 Kilogramm der Fall war. Es kann sich aber auch um eine Ansammlung von Fertigprodukten handeln, wie beim Fund von Schrick bei Mistelbach, Niederösterreich, wo 1977 beim Ackern 1,5 Kilogramm Bronzeschmuckstücke und Gebrauchsgegenstände ans Tageslicht kamen. Selbstverständlich darf man nicht jeden Massenfund als Versteck deuten: Die zerbrochenen Gegenständen können auch Altmetallansammlungen sein, die aus irgend einem Grunde nicht mehr weiter verarbeitet wurden. Oder es handelt sich um Opfergaben, wie sie zum Beispiel oft in den Flüssen, etwa der Donau, beim Ausbaggern entdeckt werden. Die geopferten Gegenstände sollten sogar – im Gegensatz zu den versteckten – auf ewige Zeiten aus dem Verkehr gezogen werden.

Kampfbeile, Dolche, Schwerter und Lanzenspitzen zeugen von einer umfangreichen Bewaffnung, die möglicherweise auch einen Hinweis auf konkrete Kämpfe darstellt. Die oft prunkvolle Ausführung der Waffen gab ihnen zusätzlich den Charakter von Würdezeichen, die sozial höherrangige Träger bezeichneten. Dies alles läßt darauf schließen, daß man bei Kampfhandlungen nach gewissen ritterlichen Spielregeln vorging und nicht nur erbarmungslose Vernichtungskriege führte. Darin und in vielem anderen scheinen sich Kulturelemente widerzuspiegeln, wie wir sie aus den bereits mit Hilfe antiker Quellen faßbaren Bereichen des Vorderen Orients kennen. Mögliche Kulturkontakte zum Südosten und zum Mediterranraum verdeutlichen konkrete Funde. So befindet sich zum Beispiel die Heimat eines »megaronartigen« Hauses, also eines Vorhallenhauses, wie kürzlich eines im niederösterreichischen Fels am Wagram, inmitten einer frühbronzezeitlichen Siedlung, entdeckt wurde, im östlichen Mittelmeergebiet. Auch die Vorlagen zu einem eigentümlichen Ornament auf dem Bruchstück eines Knochenringes, den man im niederösterreichischen Guntramsdorf fand, stammen wahrscheinlich aus diesem Gebiet. Die mit einem Zirkel gezogenen achterförmig ineinandergreifenden Dreiviertelkreise werden in der Fachliteratur immer von Mustern auf Beigaben aus den Schachtgräbern von Mykene abgeleitet.

Auf Kulturkontakte lassen auch die verstärkte Reisetätigkeit der Menschen dieser Zeit und ein aufblühendes Ferntransportwesen schließen. Jedenfalls entdeckte man zahlreiche Zaumzeugbestandteile aus Knochen und Modelle von Tonwägelchen mit vollen Scheiben, aber auch mit Speichenrädern. Wenn auch diese Wägelchen nur als Spielzeug oder zu Kultzwecken gefertigt wurden, müssen die Originale für den Menschen der Bronzezeit schon etwas Geläufiges, Alltägliches dargestellt haben.

Die Urgeschichtsforschung teilt die Bronzezeit in drei Abschnitte: Von 1800 bis 1500 v. Chr. dauert die frühe Bronzezeit, von 1500 bis 1300/1250 v. Chr. die mittlere Bronzezeit. Beide bilden trotz spezifischer Unterschiede, wie zum Beispiel in den Bestattungssitten, eine Einheit. Spricht man in der Fachwelt von der Bronzezeit, so sind meist diese beiden Epochen gemeint. Sie unterscheiden sich wesentlich von der späten Bronzezeit, der sogenannten Urnenfelderkultur, in der zum ersten Mal Eisen verwendet wurde. Die einst für die frühe Bronzezeit übliche Bezeichnung »Hockergräberkultur« nach der vorherrschenden Bestattungsart ist heute nicht mehr üblich, da auch in anderen Perioden solche Gräber nachgewiesen werden konnten. Trotz ähnlicher Einwände ist dagegen der Name »Hügelgräberkultur« für die mittlere Bronzezeit nach wie vor gebräuchlich. Wenngleich auch die Beisetzung unter künstlich aufgeschütteten Hügeln nicht auf jenen Zeitabschnitt beschränkt war, sieht man dennoch das nun verstärkt benutzte Hügelgrab mit Körper- oder Brandbestattungen als ausreichendes Kriterium für ein Beibehalten des einmal gewählten Fachausdruckes an.

Die wirtschaftlichen und gesellschaftlichen Umwälzungen, zu denen die Kenntnis der Kupfergewinnung und der Bronzeherstellung führten, fanden im mitteleuropäischen Raum relativ gleichzeitig statt. Dennoch kam es zu keiner kulturellen Einheit, da es zu ausgeprägte geographisch bedingte Eigenheiten, wie unterschiedliche Naturräume und Verkehrswege gab. Die lokalen Ausprägungen der Frühbronzezeitkulturen, die sich unter anderem in der Art und im Aussehen gewisser Metallgegenstände und Keramiken niederschlugen, sind also unter anderem auf landwirtschaftliche Nutzungsmöglichkeiten der Naturlandschaften, auf Zugänge zu Kupferlagerstätten und auf Kulturkontakte mit Nachbarn zurückzuführen. Die unterschiedlichen Kulturmerkmale lassen möglicherweise auch auf den Einflußbereich verschiedener Werkstätten, manchmal aber auch – nicht jedoch zwangsläufig – auf politische oder völkische Einheiten schließen.

Mäuse verwirren die Forschung

Eine wichtige, in Böhmen, Mähren und Nordösterreich beheimatete Kultur dieser Zeit, die auch auf einen weiten Raum zwischen der Slowakei, Norddeutschland und der Schweiz Einfluß hatte, ist die nach dem Gräberfeld von Aunjetitz, dem heutigen Únětice bei Prag, benannte Aunjetitzkultur. Die grundsätzlich bäuerlich orientierte Bevölkerung dieser Kultur lebte in verstreuten Gehöften oder in mehr oder minder großen Dörfern in unmittelbarer

Nähe ihrer Felder. Lange Zeit glaubte man, daß sie »Wohngruben« als Unterkunft benutzte. Diesem weit verbreiteten Irrtum verhalf Eduard Beninger, der damalige Direktor der Prähistorischen Abteilung am Naturhistorischen Museum in Wien, zu einer späten Blüte. Als er im Jahre 1938 eine Dorfanlage der Aunjetitzkultur am westlichen Ortsrand von Großmugel bei Stockerau untersuchte, glaubte er unterirdische Wohnanlagen gefunden zu haben. Zur Illustration seiner Meinung ließ er sich für seine 1941 erschienene Publikation anschauliche »Rekonstruktionszeichnungen« anfertigen. Sie zeigen jeweils ein oder zwei bis zu 2,5 Meter tiefe Gruben, die sich mit zunehmender Tiefe glockenartig erweitern, so daß sie manchmal einen Basisdurchmesser von gut 3 Meter erreichen. Aufgrund oberflächlicher Spuren in der unmittelbaren Umgebung der Grubenränder, die Beninger als Pfosten oder Stangenlöcher interpretierte, glaubte er, daß sich hier einst niedrige hüttenartige Überbauungen befunden hatten. Die überdachten Erdlöcher bezeichnete er dann als Wohngruben. Manchmal faßte er auch mehrere Eintiefungen zu einem Siedlungsobjekt zusammen und glaubte, daß die unterirdischen Räumlichkeiten verschiedene Verwendungszwecke besaßen, also zum Beispiel als Tag- und Schlafraum benutzt wurden. Waren die Gruben zu tief, habe es Steigbäume gegeben, um das Hinabkriechen zu erleichtern. Doch die vermeintlichen Pfostenlöcher waren lediglich Wühlgänge von Mäusen, Maulwürfen und Hamstern. Reichten sie sehr weit in die Tiefe, deutete sie Beninger sogar als kaminartige Rauchabzüge, die die Wohnungen im Winter heizen sollten.

Heute weiß man es besser. Nicht zuletzt, weil man diese Wohngruben im Freilichtteil des Museums für Urgeschichte im Garten des Schlosses Asparn an der Zaya rekonstruieren wollte. Dabei stürzten die überhängenden Grubenwände beim Errichten der Überbauten immer wieder ein. Warum sollte auch der Mensch, der Jahrtausende davor in der Lage war, riesige Langhäuser zu bauen, jetzt plötzlich elende Kellerlöcher bevorzugen?

Zahlreiche neuere Grabungen, unter anderem jene zwei, die 1968 im Bereich der niederösterreichischen Gemeinde Großweikersdorf durchgeführt wurden, ließen Schlüsse auf den Verwendungszweck der glockenförmigen Erdlöcher zu. Es dürfte sich um kellerartige Vorratsgruben gehandelt haben, die zumeist – wie erhaltene Getreidekörner andeuten – als Getreidesilos benutzt wurden. Nachdem ihr ursprünglicher Zweck erfüllt war, wurden sie mit Abfall gefüllt und wieder einplaniert. Sie dienten also in zweiter Linie als Mülldeponie.

Die tschechische Forschung untersuchte die Gründe für das Anlegen der Erdspeicher und kam zu folgendem Ergebnis: »Durch niedrige und relativ konstante Temperatur in der Erde wird die Entfaltung von schädlichen Mikroorganismen, Ungeziefer und Milben gehemmt. Die niedere Temperatur hat auch großen Anteil an der Haltbarkeit, und in Verbindung einer Lagerung des Getreides ohne Luftzutritt wird eine Art Konservierung erreicht. Aus diesem Grund werden Gruben mit enger Öffnung und sich erweiterndem Bauch ausgehöhlt, die sich dadurch leicht verschließen lassen. Die Öffnungen deckte man mit hölzernen Deckeln, die mit Erde belegt waren, ab. Der Innenraum wurde durch Feuer getrocknet und mit Stroh ausgelegt, bis zur

Verengung mit Getreide angefüllt und bis zur Wiederöffnung nach der eben beschriebenen Art verschlossen.«

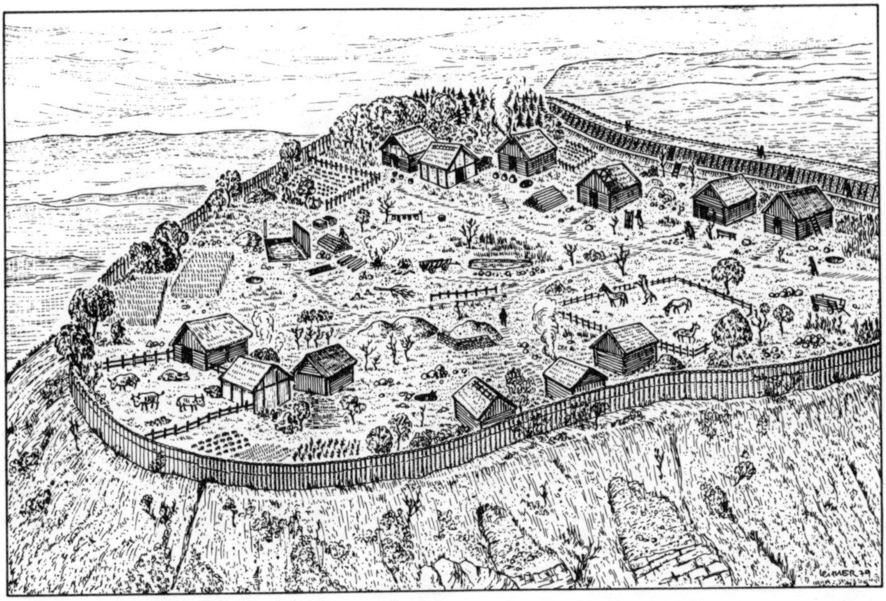

Rekonstruktion der befestigten bronzezeitlichen Ansiedlung am „Hochfeld" von Böheimkirchen, Niederösterreich (nach J.-W. Neugebauer)

Reste von normalen, oberirdischen Wohnbauten existieren natürlich ebenfalls, doch wurden sie lange Zeit mangels großflächiger und systematischer Ausgrabungen nicht entdeckt beziehungsweise nicht erkannt. Anders war dies im Jahre 1973, als in der schon seit langem bekannten bronzezeitlichen Ansiedlung von Böheimkirchen bei St. Pölten Schulneubauten umfangreiche Rettungsgrabungen notwendig machten. Die unter der Leitung der Urgeschichtsforscher Horst Adler und Johannes-Wolfgang Neugebauer durchgeführten Untersuchungen erbrachten nicht nur fünf Tonnen vor allem keramischen Materials, sondern auch wertvolle Forschungsergebnisse, die ein eindrucksvolles Bild vom Leben der Menschen unseres Raumes an der Wende von der frühen zur mittleren Bronzezeit geben.

Die Siedlung wurde am Ende der frühen Bronzezeit auf einer Hochterrasse, dem sogenannten Hochfeld angelegt, das von zwei Bächen umflossen und damit gegen drei Himmelsrichtungen bestens geschützt wird. Als man am Übergang von der frühen zur mittleren Bronzezeit doch noch zusätzlich künstliche Bewehrungen errichtete, mußte man lediglich den Zusammenhang mit dem Hinterland unterbrechen. Man tat dies durch einen 20 Meter breiten und über 4 Meter tiefen Spitzgraben sowie durch einen Wall, der mit Hilfe des

Grabenaushubes aufgeschüttet wurde. An der Kante der Steilabhänge wurden zudem einfache Palisadenzäune errichtet.

Im Inneren der Anlage beweisen Pfostenlöcher, daß sich hier einst kleinere Rechteckhäuser, die in Ständertechnik errichtet worden waren, befanden. Möglicherweise handelte es sich auch um Blockbauten, worauf Hüttenlehmbrocken mit den entsprechenden Pfostenabdrücken schließen lassen. Egal nun, welchem Haustypus man damals den Vorzug gab, fest steht, daß man ganz normale oberirdische Bauten errichtete, allerdings nicht mehr so groß wie in der frühen Jungsteinzeit. Sie werden wohl nur mehr eine Familie beherbergt haben. Außer den Wohnobjekten wird es natürlich auch Werkstätten und Ställe gegeben haben.

Was die Ansiedlung von Böheimkirchen von den vielen bäuerlichen Siedlungen im Flachland unterscheidet, sind nicht nur die Höhenlage und die Befestigungen, sondern auch die unzweifelhaften Hinweise auf die Tätigkeiten von Handwerkern und Händlern. Schon ein – heute leider verschollener – Kupferringbarrenfund aus dem Jahre 1913 war ein erster deutlicher Fingerzeig. Bei der Grabung von 1973/74 stieß man auf Tondüsen von Blasbälgen, Sandsteingußformen, Barrenreste, Halbfertig- und Fertigprodukte aus Bronze, Schlacken usw. Diese Funde beweisen, daß in dieser Siedlung Bronze verarbeitet wurde. Auf unfertigen Knochen- und Geweihwerkzeugen entdeckte man Schnitzereien, was auf kunsthandwerkliche Tätigkeit schließen läßt. Auch die vielen tausenden Kilogramm zerbrechlicher Keramik, die gefunden wurde, wird man nicht von weither eingehandelt, sondern hier erzeugt haben. Dennoch wurde Handel betrieben: Kupferbarren, einige fremdartige Keramiken und besonders eine große Bernsteinperle zeugen davon. Der Handel dürfte auch bei der Auswahl des Siedlungsplatzes eine Rolle gespielt haben, da Böheimkirchen an einem alten Ost-West-Handelsweg liegt, der in mehr oder weniger großer Entfernung parallel zur Donau verlief. An dieser Stelle dürfte auch eine Abzweigung in Richtung Norden bestanden haben.

Leider konnte man das zur Ansiedlung gehörende Gräberfeld bis jetzt noch nicht entdecken. Daher ist man gezwungen, die im neueren Friedhof von Gemeinlebarn gewonnenen Aussagen über das Bestattungsbrauchtum der ausgehenden Bronzezeit auf die Siedlung von Böheimkirchen zu übertragen.

Bestattungsplätze von befestigten »stadtartigen« Siedlungen, hat man bisher überhaupt nur wenige gefunden. Im Gegensatz dazu kennt man eine unübersehbare Menge von Hockergräbern und Friedhöfen, die den einfachen frühbronzezeitlichen Dörfern zugeordnet werden müssen. So kam in den Jahren nach 1916 in Schleinbach bei Ulrichskirchen im niederösterreichischen Weinviertel in einer Lehmgrube ein solches Gräberfeld zutage.

Der bereits verstorbene Urgeschichtsforscher Karl Kriegler fand hier inmitten eines gut 1,5 Hektar großen frühbronzezeitlichen Siedlungsraumes nach und nach 40 Hockergräber, teils einzeln angeordnet, teils in einer Gruppe zu je drei Reihen. Als Beigaben entdeckte er meist Tongefäße, die ehemals Speisen und Getränke enthalten hatten, und als Überreste der einstigen Tracht vereinzelt Bronzeschmuckstücke.

24 Meter nordwestlich der Grabgruppe fand man eine seltsame Mehrfachbestattung. Hier wurden in 1,5 Meter Tiefe vier Skelette geborgen. Als Hauptbestattung kann man die Überreste eines 35- bis 40jährigen Mannes ansehen, der in gestreckter Rückenlage mit gespreizten Beinen dalag. Um ihn herum hatte man drei Kinder in seitlicher Hockerstellung angeordnet. Da es unwahrscheinlich ist, daß alle drei Kinder gleichzeitig mit dem Mann eines natürlichen Todes gestorben sind, scheinen sie getötet worden zu sein. Möglicherweise mußten die Kinder als Totenopfer für einen Mann gehobenen Ranges sterben. Diese kulturhistorisch überaus interessante Mehrfachbestattung wurde 1931 komplett in Originallage geborgen und war lange Zeit in der urgeschichtlichen Abteilung des Niederösterreichischen Landesmuseum ausgestellt. Nach der Übersiedlung ins neue Museum in Schloß Asparn an der Zaya im Jahr 1970 wurde sie dem Museum der Stadt Stockerau abgetreten, wo sie heute zu sehen ist.

Letzte Ruhe unter Hügeln

Um etwa 1500 v. Chr. begann sich die Sitte durchzusetzen, Tote unter mehr oder minder großen, künstlich aufgeschütteten Hügeln zu bestatten. Die Kulturerscheinung der nun folgenden 200 bis 250 Jahre wird daher – für den Raum zwischen dem Rheinland und den Karpaten – als Hügelgräberkultur bezeichnet. Doch der Brauch, Grabhügel zu errichten, war nicht überall verbreitet. Und auch sonst gab es Unterschiede: Die Toten wurden zum Teil verbrannt und zum Teil unverbrannt bestattet, die Gräber enthielten ein Kulturinventar, das sich unter anderem in den Keramikformen und in den Bronzegeräten unterscheidet. Deshalb unterteilt die Urgeschichtsforschung die Hügelgräberkultur in mehrere Gruppen.

Da der Übergang von der frühen zur mittleren Bronzezeit allmählich erfolgte, ist vor allem bei den keramischen Erzeugnissen der einzelnen Kulturen die Tradition der geographisch gegliederten Vorgängerkulturen noch bemerkbar. Österreich hat Anteil an drei hügelgräberzeitlichen Kulturgruppen: an der süddeutsch-böhmischen Gruppe in Westösterreich, der sudeto-danubischen oder mitteldanubischen in Niederösterreich und der karpatischen Gruppe im äußersten Osten. In allen drei Kulturen verwendete man buckelverzierte Gefäße, wie Tassen, Krüge, Amphoren und Schüsseln. Allerdings gab es Unterschiede in der Verwendungshäufigkeit: Zum Beispiel wurde bei der karpatischen Gruppe der Krug bevorzugt, bei der sudeto-danubischen hingegen die Tasse.

Bei den Bronzegegenständen dieser drei Kulturgruppen ist eine starke gemeinsame Komponente zu bemerken: Sie sahen im Wesentlichen ähnlich aus. Der Reichtum an solchen Produkten nahm zu, wobei die Formen und Verzierungen immer differenzierter wurden. Ähnlich wie bei den keramischen

Gefäßen, wo man die Buckel so stark betonte, daß bereits neue bizarre Gebilde entstanden, wurden die Bronzegeräte in Größe und Zier mitunter stark übertrieben. So waren Schmucknadeln oft so imposant und schwer, daß eine praktische Verwendung schwer gefallen sein muß. Ein weiblicher Brustschmuck in Form von Scheiben, die einen langen Mittelstachel besaßen, wird eher Furcht als Bewunderung erregt haben.

Zählt die Frühbronzezeit Österreichs zu den besterforschten urzeitlichen Abschnitten, so ist dies bei der Mittelbronzezeit nicht der Fall. Erst die Freilegung der Gräberfelder von Pitten erbrachte neue Erkenntnisse, die vor allem deshalb von Bedeutung sind, weil bisher aus Geldmangel kaum Siedlungen dieser Zeit erforscht wurden.

Der niederösterreichische Markt Pitten bei Wr. Neustadt liegt am gleichnamigen Quellfluß der Leitha an der Grenze zwischen Buckliger Welt und dem Steinfeld. Durch Bauarbeiten wurden im Südwesten des Ortes rund 200 Gräber, inmitten eines 40 bis 80 Meter breiten und 1,6 Kilometer langen Friedhofareals zerstört. Bei den von 1967 bis 1973 dauernden Rettungsgrabungen des Niederösterreichischen Landesmuseums unter der Leitung von Franz Hampl und Herwig Friesinger entdeckte man übereinanderliegend drei Friedhöfe der Bronzezeit und eine frühmittelalterliche Begräbnisstätte. Da die Gräber in das Schwemmaterial der Pitten und der naheliegenden Berghänge eingebettet waren, konnte man eine ungewöhnlich exakte schichtmäßige und damit chronologische Zuordnung treffen. Zudem besaßen manche der insgesamt 199 bronzezeitlichen Bestattungen, die von der Zerstörung verschont blieben und daher erforscht werden konnten, unbekannte Grabbauten. Über den drei bronzezeitlichen Friedhöfen befanden sich, als letzte Schicht, 130 frühmittelalterliche Körpergräber.

Der älteste Friedhof von Pitten stammt vom Beginn der mittleren Bronzezeit. Die Toten wurden unverbrannt in einfache, manchmal von Steinen umgebene Grabschächte gelegt. Man entdeckte sogar eine Bestattung in einem ausgehöhlten Baumstamm, einen sogenannten Baumsarg. Das zweite Gräberfeld wurde knapp 100 Jahre später angelegt. Zu dieser Zeit wurde das Flachgrab durch das Hügelgrab mit seinen mannigfaltigen Variationen ersetzt. Die gleichzeitig aufkommende Brandbestattung gewann immer mehr an Beliebtheit, wobei in Pitten eine interessante Übergangsform gefunden wurde: In einem Hügel mit zwei Grabkammern lagen eine Körper- und eine Brandbestattung.

Vielfach wurden damals die Toten bereits an Ort und Stelle verbrannt und über dem Verbrennungsplatz der Hügel aufgeschüttet. Von den dabei abgehaltenen Totenfeiern stammen manchmal Gefäß- und Speisereste, die liegengelassen wurden. Mitunter fand man um die Grabhügel regelrechte Scherbenpflaster, was darauf schließen läßt, daß bei solchen Feierlichkeiten die Gefäße auch zerstört wurden.

Unter den reichen Beigaben befand sich vor allem feingearbeiteter Bronzeschmuck. Unter anderem entdeckte man reich verzierte Diademe mit Nacken-

Rekonstruktion einer Frauentracht der frühen Mittelbronzezeit (nach R. Feustel und U. Wels-Weyrauch)

stützen, wohl der Schmuck sozial hochstehender Frauen, und Schmuckscheiben in Form von Malteserkreuzen mit einem Mittelstachel.

Die Hügel errichtete man entweder aus Erde, wobei sie häufig eine Steinumrahmung besaßen, oder sie bestanden überhaupt aus übereinandergeschichteten Steinen. Vereinzelt wurden Hügel mehrmals verwendet. In solchen Fällen stieß man bei der Ausgrabung auf mehrere Erdaufschüttungen oder Steinmäntel mit den dazugehörigen Bestattungen. Darüber hinaus wurden manche Hügel auch mehrmals nachträglich geöffnet, um später Verstorbene aufzunehmen. Das älteste Gräberfeld von Pitten war einst von einem Steinwall umgeben, der möglicherweise Schutz gegen Überschwemmungen der Pitten bieten sollte, die im 15. vorchristlichen Jahrhundert infolge von Klimaverschlechterungen immer häufiger wurden.

Das dritte Gräberfeld, das am Anfang der späten Bronzezeit in Verwendung war, enthielt ebenfalls eine Fülle bis dahin unbekannter Grabbauten. Neben einfachen Grabgruben, die eine Urne beherbergten, und Hügelgräbern, deren Erdhügel mit einer runden oder ovalen Steinsetzung eingefaßt waren, entdeckte man zylindrische Steinbauten, die mitunter sogar eine Türöffnung zur Grabkammer besaßen. Plattformen, deren Rand aus geschichteten Steinen bestanden und die innen mit Erde aufgefüllt waren, dienten zuerst als Verbrennungsplatz und dann auch zur Beisetzung. Die Auswertung der Detailergebnisse dieser Grabung steht noch aus. Auf jeden Fall werden sie die ostösterreichische Mittel- bis Spätbronzezeit in einem neuen Licht erscheinen lassen, nicht zuletzt, weil die hier entdeckten Gräber den durch die Ausbeutung der Kupferlagerstätten in der Umgebung von Pitten erworbenen Reichtum dokumentieren.

Da bereits relativ viele Bestattungen aus der frühen Mittelbronzezeit untersucht wurden, gelang es, den Schmuck, den die Frauen dieser Zeit trugen, zu rekonstruieren: Zwei bronzene Nadeln in der Brustgegend hielten das Gewand zusammen. Diese Nadeln stellen Vorläufer der erst ab der Spätbronzezeit auftretenden sicherheitsnadelartigen Gewandschließen, der sogenannten Fibeln dar. Zu diesem zweckgebundenen Schmuck wurden oft noch bronzene Armreifen, Armspiralen, Fingerringe und Kolliers getragen.

Aus der Mittelbronzezeit stammen auch zahlreiche Depotfunde, deren Bedeutung lange Zeit unklar war. Auf einen solchen Fund stieß man im Jahre 1967 in der Marktgemeinde Schrattenberg an der Grenze zur Tschechoslowakei. Auf einer Kuppe am westlichen Ortsrand entdeckte man beim Baggern eine kleine Grube mit dunklem Humus. Darin befanden sich ein großer Vorratstopf und 18 kleinere und feiner ausgeführte Gefäße, wie zwei Fußschüsseln, ein Henkelkrug und eine flache Schale, deren Boden siebartig gelocht war und von der Forschung als doppelhenkeliges Schalensieb bezeichnet wurde.

Die Gefäße gehörten ohne Zweifel der Mittelbronzezeit an. Clemens Eibner nahm diesen Fund zum Anlaß, über die Bedeutung solcher Depots Überlegungen anzustellen. Dabei untersuchte er noch weitere 16 ähnliche Gefäßdepotfunde aus den Bereichen Mähren und Niederösterreich, also aus dem Verbreitungsgebiet der sudeto-danubischen Gruppe der Hügelgräberkultur. Diese waren in der älteren Literatur ohne entsprechende Beweise mit Töpferöfen und Töpfereiwarenlager in Verbindung gebracht worden. Eibner konnte aufzeigen, daß es unter den ursprünglich zumeist intakten Gefäßen weder Fehlbrände noch Ausschuß gab, wie sie für Töpfereiwarenlager typisch sind. Statt dessen waren funktionstüchtige Keramiken dicht geschlichtet zumeist in ein Großgefäß gelegt worden. Es dürfte sich also um eine kultische Deponierung handeln. Das deponierte Geschirr mußte bei Kulthandlungen eine Rolle gespielt haben, bei denen Trankspenden und Umtrünke vorgenommen wurden. Schalen und Krüge dürften Trinkgefäße gewesen sein, die Großgefäße Trankbehälter. Die durch die Kulthandlung »geweihte« Keramik wurde anschließend im Boden deponiert.

Zur selben Zeit wurde im Bereich der süddeutsch-böhmischen Hügelgräberkultur eine andere Art von Kulthandlung vorgenommen: Hier brachte man auf großen Kultplätzen blutige Opfer. Es wurden nicht nur zahlreiche angebrannte Tierknochen, sondern auch die bei den Kulthandlungen verwendeten und anschließend absichtlich zerbrochenen und so geopferten Gefäße gefunden. Die sudeto-danubische Hügelgräberkultur unterschied sich also in der Art der Kulthandlung deutlich von der süddeutsch-böhmischen.

Das Rätsel der Urnenfelderkultur

Mit dem Auftreten der Urnenfelderkultur im 13. Jahrhundert v. Chr. ging für große Teile Europas die eigentliche Bronzezeit zu Ende. Es kam zu tiefgreifenden Veränderungen, die jedoch nicht nur durch die Verwendung eines neuen Metalls, des Eisens, verursacht wurden. Auch die keineswegs neue Brandgrabsitte, nach der die Kulturerscheinung benannt wurde, war nicht ausschlaggebend. Was wirklich der Grund für die Veränderungen war, konnte bis heute nicht geklärt werden. Man nimmt zwar an, daß damals religiöse und soziale Wandlungen sowie Wanderungen eine Rolle spielten, aber das auslösende Moment dafür ist nicht bekannt. Auch die nach wie vor anhaltende Verschlechterung des Klimas konnte eine solche Umwälzung nicht bewirkt haben. Wir erkennen heute lediglich »Wellenringe an der Oberfläche«, formulierte dieses Dilemma der deutsche Urgeschichtsforscher Wolfgang Kimming. Die Frage aber, wer den Stein ins Wasser geworfen hat und wo, ist heute noch nicht zu beantworten.

Schon 1927 schloß der deutsche Wissenschaftler Georg Kraft bei einer Untersuchung süddeutscher Urnenfelder, daß eine große Kulturbewegung von Osten nach Westen stattgefunden haben müsse und stellte sie in einen größeren Rahmen historisch überlieferter Völkerverschiebungen in Europa. 1938 zeichnete Richard Pittioni das Bild von einer sich in der Lausitz, einem Gebiet zwischen Sachsen, Brandenburg und Schlesien entwickelnden Urnenfelderkultur. Von dort hätte seiner Meinung nach im 13. Jahrhundert v. Chr. eine Abwanderung begonnen. Aus dem Zusammenprall zwischen den wandernden Gruppen und den älteren einheimischen Kulturen in den verschiedensten Teilen Europas, wo sie sich niederließen, seien die lokalen Urnenfeldergruppen entstanden, die im 12. und 11. Jahrhundert v. Chr. über fast den gesamten Kontinent verbreitet waren.

Pittioni hält an dieser Idee trotz zahlreicher Gegenstimmen bis heute fest. Er glaubt auch, daß alle Urnenfeldergruppen einer völkischen Gemeinschaft mit einer einheitlichen Sprache angehörten, nicht zuletzt, weil es Gemeinsamkeiten bei den archäologischen Funden gibt. Zum Beispiel entdeckte man immer wiederkehrende Gefäßtypen wie kugelige Gefäße mit zylindrischem Hals, doppelkonische Gefäße und bestimmte Schalen und Tassen. In der Folge versuchte Pittioni, das »Urnenfelder-Volkstum« mit Hilfe eines historisch überlieferten Begriffes konkret zu bestimmen: Er verband mit den Urnenfelderwanderungen eine Indogermanisierung weiter Teile Europas.

Der Begriff »Indogermanen« stammt aus der Sprachwissenschaft, die aus verschiedenen Einzelsprachen, wie dem Germanischen, Keltischen, Griechischen, Italischen, Baltischen, Slawischen, Iranischen und Indischen, auf eine ehemalige gemeinsame Ursprache zu schließen versuchte. Die Träger dieser Sprache sollten dann auch ein gemeinsames »Urvolk« gewesen sein. Die ältere deutsche Forschung prägte den Begriff der »Indogermanen« für dieses Volk. Heute spricht man eher von »Alteuropäern« und von einer alteuropäischen Sprache. Ihr Ausgangspunkt wird im eurasischen Steppengürtel gesucht. Am Ende der Jungsteinzeit splitterten sich die bis dahin in sprachlicher und kultureller Einheit lebenden Menschen wahrscheinlich auf. Die verschiedenen Gruppen erreichten allmählich auf verschiedenen Wegen Europa und den Vorderen Orient.

Pittioni ist nun der Meinung, daß die Träger der Urnenfelderkultur Alteuropäer waren, die weitere Teile Europas in Besitz nahmen. Auch glaubt er, daß die Urnenfelderkultur bereits mit einer konkreten Einzelsprache, nämlich dem Illyrischen, in Verbindung gebracht werden könne und spricht in diesem Zusammenhang von »Proto-Illyrern«.

1964 wandte sich Wolfgang Kimming gegen die Annahme, daß die einzelnen Urnenfeldergruppen eine völkische Einheit gebildet hätten. Lediglich die östlichen Gruppen könne man dem illyrischen Volkstum zuordnen, alle anderen dürfe man lediglich ganz allgemein mit der alteuropäischen Sprache in Verbindung bringen. An Wanderungen in dieser Zeit glaubte allerdings auch Kimming. Neben Kulturkontakten und einem Kulturaustausch mit verschiedensten gegenseitigen Beeinflussungen wären sie für die Ausbreitung der Urnenfelderkultur verantwortlich gewesen. Die Wanderungen führten seiner Meinung nach über Griechenland und die ägäischen Inseln bis nach Syrien, Palästina und Ägypten. Europäische Fremdlinge seien in den Mediterranraum eingedrungen und waren die Ursache ähnlicher Unruhen, wie es sie auch in Mitteleuropa, Italien, Frankreich und Spanien, ja sogar in England als Folge der Wanderungen gab.

Fest steht jedenfalls, daß die Pharaonen der 19. und 20. ägyptischen Dynastie alle Hände voll zu tun hatten, sich im 13. und im beginnenden 12. vorchristlichen Jahrhundert fremder Völkerschaften zu erwehren. Auf dem zweiten Portal des Tempels von Medinet Habu am Westufer des Nils bei Theben kann man jene berühmte bebilderte Inschrift betrachten, laut der Pharao Ramses III. 1189 v. Chr. eine See- und Landschlacht gegen »Völker von den Inseln des Meeres« gewann: »Nicht hielt irgend ein Land stand vor ihren Händen von Hatti an. Kode, Karkemisch, Arzawa, Alaschia waren vernichtet. Sie schlugen Feldlager auf an einem Orte in Amurru. Sie richteten seine Leute zugrunde, als wären sie nie gewesen. Sie kamen, indem ein Feuer vor ihnen herging, auf

Rekonstruktion eines mittelbronzezeitlichen Hügelgrabes mit zwei Grabkammern von Pitten im Museum für Urgeschichte des Landes Niederösterreich in Asparn/Zaya.

Verziertes mittelbronzezeitliches Bronzediadem aus dem Gräberfeld von Pitten, NÖ.

Nach der Ausgrabung wieder rekonstruiertes Hügelgrab eines Kriegers der Spätbronzezeit vom Schuschenwald bei Siegendorf im Burgenland.

Ausschnitt aus der Grabungskampagne 1978 innerhalb der Befestigungen der Urnenfelderkultur und der Frühgeschichte auf der Holzwiese von Gars-Thunau, NÖ.

Hügelfeld mit Westwall während der Grabungskampagne in Stillfried an der March, NÖ.

Urnenfelderzeitliche Mehrfachbestattung auf dem Kirchhügel von Stillfried an der March während der Ausgrabungen 1976.

Urnenfelderzeitliche Bronzetasse, sog. »Stillfrieder Tasse«, aus dem Gräberfeld »In der Gans« zu Stillfried an der March, NÖ.

Durch stilisierte Pferdeköpfe bekrönte Seitenstangen zweier Pferdezaumzeuge aus dem Depotfund von 1895 von Stillfried an der March, NÖ.

Ägypten zu. Ihre Verbündeten waren die Pelset, Zeker, Schekeresch, Denen und Weschesch vereint. Sie legten ihre Hände auf die Länder bis zum Erdrand. Ihre Herzen waren voll Vertrauen und sie sagten: unsere Pläne gelingen.«

Wer aber waren nun die Völker »von den Inseln des Meeres«? Kann man sie mit der Urnenfelderkultur in Verbindung bringen? In den ägyptischen Quellen wird der Name »prst« genannt, der mit den »pelistim« der Bibel, also den Philistern gleichgesetzt wird. Die Philister waren sicher nicht im Ostmediterranraum beheimatet, da sie laut den Überlieferungen nicht beschnitten waren. Ihre nicht aus dem Mittelmeerraum stammenden Waffen und Rüstungen wurden in der Bibel bei der Schilderung des Kampfes zwischen David und Goliath beschrieben: Der hünenhafte Philister Goliath trug einen Bronzehelm, einen Panzer, Beinschienen, ein Schild und ein Schwert sowie eine Lanze, deren Spitze aus Eisen war. Diese Ausrüstung würde darauf schließen lassen, daß sie aus dem Donau-Balkanraum stammen, also aus einem Gebiet zwischen Ostalpen, Karpatenbogen und Balkangebirge. Auch die ägyptischen Darstellungen von Schiffen der Philister haben Ähnlichkeiten mit dem in diesem Gebiet beheimateten »Vogelbarkenmotiv«, einer schiffähnlichen Verzierung, bei der die Schiffsenden in Vogelform ausgeführt sind. Auf jeden Fall stellten die Philister für die Ägypter fremdartige Wesen dar.

Wenn die Auslöser der ostmediterranen Unruhen aus Europa kamen, müssen sie über Griechenland und Kreta gezogen sein. Und hier gibt es wirklich drei Kulturschichten aus dieser Zeit, wo Funde fremden Charakters Unruhen andeuten. Sie wurden ins 13., 11. und ins 9. bis 7. Jahrhundert datiert. Heute ist es allerdings fraglich, ob alle drei Fundhorizonte kriegerischen Einfällen entsprechen, oder ob im Fall der zweiten Welle friedliche Einwanderer das Land aufsuchten, und bei der dritten Welle die Fundgegenstände fremden Besuchern griechischer Heiligtümer zugeschrieben werden können, da man den andersartigen Fundbestand vor allem in diesen entdeckte. Auf jeden Fall gelangt man – geht man der Herkunft der für den ägäischen Raum fremden Formen nach, – wiederum in den Bereich der Urnenfelderkultur.

Ob hinter allen Veränderungen im Fundgut der Urnenfelderzeit Wanderungen oder kriegerische Ereignisse stehen, ist zweifelhaft. Hermann Müller-Karpe zum Beispiel spricht nur von langandauernden Kulturkontakten. Allerdings können die andersartigen Waffenbeigaben in den Männergräbern, die Errichtung gewaltiger Befestigungen, die Zerstörung der kretisch-mykenischen Kultur, das Auftreten der Philister in Palästina und das Vordringen der Seevölker bis Ägypten nicht geleugnet werden. Clemens Eibner schloß daher einen Kompromiß: »Politische Spannungen aus unseren Funden voreilig ablesen zu wollen, ist nicht mehr tunlich, aber sie ... einfach zu negieren, schießt doch weit über das Ziel hinaus ...«

Als mögliches ungefähres Zentrum dieser Veränderungen und als Ausgangspunkt dieser Ereignisse käme schon allein deshalb der Donau-Balkanraum in Frage, weil hier die Urnengrabsitte länger vorherrschte als woanders. Im Laufe der Spätbronzezeit breiteten sich dann die Urnenfelderkulturelemente über weite Teile Europas aus, so daß Zentraleuropa, der östliche Donauraum,

Gebiete Ostdeutschlands und Polens ebenso von den Veränderungen betroffen wurden wie Italien, Mittel- und Ostfrankreich und auch die Britischen Inseln. Etwas später erfolgte noch eine Ausbreitung nach Südfrankreich und Spanien. Unberührt blieb im wesentlichen lediglich der Norden Europas.

Der Krieger von Siegendorf

Knapp 7 Kilometer südlich von Eisenstadt, schon nahe der ungarischen Grenze und der Stadt Sopron, liegt die burgenländische Ortschaft Siegendorf. Östlich davon zieht sich in Ost-West-Richtung ein langgestreckter Höhenrükken hin, die sogenannte Königsschüssel. Am Nordfuß dieses Rückens, dem »Schuschenwald«, befinden sich auf einer Wiese vier Hügel. Aus einem von ihnen ist ein Viertel herausgeschnitten, wodurch eine Steinkiste mit den Maßen 1,5×1×0,65 Meter sichtbar wird. Die Schnittflächen durch den Hügel sind durch Betonwände vor dem Einstürzen gesichert.

Vor fast 3200 Jahren fand hier eine bedeutende Persönlichkeit ihre letzte Ruhe. Sie wurde – der damaligen Sitte entsprechend – in ihrer Festtagstracht und mit Schwert, Lanze, Dolch sowie umgehängtem Rasiermesser am Scheiterhaufen verbrannt. Nach dieser Zeremonie sammelte man die mitverbrannten Gegenstände und die Knochenstücke, die von der Leiche übrig geblieben waren, ein, und errichtete darüber eine schützende Steinkiste. In einem Viereck von 11×11,5 Meter wurden dann rund um die Kiste mächtige, auf die Kante gestellte Steinplatten in den Boden versenkt. Im Inneren dieses Gebildes wurde Erdreich aufgeschüttet, das aus der unmittelbaren Umgebung entnommen worden war. So entstand ein 3 Meter hoher Hügel, der von den Steinplatten gestützt wurde.

Bis ins Mittelalter hinein blieb die letzte Ruhestätte des Kriegers unangetastet, dann wurde ein Teil der Steine der Hügeleinfassung ausgegraben und für Bauzwecke verwendet. Später versuchten Schatzgräber ihr Glück. Sie gruben jedoch an der falschen Stelle und fanden nichts. 1974 begannen sich die Urgeschichtsforscher des Burgenländischen Landesmuseums Alois Ohrenberger und Karl Kaus für die damals noch versteckt in dichtem Gestrüpp liegenden Hügel zu interessieren. Einheimische hatten sie darauf aufmerksam gemacht. Bei einer archäologischen Untersuchung entdeckte man zwischen den vier zu einem regelmäßigen Viereck angeordneten Hügelgräbern auch ältere Flachgräber.

Bei der vorsichtigen Öffnung des zweitgrößten Hügels, der damals nur mehr 2,30 Meter hoch war, kamen beachtliche Funde zutage: Bronzegegenstände wie ein in mehrere Teile zerbrochenes Schwert, eine Lanzenspitze, ein Griffzungendolch, ein zweischneidiges Rasiermesser sowie eine Gewandnadel, weiters Gefäße für Speise- und Trankbeigaben, die erst nach der Einäscherung ins Grab gestellt worden waren, und andere Gefäße, die mitverbrannt worden waren und dadurch meist stark deformiert sind. Anhand dieser Funde konnte festgestellt werden, daß der Krieger von Siegendorf in der beginnen-

Rekonstruktion eines Kriegers aus der Spätbronzezeit mit den im Donauraum üblichen Waffen (nach P. Schauer)

den Spätbronzezeit, also um 1200 v. Chr. gelebt hatte. Aufgrund der Bedeutung dieses Grabes baute man es in seiner ursprünglichen Form wieder auf, ließ jedoch ein Viertel des Hügels frei, um die Steinkiste für interessierte Besucher sichtbar zu machen.

Die in der Urnenfelderzeit verstärkt gepflogene Sitte, Kriegern gehobenen Ranges ihre Schutz- und Angriffswaffen mit ins Grab zu geben, ermöglichte die Erforschung der in verschiedenen geographischen Räumen und zeitlichen Abschnitten üblichen Waffenkombinationen. Bei der Analyse der Grabbeigaben entdeckte man, daß im südost- und mitteleuropäischen Kernbereich der Urnenfelderkultur häufig Rüstungsteile der älteren Urnenfelderzeit in Gräbern entdeckt wurden. Weiters konnte man das Aussehen eines Kriegers dieser Zeit rekonstruieren. Er trug einen Helm mit Wangenklappen, einen Brustpanzer, ein Rundschild und Beinschienen als Schutz, sowie eine Lanze und ein Stichschwert als Angriffswaffen. Zwischen den damals für ihre Produkte berühmten Waffenschmieden Griechenlands und jenen des Donauraums gab es keine besonders intensiven Kontakte. Man kannte die jeweiligen Produktionen und übernahm gelegentlich einige für vorteilhaft angesehene Errungenschaften.

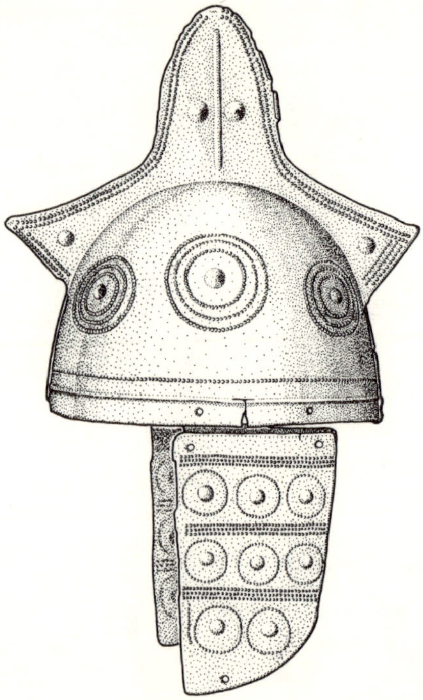

Bronzehelm vom Paß Lueg, Salzburg (nach G. Kyrle)

Von vergrabenen Schätzen und frühem Eisen

Auch in der Urnenfelderzeit waren die Alpen ein europäisches Zentrum des Kupferbergbaues. Zu den diesbezüglichen Spuren gesellen sich zahlreiche Verwahr- und Depotfunde, die von einer unruhigen Zeit zeugen.

Schon im Jahre 1838 entdeckte man bei Straßenbauarbeiten am Paß Lueg in Salzburg, am Übergang vom Tennengau zum Pongau, einen solchen Fund.

Auf einem schmalen Felsband, rund 50 Meter über der heutigen Paßstraße, lagen – nur wenige Zentimeter von Erde und Moos bedeckt – ein Kammhelm, mehrere Bronzegegenstände und zwei Bruchstücke von kupfernen Gußfladen. Der Helm ist aus Bronzeblech getrieben, die Wangenklappen waren ursprünglich an Lederteilen verstellbar angebracht. In dem aus zwei Blechstreifen gefertigten Kamm steckten einst Federbuschen, die dem Träger ein größeres und furchterregenderes Aussehen verleihen sollten.

Die Bronzegegenstände vom Paß Lueg mußten wohl einst einem wandernden Bronzeschmied gehört haben. Da es Nachrichten gibt, daß schon vor 1838 an dieser Stelle Funde gemacht wurden, die heute aber als verschollen gelten, ist es möglich, daß hier einst mehr Gegenstände versteckt waren.

In der Urnenfelderzeit tauchte – wie bereits erwähnt – auch ein neues Metall auf: das Eisen. Je näher das Ende dieser Epoche kam, desto häufiger wurden Eisengegenstände wie z. B. Schmuckstücke, kleine Messer, aber auch Waffen wie Lanzenspitzen und Beile verwendet. Ein 1960 gemachter Fund in der Steiermark läßt vermuten, daß sich in Österreich die älteste Eisenverhüttungsanlage Mitteleuropas befunden hatte: Im Zuge der Lehmgewinnung entfernte man in einer Ziegelei in Tillmitsch bei Leibnitz die Rasenschicht, wobei sich an mehreren Stellen auffällige Verfärbungen zeigten. Da im Bereich der Ziegelei schon vor Jahrzehnten urnenfelderzeitliche Brandgräber gefunden worden waren, dachte man zuerst, daß es sich hier ebenfalls um Bestattungen handle. Bei den folgenden Untersuchungen, die der steirische Urgeschichtsforscher Walter Modrijan leitete, legte man überraschenderweise verschiedene Steinlagen, wahrscheinlich mit Steinen ausgelegte Arbeitsplätze, sowie eine Grube von einem Meter Durchmesser und einem Meter Tiefe frei. Die Sohle war 0,5 Meter hoch mit größeren Kieselsteinen ausgelegt, die teilweise auch die Grubenwände bedeckten. Die noch freie Mulde war ebenso wie eine 2 Meter lange und 0,5 Meter breite Ausbuchtung mit Erde, Holzkohle und Eisenerzen gefüllt. Aufgrund dieses Befundes deutete Modrijan die Grube als den erhalten gebliebenen Basisteil eines Reduktionsofens zur Eisenverhüttung. Anhand der zwischen den Steinen aufgefundenen, verzierten Tonscherben konnte die Anlage ins 9. bis 8. Jahrhundert v. Chr., also in die späte Urnenfelderkultur datiert werden. Der Ofen, sicher nur ein Teil einer ehemals viel größeren Anlage zur Eisengewinnung, hat große Ähnlichkeit mit den Kupfergewinnungsanlagen im Rax-Schneeberggebiet.

Zeugen der Angst

Neben den dörflichen Freilandsiedlungen mit rein bäuerlicher Orientierung existierten in der Urnenfelderzeit auch zahlreiche Wallburgen, oft in Höhenlage. In Niederösterreich werden derzeit drei dieser meist riesigen Anlagen erforscht: In Stillfried an der March ist Fritz Felgenhauer der Vergangenheit einer solchen Burg auf der Spur, am Oberleiserberg bei Ernstbrunn und auf der Thunauer Holzwiese bei Gars am Kamp Herwig Friesinger. Die Errichtung von Wallburgen wurden früher immer auf kriegerische Wirren und

Bedrohungen zurückgeführt. Vor allem sollten östliche Völker, wie zum Beispiel die thrakokimmererischen Reiternomaden aus dem Schwarzmeergebiet eine latente Gefahr bedeutet haben.

Herodot, der griechische »Vater der Geschichtsschreibung«, berichtete, daß im 8. Jahrhundert v. Chr. das iranische Reitervolk der Skythen die Kimmerier aus ihren Wohnsitzen westlich der Wolga und nördlich des Schwarzen Meeres verdrängt habe. Die Vertriebenen seien aus dem östlichen Steppengebiet in den Karpatenraum vorgestoßen und es kam in der Folge zur Herausbildung einer »thrako-kimmerischen Kultur«. Da zahlreiche Fundobjekte aus den Donauländern eine Ähnlichkeit mit jenen aus dem Kaukasus aufweisen, glaubt man an Übergriffe dieser Kultur. Vor allem in Zaumzeugresten sehen namhafte Forscher thrako-kimmerische Pferdegeschirrbronzen. Solche Zaumzeugbestandteile befanden sich auch in einem Schatzfund, den das Naturhistorische Museum 1895 ankaufte. Die insgesamt 14 Bronzegegenstände hatte man in einem Tongefäß in einem Haus in Stillfried entdeckt. Neben den Zaumzeugbestandteilen, unter anderem je zwei durch stilisierte Pferdeköpfe gekrönte Seitenstangen von zwei Trensen, enthielt der Fund eine Axt und ein Sichelbruchstück.

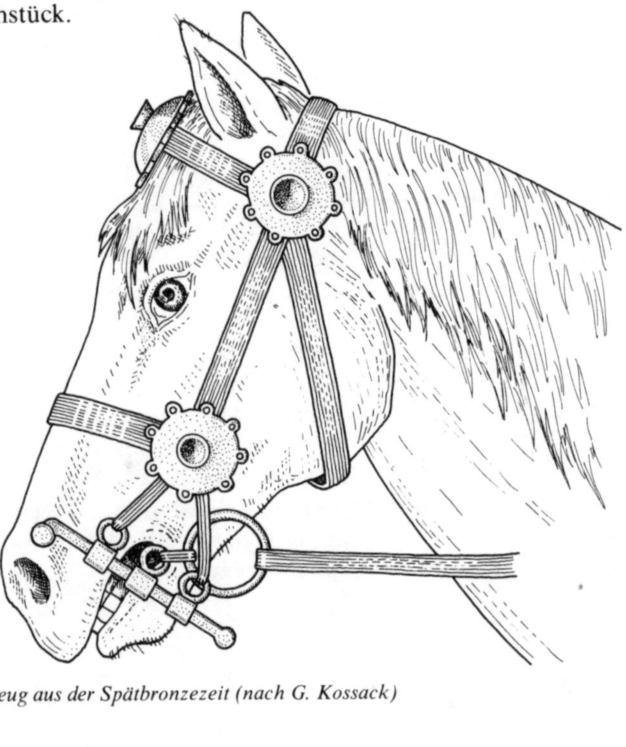

Pferdezaumzeug aus der Spätbronzezeit (nach G. Kossack)

In der letzten Zeit neigt man eher zu der Meinung, daß die Wallburgen geschützte Orte waren, in denen das politische, wirtschaftliche und religiöse Leben der jeweiligen Gemeinschaft einen gesicherten Mittelpunkt hatte. Nicht sosehr der Schutz gegen wirkliche Feinde stand möglicherweise im Vordergrund, sondern die Befriedigung des Schutzbedürfnisses. Dennoch werden diese Befestigungen auch realen Wehrcharakter gehabt haben.

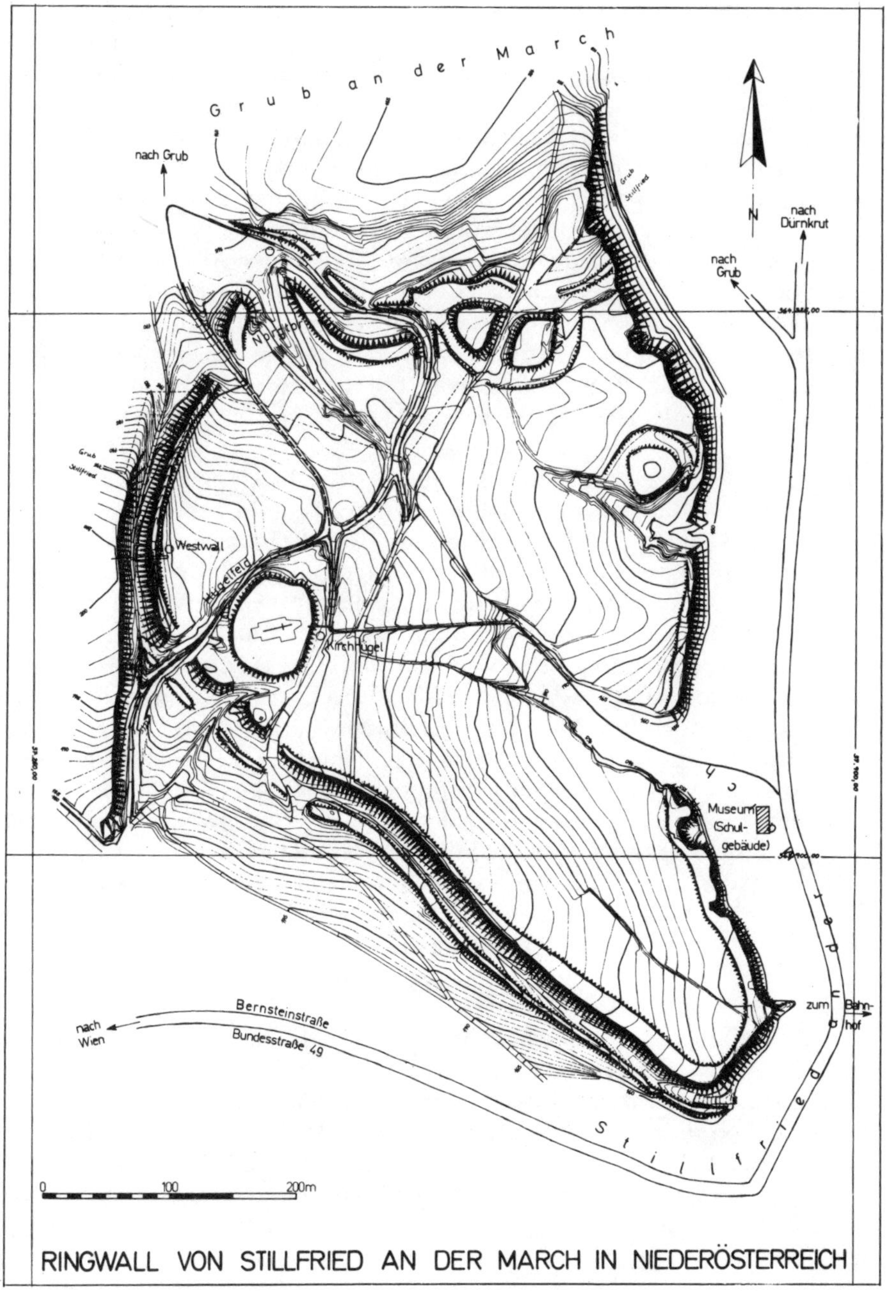

Plan aus dem Führer durch das urgeschichtliche Stillfried an der March

Als eine der größten dieser Anlagen gilt die Wallburg von Stillfried an der March nordöstlich von Wien. Sie dehnt sich auf einer Fläche von 23 Hektar aus und besitzt insgesamt 1,7 Kilometer lange Wälle. Sie ist eines der bedeutendsten Geländedenkmäler Österreichs. Die Wallburg liegt am Ostrand der

Weinviertler Lößlandschaft auf einem Plateau, das auf drei Seiten durch Taleinschnitte geschützt ist und gegen die March zu 20 Meter tief abstürzt. Von hier aus besitzt man eine weite Fernsicht über die Auen bis in die Slowakei. Der Wallabschnitt im Westen besteht aus einer 4 Meter hohen Erdaufschüttung mit verstärkenden Holzkonstruktionen im Inneren. Dieser Wall bildet zusammen mit dem vorgelagerten Graben, der 26 Meter breit und 7 Meter tief ist, den mächtigsten Teil der Stillfrieder Ringwallanlage. Im älteren Abschnitt der Urnenfelderkultur gab es allerdings noch keinen Wall, sondern nur eine Palisadenbewehrung. Im Norden der Anlage existiert ein durch natürliche Erosion gebildetes Tal, das in der Urnenfelderzeit als Eingang diente. Dieser Zugang wurde durch eine in die Torgasse gesetzte schwere Holzkonstruktion geschützt. Die rechts und links dieses »Nordtores« befindlichen natürlichen Bastionen ragen 13 bis 15 Meter hoch auf und waren zur Zeit der Urnenfelderkultur noch um 4 Meter höher.

Schon zu Beginn des vergangenen Jahrhunderts zerbrach man sich den Kopf, aus welcher Zeit die noch heute imposanten Wall- und Grabenreste, die sich im weiteren Umkreis der Kirche befinden, wohl stammen mögen. Damals dachte man an ein ehemaliges römisches Lager und auch an den Sitz Siegfrieds, des Markgrafen der Ungarnmark, aus dem frühen 11. Jahrhundert. Da man keine befriedigende Antwort auf die Frage der Entstehung der Wallanlage erhalten konnte, geriet sie in Vergessenheit. Erst 1874 wurde das urzeitliche Stillfried von Matthäus Much wiederentdeckt. Er führte innerhalb der Wehranlage und an den Wällen einige Grabungen durch und begann auch die Stillfrieder Umgebung unter die Lupe zu nehmen. Much glaubte, daß sich hier einst eine »Quadenfestung« befunden hatte, die ihre germanischen Bewohner vor den eindringenden Römern schützen hätte sollen. Immer mehr Wissenschaftler begannen sich für Stillfried zu interessieren und versuchten mit dem Spaten ihr Glück. Dennoch konnte keine endgültige Klärung von Alter und Ablauf der Besiedlung, vor allem aber vom Alter der Wehranlage erreicht werden. Die beiden Weltkriege und die unruhige Zwischenkriegszeit verhinderten eine Weiterführung der Ausgrabungen.

Erst 1969 gelang es – eigentlich durch einen Zufall – dem Stillfrieder Boden einen Teil seines Geheimnisses zu entreißen: Fritz Felgenhauer war auf der Suche nach gut datierbarer mittelalterlicher Keramik und führte einen Schnitt durch den Westwall der Wehranlage, den man damals dem 11. nachchristlichen Jahrhundert zuordnete. Die Überraschung war groß, als sich herausstellte, daß dieser Wall bereits in der Urnenfelderzeit erbaut worden war. Daraufhin faßte man den Entschluß, weitere systematische Ausgrabungen durchzuführen.

Der Aufwand lohnte sich: Im eiszeitlichen Löß an der Basis des Westwalls fand man die Arbeitsstätte eines altsteinzeitlichen Steinschlägers, der hier um 20.000 v. Chr. Feuersteinpfeilspitzen erzeugt hatte. Die meisten Funde stammen jedoch aus der Zeit der Erbauung und Benutzung der Wallanlage. Trotz der interessanten Grabungsergebnisse konnten allerdings viele Fragen bis heute nicht beantwortet werden. So bildet der Fund des Schädels eines 14jährigen Mädchens, der tödliche Hiebverletzungen aufweist, ein Rätsel. Er wurde knapp vor der Wallerrichtung, um 750 v. Chr., in einer Erdgrube deponiert. Aus dieser Zeit stammen auch mehrere kleine Öfen mit vorgelagerter Aschengrube, in denen man Spuren von Stroh und Salz fand. Sowohl die Tötung des Mädchens als auch diese Öfen lassen auf religiös-kultische Übungen schließen, denen scheinbar der höchste Punkt in der Zone des Westwalles vor der Errichtung der Befestigung vorbehalten war. Felgenhauer schließt nicht aus, daß es sich dabei um eine Art »Vestalinnen-Kult« gehandelt hat. Bekanntlich waren die Vestalinnen die sechs jungfräulichen Priesterinnen der Vesta, der altitalienischen Göttin des Herdes und des Herdfeuers. Sie waren für das im Vestatempel ständig brennende Feuer verantwortlich.

Auch eine mysteriöse Massenbestattung, die man an der höchsten Stelle der Anlage in der Nähe der Kirche, knapp außerhalb der Friedhofsmauer entdeckte, wirft zahlreiche Fragen auf. Man fand in einer Grube einen Mann, zwei Frauen und vier Kinder, die auf engem Raum zusammenlagen. Die Leichen waren – was zu dieser Zeit nicht üblich war – unverbrannt beigesetzt worden. Über Versuche, die Toten zu verbrennen, was zahlreiche Brandspuren beweisen, war man nicht hinausgekommen. Man kann daher annehmen, daß es sich um »Nacht- und Nebelbestattungen« handelt. Die Leichen waren nicht beraubt, sondern sogar mit geringen Trachtbestandteilen wie Locken- und Fingerringen begraben worden. Wenn auch Anzeichen einer Gewaltanwendung fehlen, scheint es sich hier um eine urnenfelderzeitliche Tragödie zu handeln. Ob die Toten allerdings Opfer einer Palastrevolution oder einer Blutrache wurden, ist ebensowenig feststellbar wie die Art ihres Todes, der möglicherweise durch Gift verursacht wurde. Die einzigen, die diese Tragödie freut, sind die Anthropologen. Sie können endlich die Überreste der sonst fast immer eingeäscherten Träger der Urnenfelderkultur studieren.

Die an den Westwall anschließende Innenfläche, das sogenannte Hügelfeld, wurde in den letzten Jahren besonders genau durchforscht. Hier legte man nicht nur Teile der urnenfelderzeitlichen Siedlung mit Hausresten, Speichergruben und Werkstätten frei, sondern entdeckte auch Bauten aus der Eisenzeit, der römischen Kaiserzeit und Reste des mittelalterlichen Dorfes, das sich zwischen dem 12. und 15. Jahrhundert auf der Anhöhe befand, bevor es in die Niederung abrückte.

Tassen, Gräber und Gelehrte

In den beiden Phasen der urnenfelderzeitlichen Besiedlung von Stillfried wurde je ein eigenes Urnengräberfeld benutzt. Das ältere aus der Zeit, als die Anlage nur mit einer Palisade und einem Graben bewehrt war, befand sich in der Marchniederung bei einer alten Marchschlinge. Es wurde 1954 beim Bau eines Schutzdammes weitgehend zerstört. Nur eine geringe Anzahl von Beigabengefäßen kam ins Museum Stillfried, wo sie zusammen mit reichem Fundmaterial der Umgebung und aus den jüngsten Grabungen zu besichtigen sind. Für die Forschung sind diese Gegenstände nicht übermäßig wertvoll, da ja die Fundzusammenhänge unbekannt sind.

Das jüngere Gräberfeld lag inmitten des Ortes Stillfried, südlich der Wallburg »In der Gans«, wie jener Ortsteil im Volksmund genannt wird. Matthäus Much, 'der Entdecker des Friedhofes, förderte hier schon 1879 zahlreiche Gräber und deren Beigaben zutage. Später stieß man meist im Zuge von Bauarbeiten auf weitere Gräber. Kürzlich nahm Fritz Felgenhauer in einem unverbauten Garten die Grabungen mit großem Erfolg wieder auf. Dieser Friedhof wird als charakteristisch für die fortgeschrittene Urnenfelderkultur angesehen, so daß man in der Fachliteratur jene urnenfelderzeitliche Periode nach Stillfried benannte. Unter den Metall- und Keramikfunden fällt besonders eine konische Tasse mit scharfem Schulterknick, zylindrischem Rand und einem hochgezogenen Henkel aus Bronzeblech auf. Dieser Tassentyp ist als »Stillfrieder Tasse« in die Fachliteratur eingegangen. Sie ist ein Beleg für die in dieser Zeit neben Gießen und Schmieden geübte handwerklich hochstehende Treibarbeit.

Gefäße, Tassen, Eimer und Rüstungsteile wie zum Beispiel Helme und Beinschienen wurden durch Treiben hergestellt. Kompliziertere Formen fügte man durch Nieten, mit Hilfe von bronzenen Klammern und durch Falzen, also durch Umbiegen und Ineinandergreifen der Blechränder, zusammen. Vielfältig waren auch die Verzierungstechniken. Mit einem Stichel wurde graviert und – ebenso wie mit Meißeln oder Feilen sowie mit verschiedenen scharfen oder stumpfen Stempeln – punziert.

Abgesehen von einigen Ausnahmen setzte sich die Brandbestattung in großen Urnenfriedhöfen allgemein durch. Dies war im alpinen Bereich ebenso der Fall wie im Voralpengebiet.

Wieviele wichtige Details bei einer systematischen Ausgrabung eines Urnenfriedhofes beobachtet und ausgewertet werden können, zeigte eine Ausgrabung im niederösterreichischen St. Andrä-Wördern zwischen Tulln und Klosterneuburg. Im Nordwesten dieses Ortes, der sogenannten »Siedlung«, wurde seit den dreißiger Jahren herrschaftlicher Besitz in Bauland umgewidmet. Immer wieder wurden dort Funde gemacht, die jedoch nur zum Teil in Museen gelangten. Erst im Frühjahr 1964, als im Garten des Sommerhauses eines Wiener Chirurgen ein Kabelgraben gelegt und dabei ein Grab zerstört wurde, verständigte man Fachleute. Clemens Eibner, damals noch Student, nahm sich der Fundstelle an. Da niemand gerne seinen gepflegten Garten durchwühlen läßt, wurden zunächst nur kleinere Bergungsarbeiten im Bereich von Gemüsebeeten und bei Gartenarbeiten, also beim Ausgraben von Bäumen, beim Entfernen von Wurzelstöcken und ähnlichem durchgeführt und dabei 15 Gräber freigelegt. Sie weckten jedoch das Interesse des Besitzers, so daß er die Zustimmung gab, seinen Garten komplett zu untersuchen. Er erlaubte sogar, die Schotterung seiner Terrasse umzuschaufeln, unter der man besondere Funde vermutete.

Insgesamt entdeckte man 41 Gräber aus der späten Urnenfelderkultur. Der Friedhof war nur einer von vielen, die in dieser Zeit angelegt worden waren und sicherlich nicht der bedeutendste. Er faßte höchstens die Verstorbenen einer Sippe aus einem Zeitraum von 120 bis 180 Jahren. Infolge der umfassenden Erforschung durch Clemens Eibner zählt dieses Gräberfeld jedoch zu den wissenschaftlich wertvollsten seiner Art.

Unter anderem entdeckte Eibner eine neue Möglichkeit, das Geschlecht der Bestatteten zu bestimmen. Bekanntlich ist es schwer oder sogar unmöglich, den gutverbrannten Knochen der Toten geschlechtsspezifische Aussagen abzugewinnen. Wenn auch noch charakteristische Beigaben fehlen, wie etwa ein Rasiermesser für einen Mann oder eine Spinnwirtel für eine Frau, mußte bei urnenfelderzeitlichen Gräbern die Frage nach dem Geschlecht des Bestatteten offenbleiben. Eibner fiel nun auf, daß bei sehr vielen dieser Gräber die Beigaben lediglich an einer Seite der Urne aufgestellt waren. Er glaubte daher, daß bei quadratischen oder ovalen Grubenausschachtungen die Urne in einem Eck gestanden hatte und die Beigaben auf der »Schauseite« – von der der Totenzug kam – hingestellt worden waren. Die Richtung, die weitgehend beigabenfrei blieb, ist relativ leicht festzustellen, und so ordnete er die Gräber nach ihrer »beigabenfreien« Orientierung. Da aber gewisse Richtungen gehäuft auftraten, lag der Schluß nahe, daß es dafür eine besondere Ursache geben müsse. Beim Vergleich mit geschlechtsspezifischen Beigaben und anthropologischen Untersuchungen anderer gleichzeitiger Gräberfelder stellte Eibner fest, daß die Frauengräber eine Orientierung von Norden über Osten nach Südosten aufweisen, während sie bei Männerbestattungen von Süden über Westen bis Nordwesten ausgerichtet ist. Dadurch kann man sogar bei Kindergräbern Buben oder Mädchen unterscheiden, was meist nicht einmal anthropologisch möglich ist.

Einen interessanten Fund bilden auch eine unscheinbar aussehende tönerne Tasse, die Reste eines verbrannten Schweines, ein Gefäßboden und ein Halsreif. Nachdem die Tasse gereinigt war, entdeckte man, daß ihre Verzierungen auf der Gefäßwand absichtlich unregelmäßig angeordnet worden waren, wofür sich zunächst keine Erklärung fand. Die Stellung der Rillen, Winkelhaken und dellenförmigen Punkte schien einen besonderen Sinngehalt vermitteln zu wollen. Also begann man diese Verzierung eingehend zu untersuchen. Man entdeckte 28 ganze und 3 halbe Elemente, was offensichtlich mit den 29½ Tagen eines sogenannten synodischen Monats, der der Mondumlaufzeit um die Erde entspricht, zusammenhängt. Alles deutet darauf hin, daß hier ein Kalender festgehalten worden war. Es mußte allerdings ein besonderes Ereignis Anlaß zu einer solchen Darstellung und zur dazu notwendigen Beobachtung des Mondes durch ein Monat hindurch gegeben haben. Eingehende astronomische Untersuchungen lassen darauf schließen, daß hier die Sonnenfinsternis des Jahres 885 v. Chr. verewigt worden ist. Eine solche Finsternis bedeutet, wie viele Berichte der Antike beweisen, ein schlechtes Omen und wirkte auf die Menschen jener Zeit sicher besonders furchterregend. So ist es weiter nicht verwunderlich, daß mit dieser Tasse auch ein als Sühneopfer verbranntes Schwein vergraben wurde. Schweine spielten als Opfertiere der Urzeit eine besondere Rolle, zu Neujahr gelten sie ja heute noch als Glücksbringer. Der Gefäßboden hat vielleicht als Futternapf gedient.

Aus einem anderen Grab stammt ein unscheinbarer, weicher, mit Quarzkörnern durchsetzter Sandstein. Erst bei der Reinigung im Labor fielen eigen-

„Kalenderschale" aus St. Andrä-Wördern, Niederösterreich (nach C. Eibner)

artige Gravierungen auf zwei Flächen auf, die nicht natürlich zu erklären sind. Sogar ein Pferd in Seitenansicht ist zu erkennen. Die anderen Zeichen lassen kaum eine Deutung zu. Vielleicht können pfeilartige Zeichen als stilisierte Menschen interpretiert werden. Auffällig dabei ist, daß die Zeichen in Zeilen angeordnet sind – so wie auf einer Stelle, einem urnenfelderzeitlichen »Grabstein«, aus Illmitz im Burgenland. Auch dieser Zeichenstein scheint ein Grab markiert zu haben und teils in Form von Figuren, teils mit Hilfe von Begriffszeichen einen gewissen Inhalt vermitteln zu wollen, der etwas mit der Kennzeichnung der bestatteten Personen zu tun haben dürfte. Diese Interpretation ist insoferne berechtigt, da sich in der Bronzezeit erstmals Hinweise auf den Gebrauch schriftähnlicher Zeichen häufen, wie die bereits erwähnten Kelchalmhölzer sowie Markierungen auf Beilen, Pickeln und ähnlichem verdeutlichen.

Noch etwas wurde zu dieser Zeit erstmals verwendet: Sauggefäße aus Ton, die mit einer speziellen Saugöffnung das Füttern von Säuglingen und Kleinkindern erleichtern sollten. Fallweise waren diese Gefäße auch in Tiergestalt ausgeführt. Man entdeckte zahlreiche solche Gefäße in Siedlungen, aber auch als Beigaben in den als Folge der hohen Kindersterblichkeit häufig anzutreffenden Kindergräbern.

In den Alpen ging man eigene Wege

In den inneralpinen Gebieten Westösterreichs tritt ab der Urnenfelderzeit eine eigenartige Keramik auf, so daß man hier von einer eigenen Kultur, der Melauner Kultur, spricht. Diesen Namen prägte 1927 der Urgeschichtsforscher Gero von Merhart nach Funden, die man in Melaun, einer kleinen Ortschaft in der Nähe der Gemeinde St. Andrä bei Brixen in Südtirol, machte. Gelegentlich sagte er scherzhaft, daß er der Erfinder der Melauner Kultur sei.

Die Kultur ist in der Schweiz, in Graubünden, in Vorarlberg, Nord-, Süd-, und Osttirol und in Kärnten verbreitet. Früher sprach man in diesem Zusammenhang auch von einer rätischen oder späträtischen Keramik. Dieser

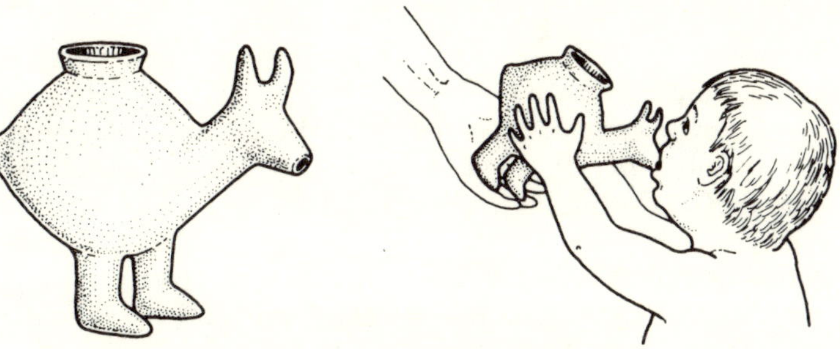

Sauggefäß aus Vösendorf, Niederösterreich (nach C. Eibner)

Ausdruck wird heute jedoch kaum mehr verwendet, da eine Verknüpfung der Melauner Kultur mit den Rätern aus sprachgeschichtlichen Überlegungen für unwahrscheinlich gehalten wird. Erst in der älteren Eisenzeit wäre die Zusammengehörigkeit zu einer Religionsgemeinschaft möglich.

Die Entstehung dieser Kulturerscheinung ist nicht ausreichend geklärt, doch dürften Elemente der randalpinen Kulturen Norditaliens eine wesentliche Rolle dabei spielen. Sprach man früher von einer älteren und einer jüngeren Melauner Kultur, so wird heute der ältere, urnenfelderzeitliche Abschnitt dieser Kulturerscheinung als Laugener Kultur – benannt nach einer 7 Kilometer nördlich von Melaun entfernten Siedlung – und nur die jüngere Periode, die in die ältere Eisenzeit fällt, als Melauner Kultur bezeichnet.

Der für die Laugener Kultur charakteristische Topf besitzt Randschneppen, also große Zipfel am Gefäßrand, eine girlandenförmige Leistenverzierung, einen Henkel und einen Standfuß. Gegenüber dem Henkel befindet sich mitunter ein Schnabel oder eine Ausgußrinne. Diese Töpfe findet man bei Ausgrabungen häufig zusammen mit Keramik der Urnenfelderkultur. Der Melauner Henkeltopf ist einfacher und besitzt einen glatten Gefäßrand. Seine Wände verengen sich gegen den Boden zu. Der kräftige, breite Bandhenkel geht vom Mundsaum weg und führt in großem Bogen zur Wand. Dieses Gefäß trägt entweder wenig oder gar keine Verzierung und wurde im Verlauf der Zeit immer plumper ausgeführt. Mit Hilfe der C-14-Methode wurde ein Laugener Topf aus Romagnano in Südtirol datiert. Er stammt aus der Zeit 1050 ± 50 v. Chr.

Vonbank meint, daß die Laugener Keramik von einer einheitlichen expandierenden südalpinen Kulturgruppe hergestellt wurde, die eine Ausbreitung der Siedlungen sogar in größere Höhen bewirkte. Die Erschließung höher gelegener Talböden ging Hand in Hand mit einer Besiedlung der Flußniederungen, etwa des Rheins, der Ill, der Etsch und der Drau. Auch wenn die Ackerfluren, Bergwerksstollen, Abraumhalden und Schmelzplätze dieser Kultur bis heute noch nicht entdeckt werden konnten, waren solche mit Sicherheit vorhanden. Die Tonanalysen, die bei der Laugener Keramik vorgenommen wurden, zeigen, daß es eine einheimische Keramikerzeugung gegeben haben muß, denn das Rohmaterial stammt aus lokalen Tonvorkommen.

Clemens Eibner ist der Meinung, daß sich in Tirol und Vorarlberg ab dieser Zeit die bodenständige Bevölkerung anders weiter entwickelte als die sie umgebenden beziehungsweise zugewanderten Völker wie später die Kelten, zu denen sie offenbar nur wenig Kontakt hatten. Diese Tendenz verstärkte sich während der Hallstattkultur und in der Latènezeit.

Richard Pittioni prägte für diese Kulturen die Ausdrücke »Kultur der alpinen Beständigkeit« und »Kultur der alpinen Retardierung«. Er meinte damit, daß die historische Dynamik, wie sie nördlich und südlich der Alpen vor sich ging, nicht in dieser Form auch inneralpin anzutreffen war. Hier herrschte eine kulturelle Verzögerung. Viele Urgeschichtsforscher lehnen diesen Ausdruck aber ab, weil dadurch eine Vorstellung von einer Jahrtausende konservierten, nach außen hin abgeschirmten alpinen Kulturlandschaft entstehe.

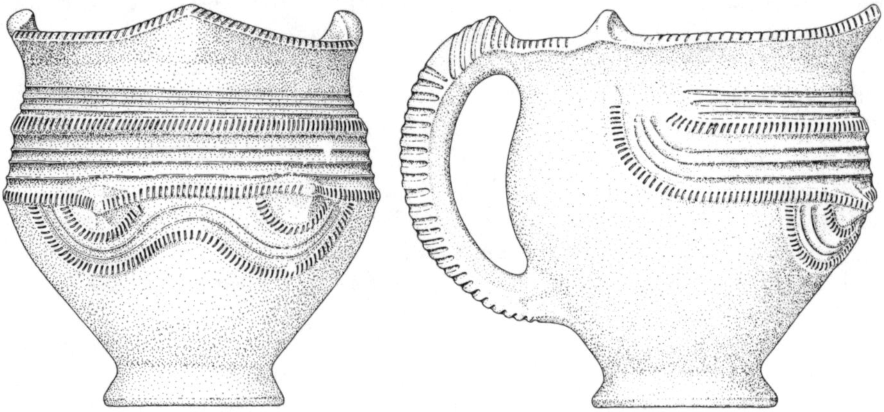

Laugener Henkeltopf von Feldkirch-Altenstadt, Vorarlberg (nach E. Vonbank)

Prunk und Pomp der Hallstattzeit
Ältere Eisenzeit

Der Mann im Salz

Am 1. April 1734 machte man im oberösterreichischen Salzbergbauort Hallstatt am Fuße des Dachsteins im Kaiser-Joseph-Stollen einen schaurigen Fund: Man entdeckte eine im Salz konservierte Leiche. In alten Dokumenten heißt es, man habe »einen natürlichen Körper von einem todten Menschen gesehen, welcher muthmasslich und deme Ansehen nach vor mehr als 400 Jahren muss verschüttet sein worden, massen selbiger in das Gebirge völlig verwachsen, doch sieht man noch von seinen Rock etlich Flöck, wie auch die s. v. Schuh an denen Füssen und dieses verursachte in der Wehr einen sehr üblen Geruch«. Laut einem Bericht des damaligen Pfarrers wurde die Leiche am 3. April am Hallstätter Friedhof begraben. Es dürfte eines der merkwürdigsten Begräbnisse der Weltgeschichte gewesen sein. Derselbe Pfarrer glaubte auch zu wissen, wer der tote Bergmann war. Bei der Austreibung des bösen Geistes Astoroth aus einer »wahrhaft besessenen Weibsperson« sei die Wahrheit ans Licht gekommen: Der böse Geist bekannte kleinlaut, daß der vor 150 Jahren Verschüttete »ein von Salzburg gewöster Haffenträger mit Nammen Andrä Lietzinger seines Alters 45« gewesen wäre. Astoroth wußte auch zu berichten, daß Lietzinger gut katholisch verheiratet war und drei Kinder hatte. Doch der böse Geist dürfte schlecht informiert gewesen sein, denn dieser »Mann im Salz«, den das Heidengebirge freigab, war weder vor 150 noch vor 400 Jahren, sondern vor rund 2500 Jahren verschüttet worden.

Er war keineswegs der erste seiner Art, den man entdeckte. Mehrere Berichte geben darüber Auskunft, daß schon im 16., 17. und 18. Jahrhundert im Zuge des Salzabbaues gut erhalten gebliebene prähistorische Bergmannsleichen zutage gekommen waren. Auch diese Leichen verursachten zwar eine Gänsehaut, fanden aber weiters keine Beachtung. Ähnlich erging es den anderen Untertagfunden. Wenn auch die Bergleute zum Beispiel Zimmerungs- und Bekleidungsreste mit einer alten Bergbautätigkeit in Zusammenhang brachten, wurden die Gegenstände selbst zumeist achtlos verworfen. Viele der für die Wissenschaft wertvollen Fundobjekte dürften im Laufe der Abbautätigkeit des historischen Bergbaues, der immerhin bereits im Jahre 1305 urkundlich erwähnt wird, auf diese Art verlorengegangen oder als Kuriosität in ein privates Raritätenkabinett gewandert sein.

Erst in der zweiten Hälfte des 19. Jahrhunderts rückte Hallstatt, unter anderem wegen der »kuriosen« Funde in den Mittelpunkt des Interesses der »besseren« Gesellschaft: Bis zu diesem Zeitpunkt durfte dieses Zentrum der österreichischen Salzgewinnung ebenso wie das gesamte Salzkammergut nur mit besonderer Erlaubnis besucht werden. Denn als »salinenärarische Kolonie« war es ein Staat im Staat, der der k. k. Hofkammer unterstand.

Lange Zeit war Hallstatt nur über Saumpfade oder über das Wildwasser der Traun zu erreichen. Selbst heute liegt die Bahnstation am anderen Seeufer, und man muß ein Schiff benützen, um von hier nach Hallstatt zu gelangen. So war dieser Ort nicht nur als Teil der salinenärarischen Kolonie, sondern auch infolge der mangelhaften Verkehrswege von der Umwelt isoliert. Dies änderte sich, als Bad Ischl ein beliebter Sommerkurort für das österreichische Kaiserhaus und ein Sammelpunkt für die gehobene Gesellschaft sowie für Wissenschaftler, Schriftsteller und Künstler wurde. Nicht unwesentlich trug zu dieser Entwicklung die Geisteshaltung der Romantik bei. Plötzlich fühlte man sich angezogen von der düsteren Schönheit der Gegend um den Hallstätter See. Und ebenso plötzlich begann man sich für die eigentümlichen Funde, die von der Vergangenheit zeugten, und für das Volkstum zu interessieren.

Hallstatt war für Romantiker der ideale Ort. Am steilen Uferrand klebten »an den schroffen Felsgehängen, einander amphitheatralisch überragend, seine mannigfaltig gestalteten Häuser«, wie der Geograph, Naturforscher und Künstler Friedrich Simony feststellte, der um die Mitte des vorigen Jahrhunderts an Hallstatt Gefallen fand. Nicht nur der Platz für die Lebenden reichte und reicht noch heute kaum aus, sondern auch der Friedhof rund um die Hallstätter Pfarrkirche ist viel zu klein. Und so dürfen die Toten nur acht bis zehn Jahre dort ruhen. Dann werden sie exhumiert und wandern ins Beinhaus.

Das Tal der Toten

All diese eigentümlichen Gegebenheiten wurden allerdings von einer Entdekkung überragt, die der Bergmeister und Bergrat Johann Georg Ramsauer im Jahre 1864 machte. Dieser 1797 in Hallstatt geborene k. k. Beamte trat schon als Dreizehnjähriger in den Dienst der Salinenverwaltung, die ihn als »Bergzögling« beschäftigte. 1832 wurde er zum Bergmeister befördert und erhielt als leitender Beamter eine Dienstwohnung im Rudolfsturm, der – einst zum Schutz des Bergwerkes – auf einem Hügel am Ende des Halltales errichtet worden war. Dieses Tal erstreckt sich 300 Meter über dem Ort Hallstatt gegen Westen und endet mit dem mächtigen Gebirgsstock des 1954 Meter hohen Plassens. In diesem von waldbedeckten Hängen umgebenen Tal liegt die »Hallstatt«, also die Stätte des Salzes. Der natur- und bergverbundene Bergmeister wußte, daß das Halltal ein Geheimnis barg, das in Zusammenhang mit dem prähistorischen Bergbau stand. Er hatte davon gehört, daß seit jeher im Zuge der bergbaulichen Tätigkeit sowohl untertags als auch bei Erdbewegungen an der Oberfläche immer wieder sonderbare Gegenstände entdeckt wurden. So stieß auch Ramsauers Vorgänger, der k. k. Bergmeister Karl Pollhammer beim Umackern einer Wiese noch vor 1830 auf Bronzegegenstände und Eisenwaffen, die dann ins oberösterreichische Landesmuseum Francisco Carolinum in Linz wanderten.

Einen weniger erfreulichen Weg nahmen die unter einer Felswand verborge-

Farblithographie von Hallstatt und dem Hallstätter See, OÖ., von Friedrich Simony von 1851 (Reproduktion aus dem Werk: »Die Alterthümer vom Hallstätter Salzberg«).

Halltal. Blick von Nordwest nach Südost, links der Rudolfsturm und rechts das Areal des berühmten Gräberfeldes.

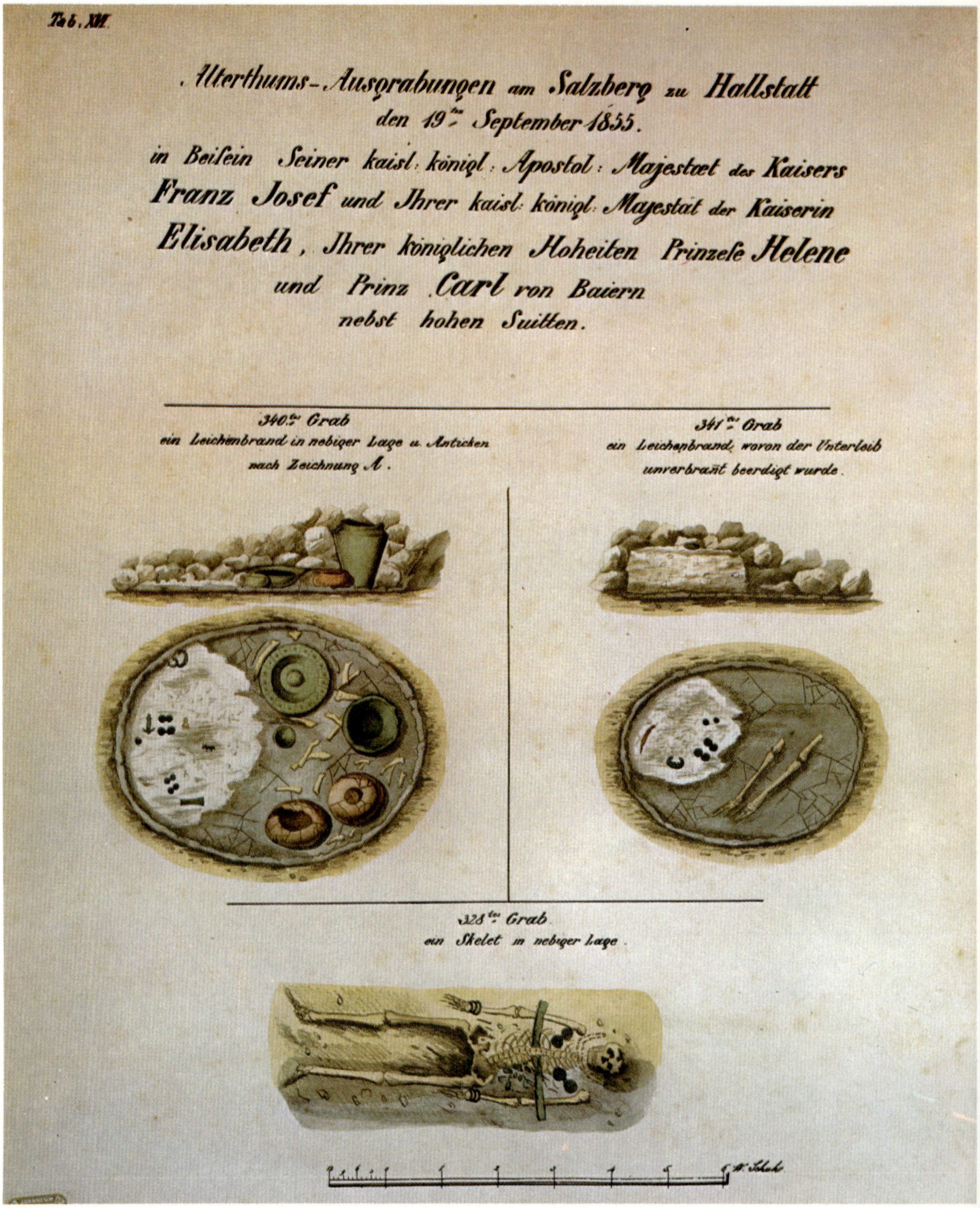

Gräber 340, 341 und 328, die Johann Georg Ramsauer 1855 im Beisein Kaiser Franz Josefs I. freilegte. Aquarell von Isidor Engel als Illustration zu Ramsauers Protokollabschriften (Reproduktion der Tafel 2 von K. Kromer, »Das Gräberfeld von Hallstatt«).

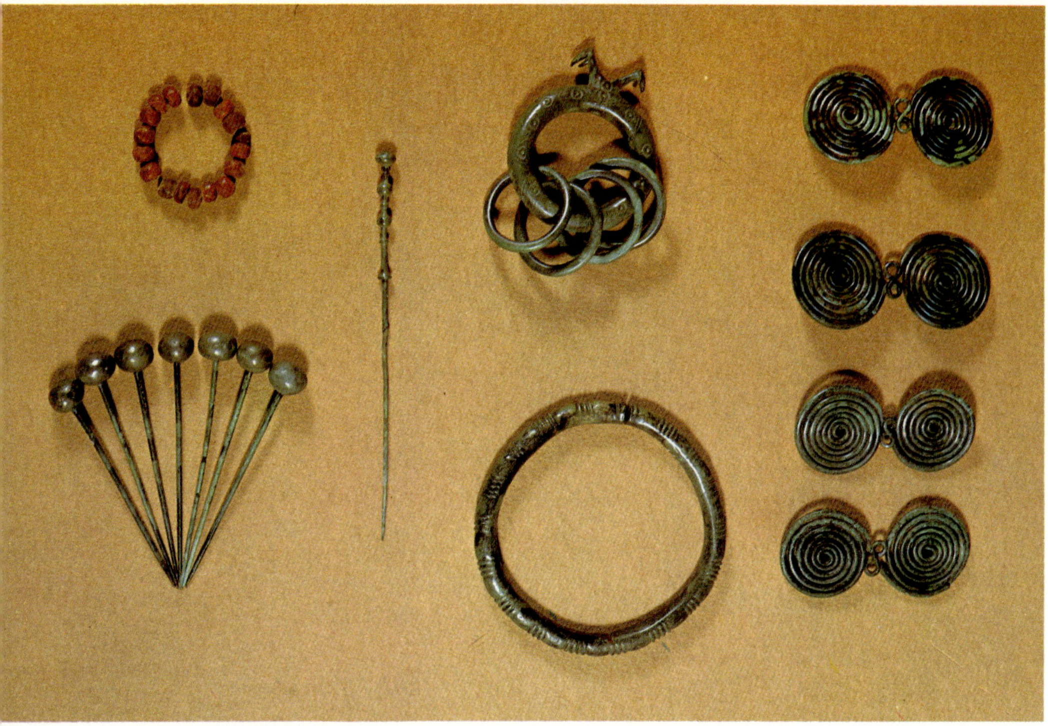

Gräberfeld von Hallstatt, OÖ.
Bronze- und Bernsteinschmuckstücke des Frauengrabes Nr. 46.

»Golddolch« aus Grab 696, sog. »Antennendolch«, aus Gold und Eisen, Griff und Scheide sind mit dünnem Goldblech überzogen, und die eiserne Klinge besitzt Goldeinlagen.

Gräberfeld von Hallstatt, OÖ.
Halbkugeliges Schöpfgefäß aus Bronze mit Griff in Form einer Kuh, der ein Kälbchen folgt, Grab 67.

Deckel aus Bronze mit angenietetem Knauf und getriebener, figuraler Darstellung (»Situlenkunst«). Grab 696.

nen Bronzegeräte und -waffen, die etwa zur selben Zeit von einem Bergarbeiter gefunden wurden: Bis auf einige wenige Stücke verkaufte er sie »nur des Metallwerthes wegen«, wie Ramsauer berichtet. Man schätzt heute, daß vor Ramsauers Zeit im Halltal rund 700 Gräber unkontrolliert zerstört worden sind, ohne daß irgend jemand die wahre Bedeutung der Funde erkannte.

Auch die geheimnisvollen Geschichten von den Bergmannsleichen kannte Ramsauer, und der Wunsch zu ergründen, was es mit ihnen auf sich hatte, dürfte schon bald in ihm erwacht sein. Im November 1846 bot sich endlich Gelegenheit dazu: Zum Zwecke der Wegverbesserung wurde rund 380 Meter westlich vom Rudolfsturm Schotter abgegraben. »Bei dieser Gelegenheit kamen die Arbeiter auf ein Skelett mit einigen bronzenen Schmuckbeigaben. Bergmeister Ramsauer, dem davon Meldung geschah, schenkte diesem interessanten Funde sogleich die größte Aufmerksamkeit, nahm fortan die Schottergrabung als Nebensache und ließ nun Schuh für Schuh des Terrains mit der allergrößten Sorgfalt weiter graben, oder grub vielmehr selbst die classisch gewordene Erde um. In kurzer Zeit waren 6 Skelette auf dem Raume von wenigen Quadratklaftern aufgedeckt, mit ihnen eine beträchtliche Anzahl von ebenfalls meist bronzenen Gegenständen gefunden. Im folgenden Sommer wurden die Nachgrabungen, wenn auch mit den beschränktesten Mitteln, so doch mit der größten Sorgfalt und unter Ueberwachung der Arbeiter, welche jede Verschleppung unmöglich machte, von Ramsauer fortgesetzt«, berichtet Friedrich Simony. Ramsauer selbst erzählt im umständlichen k. k. Amtsdeutsch, daß er ein Gräberfeld entdeckt hätte und »in seinen Beisein und mit aller Sorgfalt einen Flächenraum von 4 Quadrat-Klafter aufgraben liehs, womit er so glücklich war 7 Skelette mit einigen Schmucksachen zu treffen, und sich zugleich auch, durch die Lage der Skelette alle in ziemlich gleicher Richtung, das Gesicht gegen Sonnenaufgang gewendet, gestreckte Lage des Körpers, die Hände nach den Leib oder an die Brust gelegt, einen ordentlichen Begräbnisplatz erkennen liehs«.

Jetzt setzte Ramsauer alles daran, das Gräberfeld gänzlich zu erforschen. Seine Ausdauer und sein exaktes Wissen um den Berg waren ihm dabei von Nutzen. Bei jeder Ausgrabung war er selbst anwesend und hielt in einem Tagebuch alles vermerkt, was ihm wichtig erschien: Ort und Datum der Grabung, jeden einzelnen Fundgegenstand, die Art der Bestattung sowie die Lage der Skelette und der Grabbeigaben. Jedes Grab erhielt eine eigene Nummer. Noch heute hat die von Ramsauer begonnene und bei den späteren Grabungen fortgesetzte Nummerierung Gültigkeit. Zudem hielt der Steiger Isidor Engel, der von Anfang an bei den Grabungen mitarbeitete, viele Grabsituationen in Aquarellen fest.

Die Anregung für diese Aufzeichnungen erhielt Ramsauer neben vielen wertvollen Ratschlägen vom Verwaltungsausschuß des oberösterreichischen Landesmuseums Francisco-Carolinum. So entwickelte ein im Grunde einfacher Bergmann, der keine Ahnung von Archäologie hatte, ein Dokumentationssystem, mit dem er seiner Zeit weit voraus war. Friedrich Simony erkannte bereits 1851 den Wert dieser ersten genauen Beschreibung einer urgeschichtlichen Ausgrabung in Mitteleuropa: »Durch jene Tagebücher werden einst dem Archäologen, welcher sich diese classische Fundstätte zum Gegenstande speciellen Studiums machen sollte, die werthvollsten und zuverlässigsten Notizen geliefert werden.«

Leider sind uns Ramsauers Tagebücher nicht erhalten geblieben. Doch zum Glück verfaßte er auch Berichte, die als sogenannte »Protokolle« in die Forschungsgeschichte eingingen. Da heute mehrere solcher Protokolle mit einheitlichem Text und nahezu identen Tafeln in verschiedenen Museen und Bibliotheken Europas verwahrt werden, kann es sich hier nur um Abschriften bzw. Kopien seines ebenfalls verschollenen Hauptprotokolls handeln. Der Grund für ihre Anfertigung ist schnell erklärt: Bis 1859 bemühte sich Ramsauer jemanden zu finden, der die Kosten für die Drucklegung seiner Grabungsaufzeichnungen übernehmen würde. Da ihm dies nicht gelang und es ihm als mäßig bezahltem Beamten und Vater von 24 Kindern unmöglich war, das Geld für ein solches Vorhaben aufzubringen, scheint er als Ersatz eine Anzahl von Abschriften seines Originalprotokolls samt Tafelkopien für verschiedene interessierte Stellen angefertigt haben zu lassen. Da sie die einzigen erhalten gebliebenen Unterlagen sind, stellen sie die Grundlagen der heutigen Forschung dar.

Der Kaiser auf Besuch

Es sprach sich schnell herum, daß in Hallstatt ein altes Gräberfeld entdeckt worden war. Die Grabungsergebnisse erregten sowohl in der Fachwelt als auch in den gehobenen Gesellschaftskreisen Aufsehen. Für die Kurgäste von Bad Ischl gehörte es einfach dazu, das Hallstätter Gräberfeld zu besuchen. Aber auch Durchreisende kamen gerne nach Hallstatt. Bereits 1847 waren bei der Öffnung zweier Gräber Erzherzöge aus dem österreichischen Kaiserhaus anwesend. Von diesem Zeitpunkt an waren Besuche hochgestellter Persönlichkeiten, aber auch von Schriftstellern an der Tagesordnung. So hielt sich Adalbert Stifter in Hallstatt auf und verewigte die romantische Landschaft in seinen Werken »Bergkristall« und »Nachsommer«.

Die Höhepunkte der Besucherwelle bildeten die beiden Besichtigungsreisen Kaiser Franz Josef I. 1855 und 1856. Für Ramsauer stellten sie zweifellos ein besonderes Ereignis dar, dennoch berichtet er relativ lapidar über den ersten Besuch: »Den 19. September 1855. In Beisein Sr. K. K. apostolischen Majestaet Kaiser Franz Josef, Ihrer Majestaet Kaiserin Elisabeth, Ihrer koeniglichen Hoheiten der Prinzese Helena und Prinzen Karl von Baiern, nebst Suitte ... das 340. Grab (geöffnet) ...«

Im nächsten Jahr erschien der Kaiser mit mehreren Verwandten der Kaiserin. Wieder wurden zwei Prunkgräber geöffnet. Es ist sehr wahrscheinlich, daß Ramsauer in Anbetracht des kaiserlichen Besuches der Auffindung von Gräbern mit besonders reichhaltigem Grabinventar geschickt nachgeholfen hat. Möglicherweise hat er vorher durch Probegrabungen herauszufinden versucht, wo sich Prunkgräber befinden, oder er »rekonstruierte« ein solches Grab, um es dann im Beisein der kaiserlichen Familie zu öffnen.

Von den hohen Herrschaften, die die Grabungsstätte besuchten und die oft genug mit Funden beschenkt wurden, erhielt Ramsauer nur wenig finanzielle Zuwendungen, dafür um so mehr Dankschreiben und Orden. Auf einem gut erhaltenen Foto von ihm sind der Franz-Josefs-Orden und das goldene Verdienstkreuz mit der Krone sowie die vom Großherzog von Mecklenburg und Schwerin verliehene Medaille für Kunst und Wissenschaft zu erkennen. »Medaillen und Verdienstkreuze kamen auch damals billiger als eine tatkräftige finanzielle Unterstützung«, stellte dazu der Innsbrucker Universitätsprofessor Karl Kromer fest.

Daß Ramsauer keine finanzielle Hilfe zuteil wurde, ist um so erstaunlicher, als die Fachwelt die Bedeutung seiner Leistung sehr wohl erkannte. Im Jahre 1874 schlug sogar der schwedische Archäologe Hans Hildebrand auf einer Fachtagung in Stockholm vor, jene urzeitliche Periode, der die Funde Ramsauers angehören und die durch die Verwendung von Bronze und Eisen in ungefähr gleichem Maße gekennzeichnet ist, nach dem Fundort Hallstatt zu benennen. Zuerst wurde dieser Begriff zur Kennzeichnung eines allgemeinen Zeitabschnittes verwendet. Erst später wurde er auf eine bestimmte geographische Verbreitung beschränkt. Heute versteht man unter Hallstattkultur den mitteleuropäischen Kulturraum im Alpenbereich während der älteren Stufe der Eisenzeit, deren Dauer in diesem Raum vom 8. bis zum 5. vorchristlichen Jahrhundert angenommen wird.

Eines der reichsten Gräberfelder

Bereits nach den ersten Funden schloß Ramsauer aus der eng benachbarten Lage der Gräber sowie aus den Grabbeigaben und der gleichen Orientierung der Skelette, daß es sich hier um ein systematisch belegtes urzeitliches Gräberfeld handeln müsse. Er opferte seine Freizeit und seine bescheidenen persönlichen Barmittel, um diesen Friedhof zu erforschen. Dabei stieß er auf 980 Gräber, die in einer Schotter- bzw. Lehmschicht eingebettet waren. Die Grabsohlen lagen 1 bis 1,5 Meter unter der heutigen Oberfläche. Nur selten fand er Holzeinbauten oder Reste von Totenbrettern, auf die man die Leichen gebettet hatte. Die meisten Toten waren nur in die Erde gelegt worden – in gestreckter Rückenlage, fast immer mit dem Blick nach Osten. Lediglich die Grabsohle wurde des öfteren vorbehandelt. Entweder war der Boden gestampft oder es waren gar gebrannte Tonwannen zur Bettung des Toten vorbereitet worden.

45 Prozent der Bestattungen waren Brandgräber. In diesen Fällen hatte man den Leichnam am Scheiterhaufen mit dem Gewand und einem Teil der Beigaben verbrannt. Die Asche und die Rückstände waren nach Verlöschen des Feuers eingesammelt und in einem Behälter aus Ton, einem Leinen- oder Ledersäckchen mit weiteren Beigaben begraben oder aber einfach in eine

Grube geschüttet worden. Manchmal wurden auch mehrere Leichname in einem Grab beigesetzt. Ein größerer Hügel dürfte auf den Gräbern nicht errichtet worden sein.

Beigabenlose oder ärmliche Bestattungen entdeckte Ramsauer ebenso selten wie jene Urgeschichtsforscher, die später noch einige von ihm übersehene Gräber untersuchten. Der Hallstätter Friedhof zählt damit zu den reichsten früheisenzeitlichen Nekropolen, die bisher entdeckt wurden. Zahlreiche Prunkstücke und Importgüter zeugen vom allgemeinen Wohlstand. Der Reichtum der prähistorischen Hallstätter ist auf den bergmännischen Abbau des hier reichlich vorkommenden Salzes zurückzuführen: Während Salz bei den Jägern und Sammlern der Altsteinzeit keine so bedeutende Rolle spielte, gewann es mit dem Beginn des Ackerbaues immer mehr an Bedeutung. Denn in der Altsteinzeit wurde dem Körper genügend Salz durch den Genuß von rohem Fleisch oder von Asche diverser Pflanzen zugeführt. Ab der Jungsteinzeit allerdings brauchte man infolge der bäuerlichen Lebensform zusätzliches Speisesalz. Die Küstenbewohner ließen zur Salzgewinnung Meerwasser in Gruben verdunsten. Mitteleuropa war zuerst auf Salzquellen und dann auf den Abbau von Steinsalz angewiesen, das besonders ab der Hallstattzeit zum »weißen Gold« avancierte. Die Grabbeigaben des Halltales beweisen es.

In einem besonders reichhaltig ausgestatteten Grab fand man den sogenannten »Golddolch von Hallstatt«, der infolge seiner antennenartigen Fortsätze am Griff von der Forschung zur Gruppe der Antennendolche gezählt wird. Die Scheide, der Griff und das kugelige Ortband sind mit dünnem Goldblech überzogen, die Antennen haben die Form zweier achtspeichiger Räder. Die eiserne Klinge ist mit eingelegten Würfelaugen, also mit Punkten, die von Kreisen umgeben sind, und mit Punkten aus Gold verziert. Die prunkvolle Ausstattung läßt darauf schließen, daß er eher ein Würdezeichen als eine Kampfwaffe war.

Eines der bekanntesten und schönsten Stücke hallstattzeitlicher Kleinkunst ist das sogenannte »Schöpfgefäß mit Kuh und Kälbchen«. Es besteht aus einem halbkugelförmigen Becken, das eine fein gravierte, geometrische Verzierung am Rand aufweist. Der Henkel wird von einer Rinderfigur gebildet, deren Vorderbeine auf einer aus der Mitte des Gefäßes aufragenden Stütze stehen. Die Hinterbeine berühren den Gefäßrand. Dem Rind folgt ein Kälbchen, das auf der Seite des Gefäßes angebracht ist. Mit kleineren Tassen dieser Art wurde aus großen Bronzeblecheimern, sogenannten Situlen, geschöpft.

Trinkfreudige Völker

Die »Situlenkunst« ist eines der interessantesten Phänomene der mitteleuropäischen Urgeschichte. Sie war zwischen 600 und 300 v. Chr. im Bereich des heutigen Norditalien, Nordjugoslawien und Österreich verbreitet, also im südöstlichen Alpenraum. Dieser Raum beherbergte mehrere Völker: die

Etrusker, Veneter, Illyrer und die Stämme im Raum des heutigen Österreich, die zum Teil illyrisch waren.

Der Name »situla« kommt aus dem Italienischen und bedeutet soviel wie Eimer. In der archäologischen Fachsprache wird unter Situla ein konisches, eimerartiges Gefäß verstanden. Diese Eimer aus Bronzeblech wurden oft charakteristisch verziert, was zu dem Ausdruck »Situlenkunst« führte. In kunstvoller Treibarbeit wurden in waagrechten Streifen ornamentale und figurale Verzierungen angebracht, die mit durchgehenden Linien eingefaßt wurden. Letztlich wurden nicht nur Eimer, sondern auch andere Gefäße, Deckel, Gürtelbleche, Votivbleche, Schwertscheiden usw. in dieser Art verziert.

Die Grundform der Situla stammt aus Ungarn. Dort verwendete man bereits in der Urnenfelderzeit Eimer aus Bronzeblech, die allerdings noch nicht mit Figuren, dafür aber mit Ornamenten, unter anderem mit dem Vogelbarkenmotiv, verziert waren. Die Art der ornamentalen und figuralen Verzierung wurzelt im vom Orient beeinflußten Stil des Mittelmeerraumes. Beides wurde ab 600 v. Chr. in den Werkstätten des nördlichen Adriabereiches zu einer neuen Kunstgattung, eben der Situlenkunst, vereint. In weiterer Folge leisteten die lokalen Künstler in den verschiedenen Werkstätten des Südostalpenraumes einen wesentlichen Beitrag, indem sie einheimische Motive in der Darstellung übernahmen.

Was auf den Situlen in einem oder mehreren waagrechten Streifen dargestellt wurde, waren Szenen aus dem kultischen Bereich oder aus dem Alltag der Menschen dieser Zeit. Die Streifen bestehen zumeist aus einer Abfolge von Einzelszenen. Dabei dominiert als Grundthema die Schilderung eines Festes, das in mehrere Abschnitte gegliedert ist: in Umzüge, in Opferungen (vom Heranbringen der Opfertiere bis zum Aufschichten des Scheiterhaufens), in sportliche und musische Wettkämpfe (Wettfahrten mit Wägen, Wettreiten, Musikwettkämpfe etc.), in Umtrünke und ähnliches. Man kann also von einem regelrechten »Situlenfest« sprechen, das hier abgebildet ist. Da die figural verzierten Situlen zumeist in Gräbern entdeckt wurden, brachte man das Situlenfest mit Totenfeierlichkeiten in Zusammenhang. Auf jeden Fall lassen die Größe der Situlen und auch ihre Figuralverzierungen, die eine gewisse Trinkfreudigkeit der Menschen dieser Zeit nicht verleugnen können, darauf schließen, daß in ihnen ein Trunk gemischt wurde. Sicher haben die Verwender der Situlen Trinksitten aus dem mediterranen Raum übernommen. Dort wurde in großen Mischgefäßen, in sogenannten Kratern, geharzter oder gewürzter Wein verdünnt.

Die Darstellungen auf den Situlen geben einen entscheidenden Einblick in das Leben dieser Epoche der schriftlosen Geschichte. Die Urgeschichtsforscherin Eva Lenneis versuchte zum Beispiel die Frauentracht dieser Zeit mit Hilfe der Situlenkunst zu rekonstruieren und darüber hinaus sogenannte Trachtprovinzen festzustellen. Vorerst erarbeitete sie Kriterien, um die Frauen auf den Darstellungen eindeutig identifizieren zu können. Dabei bot sich das Kopftuch als typischer weiblicher Trachtbestandteil an. Bei den damit festgestellten Frauen entdeckte Lenneis an Kleidungsstücken: ärmellose und langärmelige Blusen; Zweibahnröcke (nur aus zwei Stoffbahnen gefertigt) in enger, gerader, in kuppelförmiger und in ausgestellter Form; vierbahnige weite, glockige Röcke; ärmellose, gerade geschnittene und ärmellos, ausgestellt geschnittene Kleider sowie Kleider mit langen Ärmeln. An Kopfbedeckungen entdeckte sie rechteckige, quadratische, dreieckige und halbkreisförmige Kopftücher, lange Umhängtücher und Umhänge. Das Schuhwerk bestand meist aus spitzen Sandalen und Stiefeln. Mannigfaltiger Schmuck, besonders Ohr- und Lockenschmuck und einmal ein Fußring vervollständigten die Tracht.

Die Art der Textilien, die Ausführung der Tracht und ihre Verarbeitung kann man wiederum aus anderen Funden ersehen. Auch in diesem Fall kommt dem Salzberg von Hallstatt besondere Bedeutung zu. An Textilien entdeckte man dort Wolle und Leinen. Seide kennt man bis jetzt nur aus dem Grabhügel »Hohmichele« in der Nähe der Heuneburg in Süddeutschland. Bei der Webtechnik wurden Leinen- und Köperbindungen bevorzugt, wobei mannigfaltige Köpermuster besonders beliebt waren. In Hallstatt konnte auch das erste Mal das Panamagewebe, wo Kette und Schuß aus je zwei Fäden bestehen, nachgewiesen werden. Wolle wurde sowohl naturfarben als auch gefärbt verwendet. Die Stoffmuster, vor allem in Karo, waren gestickt, aber auch gewebt. Die Kopfbedeckungen bestanden aus Fell, wie die Hallstätter Funde von Kappen und Zipfelmützen für Männer und von Kopftüchern für Frauen beweisen. Die Gürtel stellte man aus Wollrips her, wobei man teilweise Muster, vor allem Schachbrettmuster, einarbeitete.

Die Erzeugung von feineren Eisennadeln ermöglichte nun bessere und kompliziertere Stiche, sowie gute Nähte und Säume. Dadurch brauchten jetzt auch nicht mehr nur ausschließlich abgepaßte Stücke gewebt werden, sondern man konnte mit scharfen Messern die großen Stücke zerteilen. Damit wurde die eigentliche Schneiderkunst begründet.

In jedem Fall wurden auf den Situlen Trachten dargestellt, wie sie die Menschen damals trugen. Dies erkannte man anhand der Textilien beziehungsweise deren Reste, die man in Gräbern und im Hallstätter Salz fand. Je nach Fundort der Situla, so entdeckte Eva Lenneis, gibt es bei den verschiedenen Bekleidungsstücken beträchtliche regionale Unterschiede. Oberitalien zum Beispiel hebt sich in der Frauentracht von Nordjugoslawien deutlich ab.

An vielen Fundstellen der Hallstattkultur kamen Situlen oder Bruchstücke von Situlen zutage. Auch im Gräberfeld von Hallstatt fand man neben zahlreichen unverzierten Exemplaren würdige Repräsentanten der Situlenkunst. In jenem Grab, in dem der »Golddolch von Hallstatt« entdeckt wurde, entdeckte man einen bronzenen Eimerdeckel in Form eines flachen Kegels mit angenietetem Knauf. Auf der Deckelfläche befinden sich eine Reihe von Fabeltieren – eine geflügelte Sphinx und geflügelte Löwen – sowie ein Hirsch mit vielendigem Geweih im orientalischen Stil. Der Eimerdeckel geht auf etruskische Vorbilder des 7. Jahrhunderts v. Chr. zurück und dürfte aus dem Bereich der nördlichen Adria importiert worden sein.

Weiters stieß man in Hallstatt auf eine Fußschale mit hohem Standfuß aus Bronze. Auf der Innenseite der Schale sind zwei Reihen von Fabeltieren und grob gekennzeichneten Menschen dargestellt.

Schwerter, Dolche, Würdezeichen

Auch Rohstoffe aus fernen Ländern konnte man damals kunstvoll verarbeiten. Ein in Hallstatt hergestelltes Schwert, dessen Knauf aus Elfenbein geschnitzt und mit Bernsteineinlagen verziert ist, zeigt dies: Das Elfenbein kam über Zwischenhandelsplätze in Mittelitalien aus Afrika, der Bernstein wahrscheinlich von der Ostseeküste.

Ebenso wie der Eimerdeckel stammen drei von Ramsauer in zwei Gräbern entdeckte Glasschälchen aus dem Gebiet um die nördliche Adria, wo sich damals ein Zentrum der Glaserzeugung befand. Daneben gab es als Grabbeigaben in Hallstatt hergestellte vollplastisch gearbeitete Figuren, wie zum Beispiel Stiere.

Vorwiegend in den älteren Krieger- bzw. Waffengräbern fand Ramsauer eigenartige Zierbeile. Sie dienten sichtlich keinem praktischen Zweck, sondern stellten wahrscheinlich Würdezeichen dar. Häufig sind sie mit kleinen, aufgesetzten Pferdefiguren, in einem Fall sogar mit einer Reiterfigur geschmückt. Die Waffengräber stellen wegen ihrer reichen Funde überhaupt eine Besonderheit dar. Auch bei ihnen konnte wie bei allen anderen Gräbern mit Hilfe der Beigaben eine relativ genaue Datierung vorgenommen werden. Die älteren Waffengräber wurden im 8. und 7. Jahrhundert v. Chr. angelegt. In ihnen fand man charakteristische Hiebschwerter aus Bronze oder Eisen. Es sind die längsten und schwersten Waffen, die jemals in der Urgeschichte verwendet wurden. Da sich in den 19 Gräbern dieser Art 46 Prozent der wertvollen Bronzegegenstände befanden, scheinen diese Krieger der sozial bestgestellten Schicht angehört zu haben.

Bei den 38 jüngeren Waffengräbern wurde das »Hallstattschwert« durch einen kunstvoll gearbeiteten Dolch ersetzt, der weniger für den Kampf geeignet war, sondern vor allem eine Prunkwaffe beziehungsweise ein Würdezeichen darstellte. Im Kampf spielte in dieser Zeit eher eine schon seit der älteren Stufe der Hallstattzeit bekannte Lanze mit eiserner Spitze eine Rolle. Die jüngeren Gräber wurden im 6. und 5. Jahrhundert v. Chr. errichtet. Daneben entdeckte Ramsauer auch Gräber, die anhand der Grabbeigaben in die erste Stufe der jüngeren Eisenzeit, also zwischen 450 und 350 v. Chr. datiert werden konnten.

Bis 1862 hatte Ramsauer den Hauptteil des Gräberfeldes durchforscht. 1863 umschloß er den Osten, Süden und Westen noch mit einem schmalen Grabungsstreifen, bei dem er nur spärliche Funde machte. So kam er zur Überzeugung, daß der Friedhof erschöpfend untersucht sei. Damit war die erste systematisch durchgeführte, urgeschichtliche Ausgrabung in Mitteleuropa beendet – noch fünf Jahre bevor Heinrich Schliemann in Troja den Spaten erstmals ansetzte!

Die 980 Gräber, die Ramsauer neben seinen beruflichen Verpflichtungen innerhalb von 17 Jahren barg, befanden sich auf einem rund 9000 Quadratmeter großen Areal. Heute schätzt man, daß die Gräber eines fast ebenso großen Geländes noch vor Ramsauers Untersuchungen Raubgrabungen zum Opfer gefallen sind.

Ab 1850 hatte sich endlich auch das k. k. Münz- und Antikenkabinett in Wien eingeschaltet. Doch es dauerte noch eine geraume Zeit, bis es die Grabungen finanzierte, indem es bei Ablieferung größerer Fundposten die Auslagen im Nachhinein ersetzte.

1864 wurde Johann Georg Ramsauer pensioniert. Zehn Jahre später starb er in Linz. Die Öffentlichkeit nahm kaum Notiz davon. Sein treuer Mitarbeiter, Isidor Engel, half noch bei späteren Ausgrabungen mit und fertigte mit Hilfe seiner Erfahrungen selbst Protokolle an, die er mit seinen Aquarellen vervollständigte. Als auch er altersbedingt aus dem Dienst bei den Salinen ausschied, nahm er sich als Kustos des Hallstätter Museums weiter um die Urgeschichtsforschung an.

Mehrere Male noch versuchte man in Hallstatt weitere Gräber zu entdecken. Die dabei gemachten Funde kamen entweder in das Linzer, in das Hallstätter oder in das Naturhistorische Museum in Wien. 1907 kam die an Altertümern interessierte Großherzogin Maria von Mecklenburg ins Halltal, um Grabungen vorzunehmen. Natürlich mit kaiserlicher Genehmigung. Tatsächlich fand sie 26 Grabstätten. Die Beigaben wanderten zuerst in die herzögliche Privatsammlung und fanden schließlich ein unrühmliches Ende: Als die Herzogin 1934 starb, wurden sie in New York versteigert. Heute sind sie in alle Winde zerstreut, und man weiß nichts mehr von ihrem weiteren Schicksal.

In den Jahren 1937 bis 1939 wurden von Friedrich Morton, dem Nachfolger Isidor Engels als Leiter des Museums Hallstatt, noch einmal Gräber entdeckt. Ihr Grabinventar gelangte in das Hallstätter Museum. Insgesamt wurden also rund 1300 Gräber erforscht. Die aus diesem Fundbestand stammenden 1045 geschlossenen Grabinventare bilden heute den berühmtesten Bestand der Prähistorischen Abteilung des Naturhistorischen Museums in Wien.

Forschung mit Fehlern

Die Grundlage für die spätere beziehungsweise für die heutige wissenschaftliche Bearbeitung des Hallstätter Gräberfeldes bildeten und bilden nach wie vor die Aufzeichnungen Ramsauers. Natürlich entsprechen seine Beobachtungen nicht dem heutigen Forschungsstand und beinhalten auch einige Fehler. Ramsauer selbst berichtet zum Beispiel darüber, daß er anfänglich Leichenbrände, also die Asche der Toten, nicht als solche erkannte: »So wie es bei jeden unbekanten Unternehmen gewöhnlich der Fall ist, dahs man nur durch pracktische Erfahrungen und Übung zum Ziele gelangt, so war es auch hier. Anfänglich erkante man die Leichenbrände nicht, und war nur damit zur Kentnihs gekomen, als man öftermalen auf den verbrandten oft nur wenigen Knochenresten und Kohlen (welche sich nur einmal in einer Urne befunden haben) die Anticken-Gegenstände unmittelbar obenauf gefunden hatte, und dann zur weiteren Überzeugung durch Schlämung und sorgfältiges Scheiden der Knochenreste hierunter Menschenzähne, Schedelknochen oder Kiefertheile erhalten hat, von welcher Zeit an der Verfahser in dem von ihm geführten Tagebuch über die Nachgrabungen, die mit Anticken belegten Knochenreste als Leichenbrände verzeichnet worden sind.«

Auf einen weiteren Irrtum wurde man erst viel später aufmerksam: Ramsauer hatte in manchen Gräbern nur Teile eines Skelettes gefunden, dafür jedoch an Stelle der fehlenden Skeletteile – so glaubte er jedenfalls – ein Häufchen Asche. Damit meinte er eine dritte Bestattungsart gefunden zu haben, bei der der Leichnam zerstückelt und ein Teil davon verbrannt worden sei. Als man Ramsauers Fundberichte jedoch noch einmal einer genauen Analyse unterzog, entdeckte man, daß fast nie die gleichen Teile des Skeletts verbrannt bzw. unverbrannt beigesetzt, sondern jeweils ganz verschiedene Körperreste mit einem Häufchen Asche bestattet worden waren. Es ließen sich also keine Gesichtspunkte finden, nach der eine Teilverbrennung, vollzogen worden wäre. Da jedoch gerade die Bestattungsbräuche zu allen Zeiten feststehenden Regeln gehorchten, kam man zur Überzeugung, daß Ramsauers Beobachtungen auf einem Irrtum beruhen mußten. Wahrscheinlich handelt es sich bei diesen Gräbern um zwei nacheinander erfolgte Beisetzungen. Dabei könnten Skeletteile einer älteren Bestattung entfernt worden sein, um für einen Leichenbrand Platz zu schaffen.

Eine weitere Schwierigkeit bei der wissenschaftlichen Erforschung des Gräberfeldes bildet der Umstand, daß Ramsauer zwar alle Bronzegefäße und alle Schmuckstücke barg, den größten Teil der zerbrochenen Tongefäße aber ebenso wie die morschen Skelette auf dem Abraumhaufen landen ließ. Damals galt die Aufmerksamkeit eben eher der Kunst als den Kulturgegenständen, und in den Tausenden von Tonscherben erblickte man nun einmal kein Kunstwerk. So stehen uns heute von 1244 festgestellten und von Ramsauer dokumentierten Keramiken lediglich vier Dutzend zur Verfügung.

Kein Wunder, wenn in Anbetracht dieser Situation so mancher Urgeschichtsforscher zwar die Arbeit Ramsauers würdigt, es aber für unmöglich hält, aus dem von ihm geborgenen Material und aus den untereinander leicht abweichenden Kopien des verschollenen Originalprotokolls Licht in das Dunkel der Hallstattzeit zu bringen. Dennoch wurde es immer wieder versucht.

Zwischen 1888 und 1895 versuchte Moritz Hoernes, den riesigen Fundkomplex zu inventarisieren. Leider waren die Gegenstände – den Tafeln der Protokollabschriften entsprechend – nicht grabweise, sondern nach Fundgruppen geordnet. Es lagen also alle Fibeln, alle Gürtelschnallen, alle Becken, alle Eimer usw. beieinander. Für Hoernes war es äußerst schwierig, die ehemaligen Grabzusammenhänge zu rekonstruieren, und das Inventar, das er erstellte, wies sicher Fehler durch Verwechslungen oder als Folge verlorengegangener Aufzeichnungen auf.

Dennoch vertraute Karl Kromer dem Inventar von Moritz Hoernes. Er nahm es 1959 als Grundlage für sein zweibändiges Prachtwerk mit dem Titel »Das Gräberfeld von Hallstatt«, das zweifellos einen Meilenstein in der Hallstattforschung darstellt. Nicht zuletzt, weil damit zum ersten Mal das gesamte Fundmaterial publiziert wurde. Darüber hinaus versuchte Kromer allgemeingültige Aussagen über Art und Anlage der Hallstätter Friedhöfe zu treffen. Er war davon überzeugt, daß die Reihung der Bestattungen nicht regellos, wie eben die Menschen starben, erfolgte. Seiner Meinung nach herrschte eine Ordnung, die durch den Stand der Verstorbenen bestimmt war. Allerdings konnte diese Ordnung nicht mehr konsequent eingehalten werden, als der Friedhof zu klein wurde und erweitert werden mußte. Dennoch glaubte Kromer, nachdem er die Gräber je nach Bestattungsart in ein Kartenbild eingetragen hatte, daß von einem Zentrum aus in strenger Anordnung Teile angegliedert wurden. In diesem Zentrum hatten die Bestattungen Waffenloser stattgefunden, und die waffentragenden Krieger wären in Form eines Ringes außen um diesen Kern der Waffenlosen beigesetzt worden. Bei späteren Vergrößerungen des Friedhofes habe sich diese Gliederung wiederholt, so daß die Bestattungen in konzentrischen Kreisen rund um das ursprüngliche Zentrum vorgenommen wurden. Dabei sei immer ein Kreis mit Kriegergräbern und einer mit Gräbern Waffenloser angelegt worden. Die Kriegergräber umschlossen nach Meinung Kromers im Tode das restliche Gemeinwesen ähnlich, wie die Krieger dies ja auch im Leben tun mußten. Zusätzlich meinte er einen deutlichen Überhang an erwachsenen Männern und nur wenige Kinder, Frauen und Greise feststellen zu können. Gräber, die eine Familienbestattung beherbergten, gehörten seiner Meinung nach zu den wenigen Ausnahmen. Kromer folgerte weiter, daß die Siedlung im Halltal keine Siedlung im üblichen Sinn und natürlich gewachsen war, sondern daß man sie lediglich für den Salzbergbau begründet hätte. Sie hätte also kein Gemeinwesen dargestellt, das auf der Grundlage von Familie und Sippe funktionierte. Die auf dem Gräberfeld Bestatteten stellten die Generation jener Männer dar, die sich das Salz der Berge nutzbar machten und die sich in Arbeiter und Krieger unterteilten.

Streit der Gelehrten

Die deutsche Prähistorikerin Imma Kilian-Dirlmeier kann Kromers Ansicht nicht teilen. Sie meint, daß von Anfang an ein relativ großer Bereich als Begräbnisplatz bestimmt war. Auf diesem Areal begann man gleichzeitig an mehreren Plätzen Gräber in Gruppen anzulegen. Eine Gruppe habe eine Siedlungsgemeinschaft aus näherer oder fernerer Umgebung umfaßt, die an der Salzgewinnung beteiligt war. Sie hätte aus einer kompletten Arbeitsmannschaft vom Krieger bis zum Sackträger bestanden. Der ostdeutsche Forscher Alexander Häusler gelangte 1968 allerdings wiederum zu einem völlig anderen Schluß: Er glaubt, daß der Friedhof sehr wohl mit den Angehörigen kompletter Familien belegt wurde. Es scheinen nur deshalb Frauen und alte Personen zu fehlen, weil Ramsauer das Skelettmaterial ungenügend untersuchte. Lediglich die Kinder habe man einem Brauch der Zeit gemäß an einem getrennten Ort bestattet.

Auch die Urgeschichtsforscher Karl Kaus, Otto Hermann Frey und Markus Egg glauben nicht an eine besondere Bevölkerungszusammensetzung. Die Grabbeigaben und das ganzjährig betriebene Salzbergwerk sprechen ihrer Meinung nach für eine normale Dauersiedlung von Männern und Frauen, Knappen, Handwerkern und Händlern. Das Hallstatt der Urzeit wäre aber ein bedeutendes Industriezentrum gewesen, wo Menschen aus weit entfernten Räumen zusammentrafen. So habe es Arbeitskontingente gegeben, die jeweils aus verschiedenen Gebieten stammten. Dies könne man auch anhand des Gräberfeldes beweisen. Zum Beispiel sei in einem Waffengrab ein Krieger aus der Unterkrain, also aus dem Gebiet um Zagreb, mit Doppelkammhelm, Eisenlanzenspitzen, Bronzegürtelblech und anderen Ausrüstungsgegenständen der älteren Eisenzeit Nordost-Jugoslawiens bestattet gewesen. Die Anwesenheit eines unterkrainischen Kriegers, wahrscheinlich als Geleitschutz für Salztransporte von Hallstatt in seine Heimat, zeuge von der Sonderstellung dieses Ortes, der ein Mittelpunkt der ältereisenzeitlichen Welt war.

Die Widersprüchlichkeiten ließen auch den an der Prähistorischen Abteilung des Wiener Naturhistorischen Museums tätigen Fritz-Eckart Barth nicht ruhen. Den einzigen Weg, der Wahrheit dennoch auf die Spur zu kommen, sieht er in einem systematischen Vergleich der Abschriften von Ramsauers Protokollen, um so nach Möglichkeit die echten Grabungszusammenhänge wieder rekonstruieren zu können.

Für dieses Vorhaben stehen zahlreiche Kopien der Protokolle zur Verfügung, die sich in verschiedenen europäischen Museen befinden. Unter anderem jene originalen Beschreibungen und kolorierten Zeichnungen von fünf Gräbern des Jahres 1861, die am 13. September 1972 unter ungewöhnlichen Umständen in München auftauchten: Ein Unbekannter übergab der Bibliothekarin des Münchner Universitätsinstitutes für Vor- und Frühgeschichte einen Aktenordner mit der Bemerkung, daß der Inhalt in diesem Institut auf Interesse stoßen würde. Noch während die Bibliothekarin in den überreichten Unterlagen blätterte, verschwand der Fremde. Es gelang weder seinen Namen, noch die Herkunft der Gräberbeschreibungen festzustellen. Auf jeden Fall dürfte es sich dabei nicht um den zufällig erhalten gebliebenen Rest eines kompletten Exemplars handeln, sondern um einen absichtlich angefertigten Auszug. Da bei der Freilegung der fünf Gräber 1861 kaiserliche und königliche Hoheiten anwesend waren, kann man in einem von ihnen den Empfänger der relativ eilig hergestellten Kopie sehen. Vielleicht war es Prinz Leopold von Bayern, der sich zu dieser Zeit bei Ramsauer für die Überlassung von Fundgegenständen bedankte. Ramsauer war ja infolge seiner bedrängten finanziellen Verhältnisse öfters gezwungen, sich mit Spenden aus fürstlichen Häusern zu behelfen. Vielleicht wollte er mit dieser Gräberbeschreibung zu einer solchen Spende anregen.

Auch mit dieser Beschreibung will Fritz-Eckart Barth einen Computer füttern, um Ramsauers Originalprotokoll und damit das ursprüngliche Aussehen der Gräber zu rekonstruieren. Bevor dieses Vorhaben allerdings noch in Angriff genommen werden konnte, zweifelte bereits der deutsche Urgeschichtsforscher Ludwig Pauli an einem Gelingen.

Doch inzwischen haben sich die Unterlagen, die Fritz-Eckart Barth zur Verfügung stehen, vervielfacht. Vielleicht ist seinem Vorhaben doch Erfolg beschieden. Dann jedenfalls hätte das hundertjährige Drama der Wissenschaft um die Gräber von Hallstatt, das von selbstloser Arbeit, unsäglichen Mühen, aber auch von Irrungen, Enttäuschungen und menschlichen Unvollkommenheiten geprägt war, doch noch ein glückliches Ende gefunden.

Auf den Spuren der Siedlung

Soviel in Hallstatt schon geforscht wurde, eines gelang trotz intensivster Bemühungen bis jetzt nicht: die zum Gräberfeld gehörige Siedlung zu finden. Die Ursache dafür ist nicht zuletzt darin zu suchen, daß eine größere geschlossene Siedlung infolge der Enge des Halltales kaum zu erwarten ist. Auf Spuren einer Besiedlung allerdings stieß man schon in alter Zeit. So fand man beim Rudolfsturm des öfteren Tierknochen sowie Eberzähne und glaubte, daß es sich dabei um Speisereste urzeitlicher Menschen handle. 1886 entdeckte man nördlich des Gräberfeldes eine Erdschicht, die zahlreiche Abfälle wie Gefäßreste und Tierknochen enthielt. Beim Ökonomiegebäude, einem Wirtschaftsgebäude der Saline, konnte man sogar zwei solcher übereinanderliegender Schichten ausfindig machen.

Zweimal war es Hochwasser, das dem menschlichen Forschergeist half: Am nördlichen Ufer des Steinbergbaches in der Nähe der Mündung des Maria-Theresia-Stollens verursachte es eine Abrutschung, die die Reste eines Hauses zutage förderte, das ein Bergrat Stapf 1878 freilegte. 1897 grub dann der Hallstätter Museumsverein noch weitere Bauteile aus. Das Haus war einst ein viereckiger, zweiräumiger Blockhausbau, gezimmert aus 20 Zentimeter starken, etwa 4,5 Meter langen Lärchenholzbalken. Eine seiner Wände war etwas nach außen geneigt. Es besaß – soweit erhalten – weder Tür noch Fenster. Die aus acht bis zehn übereinandergelegten Balken bestehenden Wände waren bis zu einer Höhe von 1,6 bis 2 Meter erhalten und wiesen gegen das Dach zu Brandspuren auf. Im Inneren fand man Hausgeräte, Tierknochen und Lederreste sowie ein Bronzebeil. 1880 legte erneut Hochwasser am nördlichen Ufer des Kreuzbergbaches, ebenfalls in der Nähe des Maria-Theresia-Stollens, einen Holzbau frei.

Auch am Steilhang, der nach Hallstatt hinabfällt, kamen auf halber Höhe neben Gräbern auch Siedlungsreste zum Vorschein. 1850 bis 1852 stieß man bei einer Verlegung des alten Bergweges wiederholt auf Bestattungen. Bei einer 1877/78 durchgeführten systematischen Ausgrabung gelang es, 24 Gräber zu lokalisieren und freizulegen. Da das Gelände hier sehr rutschgefährdet ist, konnte nur mit allergrößter Vorsicht vorgegangen werden. An flachen Stellen am östlichen Teil des Abhanges fand man die Reste einer Ansiedlung. In der Nähe des oberen Beginns des zick-zack-führenden Fußweges, an der Kante zum Abbruch, entdeckte man 1877 auf 120 Meter Länge eine Erdschicht, die Scherben und Knochen beherbergte.

Gegen Ende des vorigen Jahrhunderts traf man ein letztes Mal auf Siedlungsspuren: Weit oberhalb des Halltales, 1370 Meter über dem Meeresspiegel, liegt ein von Nordosten nach Südwesten ansteigendes mooriges Gelände, die sogenannte Dammwiese. 1886 kamen hier beim Anlegen von Entwässerungsgräben unter dem Torf Holzkonstruktionen, Tonscherben und Tierknochen zum Vorschein. Zwischen 1887 und 1937 wurden rund 3000 Quadratmeter der Dammwiese durchforscht. Unter einer mächtigen Torfschicht und einer starken Aschenschicht, die auf einen Brand schließen läßt, entdeckte man hier zahlreiche Holzkonstruktionen, wie gedeckte und offene Rinnen, Schüttböden aus Holz, Knüppelwege, Bassins mit Einfassungen aus geflochtenem Reisig und Lehmüberzug. Von der Mehrheit der Urgeschichtsforscher werden die Bauten als Reste einer Salinenanlage gedeutet. Die älteren Grabungsergebnisse hielt noch Isidor Engel zeichnerisch fest. Die dabei gefundene Kammstrichkeramik, unter anderem ein prächtiges in Ocker, Rot und Schwarz bemaltes Gefäß und eine inzwischen leider verlorengegangene, kleine keltische Goldmünze, ein sogenanntes »Regenbogenschüsselchen« lassen darauf schließen, daß diese Anlage erst gegen Ende der jüngeren Eisenzeit, also im letzten Jahrhundert vor Christus, benutzt wurde.

Die Technik des Salzabbaues

Die alpinen Salzvorkommen bestehen fast immer aus einem Gemisch von Steinsalz, Anhydrit, Polyhalit, Gips, Salzton usw., das in der Fachsprache Haselgebirge genannt wird und nur zum geringen Teil reines Steinsalz enthält. Deshalb kann das Salz nicht einfach abgebaut und vermahlen werden. Im sogenannten »nassen Abbau« oder Soleverfahren wird es mit Wasser aus dem Gebirge herausgelöst. Zu diesem Zweck werden im Haselgebirge größere Hohlräume ausgesprengt. Diese Kammern stellen die sogenannten Sinkwerke dar, die mit Wasser gefüllt werden, das nach und nach von der Decke und den Wänden das Salz herauslöst. Die Verunreinigungen sickern als unlösliche Bestandteile zu Boden. Nach Sättigung der Sole, also wenn auf 100 Liter Wasser etwa 31 bis 33 Kilogramm Salz kommen, wird sie in die Sudhäuser abgeleitet, wo das Wasser zum Verdunsten gebracht wird.

Die urgeschichtlichen Bergleute kannten dieses Verfahren vorerst nicht, sondern waren gezwungen, unter Tag die relativ geringen Vorkommen des reinen Steinsalzes zu verfolgen und dieses in Stücken abzubauen. Die ebenfalls im Haselgebirge vorhandenen Tonverunreinigungen führen dazu, daß jeder Hohlraum im Salzgebirge sich fast immer in relativ kurzer Zeit wieder schließt. Deshalb können offene Stollen aus der Hallstattzeit heute kaum mehr gefunden werden. Die Spuren und Rückstände des hallstättischen Bergmannes bleiben aber im »nachgewachsenen« Haselgebirge erhalten. Schon der mittelalterliche Knappe nannte die Hinterlassenschaften seiner Vorgänger »Alter Mann«. Und da sie nur von Heiden stammen konnten, bezeichnete er das sie umgebende Gebirge als »Heidengebirge«. Immer wieder stößt man auch heute noch in Hallstatt auf durch das Salz bestens konservierte Verzimmerungen, Leuchtspäne, Werkzeuge, Tragsäcke, Bekleidungsreste und Exkremente. Früher entdeckte man sogar verschüttete Bergleute, die bereits erwähnten »Männer im Salz«. Da man weder erkannte, wie alt sie wirklich waren, noch wußte, welchen Wert sie für die Geschichtsforschung besaßen, wurden sie, ohne wissenschaftlich dokumentiert zu werden, einfach wieder begraben. Aber vielleicht wartet noch immer ein »Mann im Salz« auf seine Entdeckung ...

Die Spuren des prähistorischen Bergbaubetriebes sind nach dem Gräberfeld das Zweitwichtigste, was Hallstatt dem Urgeschichtsforscher zu bieten hat. Bei der Rekonstruktion des urgeschichtlichen Bergbaugebiets ergaben sich drei Konzentrationen: die sogenannte West-, die Nord- und die Ostgruppe. Es erhob sich die Frage, in welcher Zeit innerhalb der einzelnen Gruppen Salz abgebaut und wie dies bewerkstelligt wurde.

1960 wurde die systematische Forschungsarbeit unter Tag aufgenommen. Die Untersuchungen wurden vorerst unter der Leitung Karl Kromers, später unter der Fritz-Eckart Barths von eigens dafür zur Verfügung gestellten Bergleuten durchgeführt. Sie versuchen mit Hilfe der modernen bergmännischen Techniken auf Spuren der Hallstattzeit zu stoßen. Gelingt dies, werden die vorgefundenen Überreste vorsichtig herausgeschält und untersucht.

Barth beschäftigt sich bei seinen Untersuchungen in erster Linie mit der Nord- und der Ostgruppe, da die Westgruppe heute nicht mehr zugänglich ist. Die 12 Hauptfundorte der Nordgruppe lassen darauf schließen, daß hier das Salz in Schächten abgebaut wurde, während dies bei der Ostgruppe in Stollen geschah. In der Nordgruppe fanden sich jeweils zwei parallele, etwa 40 Zentimeter voneinander entfernte Rillen als Salzabbauspuren, die Ostgruppe wies herzförmige Abbaufiguren auf. Einmal entdeckte man in der Ostgruppe sogar eine herzförmige Figur, von der sich die eine Hälfte noch im Salzgestein befand, während die andere bereits herausgelöst war. Der Bergmann der Hallstattzeit wollte scheinbar große, handliche Brocken gewinnen, die er möglicherweise gleich in dieser Form in den Handel bringen konnte.

Auch auf Werkzeuge, die für den Abbau verwendet wurden, stieß man. In der Nordgruppe entdeckte man Pickel mit relativ langen, dünnen Stielen. In der Ostgruppe fand man nur solche mit Schäftungen, bei denen der Kopf, der das Bronzebeil trägt, keulenartig verdickt und der Stiel im vorderen Drittel deutlich geschwächt ist, so daß eine gewisse Elastizität gewährleistet wird. Sie scheint notwendig gewesen zu sein, weil der Pickel an das Gestein angehalten und mit einem Schlägel auf den Scheitel der Schäftung geschlagen worden sein dürfte. Solche Schlägel befanden sich ebenfalls unter den Fundobjekten. Verstärkt wird die Annahme, daß der Abbau auf diese Weise geschah, durch die Abnützungen, die die Pickelschäftungen aus der Ostgruppe am Scheitel aufweisen.

1973/74 versuchte Barth den urzeitlichen Bergbau mit Hilfe eines Abbauversuches zu rekonstruieren. Mit nachgebildeten Werkzeugen wollte er die vermutete Technik überprüfen und Vortrieb sowie Förderleistung feststellen. Im Kerngebirge, wo das Salz rein vorkommt, wurde ein Abbauherz angezeichnet. Daraufhin wurde mit dem Pickel zuerst eine senkrechte Furche in der Mitte des Herzens gezogen und dann die das Herz begrenzenden Rillen eingetieft. Dies geschah vorerst durch bloßes Zuschlagen, in größerer Tiefe erwies sich dann die Schlägel-Eisen-Technik als besser. Dabei nützte sich der Scheitel der Schäftung aber sehr bald so stark ab, daß auch für die Urzeit ein Abwechseln beider Techniken mit Sicherheit anzunehmen ist.

Die Rillen wurden ohne besondere Schwierigkeiten mit zwei Häuern, die teils gleichzeitig, teils abwechselnd arbeiteten, innerhalb von neun Stunden auf eine Tiefe von 12 Zentimeter gebracht. Dann trat ein bisher noch nicht gelöstes Problem auf: Wie konnte man das Herz herauslösen? Das halbe im Original gefundene Abbauherz zeigt glatte, muschelige Brüche auf der Rückseite. Der prähistorische Bergmann muß also einen Kunstgriff gekannt haben, mit dessen Hilfe er ein halbes Herz im Ganzen und mit glatten Flächen herausbrechen konnte. Barth gelang dies nicht. Selbst rohe Gewalt führte nur zu Beschädigungen der Abbaufigur, nicht jedoch zu ihrer Loslösung. Der Trick des Bergmannes der Hallstattzeit scheint jedoch sehr einfach und mit wenig Zeit- und Kraftaufwand verbunden gewesen zu sein. Möglicherweise kommt dabei der Mittelrille, die die Originalherzen aufweisen, eine entscheidende Bedeutung zu.

Wenn man die neunstündige Arbeit des Eintiefens in Rechnung stellt und davon ausgeht, daß das Loslösen kaum mehr viel Zeit in Anspruch genommen hat, kommt man zu einer durchschnittlichen Abbauleistung von 3000 Kubikzentimeter pro Mann und Stunde. Die Förderleistung liegt um ein Drittel niedriger, da nur die herausgebrochenen Hälften der Herzen interessant waren und nicht das »Hauklein«, also das beim Losschlagen anfallende Pulver und die kleinen Salzstückchen. Im Vergleich zu heute, wo im Soleverfahren in Hallstatt im Jahr rund 400.000 Kubikmeter Rohsole gewonnen werden, die rund 30 Prozent Salz enthält, erscheint die prähistorische Förderleistung als äußerst gering.

Auch die Frage, wie schnell man in der Hallstattzeit Stollen in den Berg treiben konnte, beantworteten Fritz-Eckart Barths Versuche: Den durchschnittlichen Stollenquerschnitt konnte man anhand der Abbauspuren nachweisen. Wenn man voraussetzt, daß beim Streckenvortrieb, also beim Anlegen der Stollen, ähnliche Techniken wie beim Abbauen der Herzen zur Anwendung gelangten und dabei Salz, auf das man dabei stieß, auch in Blöcken und Stücken gewonnen wurde, so erhält man eine Vortriebsleistung von nur einem Meter pro Monat.

Das älteste Salzbergwerk der Welt

Nach dem Herausbrechen der Steinsalzbrocken wurden diese mit Holzschaufeln in Tragsäcke gefüllt und aus der Grube getragen. Die Tragsäcke der Ostgruppe waren wesentlich einfacher als die der Nordgruppe. Sie bestanden aus ledernen Schläuchen, die aus einem abgezogenen Fell zusammengenäht waren. Die Tragsäcke der Nordgruppe hingegen waren mit Riemen verziert und bestanden aus Rindfell, das auf einem Holzrahmen befestigt war. Zudem besaßen sie eine wohldurchdachte Entleervorrichtung.

Diese Vorrichtung und auch der Umfang sowie die Weitläufigkeit dieses urzeitlichen Bergwerkes läßt auf eine straffe Organisation und eine strenge Arbeitsteilung schließen. Denn eine Entleervorrichtung ist nur dann sinnvoll, wenn es eine besondere Gruppe von Trägern gibt, deren alleinige Aufgabe es ist, das gewonnene Material zu befördern. Auch alle anderen Arbeitsvorgänge dürften von Spezialarbeitern durchgeführt worden sein, worauf die beim Abbau notwendigen Arbeiten und angewandten Techniken hinweisen. Ein Salzbergbau in diesem Umfang kann aber kein Familien- oder Sippenbetrieb gewesen sein. Es muß sich vielmehr um ein größeres, auf die Ausbeutung von Salzvorkommen spezialisiertes Gemeinwesen gehandelt haben. Den Ergebnissen der Untersuchungen über das Gräberfeld entsprechend handelt es sich vielleicht wirklich um Arbeitsgruppen aus verschiedenen Gebieten, die am Salz interessiert waren.

Auch bei den gefundenen Kleidungsstücken gibt es Unterschiede zwischen der Nord- und der Ostgruppe. Während man in der Nordgruppe aus dreieckigen Fellstücken genähte, mit quastenartigen Lederriemen verzierte Mützen fand, entdeckte man in der Ostgruppe einfache Teller- und Zipfelmützen aus Fell.

Nachdem fast alle Fundobjekte je nach Gruppe deutliche Unterschiede aufwiesen, konnten sie kaum aus derselben Zeit stammen. Es mußte somit in beiden Gebieten zu unterschiedlichen Zeiten Salz abgebaut worden sein. Eine Datierung von 16 Holzproben aus allen drei Gruppen mit Hilfe der Radiokohlenstoffmethode bestätigte dies. Mehr noch: Die Abbauspuren der Nordgruppe wiesen ein Alter auf, mit dem niemand gerechnet hatte. Während die Proben aus der Westgruppe mit 100 v. Chr. und 100 n. Chr. datiert wurden und man mit Hilfe der Proben aus der Ostgruppe einen Zeitraum von 700 bis 200 v. Chr. bestimmte, stammten die drei Proben der Nordgruppe aus der Zeit zwischen 1000 und 770 v. Chr. Dieses sensationelle Ergebnis sagte aus, daß lediglich in der Ostgruppe zu jener Zeit Salz abgebaut wurde, in der das große Gräberfeld in Verwendung war. In der Westgruppe, in der heute kein Bergbau mehr betrieben wird und deren Fundpunkte daher nicht mehr zugänglich sind, wurde wahrscheinlich gegen Ende der Eisenzeit Salz gewonnen, was auch mit den Siedlungsresten von der Dammwiese in Einklang stehen würde. In der Nordgruppe allerdings mußte der Bergbau bereits Jahrhunderte vor der Belegung des großen Gräberfeldes, also schon in der späten Bronzezeit betrieben worden sein. Damit ist dieses Salzbergwerk das älteste der Welt.

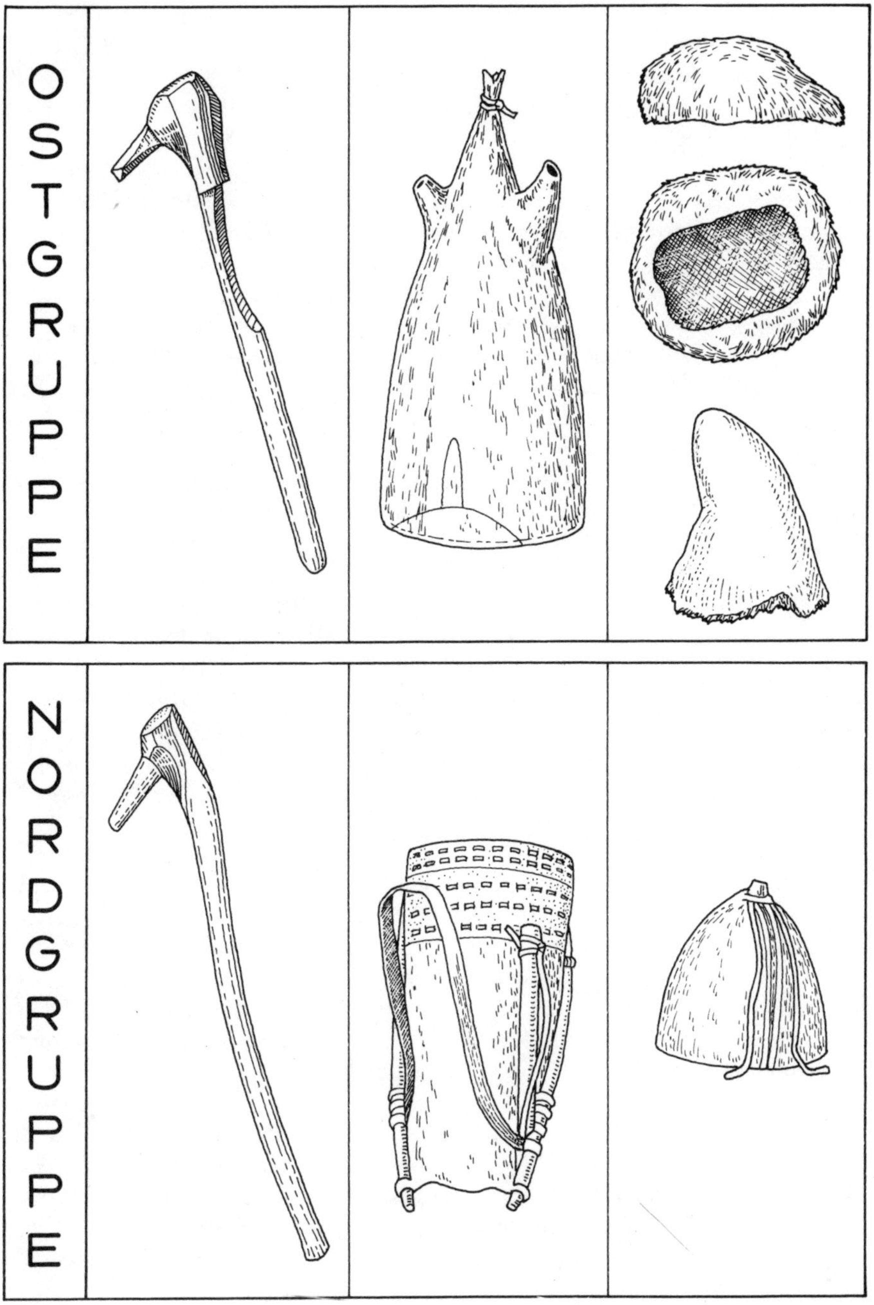

Hölzerne Pickelschäftungen, Tragsäcke aus Darm oder Fell beziehungsweise Leder sowie Kopfbedeckungen aus Fell und Leder, die in der Ost- und Nordgruppe des Hallstätter Salzbergwerkes gefunden wurden (nach F. E. Barth)

Interessant ist, daß keine der drei Abbaugruppen bei ihrer Aufgabe vom bergmännischen Standpunkt aus erschöpft war. Was also waren die Gründe für das Ende beziehungsweise für den Neubeginn an einer anderen Stelle? Und warum wurde in der späten Bronzezeit überhaupt mit einer so intensiven Salzförderung begonnen?

Die Ursache für die Aufnahme des Bergwerkbetriebes um 1000 v. Chr., also bereits in der Urnenfelderzeit, muß ein plötzlich gesteigerter Salzbedarf gewesen sein. Ob die Meinung mancher Forscher richtig ist, daß durch eine Klimaverschlechterung die Lufttrocknung von Fleisch zur Haltbarmachung unmöglich wurde und nun mit Hilfe des Salzes gepökelt werden mußte, kann noch nicht mit Sicherheit gesagt werden. Die Gründe für die Aufgabe des Salzabbaues in der Nordgruppe kennen wir nicht, es gibt jedoch keine Anzeichen dafür, daß ein Unglück das Ende herbeiführte.

Zu Beginn der Eisenzeit wurde dann die Ostgruppe in Betrieb genommen. Hier dürfte es später eine gewaltige Katastrophe gegeben haben. Denn die Erdmassen, die die ehemaligen Stollen ausfüllen, bestehen aus einem Material, wie es für Muren typisch ist. Also dürfte ein Erdrutsch die Ursache für die Aufgabe gewesen sein. Mehrere Berichte aus dem vorigen Jahrhundert bestätigen diese Vermutung: Darin wird erzählt, daß im Maria-Theresia-Stollen ein altes »Gezimmer« entdeckt worden sei. Fritz-Eckart Barth konnte anhand dieser Berichte und mit Hilfe erhalten gebliebener Funde nachweisen, daß es sich dabei um Reste eines Blockbaues gehandelt haben muß, der ursprünglich an der Erdoberfläche stand und durch einen gewaltigen Erdrutsch von meterhohem Hangschutt überdeckt wurde.

Dieses Unglück könnte auch die Ursache sein, daß bis jetzt kaum Siedlungsreste, Arbeitsstätten und Stollenmundgebäude gefunden wurden. Es scheint, daß gigantische Erdmassen die gesamten Spuren des obertägigen Lebens überdecken. Lediglich das Gräberfeld, das sich auf einem Hang befindet, blieb verschont und war daher schon zu Ramsauers Zeiten relativ leicht zugänglich. Interessant ist in diesem Zusammenhang auch, daß die bisher entdeckten Blockbauten und Kulturschichten fast immer nur bei größeren Gelände- und Erdbewegungen zum Vorschein kamen.

Als Zeitpunkt für die Aufgabe des Salzabbaues in der Ostgruppe kann die Mitte der jüngeren Eisenzeit, also etwa das 2. Jahrhundert v. Chr. angesehen werden. Zwar scheint man damals versucht zu haben, den Abbaubetrieb im Halltal wieder in Gang zu bringen, doch dürfte dieses Unternehmen nicht von Erfolg gekrönt gewesen sein.

Über den weiteren Verlauf des Salzbergbaues kann mangels an Funden kaum etwas gesagt werden. Wenngleich man im Salzbergtal und auch in Hallstatt zahlreiche Fundgegenstände aus der römischen Kaiserzeit entdeckte, kann eine Weiterführung des Salzabbaues nur vermutet werden. Erst im Jahre 1311 wird die Salzgewinnung wieder in einer Urkunde erwähnt. Von da an wurde sie bis heute fortgesetzt.

Wer waren die Träger der Hallstattkultur?

Die Hallstattkultur erstreckte sich über Ostfrankreich, die Schweiz, Norditalien, Österreich, Süddeutschland, Teile der Tschechoslowakei, Westungarn und Nordwestjugoslawien. Die Grenzen ihrer Verbreitung bildeten die Flüsse Saône, Po, Save, Donau, Waag und im Norden das deutsche Mittelgebirge. Schon Moritz Hoernes waren 1905 Unterschiede in den Fundmaterialien zwischen der westlichen und östlichen Region dieses Kulturbereiches aufgefallen, an deren Grenze Hallstatt liegt. Er führte sie auf die ungleichen geographischen Bedingungen zurück. Die Küsten Etruriens und Südfrankreichs, so mutmaßte er, waren wegen der günstigeren Verkehrsverbindungen offener für das Eindringen mediterraner Einflüsse.

Im Westen führte dies zu einem rascheren Wechsel der Lebensformen. Rhône und Saône stellten einen wichtigen Handelsweg dar, auf dem die in Massilia, dem heutigen Marseille, übernommenen, vor allem griechischen, Handelswaren in das Landesinnere befördert wurden. Von Etrurien kamen die begehrten Güter über die Alpenpässe nach Norden.

Im östlichen Mitteleuropa, besonders im Ostalpenraum, war laut Hoernes die Hallstattkultur sehr tief im Bodenständigen verwurzelt und daher verhältnismäßig konservativ. Nicht zuletzt, weil die Küstenverhältnisse der nordöstlichen Adria für einen Handelsverkehr ungünstig und die Wetterverhältnisse auf diesem Meer unberechenbar gewesen wären. Doch nicht nur die Beschaffenheit der Adria, sondern »vielleicht auch die ihrer ethnisch homogenen Anwohner bildeten einen Damm gegen jene, die Zukunft bestimmenden Entwicklungsfaktoren«, wie Hoernes meinte.

1930 begnügte sich der deutsche Archäologe Kurt Bittel nicht mehr damit, die Unterschiede zwischen dem kulturell wandlungsfähigen Westen und dem konservativen Osten durch geographische Eigenheiten zu erklären. Er sah den Grund dafür in der Existenz verschiedener Völker: Oberitalien, die Schweiz, Ostfrankreich, Süddeutschland, Böhmen und das westliche Österreich seien keltisch, das nordwestliche Jugoslawien, Westungarn, Ostösterreich, die westliche Slowakei und Mähren illyrisch gewesen.

Während man sich bezüglich der Kelten auf die Nachrichten der griechischen Geschichtsschreiber Herodot und Hekataios von Milet berief, stützte man sich bei der Vermutung, daß der Osthallstattkreis illyrisch sei, auf Angaben des griechischen Geographen Strabo. In seiner Erdbeschreibung erwähnte er um Christi Geburt, daß in »älteren Zeiten« im Ostalpenraum illyrische Völker beheimatet gewesen seien, deren Gebiet im Norden sogar über die Alpen gereicht habe. Richard Pittioni meint daraus ableiten zu können, daß trotz sicher vorhanden gewesener stammesmäßiger Gegensätze innerhalb der Hallstattkultur auch Teile der Westgruppe illyrisch gewesen sein müssen. Für die Entstehung des Keltentums käme nur der nordostfranzösisch-südwestdeutsche Bereich der Hallstattkultur in Frage. Inzwischen haben aber sprachkundliche, historische und auch archäologische Untersuchungen bewiesen, daß ein illyrischer Großraum äußerst fragwürdig ist. Besonders die deutsche

Urgeschichtsforschung neigt zu einer Zweiteilung in einen keltischen West- und einen illyrischen Ostraum. Jugoslawische Forscher wollen die Verbreitung der Illyrer noch mehr eingeengt wissen, nämlich auf Westserbien und Makedonien, wobei sie sich auf Herodot beziehen. Ein Vordringen nach Norden sei nicht auszuschließen, mit einer ethnischen Einheitlichkeit sei aber hier kaum zu rechnen.

Nicht nur von der Existenz der Illyrer weiß man aus Bodenfunden, späteren Siedlungsverhältnissen und Nachrichten antiker Schriftsteller, sondern auch von einigen anderen alteuropäischen Völkern und Stämmen, die in den Nachbarräumen ansässig waren. In Nordeuropa siedelten die Vorfahren jener Völker, die ab der römischen Kaiserzeit als Germanen historisch bekannt sind. Aus Süd- und Südosteuropa sind uns die Italiker und Thraker überliefert. An ihre Gebiete grenzt der Siedlungsraum der Illyrer, aber auch der der Veneter, die in Oberitalien zwischen Po und Alpen siedelten. Antike Schriftsteller überlieferten uns wichtige Ereignisse, die in dieser Zeit im mediterranen Raum stattfanden: In Italien kam es vom 8. bis 5. Jahrhundert v. Chr. zur Blüte und zum Niedergang der Etrusker, deren Ursprung bis heute ungeklärt ist, sowie zum Aufstieg Roms. Im 6. vorchristlichen Jahrhundert befand sich der etruskische Städtebund am Höhepunkt seiner Macht. Er beherrschte damals den größten Teil Italiens und das westliche Mittelmeer. Dann allerdings begann sein Einfluß zu schwinden. Um 400 v. Chr. wurden die Etrusker im Süden von den Römern und im Norden von den Kelten bedrängt. Nach mehreren Niederlagen konnten die Etrusker dem Druck nicht mehr standhalten. Die Folge war eine langsame Romanisierung Etruriens in den letzten Jahrhunderten vor Christus.

Auch die rund 200 Jahre dauernde griechische Kolonisation war für weite Teile Europas, unter anderem für die Hallstattkultur, von Bedeutung. Bereits 754 v. Chr. wurde an der Küste Kampaniens, im südlichen Teil Italiens, die erste griechische Kolonie mit dem Namen Cumae gegründet. Es folgten Syrakus in Sizilien, Tarent im süditalienischen Apulien und Massilia, das heutige Marseille. Die Kolonisten brachten viele Errungenschaften der griechischen Kultur mit. Über die verschiedenen Handelswege gelangten sie bis tief nach Mitteleuropa. Von Cumae aus verbreitete sich auch eine Variante des griechischen Alphabets, die zur Stammform der lateinischen Schrift wurde.

Manche Wissenschaftler nehmen darüber hinaus an, daß die Skythen auch den hallstättischen Kulturraum bedroht hätten. Überliefert ist, daß sie mit den Griechen in Kontakt kamen, als diese am Ende des 7. und im 6. vorchristlichen Jahrhundert am Schwarzen Meer Kolonien gründeten. Von dieser Kontaktnahme zeugt ihre eigentümliche Kunst. Besonders in ihrem »Tierstil« vereinigten sie reiternomadische, vorderasiatische und griechische Elemente. Die skythischen Vorstöße und Einfälle erstreckten sich vom Schwarzmeergebiet weit nach Südwesten, vor allem in das Niederdonaubecken, auf die Balkanhalbinsel und in das Karpatenland. Funde skythischen Charakters aus dem 6. Jahrhundert v. Chr. beweisen dies. Ob allerdings die Streifzüge der Skythen weiter reichten, ist fraglich. Wenn auch die Kampfweise zu Pferd und die aristokratische Struktur der Hallstattkultur auf Vorbilder östlicher Reitervölker zurückzuführen sind, ist eine Anwesenheit der Skythen in Mitteleuropa nicht erwiesen.

Ein Ostwall als Schutz?

Von einer skythischen Bedrohung sprach man bereits gegen Ende des vorigen Jahrhunderts. Man nahm an, daß man sich im Osten des hallstättischen Kulturbereiches mit einer Kette von befestigten Höhensiedlungen gegen dieses Reitervolk zu schützen versuchte. Eine davon soll sich bei Sopron (Ödenburg) in Ungarn befunden haben. In unmittelbarer Nähe der österreichischen Grenze, am 488 Meter hohen Burgstall, beherrschte einst eine ausgedehnte Befestigungsanlage den Landstrich. Sie war von einem zwei bis drei Meter hohen Hauptwall umgeben, der eine Fläche von nahezu 22 Hektar umschloß. Davor verliefen noch einige kleinere Wälle. In der Nähe erstreckte sich der dazugehörige nahezu 200 Hügelgräber umfassende Friedhof.

Schon in der Zeit von 1887 bis 1932 wurden hier Ausgrabungen durchgeführt. In den letzten Jahren wurden die Forschungen wieder aufgenommen. Die Untersuchungen ergaben, daß das große Schanzwerk am Beginn der Hallstattkultur erbaut worden war. Das vermutete der Ödenburger Mittelschulprofessor Lajos Bella, der seine Freizeit der Erforschung »archaischer Denkmäler« gewidmet hatte, bereits im Jahre 1891. Und er glaubte, daß der Burgstall zu einer Kette von hallstattzeitlichen, befestigten Höhensiedlungen gehörte.

1894 griff Gustav Calliano diese Idee auf und sprach von den »Gliedern einer Kette von Höhenniederlassungen«. Wenn man die bisher im Wiener Becken als prähistorische Stationen bestimmten Punkte – im Rosaliengebirge, zu dessen Ausläufern der Burgstall gehört, in Malleiten bei Fischau am Steinfelde sowie in Leobersdorf, Baden, Pfaffstätten (Anninger), Mödling (Kalenderberg), Brunn usw. – in Betracht ziehe, meinte er, »so könnte man sich leicht der von Herrn Professor Bella vertretenen Vermuthung, dass derlei Besiedlungspunkte durch Feuersignale bei Nacht, oder durch Rauchsäulen bei Tag alarmiert werden konnten, anschliessen, da die exponirte Lage der Hauptpunkte eine gewisse Regelmässigkeit in ihren Abständen etc., für Baden auch die specielle vielsagende Bezeichnung ›Rauchstall‹ direkt darauf hinweisen, dass von Oedenburger Burgstall, resp. den Ausläufern des hügelgräberreichen Rosaliengebirges, eine Reihe von Höhen-Ansiedlungen in unserem Randgebirge bestanden, die bis zur Wasserwacht am Leopoldsberge ihre Feuersignale tauschten«.

So sprachen etliche Urgeschichtsforscher von einem hallstättischen »Limes«. Dieser schützte ihrer Meinung nach Niederösterreich und die Gegend des Neusiedlersees, die eine Kulturprovinz des Osthallstattkreises bildeten, gegen Gefahren aus der ungarischen Tiefebene, vor allem die Skythen.

Bereits 1952 warnte jedoch der Prähistoriker Christian Pescheck davor, eine limesartige Grenze des Osthallstattkreises anzunehmen. In einer speziellen Studie konnte dann 1973 der Hallstattspezialist Karl Kaus die Haltlosigkeit dieser Theorie aufzeigen: Wenn man die unerforschten Anlagen nicht berücksichtigt, sind von den 23 Höhensiedlungen in Niederösterreich, im Burgenland und in der Westslowakei, die den »hallstättischen Ostwall« gebildet haben sollen, nur jene von Ödenburg und vom Kalenderberg bei Mödling Befestigungsanlagen aus der Hallstattzeit. Alle anderen waren entweder unbefestigt, nachhallstättisch oder in irgendeiner anderen Zeit errichtet worden. Die Wallburg von Stillfried zum Beispiel ist urnenfelderzeitlich. Die Höhensiedlungen bei Bad Fischau und Baden stammen zwar aus der Hallstattzeit, waren aber unbefestigt.

Auf der Hochfläche des Kalenderberges hingegen befand sich einst eine ausgedehnte hallstättische Siedlung, von deren Befestigungsanlagen noch heute Reste zu sehen sind. Die von der Prähistorischen Abteilung des Naturhistorischen Museums unter Herbert Melichar seit 1970 durchgeführten Grabungen ergaben, daß der Wall ursprünglich aus einer im Kern drei Meter und mehr breiten Konstruktion aus Steinen, Schotter und Sand mit verstärkenden Holzeinbauten bestand. Bei weiteren Untersuchungen auf der sogenannten Turnerwiese stieß man auf drei in den Dolomit eingetiefte Siedlungsobjekte. Es waren dies sicher kellerartige Eintiefungen von Blockbauten. Schon früher hatte der Kalenderberg sehr viel hallstättisches Fundgut geliefert. Die auf der Anhöhe häufig gefundenen bauchigen, einhenkeligen Gefäße, die mit auf in Kreisen angeordneten Knoppern, Leisten usw. verziert sind, werden auch heute noch als Kalenderbergtöpfe mit Kalenderbergzier bezeichnet.

Ein hallstättischer Ostwall hat also nie bestanden. Um die Errichtung einer solchen, 150 Kilometer langen Befestigungskette bewerkstelligen zu können, hätte auch eine Zentralgewalt und eine straffe Organisation existieren müssen, die keineswegs vorausgesetzt werden kann. Nördlich der Alpen konnte man anhand von Gräbern lediglich Familien- und Sippenverbände nachweisen.

Neben 160 einfachen bäuerlichen Dorfsiedlungen im Flachland gibt es in Niederösterreich und im Nordburgenland rund ein Dutzend Höhensiedlungen. Teilweise liegen sie weit außerhalb der Zone des vermeintlichen »Ostwalls«. Dies alles weist darauf hin, daß diese Höhensiedlungen Zentren von Kleinräumen waren. Es dürfte sich hier um Verwaltungsmittelpunkte der Hallstattkultur, vielleicht auch um Sitze lokaler Machthaber gehandelt haben. Diese »Fürsten« beherrschten allem Anschein nach größere oder kleinere Gebiete und lagen manchmal auch untereinander in Fehde, wie man anhand von Zerstörungsspuren bei Siedlungen feststellen konnte. Auf das Vorhandensein einer feudalen Oberschicht deuten auch oft überdimensionale Grabhügel hin.

Die Riesengrabhügel

Schon in Urkunden des 9. Jahrhunderts n. Chr. werden eigenartige Hügel als Markierungen von Grundstücksgrenzen angegeben. So wurden 808 bei der Schenkung eines niederösterreichischen Landgutes, die in einer Aufzeichnung des Hochstiftes Regensburg festgehalten wird, »duo tumuli« als Grenzpunkte genannt. Der Name »tumulus« beweist, daß man sich bereits damals bewußt war, es hier mit Grabdenkmälern zu tun zu haben. Dieses lateinische Wort bezeichnet nämlich den künstlich aufgeschütteten Hügel eines Grabmals. Auch in Deutschland brachte man diese Hügel mit der grauen Urzeit in Verbindung. Dort findet man in Urkunden des Mittelalters Grenzmarken, die als »Grabmäler der Alten« und als »Riesengrabhügel« bezeichnet werden. Wenngleich man also aufgrund von zufällig gemachten Bodenfunden die Bedeutung dieser Hügel richtig erkannte, wußte man lange Zeit nichts über die Menschen, die hier begraben liegen.

Erst 1824 trieb eine Pionierabteilung einen Stollen in den »Hütelberg« bei Deutsch Altenburg, der 15 Meter hoch war und einen Durchmesser von 60 Meter besaß. Diese zu »Übungszwecken« durchgeführte Aktion war das erste archäologische Unternehmen zur Öffnung eines Großgrabhügels in Mitteleuropa. Mit zwei abschüssigen, in das Hügelzentrum gerichteten Stollen war man, den Erinnerungen eines alten Majors nach, auf eine Steinplattenkiste mit einer Menge von »Pfeilspitzen, Lanzenspitzen, Urnen und verbrannten Knochen« gestoßen. Die Funde sind heute leider verschollen, so daß manche Forscher diese Entdeckung bezweifeln.

Eine intensive Erforschung von Hügelgräbern setzte erst in der zweiten Hälfte des vorigen Jahrhunderts ein. Damals erreichten Österreichs Berichte von Untersuchungen skythischer Fürstengräber, die in Südrußland gemacht wurden. Die Schätze, die man dort gefunden hatte, weckten auch in Österreich das Interesse an Grabhügeln. Im Jahre 1870 veröffentlichte Eduard Freiherr von Sacken eine »Instruktion für die Eintragung und Eröffnung der Tumuli«, in der er aufforderte, Grabhügel zu melden, sie zu kartieren und letztendlich auszugraben. Darin schreibt er: »An vielen Orten der österreichischen Länder befinden sich, meist in Ebenen, einzelne kegelförmige Hügel (Tumuli), die offenbar künstlich aufgeworfen sind und die nicht unbeträchtliche Höhe von 40 bis 50 Fuss bei entsprechendem Durchmesser haben. Durch ihre absonderliche Grösse sowie durch ihre Vereinzelung, unterscheiden sie sich von den gewöhnlich weit niedrigeren und in Gruppen beisammen stehenden heidnischen Grabhügeln, die in der Steiermark usw. häufig sind. Ihr Name ist verschieden: In Niederösterreich heißen sie Mugeln ...«

Einem solchen »Mugl« verdankt auch die Marktgemeinde Großmugl bei Stockerau ihren Namen. Er liegt südwestlich der Kirche inmitten von Äckern. Der Hügel ist heute noch 16 Meter hoch und hat an der Basis einen Durchmesser von 55 Meter. Damit ist er das höchste erhaltene Grabdenkmal des gesamten Hallstattbereiches. Der Böschungswinkel beträgt 40 bis 45 Grad, ist also relativ steil. Auf dem Gipfel steht heute ein Holzkreuz.

Öffnung eines urgeschichtlichen Grabhügels im Jahre 1844 (aus „Gentleman's Magazine", 1852)

Der Riesentumulus von Großmugl wurde übrigens noch nicht wissenschaftlich untersucht. Nicht zuletzt, weil seine systematische Ausgrabung und Wiederherstellung Millionen kosten würde. Dennoch nimmt man mit einiger Sicherheit an, daß es sich hier um ein hallstättisches Grabdenkmal handelt. 40 Meter westlich dieses Hügels befand sich nämlich noch 1950 ein weiterer Tumulus, der allerdings nur 3 Meter hoch war. Bereits 1939 führte man dort eine erste Grabung durch. Da gegen Ende der vierziger Jahre die Gefahr bestand, daß er durch den Ackerbau gänzlich eingeebnet werden könne, entschloß man sich zu einer systematischen Untersuchung.

Die Hügelmitte, gewöhnlich der Platz der eigentlichen Grabkammer, enthielt keine Funde. Vermutlich war sie schon früher von Grabräubern geplündert worden. Dafür entdeckte man einige Meter entfernt eine ausgedehnte, rot gebrannte Lehmschicht mit Holzkohlenresten. Hier dürfte einst eine Leichenverbrennung durchgeführt worden sein. Knapp unterhalb des Verbrennungsplatzes fand man die Reste von 30 Gefäßen, unter anderem von großen Töpfen, von kleineren Schalen, von Deckeln und Tassen. Sie alle waren mit Graphit-, Rot-Schwarz-Bemalung oder Gravierungen versehen. Auch teilweise in Tierformen modellierte Gefäßaufsätze von Prunkbehältern, zum Beispiel in Form eines Löwen, entdeckte man. In den Randbereichen des Hügels stieß man auf eine Umfassung aus mehreren übereinandergelegten Holzbalken, die anscheinend der Hügelstützung dienten. Trotz der bereits fehlenden Bestattung wiesen der Verbrennungsplatz und die Prunkkeramik darauf hin, daß dieser Grabhügel in der Hallstattzeit angelegt wurde, was man wohl auch für den benachbarten Riesenhügel annehmen kann.

Jagd nach der Vergangenheit

Dem Ruf des Freiherrn von Sacken, Grabhügel zu melden, zu kartieren und auszugraben, folgte als einer der ersten Matthäus Much. Er durchstreifte rastlos Niederösterreich und versuchte selbst die verstecktesten Hügelgräber zu entdecken. Dabei fand er noch mehr, was zu peinlichen Verwechslungen führte: Er stieß nämlich auch auf mit Wall und Graben umgebene künstliche Hügel, die mit den Hügelgräbern nichts zu tun hatten. Sie waren Überreste kleiner mittelalterlicher Erdburgen, sogenannter »Hausberge«. Das allerdings wußte Much nicht oder wollte es nicht wahrhaben. So faßte er alle künstlichen Hügel unter dem Namen »Tumuli« zusammen und erklärte sie als »wesensverwandt«. Die offensichtlichen Unterschiede zwischen diesen beiden Bodendenkmälern erklärte er damit, daß »die einen dem Kultus der Verstorbenen geweiht wären, während die anderen Weihestätten überhaupt, Stätten der Gottesverehrung gewesen seien«. Diesen Irrtum verbreitete der Unermüdliche in Vorträgen und Publikationen. Damit führte er die Urgeschichtsforschung rund 30 Jahre in die Irre. Besonders lange war man der Meinung, daß die mittelalterlichen Hausberge germanische Heiligtümer wären. Mit seiner Idee der »heidnischen Tempelstätte« stand Much nicht allein da. Zum Beispiel hielt man bis 1908 auch in Ostdeutschland die dortigen Ringwälle nicht für Burgen, sondern ihrer Kreisgestalt wegen für Sonnenheiligtümer.

In Österreich wurde den Much'schen Fehlmeinungen erst 1915 ein Ende bereitet: Damals wies Oswald Menghin darauf hin, daß Much Hügelgräber, ur- und frühgeschichtliche Ringwälle sowie mittelalterliche Hausberge durcheinandergeworfen hatte. Nur jene urgeschichtlichen Gräber dürfe man mit Recht »Tumuli« nennen, wo ein bedeutender Erdaufwurf und oft ein Innenbau als Holz oder Stein vorhanden wäre. Besonders während der Hallstattkul-

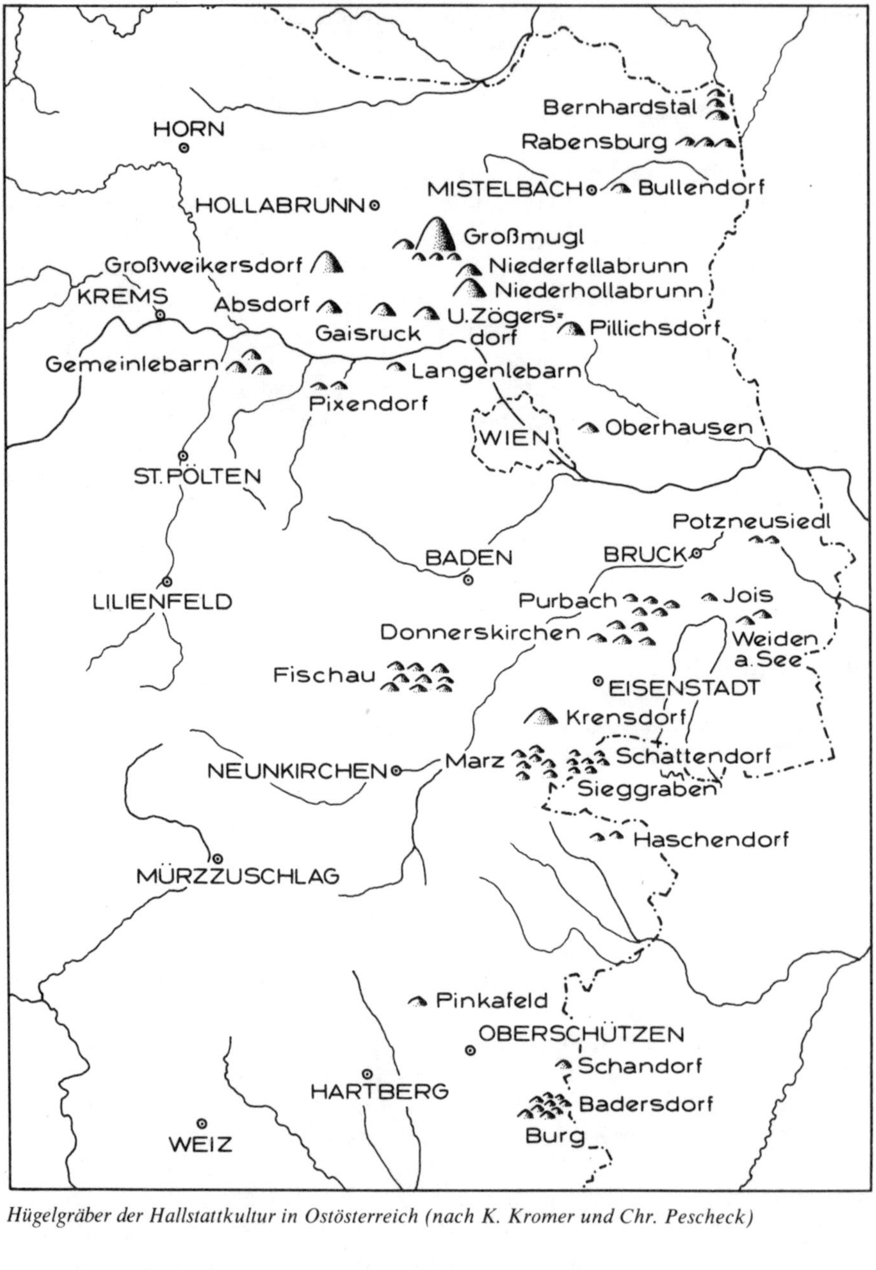

Hügelgräber der Hallstattkultur in Ostösterreich (nach K. Kromer und Chr. Pescheck)

tur sei diese Bestattungsart recht häufig gewesen, führte Menghin weiter aus und wies auf eine Reihe von Tumuli in Niederösterreich und Burgenland hin.

Matthäus Much begnügte sich allerdings nicht nur mit der Entdeckung wirklicher und vermeintlicher Hügelgräber: In seiner Begeisterung grub er auch einige Hügelgräber aus. Da damals noch nicht nach wissenschaftlichen Grundsätzen vorgegangen wurde, gibt es zwar heute umfangreiches, aber leider in seiner ehemaligen Lage nicht dokumentiertes Fundmaterial.

1878 untersuchte Much in Rabensburg die drei mitten in den Feldern stehenden Tumuli. Darüber berichtete er: »In gleicher Weise bargen zwei von den etwa 3 Meter hohen Hügeln auf dem Gemeinde-Gebiet von Rabensburg zahlreiche Gefäße, während die Untersuchung des dritten Hügels daselbst wegen der darauf stehenden Capelle nur unvollständig durchgeführt werden konnte und daher resultatlos blieb.« Erst 1977 wurden die dabei gefundenen Grabbeigaben eingehend untersucht. Von ihrer ursprünglichen Lage weiß man nichts, und so kann man heute nur wenig aussagen: In dem von Much mit der Nr. 1 bezeichneten Grabhügel befanden sich neben einem bauchigen Tongefäß, auf dessen Schulter zehn kleinere Gefäße aufgesetzt waren, also einem sogenannten Mehrfachgefäß, 41 Keramiken, ein Harzstückchen und ein Schleifsteinfragment, im Hügel Nr. 2 als Bedeutendstes ein Gefäß in Form eines Stieres mit rot-schwarzer Bemalung. Welchen Hügel Much allerdings mit 1 und 2 bezeichnete, ist ebenfalls unbekannt.

Von den prächtig verzierten Gefäßen, die wohl einst als Urnen sowie als Speisen- und Trankbehälter dienten, lassen vor allem das Mehrfach- und das Stiergefäß kulturgeschichtlich interessante Aussagen zu: Die oft miteinander durch kleine Öffnungen in Verbindung stehenden Doppel-, Dreifach- oder Mehrfachgefäße werden meist als Kultgefäße für Getränkeopfer gedeutet. Das 30 Zentimeter hohe Stiergefäß dürfte ebenfalls bei kultischen Handlungen eine Rolle gespielt haben. Jedenfalls stellte der ehemalige Innsbrucker Universitätsprofessor Leonhard Franz fest, daß hier anscheinend ein heiliges Tier dargestellt wurde. Aus der Schulter des bauchigen Gefäßes, das auf vier Tierbeinen steht, ragt ein Rinderkopf, dessen Stirn vier ineinandergeschachtelte eingeschnittene Dreiecke zieren. Auf der gegenüberliegenden Seite ist ein kurzer Schwanz angedeutet. Die Stirnmarke, so meint Franz, erinnere an Hapi, den heiligen, von den Griechen Apis genannten Stier der Ägypter. Als sein äußeres Kennzeichen galten pigmentlose Haarbüschel oder Hautflecken, besonders in Dreiecksform auf der Stirn. Ähnliche Zeichen besitzen zwei Stiergefäße mit je zwei gegenüberliegenden Rinderköpfen aus einem beigabenreichen Hügelgrab von Gemeinlebarn bei Traismauer. Der Stier muß also bei den Kultübungen der Hallstattkultur eine wichtige Rolle gespielt haben.

Ein Blick über die Grenze

Nach dem Zweiten Weltkrieg kam es in Österreich zu einer vor allem finanziell bedingten Stagnation in der Hügelgräberforschung. Nicht so in der Tschechoslowakei, wo zum Beispiel zwischen 1960 und 1967 auf der Großen Schüttinsel in der Gemeinde Nové Košariská (Mischdorf), in der Nähe von Bratislava, fünf fürstliche Hügelgräber untersucht wurden. Diese Forschungen brachten interessante Einblicke in den Grabbau und die Bestattungssitten der Hallstattkultur, die auch für Österreich gültig sind. Denn die westslowakischen Hügelgräber bilden mit den niederösterreichischen und den burgenländischen eine Einheit. Die untersuchten Hügel waren noch mit einer Höhe von 1,5 bis 4,5 Meter und mit einem maximalen Durchmesser von 60 Meter erhalten.

Nur die größeren Hügel besaßen Grabkammern, die aus Holz blockhausartig aufgebaut worden waren. In einem Fall war die quadratische, etwa 6,5 Meter lange Kammer in drei Räume gegliedert. Eine andere besaß zwar nur einen Raum, dafür aber ein von fünf Pfählen getragenes Dach. Die Grabkammern stellen in ihrer Konstruktion normale, damals übliche Häuser dar. Das Erdmaterial, das zum Aufschütten der Hügel notwendig war, wurde teils durch Abgraben in der Umgebung, teils durch Ausheben eines flachen Grabens um den Hügel gewonnen.

Im Gegensatz zum Westhallstattkreis überwiegen bei den Hügelgräbern der Osthallstattkultur die keramischen Beigaben. Die Gefäße sind kunstvoll bemalt und besitzen oft Tier- und Menschenform. Anstelle der Keramik wurden im Westen Metallgegenstände ins Grab gelegt. Lassen sich hier daher Gräber mit oder ohne Waffenbeigaben unkompliziert unterscheiden, so sind im ostalpinen Bereich kaum Kriegergräber nachzuweisen. Die Gräber im Osten beherbergen meist Brandbestattungen, wobei die Asche in Urnen beigesetzt wurde. Es fehlt hier also ein Nebeneinander von Körper- und Brandbestattungen. Auch die Sitte, einen Wagen mit ins Grab zu geben, war hier unbekannt. Die Hügelgräber stellen im Osten wie auch im Westen der Hallstattkultur die Grabbauten »einer bestimmten, gesellschaftlich übergeordneten Gruppe« dar, »die es sich im Rahmen der damaligen Stammesorganisation leisten konnte, solche kostspielige Anlagen zu errichten«, bemerkte Magda Pichlerová, die Leiterin der Ausgrabungen.

Besonders viele Hügelgräber wurden südlich des Burgstalls von Ödenburg angelegt. Auf einem 1000 Meter langen und 200 Meter breiten Streifen befinden sich hier 200 Tumuli. Nach ihrer Dimension lassen sich zwei Arten unterscheiden: Die etwa 1 bis 2 Meter hohen Grabhügel mit einem Durchmesser von 6 bis 15 Meter beinhalten Steinbauten, die nur 1 Meter hohen mit einem Durchmesser von 3 bis 8 Meter einfache Grabgruben. Bei den zwischen 1887 und 1932 vorgenommenen Grabungen wurden etwa die Hälfte der Hügelgräber untersucht. Dennoch existieren heute lediglich 23 Grabinventare, die als komplett angesehen werden können, der Rest ging verloren. Ihre wissenschaftliche Auswertung im Jahr 1966 durch Alexandrine Eibner-Persy ergab, daß reichlich mit Grabbeigaben ausgestattete Hügel ein Inventar von 20 bis 40 Gefäßen besaßen, ärmlicher ausgestattete fünf bis zehn. Hand in Hand mit der Menge an Gefäßen geht auch ein beachtlicher Formen- und Verzierungsreichtum, der aufgrund modischer Strömungen eine exakte chronologische Gliederung und Rückschlüsse auf die Belegungszeit der Hügel möglich macht. Von den Ton-, Stein- und Metallgegenständen sowie den Glasperlen, Harz- und Holzresten sind verschiedene Gruppen von Grabbeigaben entweder nur für Frauen- oder nur für Männergräber typisch.

In mehreren Grabhügeln, in denen zwei Individuen bestattet waren, wurden sogenannte »Mondidole« entdeckt, liegende halbmondförmige Symbole aus Ton mit Standfüßen. Die einfachen, verschieden großen Formen werden häufig als Feuerböcke gedeutet, wobei je zwei Stück zum Auflegen von Bratspießen über ein Holzkohlenfeuer, sozusagen als Grill, dienten. Reicher ausgestattete, reliefverzierte Exemplare mit Enden in Tierkopfgestalt und tier-

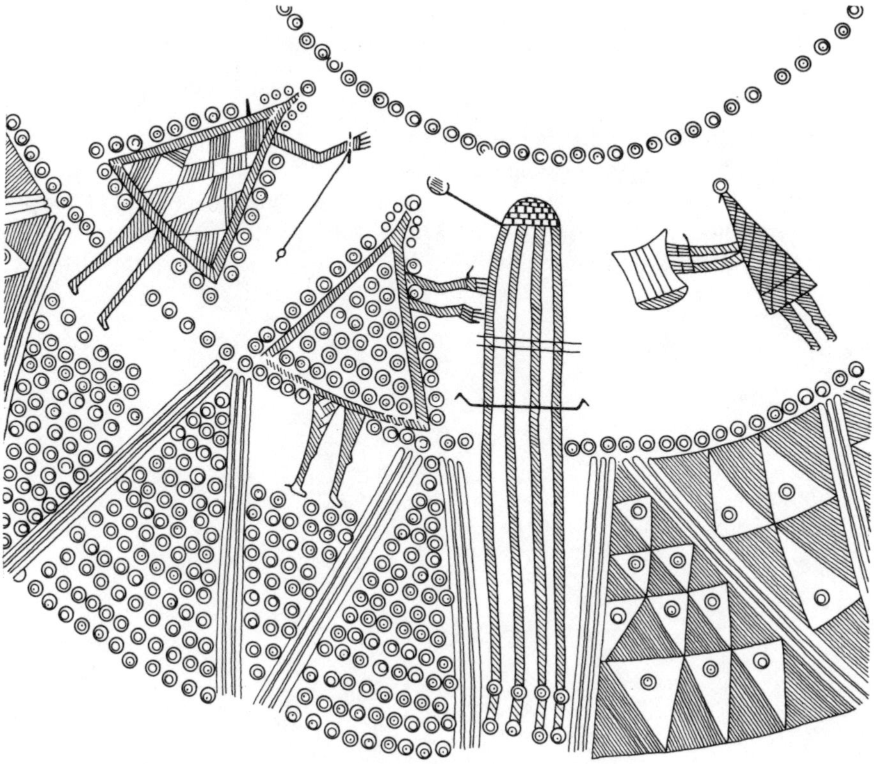

Darstellung einer Weberin am Vertikalwebstuhl auf einem Gefäß der Hallstattkultur aus Sopron, Ungarn. Links von ihr eine Spinnerin mit herabhängender Spindel (nach R. Hoernes)

oder menschenfußähnlichen Ständern werden aber auch kultische Funktionen erfüllt haben. Der Mond spielte im Leben des Menschen der Urzeit seit der Altsteinzeit eine bedeutende Rolle. Sein Auf- und Untergang markierte die Grenze zwischen Tag und Nacht, er war ein Symbol der Zeit. Es gab einen Mondkalender, ein Mondmonat und ein Mondjahr.

Über das Leben der Menschen der Hallstattkultur geben zahlreiche in Ödenburg gefundene tönerne Grabgefäße Aufschluß, die in der Halszone mit Tier- und Menschendarstellungen in Stempel- oder Ritztechnik verziert sind. Mitunter wurden auf diese Art ganze Szenerien verewigt, von Arbeitsvorgängen über Opferungen, Fahrten mit vierrädrigen Wagen, Jagden und Tänzen bis zu Faustkämpfen. Unter anderem findet sich auf den Gefäßen die Darstellung der Arbeit am Webstuhl. Man sieht, wie eine Weberin an einem Vertikalwebstuhl steht und damit beschäftigt ist, den Schußfaden durch die mit Gewichten nach unten gespannte Kette zu ziehen. Hinter ihr steht eine Spinnerin, von deren erhobenen Armen die Spindel herabhängt. Dieser figurale Gestaltungsstil kommt aus dem mediterranen Raum und erreichte über den Balkan den Osthallstattkreis. Die Einflüsse Griechenlands sind unverkennbar. Die Darstellung von Beterinnen, Tänzerinnen sowie typisch griechische volkstümliche Instrumente wie die Leier und ein Doppelblasinstrument, das zwei v-förmig miteinander verbundenen Flöten ähnelt, verdeutlichen dies. Man nimmt an, daß diese Szenen Details von kultischen Stammesfesten beschreiben.

Auf einem Siedlungsplatz bei Rabensburg fand man übrigens auch das Schulterbruchstück eines Großgefäßes, auf dem ein zweirädriger Wagen mit Deichsel und Joch, zwei Rinder oder Pferde sowie ein Wagenlenker dargestellt sind. Die figuralverzierten Tongefäße nehmen also im Kulturinventar des Osthallstattkreises dieselbe Stellung ein wie die figural verzierten Bronzegefäße im Kulturgefüge der südostalpinen Metalltreibkunst.

Darstellung von Tieren und einem Wagen mit Lenker auf einem Gefäßbruchstück von Rabensburg, Niederösterreich (nach F. Felgenhauer)

Die Gräber der Ärmeren

Während in der Hallstattzeit diejenigen, die es sich leisten konnten, in prunkvollen Hügelgräbern bestattet wurden, legte man die Asche der Ärmeren in einfachere Gräber. Doch auch sie erhielten all ihr Hab und Gut mit, um im jenseitigen Leben bestehen zu können. Ein solches Gräberfeld befand sich im niederösterreichischen Hohenau an der March.

Bereits 1834 berichtete der Geograph Franz Schweickhardt, der sich selbst das Adelsprädikat »von Sickingen« zulegte, in seiner Beschreibung des Marktes Hohenau: »In der Gegend der Kirche hat man Münzen aus früheren Jahrhunderten, Schwerter und Sporen ausgegraben, und in der Nähe des Marktes, vorzüglich aber beim Bau des Gasthauses, wurden sehr viele Menschenknochen aufgefunden, die auf blutige Schlachten hindeuten, welche in der Hohenauer Gegend einst stattgefunden haben . . .«

Er erkannte richtig, daß Hohenau wie das gesamte Grenzland an der March ein besonders geschichtsträchtiges Gebiet darstellt, das Gräber aus fast allen Perioden der Menschheitsgeschichte beherbergt. Auf jene aus der Hallstattzeit stieß man 1935, als man an der Hausbrunnerstraße im Westen des Marktes einen Keller grub. Der eilig herbeigeholte Schuldirektor und Heimatforscher Anton Schultes sah, daß es sich dabei um die Überreste zweier Brandgräber aus der Hallstattkultur handelte. Die im Grab befindlichen Gefäße wurden restauriert und im Heimatmuseum des Ortes aufgestellt. Als sich im Laufe der Jahre die Siedlung an der Hausbrunnerstraße ausdehnte, entdeckte man immer wieder Brandgräber, die Schultes und nach dessen Tod sein Nachfolger Robert Zelesnik bargen. Bis 1970 waren es insgesamt 25. 1966 stellte Zelesnik im Heimatbuch der Marktgemeinde fest: »Hier an der uralten Straße hatten also die Illyrer ihren Urnenfriedhof angelegt, da sie am Fluß, unten an der Thaya, im heutigen Lustgarten gerade nur für ihre Hütten Platz hatten. Hier gefährdete kein Hochwasser die Ruhe der Toten, hier war der richtige Ort für die feierliche Verbrennungszeremonie, auf luftiger Höhe, von wo der Blick gar weit über die grünen Auwälder bis zum dunkelblauen Schattenriß der Karpaten schweifte. Hier sangen sie ihre Totenlieder und tanzten um den flammenden Holzstoß, dessen reines Feuer alles Körperliche verzehren sollte, um es in eine lichtere, schönere Welt überzuleiten. Man verbrannte die Toten und streute die Asche in die Erde, man gab ihnen ihr Hab und Gut mit . . . auf dem Weg zu einem anderen Leben, weshalb man ihnen auch Speise und Trank für die weite Reise mitgab.«

Aufgrund der Zufallsfunde vermutete man 1970, daß das Brandgräberfeld rund 50.000 Quadratmeter umfassen muß. Da die Verbauung des Areals immer weiter fortschritt, entschloß sich die Abteilung für Bodendenkmalpflege des Bundesdenkmalamtes, eine umfangreiche Rettungsgrabung durchzuführen. Zwischen 1970 und 1977 konnten unter der Leitung von Johannes-Wolfgang Neugebauer 6000 Quadratmeter des Friedhofes erforscht werden. 220 Brandgräber mit über 1500 Beigaben wurden freigelegt, dokumentiert und geborgen. Es war dies die höchste Anzahl hallstattzeitlicher Bestattungen, die je in Niederösterreich mit modernen Methoden untersucht wurde. Dennoch waren es kaum mehr als ein Fünftel der geschätzten ursprünglichen Gräberanzahl.

Obwohl in diesem für die Hallstattkultur eher ärmlichen Gräberfeld sicher keine Angehörigen einer Oberschicht begraben wurden, konnten reicher ausgestattete und einfachere Gräber festgestellt werden. Bei letzteren befand sich die Urne in einer kleinen seichten Grabgrube, meist nur von einer umgestülpten Schale abgedeckt. Außer Spinnwirteln und Lockenringen aus Bronze konnten in diesen Gräbern keine Beigaben entdeckt werden.

Bei den etwas besser ausgestatteten Gräbern ließen dünklere Verfärbungen im Sand sowie die Stellung der Beigabengefäße darauf schließen, daß hier tiefere quadratische Grabgruben mit rund ein Meter Seitenlänge angelegt worden waren. Mitunter stieß man auch auf die Reste von Holzeinbauten. In diesen Gräbern fand man meist 10 bis 20 Beigabengefäße. Nur zwei – ebenfalls quadratische – Gräber wichen davon ab: Das eine enthielt insgesamt 32 Keramiken und Schmuckstücke, darunter vier Großgefäße, das andere sogar 41. Beide Arten von Gräbern waren regelmäßig angelegt. Die reicheren lagen drei bis vier Meter voneinander entfernt, nur die einfacheren bildeten manchmal kleinere Gruppen. Überschneidungen von Bestattungen oder irgendwelche Störungen konnten nicht entdeckt werden, was darauf hinweist, daß eine oberirdische Kennzeichnung bestanden haben muß. Da man weder auf Steinsetzungen noch auf Pfostenreste stieß, dürften die Gräber einst von einem niedrigen Hügel bedeckt gewesen sein.

Die grundsätzliche Ausstattung der Gräber war großteils gleichartig. Man fand in ihnen eine Urne mit den in der Regel gut verbrannten Knochenresten und den mitverbrannten Trachtenbestandteilen, unter anderem Reste von Fibeln, Nadeln, Ringen usw. Daneben gab man den Toten ein Großgefäß für Getränke sowie eine Schöpftasse mit. Weiters gehörten ein eimerförmiges Gefäß oder ein einfacherer Topf mit Deckel sowie eine größere Anzahl in Form und Verzierung variantenreicher Schalen zu den Beigaben.

Metallgegenstände aus Eisen oder Bronze waren selten. Man entdeckte lediglich ein paar Fibeln, einige Nadeln, ein paar Ringe, Anhänger, Knöpfe und in Verbindung mit Fleischbeigaben mehrere Messer. Vereinzelt fand man auch Glasperlen, gelochte Schneckenhäuser und Feuersteine. Ähnlich wie in den ärmer ausgestatteten Gräbern stieß man auf zahlreiche Spinnwirteln.

Unter den Keramikfunden fallen einige Kalenderberggefäße sowie mehrere besonders hübsche Töpfe auf, die rot-schwarz bemalt, mit Graphitmalerei oder in der Ritztechnik verziert sind. Daneben entdeckte man in den reicher ausgestatteten Gräbern auch Gefäße mit für diese Zeitepoche eher untypischen Formen, wie ein Trinkhorn und einen Salbtiegel.

In Kindergräbern fand man Miniaturformen von Gefäßen und Spielzeug, unter anderem eine Tonrassel. Einmal entdeckte man ein Sauggefäß für Babys in Vogelform. Trotz dieser oft ungewöhnlichen Beigaben handelt es sich bei diesem Friedhof um den einer einfachen ländlichen Bevölkerung, wie sie im gesamten ost-hallstättischen Raum verbreitet war.

Die Bernsteinstraße sorgt für Kulturkontakte

Die Ur-Hohenauer hatten allerdings auch Kontakte zu anderen Kulturen, was der Formenreichtum der Grabbeigaben bestätigt: Sie siedelten an dem uralten Handelsweg, der ab der römischen Kaiserzeit »Bernsteinstraße« genannt wurde und der die Ostsee mit der Adria verband. Sie führte über Carnuntum die March aufwärts, durch die mährische Pforte und die Weichsel entlang in das Ostseegebiet. Die hier transportierten Rohstoffe und Fertigprodukte bildeten Impulse für die kulturelle Entwicklung der Hohenauer Bauern. Am Handel selbst beteiligten sie sich kaum – ihre Lebensgrundlage bildeten die Landwirtschaft, die Jagd und der Fischfang. Deshalb war es ihnen auch nicht möglich, die über die Bernsteinstraße transportierten Luxusgüter zu erwerben. Fast alle in den Gräbern gefundenen Waren wurden von bodenständigen Handwerkern hergestellt. Teure, von weither stammende Metallgegenstände waren äußerst selten in Gebrauch. Wenn, dann wurden sie ein Leben lang benützt, bevor sie am Scheiterhaufen oder als Ausstattung für die Reise ins Jenseits im Grab ihres Besitzers landeten.

Prähistorisches Salzbergwerk in Hallstatt. »Stüger Werk«, antiker Stollen mit Schrämspuren und Abbauherz an der Decke.

Abbauversuche 1973/74 in der »Landsteiner Kehr« im Kaiser-Josef-Horizont: Arbeit mit rekonstruierter Schäftung bei Anwendung der Schlägel-Eisen-Technik.

Riesengrabhügel der Hallstattkultur von Großmugl, NÖ.

Leichenverbrennung auf einem Scheiterhaufen in Indien.

Überblick über die 6. Grabungskampagne 1974 im Brandgräberfeld der Hallstattkultur von Hohenau an der March, NÖ.

Urnengrab Nr. 160 von Hohenau an der March, NÖ., freigelegt während der 7. Kampagne 1975.

Mondidol der Hallstattkultur von Donnerskirchen, Burgenland.

Rot-schwarz bemaltes Gefäß in Tierform, wahrscheinlich Schaf, aus dem Gräberfeld der Hallstattkultur von Wagram bei Traismauer, NÖ.

Rot-schwarz bemaltes Stiergefäß aus der Hügelgräbergruppe der Hallstattkultur bei Rabensburg, NÖ.

Auch das starre Festhalten an der seit der Urnenfelderkultur geübten Brandbestattung spricht für eine konservative bäuerliche Grundhaltung. Anhand der Anzahl der Gräber und der Belegungsdauer des Friedhofes, die mit Hilfe des unterschiedlichen Alters der Beigaben festgestellt werden konnte, zog man Rückschlüsse auf diese bäuerliche Ur-Bevölkerung. Man errechnete, daß das Gräberfeld ihnen rund 200 Jahre hindurch als letzte Ruhestätte diente. Rund 100 Menschen wohnten in den mindestens drei Weilersiedlungen, deren Reste man bei Bauarbeiten im Raum des heutigen Hohenau entdeckte.

Ähnliche Verhältnisse herrschten während der Hallstattzeit wahrscheinlich im gesamten bäuerlichen Raum Ostösterreichs. Und zu ähnlichen Ausgrabungsbefunden gelangte man auch schon an so manch anderer Stelle. Etwas allerdings entdeckte man bis jetzt nur in Hohenau, wenngleich es sich auch hiebei wohl kaum um eine Einzelerscheinung handeln dürfte: Während der dritten Grabungskampagne 1971 bemerkten die Studenten und die Hohenauer Helfer eine 4 Meter breite Bodenverfärbung, die kein Ende nehmen wollte. Sie legten einen 25 Meter langen Abschnitt dieses gebogenen dunklen Streifens frei – mehr war wegen der Verbauung des benachbarten Gebietes nicht möglich. Mittlerweile hatten sie auch festgestellt, daß die Bodenverfärbung 2,2 Meter tief war. Es konnte sich hier nur um das Viertel eines ehemaligen Kreisgrabens handeln. Im Laufe der Jahre entdeckte man zwischen den Gräbern noch vier weitere solcher Gräben. Jeder besaß einen Gesamtdurchmesser von 25 bis 30 Meter, eine Breite von 3 bis 4 Meter und eine Tiefe von 1,6 bis 2,2 Meter.

Bis zu diesem Zeitpunkt hatte man solche Kreisgräben nur bei Befestigungsanlagen gefunden. Was hatten sie inmitten eines Friedhofes zu bedeuten? Antwort auf diese Frage konnte wieder nur der Spaten bringen. Doch leider war in Hohenau die Verbauung schon so weit fortgeschritten, daß nur in einem Fall die repräsentative Freilegung einer solchen Anlage möglich war. Was man dort allerdings fand, übertraf alle Erwartungen: Über eine im Nordwesten befindliche, 2 bis 3 Meter breite Erdbrücke gelangte man einst in den inneren Kreis. Auf der rechten Seite des Zuganges entdeckte man eine umgestülpte Schale, links eine Anhäufung tierischer Zähne. Beides war ein Hinweis auf hier geübte Opferhandlungen. Im Zentrum deuteten Fundamentgräben einstiger Holzwände und Pfostengruben darauf hin, daß hier einmal ein rechteckiges Gebäude gestanden hatte. Durch nischenähnliche Anbauten an den Langseiten mußte es ein eigentümliches Aussehen besessen haben.

Alles weist darauf hin, daß dies eine Kultanlage war. Durch die Kreisgräben wollte man wahrscheinlich eine vom eigentlichen Friedhofsbereich abgegrenzte Zone schaffen, die zur Verrichtung gewisser Kulthandlungen und Opfer diente. Daß die Anlagen mit dem Totenbrauchtum in Verbindung zu bringen sind, liegt auf der Hand. Man kann also in ihnen hallstättische »Friedhofskapellen« sehen. Vielleicht besaß jeweils eine Familie oder eine Sippe ein solches Heiligtum und bestattete auch ihre Toten rundherum. Daß diese Kultanlagen zur selben Zeit wie der Friedhof benutzt wurden, beweisen ihre optimale Einfügung in die Systematik der Anlage und die Daten, die von Ernst Pernicka mit Hilfe der Thermolumineszenz-Methode gewonnen wurden.

Reichtum durch Eisen und Blei

Während der Hallstattzeit bildete der Südostalpenraum, also die Steiermark, Kärnten und das nordwestjugoslawische Slowenien eine kulturelle Einheit, die sich ähnlich wie der Westhallstattkreis durch besonderen Reichtum auszeichnete. Doch hier war es nicht das Salz, das Prunk und Pomp ermöglichte, sondern Eisen und Blei.

Das Eisen wurde in der Hallstattkultur immer mehr zur Erzeugung von Gerätschaften und Gebrauchsgegenständen des täglichen Lebens sowie für die Herstellung von Waffen herangezogen. Allerdings wurde das Eisenerz damals nicht von den heutigen Lagerstätten abgebaut, sondern aus dem sogenannten Raseneisenerz gewonnen. Als Abart des Brauneisens, einem Eisenerz mit 60 Prozent Eisengehalt, kommt dieses Erz im Untergrund feuchter Wiesen oder im sumpfigen Gebiet von Niederungsmooren vor. Raseneisenerz ist ein ockergelbes bis braunschwarzes Verwitterungsprodukt von Eisenmineralien und findet sich in etwa bohnengroßen kugeligen oder schaligen Formen in der Natur. Die geringe Tiefe des Vorkommens ermöglicht eine leichte Gewinnung im Tagbau. Außerdem läßt sich Raseneisenerz gut verhütten, da infolge seiner Mineralbestandteile keine Zuschläge mehr notwendig sind und beim Schmelzvorgang nicht eine so hohe Temperatur wie bei anderen Eisenverbindungen erreicht werden muß. Doch im Südostalpenraum gewann auch noch ein anderer Rohstoff an Bedeutung: das Blei.

Schon im vorigen Jahrhundert entdeckten ein Kärntner und ein Wiener Grabungsteam bei der Untersuchung eines Teiles der rund 500 Hügel des Gräberfeldes von Frög in Kärnten eigenartige Bleifiguren. Neben relativ großen Mengen an Schmuckgegenständen, Bronzegefäßen und Keramiken waren den Bestatteten sowohl vollplastische als auch halbplastische, auf Urnen aufgeklebte Bleifiguren mit ins Grab gegeben worden.

Der Urgeschichtsforscher Walter Modrijan beschäftigte sich eingehend mit diesen Bleifiguren. Er stellte fest, daß sie ausschließlich aus Kärntner Blei gegossen sind. Die Gußformen konnten bis jetzt allerdings ebensowenig entdeckt werden wie die exakte Lage der Bleivorkommen. Modrijan interpretiert die Darstellungen von Männern und Frauen bei verschiedenen Tätigkeiten als Szenen aus dem Bereich des Bestattungsbrauchtums. Er sieht in den Figuren betende, klagende, weinende und opfernde Menschen, die Gefäße auf dem Kopf oder in der Hand tragen. Sie sind zumeist nackt und wohlproportioniert dargestellt, wenn man spätere Veränderungen des leicht biegsamen Bleis außer acht läßt.

Man entdeckte auch auf Pferden und Eseln reitende Menschen und einen Bleiwagen mit 12 Zugtieren. Daneben wurden den Toten Figuren in starrer Haltung, Tiere – unter anderem Vögel und Pferde –, 16speichige Räder, Ornamente und ähnliche Plastiken aus Blei mit ins Grab gegeben.

Aber nicht nur in Frög wurden Verzierungen und Figuren aus Blei hergestellt. Dieser Werkstoff, der ähnlich wie Eisen gewonnen wurde, spielte zur Hallstattzeit im gesamten Bereich der Kärntner Bleiglanzvorkommen eine wichtige Rolle. Man erzeugte Ringe, Perlen und andere Dinge aus Blei. Man verwendete es zur Randverstärkung von Eimern, zum Flicken und Ausbessern von Metallgefäßen und als Legierungsmetall. Denn aus Bleibronze gefertigte Bleche lassen sich besonders gut großflächig aushämmern. Das wiederum ist die Grundvoraussetzung für die Erzeugung großer Eimer und Panzer.

Der Schatz von Strettweg

Seit 1851 erzählt man sich in der Umgebung der obersteirischen Stadt Judenburg Geschichten von sagenhaften Schätzen. Damals trug man am linken Murufer, gegenüber von Judenburg, unterhalb des Falkenberges im Weiler Strettweg einen für den Ackerbau hinderlichen Hügel ab. Dabei stieß man auf zahlreiche Bronzegegenstände und Keramikgefäße, die man jedoch kaum beachtete. Dennoch blieben etliche Fundgegenstände, darunter ein als »Kultwagen von Strettweg« weltberühmt gewordener Bronzewagen erhalten. Mit dem ursprünglichen Zweck des um 600 v. Chr. erzeugten Kultobjektes, das als Grabbeigabe für einen Toten aus den herrschenden Kreisen diente, haben sich schon viele Wissenschaftler auseinandergesetzt.

Walter Schmid, der ehemalige Direktor des Steirischen Museums Joanneum in Graz, wo der Wagen und auch die anderen Funde verwahrt werden, sowie sein Nachfolger Walter Modrijan erkannten, daß bei diesem Kultobjekt die Zahl Elf eine große Rolle gespielt haben muß. Denn auf einer ornamental durchbrochenen, rechteckigen Standplatte gehen von einer runden Standfläche im Zentrum wie Radspeichen elf Strahlen aus, denen elf trapezförmige Ausnehmungen entsprechen. An der vorderen Schmalseite berührt dieser Strahlenkreis einen von fünf, an der rückwärtigen einen von sechs unregelmäßigen rechteckigen Schlitzen. Auch diese Gestaltungselemente gibt es also elf Mal. In der Mitte dieses von der Zahl Elf beherrschten Bereiches steht eine bis auf eine Wollbinde um die Bauchpartie nackte, weibliche Figur, die mit einer Höhe von 25 Zentimeter die übrigen Gestalten um das Doppelte überragt. Die ornamental nach oben geschwungenen Arme, so meint Schmid, stützen nur scheinbar die Schale, die auf dem Kopf ruht und durch zwei sich kreuzende, gedrehte Stäbe an den Längsseiten fixiert wird. Vor und hinter der Mittelfigur, die in höhere Sphären zu reichen scheint, steht je ein unbekleidetes, eindeutig als Frau und Mann gekennzeichnetes Paar. Der Mann schwingt in der Rechten ein Beil, die Frau hat die Haltung einer Anbetenden.

Auf den Längsseiten des die Platte umschließenden massiven Rahmens befinden sich je zwei geschlechtslose Reiter. Sie sind nicht bekleidet, dafür aber mit Helmhüten, Schilden sowie Speeren ausgestattet. Sie sollen laut Schmid das Unheil von den Menschenpaaren, also den Zorn der Götter abhalten. Die Verbindungselemente der Achse mit dem Rahmen sind jeweils mit den Köpfen von Zugtieren geschmückt. An den Enden der Achsen befinden sich vier achtspeichige Räder. Auf den Achsen stehen zwei ebenfalls geschlechtslose Menschen, die das zehnendige Geweih eines unproportionierten Hirsches in den Händen halten. Die stilistisch einheitliche Darstellung dieses Kunstwerkes vernachlässigt mancherlei Details. Dafür prägen »abstehende Ohren – bei den Frauen mit Ringen –, ein breiter Mund, vorspringende große Nasen und Kreisringe anstelle der Augen und der männlichen Brustwarzen« den Stil, wie es Walter Schmid ausdrückt. Sowohl er als auch Walter Modrijan sind der Meinung, daß der Wagen mittelitalienischer Herkunft ist, obwohl die Figuren dem einheimischen Hallstattstil entsprechen und bis jetzt in Italien keine Entsprechungen dazu gefunden wurden. Durch den Handel über die Tauern hätte die Oberschicht aus dem Raume Judenburg die Möglichkeit gehabt, zu solchen Kunstobjekten zu kommen.

Welchen Zwecken dieses eigentümliche Gefährt diente, darüber gibt es zahlreiche Meinungen. Relativ einig sind sich die meisten Wissenschaftler, daß es sich um einen Kultwagen und nicht nur um einen Tafelaufsatz handelt. Dafür wäre auch die auf ihm befindliche Schale zu klein. Ob aber der Kultwagen mit einer Fruchtbarkeitsreligion in Verbindung zu bringen ist, ob die mittlere Gestalt die vorrömische Landesgöttin Noreia darstellt oder ob sich alle Gestalten auf dem Weg ins Jenseits befinden, kann heute nicht mehr gesagt werden. Gerade dieses Rätselhafte aber macht den besonderen Reiz des Strettweger Kultwagens aus.

Die reichhaltigen Beigaben im Grabhügel von Strettweg stehen möglicherweise mit der Ausbeutung der Bodenschätze in diesem Raum und mit der damit verbundenen Intensivierung des Italienhandels und der Beziehung zu den hallstättischen Zentren an der Drau, wie zum Beispiel Frög, in Zusammenhang. Diese Verstärkung des Handels brachte auch für das bisher etwas abgelegene steirische Sulmtal einen wirtschaftlichen Aufschwung, was sich besonders in der reichen Ausstattung mancher Hügelgräber widerspiegelt. Solche Gräber befinden sich in der Nähe der Höhensiedlung auf dem 460 Meter hohen Burgstallkogel bei Leibnitz. Diese Siedlung mußte einst das fürstliche und religiöse Zentrum dieses hallstättischen Kreises gewesen sein. Die noch heute weit über 1000 Hügelgräber, die hauptsächlich Brandbestattungen enthalten, sind oft reichhaltig ausgestattet und besitzen fast immer Grabkammern.

Bauern als Schatzgräber

In fünf großen Grabhügeln in der Umgebung des Ortes Kleinklein fand man zwischen 1844 und 1905 fürstliche Bestattungen mit zahlreichen Bronzebeigaben. Die ersten Funde wurden beim Abgraben der nur 3 Meter voneinander entfernten »Hartmichelkogel«, wie diese Hügelgräber genannt wurden, gemacht. 1844 wollte man auf einem der Hügel, der damals noch 7 Meter hoch war und einen Durchmesser von 23 Meter besaß, ein Wirtschaftsgebäude errichten, wobei man ihn größtenteils einebnete. An seiner Sohle stieß man auf Reste eines Grabgewölbes, in dem sich eine bemalte Tonurne, ein Bronzeschwert und ein Bronzebeil befanden. 1861 wurde der letzte Rest des Hügels abgegraben. Nur wenige Objekte, wie Bronzegefäßreste und Ringe, gelangten ins steirische Landesmuseum Joanneum in Graz, vieles wurde privaten Sammlungen einverleibt.

Auf dem zweiten Hügel stand schon seit vielen Jahren das Wohnhaus des »Hartmichel«-Bauern. 1853 entdeckte man bei der Neuanlage eines Kellers ein Brandgrab. Neben der Aschenurne lag ein Bronzepanzer und Eisenbeile. In einem Anfall von Zerstörungswut wurde der Panzer leider von einem geistig beschränkten Arbeiter zerhackt, so daß heute nur mehr einige Blechteile im Museum Joanneum zu sehen sind.

1856 griff der »Pommer«-Bauer zum Spaten und grub in dem auf seinem Grund befindlichen »Pommerkogel«. Er mußte dabei einiges gefunden und noch mehr zerstört haben. Jedenfalls war der Hügel 1933 nur mehr halb so hoch, und Walter Schmid, der 1917 eine wissenschaftliche Untersuchung vornahm, stieß auf zahlreiche Spuren der Grabräuberei. Er entdeckte eine kreisförmige Steinsetzung, die er als Teile eines eingestürzten Grabgewölbes deutete. Auf einem Pflaster in der Mitte müssen sich die Brandbestattung und die Beigaben befunden haben.

Von einem ehemals goldverzierten Gewand blieben nur einige Goldblättchen und drei Fibeln erhalten. Die Rüstung, die Waffen und einige Bronzegefäße hingegen sind großteils noch vorhanden. Der zweiteilige Panzer aus Bronzeblech besteht aus einer Brust- und einer Rückenplatte, die einst durch eine Verschnürung verbunden gewesen sein müssen. Panzer dieser Art ähneln griechischen Harnischen des 7. Jahrhunderts v. Chr. Allerdings kann nicht gesagt werden, ob sie von dort eingehandelt oder von Werkstätten im Nordbalkan nach griechischem Muster angefertigt wurden.

Besonders prachtvoll sind die Bronzegefäße, die man hier entdeckte: Ein 77 Zentimeter hoher Eimer ist im oberen Teil in drei Zonen mit, in Treibarbeit – in der sogenannten Punkt-Buckel-Technik – hergestellten, figuralen Verzierungen versehen. Da gibt es Jagdszenen, wo Bären von Jägern und Hunden verfolgt werden, Zweikämpfe sowie kultische Motive, unter anderem eine »Sonnenbarke«, ein mit Sonnenmotiven verziertes Schiff. Dabei sind die Umrisse gepunktet, als Füllung der Figuren und Ornamente hingegen werden Buckelchen verwendet. Vor allem die zylindrischen Eimer, die Zisten, wurden so verziert.

Nach einer mündlichen Überlieferung grub im Fasching 1860 ein gewisser »Schmied«-Bauer in einem Grabhügel auf seinem Grund. Er stieß auf eine Kammer aus Bruchsteinen. Als er die Steine entfernte, lag ein Gerippe, Lanzenspitzen, zwei Zisten, drei Deckel und zwei reich verzierte, aus papierdünnem Bronzeblech gefertigte, 15 Zentimeter lange Nachbildungen von linken Händen vor ihm. Die Sitte, mittels solcher »Votivhände« Unheil abzuwehren, stammt aus dem Mittelmeerraum. Da sie in diesem Fall jedoch in der einheimischen Punkt-Buckel-Technik verziert waren, dürften sie im Kleinkleiner Raum entstanden sein.

Noch prächtigere Funde machte 1905 der Bauer Johann Schrei. Beim Ackern in der Nähe der Hartmichelkogel stieß er auf größere Geschiebesteine. Als er diese entfernte, sah er eine Menge Bronzegegenstände, unter anderem Panzer, Helme und Zisten vor sich: Fünf Zisten und die dazugehörigen Deckel waren wieder in der Punkt-Buckel-Technik verziert. Bei einem Stück ist außer einer schmalen Ornamentzone der gesamte Zistenkörper ohne Trennung mit ineinandergeschachtelten Tier- und Menschendarstellungen übersät: Im Zweikampf verstrickte Krieger mit gebogenen Schilden, Bogenschützen, Reiter und ähnliches wechseln sich mit Vögeln, Hunden, Steinböcken, Rehen, Rindern, Pferden und anderen Tieren ab.

Das interessanteste Fundstück befand sich einst an einem längst vermoderten hölzernen Leichenbrandbehälter: eine Bronzemaske in der Größe von 18×23 Zentimeter. Ihre Züge sind einfach und streng. Außer der Herausarbeitung der Augenbrauen, der Nase und des Mundes sind die wichtigsten Gesichtspartien lediglich durch Punktreihen betont. Auch eine Stirnbinde ist durch eine Zick-Zack-Verzierung und durch Punktreihen angedeutet. Die Ohren sind mit zwei Nieten am Kopf befestigt, an den Rändern der Ohren befinden sich je vier Löcher zur Fixierung der Maske am Holzbehälter. Die Krümmungen der Stirn und des Kinns sind durch Aufschlitzen und überlappendes Zusammennieten gebildet. Sehr oft wurde die Maske vom »Kröllkogel« mit den Goldmasken von Mykene in Verbindung gebracht. Doch trotz gewisser Ähnlichkeiten konnten keine Beziehungen bestanden haben: Die Masken von Mykene wurden 800 Jahre vorher angefertigt. Daß es damals dennoch Kulturkontakte gab, beweist der Fund einer Goldmaske und einer Votivhand, die man in einem Grabhügel von Trebenište am Ohrid-See im jugoslawischen Teil von Makedonien entdeckte.

Auch zu Oberitalien dürften Kontakte bestanden haben. Jedenfalls müssen die Vorbilder für die Verzierungen auf den heute im Grazer Museum Joanneum befindlichen Metallgefäßen aus den Kleinkleiner Hügelgräbern dort gesucht werden. Allerdings werden bei den einheimischen Arbeiten die geschlossene Linie bei der Darstellung der Ornamente, Tiere und Menschen in Punkt-Treibtechnik aufgelöst und die Figuren ungeordnet ineinandergeschachtelt.

Burgen, Gold und Fürstengräber

Die Schätze und Reichtümer der südöstlichen Hallstattkultur wurden nur von einem überragt: vom Prunk und Pomp der Fürsten des Westhallstattkreises. Das Zentrum der westlichen Hallstattkultur lag in Süddeutschland, vor allem in Baden-Württemberg, mit Ausläufern nach Ostfrankreich, der Schweiz und ins westliche Österreich, besonders ins Innviertel und in den Raum um Linz. Zum ersten Mal in der Urgeschichte Mitteleuropas läßt sich vor allem in der fortgeschrittenen westlichen Hallstattkultur ein »feudalistisches System« sicher nachweisen. Wahrscheinlich durch den Bergbau besonders reich gewordene Fürsten ließen sich gut befestigte, weitläufige Herrensitze bauen und gewaltige Grabmonumente errichten. Gegen diese Hügel ist sogar der Großmugler Tumulus nur ein »Mugl«. Zum Vergleich: Für Großmugl wurden 14.000 Kubikmeter Schüttmaterial benötigt, für den Magdalenenberg bei Villingen 46.000 Kubikmeter. Zudem enthalten die Grabkammern der Hügelgräber des Westhallstattkreises vierrädrige Wagen sowie Beigaben aus Edelmetall, vor allem Goldschmuck.

Fünf solcher, allerdings etwas kleinerer Grabhügel befanden sich bei Uttendorf im Mattigtal, einem kleinen Ort im oberösterreichischen Innviertel. Sie sind die östlichsten Ausläufer von Hügeln westlicher Prägung. Vier von ihnen wurden bereits in früherer Zeit ausgeraubt. Der einzige unberührte Hügel wurde 1885 untersucht. Man entdeckte eine Brandbestattung mit Wagen, zwei Bronzebecken und einen großen goldenen Halsring. Dieser ist überaus prunkvoll gearbeitet und besteht aus 250 Gramm Waschgold. Er stellt heute eines der wichtigsten Schaustücke des Oberösterreichischen Landesmuseums im Linzer Schloß dar.

Wie reichlich ein Hügelgrab des Westhallstattkreises mit kostbaren Beigaben ausgestattet sein kann, verdeutlichte die 1978 durchgeführte Untersuchung eines solchen bei Hochdorf, einem kleinen nordwestlich von Stuttgart liegenden Ort im baden-württembergischen Heckengäu. Gewaltige Mengen von Erde mußten entfernt werden, bis man auf ein überdimensionales Mauerwerk mit einem Prunkportal stieß, dessen Tor zugemauert war. Die Erbauer dieses Grabdenkmales hatten alles getan, damit die Ruhe des hier Begrabenen nie gestört werden würde. Und rund 2500 Jahre war dies auch nicht der Fall. Kein Räuber hatte es geschafft, diesen Grabhügel zu plündern. Erst die Urgeschichtsforscher des 20. Jahrhunderts arbeiteten sich durch die aufwendige Konstruktion der Grabhügeleinfassung bis zur ausgeklügelten Grabkammer: Um eine quadratische Kammer aus schweren Eichenbohlen mit fünf Meter Seitenlänge war ein 8×8 Meter großes Holzgerüst als zweite Kammer gezimmert worden. Der Zwischenraum war mit drei Lagen Strebebalken und Steinbrocken ausgefüllt. Insgesamt hatte diese Konstruktion die ungewöhnliche Dicke von drei Metern. Das war der Grund, warum dieses hallstättische Fürstengrab das bisher einzige ist, dessen Zentralgrab zur Zeit der Ausgrabung noch unversehrt war. Und zum ersten Mal konnte man nun feststellen, wie ein keltischer Fürst bestattet worden war.

Der Grabhügel von Hochdorf liegt in Sichtweite des Asperges, der wohl der ehemalige Wohnsitz des hier bestatteten Fürsten war. Zur letzten Ruhe wurde er auf einem drei Meter langen Kanapee aus Bronzeblech gebettet, das an den Seiten mit geometrischen Mustern, aber auch mit Figuren punzverziert ist. Man kann drei Paare fast tänzerisch miteinander kämpfender Schwertträger und einen von zwei Pferden gezogenen, vierrädrigen Wagen erkennen. Auf dem Wagenkasten steht ein Mann, der einen Schild und einen Pferdestachel statt einer Peitsche hält. Diese Ruhestatt besaß an der Schmalseite Griffe zum Ziehen und konnte seitlich verschoben werden: Sie stand auf acht mit Eisenstäben verbundenen, etwa 30 Zentimeter großen weiblichen Bronzefiguren, zwischen deren Beinen sich ein eisenbereiftes Rad befand. Stroh, Zweige und geflochtene Stoffmatten bildeten eine weiche Unterlage auf dem Totenlager, das einst ebenso mit farbigen und feingemusterten Stoffen bezogen war wie Boden und Seitenwände der Grabkammer. Fixiert wurden die etwa 1,5 Meter breiten Stoffbahnen mit Eisenklammern, die einen runden Bronzekopf besaßen. Untereinander waren sie einst mit rund einem Dutzend Schlangenfibeln verbunden.

Im Bereich der großen Bronzegegenstände waren Textilreste durch Kupferoxide konserviert worden. Bei den daumennagelgroßen Stücken konnte man feststellen, daß überwiegend feingewebte Wollgewebe in Köperbindung, die zum Teil gefärbt und mit Mustern, wie Streifen, Hakenkreuzen, Zinnenmäandern und anderen verziert waren, dem Toten ins Grab gegeben worden waren. Es handelt sich hier um den ältesten rautenförmigen Köper Europas, der in einer komplizierten Brettchenwebtechnik hergestellt wurde. Um das Muster für den prächtigen Saum des Festgewandes zu weben, das der tote Fürst trug, benötigten die keltischen Weber 150 Brettchen, durch die an den vier Ecken Kettfäden des Webstuhls liefen.

Der Verstorbene war so gelegt, daß er nach Norden blickte. Mit einer Körpergröße von 1,83 Meter muß er für die damalige Zeit ein wahrer Riese gewesen sein, der noch dazu relativ alt wurde. Er starb im Alter von 30 bis 40 Jahren. Die Durchschnittsgröße betrug damals 1,60 Meter, das Durchschnittsalter 25 Jahre. Die Anthropologen stellten fest, daß der Mann eine harte Jugend erlebt haben muß. Möglicherweise wegen schlechter Ernährung war sein Wachstum zweimal gestoppt worden. Im Alter war er jedoch noch vital, wenn er auch unter leichter Arthrose im Schultergelenk und in den Sprung- sowie Fußgelenken litt. Große Schmerzen beim Essen und Sprechen mußte ihm eine Arthrose im Kiefergelenk bereitet haben.

Um den Hals trug der Fürst einen Reifen aus verziertem Goldblech, das sich einst auf einem Holzkern befunden hatte. Man vermutet, daß ihm dieser Goldreif als Kind über den Kopf gestreift worden war und später nicht mehr abgelegt werden konnte. Seinen Arm zierte ein zehn Zentimeter breites, geripptes Armband, sein Gewand hielten goldene Schlangenfibeln – die einzigen Goldbroschen, die nördlich der Alpen gefunden wurden – zusammen. Selbst die Beschläge und Spitzen der ledernen Schnabelschuhe des Fürsten sowie die Zierbeschläge am Gürtel waren aus Gold. Mit Gold verziert waren auch die Scheide und der Knauf seines Antennendolchs. Neben ihm fand man einen Köcher mit Pfeilspitzen aus Eisen und Bronze. Am Kopfende entdeckte man die Überreste von acht Trinkhörnern aus Horn oder Leder, die einst mit Goldbändern eingefaßt waren.

Genaue Analysen ergaben, daß es sich bei dem Gold – mit Ausnahme des Halsreifens – um Waschgold von einer zur Hallstattzeit in West- und Süddeutschland üblichen Qualität handelt. Die Einheitlichkeit des Materials läßt den Schluß zu, daß es aus einer Werkstatt stammt. Auch die Verzierungen an den verschiedenen Goldblechen sind mit denselben Punzierungswerkzeugen hergestellt. Weiters konnte man feststellen, daß der Goldschmuck – wiederum mit Ausnahme des Halsringes – eigens für die Bestattung angefertigt worden war. Um den Zerfallprozeß des Leichnams so lange hinauszuzögern, bis der Schmuck angefertigt und die Grabkammer errichtet war, wurde dem Leichnam mit Salz Wasser entzogen. Eine Einbalsamierung wie bei den ägyptischen Pharaonen erfolgte jedoch nicht.

Zu Füßen des Keltenfürsten standen auf einem mit Eisen beschlagenen Holzmöbel ein 30 Kilogramm schwerer Bronzekessel mit einem Durchmesser von 1,2 Meter und einer Höhe von 70 Zentimeter, der einst rund 400 Liter Flüssigkeit faßte. Er wurde auf schweren Ringhenkeln getragen, seinen Bauch zierten drei gegossene Bronzelöwen. Der Kessel und zwei der Löwen stammen wahrscheinlich aus Griechenland.

Nur diese beiden Löwen scheinen ursprünglich zum Gefäß gehört zu haben. Die Henkel werden ebenso wie der dritte Löwe, der etwas weniger kunstfertig als die anderen gegossen ist, erst nachträglich angebracht worden sein. Eine Materialanalyse ergab allerdings, daß die Bleifütterung aller drei Löwen die gleiche ist. Der Kessel dürfte mit Wein aus dem Mittelmeerraum gefüllt gewesen sein. Das verdeutlicht eine verzierte Trinkschale aus einer Gold-Silber-Legierung, die in ihm gefunden wurde.

An der Ostseite des Grabes entdeckte man den in Grabhügeln dieser Art als Beigabe üblichen Wagen. Die primitive Achsenkonstruktion sowie der hochliegende Wagenkasten, die starre Deichsel und der enge Radstand, die das Gefährt relativ unkomfortabel machen, weisen darauf hin, daß es sich hier entweder um eine Prunkkarosse oder einen Prozessionswagen für kultische Zwecke gehandelt haben muß. In beiden Fällen wurden mit ihm nur kurze Strecken zurückgelegt. Die vier Räder des Wagens, auf dem sich vermutlich eine Art Thron befunden hat, waren abmontiert und an die Wand der Grabkammer gelehnt worden. Auf dem Wagenkasten fand man einen Geschirrsatz aus 15 Bronzeschüsseln einheimischer Produktion und ein Messer mit Beingriff. Zudem entdeckte man bronzene Ketten des Pferdegeschirrs, Lederreste vom Zaumzeug, eine mit dünnem Bronzeblech ummantelte Peitsche und ein hölzernes, mit Bronze beschlagenes Doppeljoch für die Pferde.

Weniger aufwendig als die Fürsten wurde naturgemäß die einfache Bevölkerung bestattet. In Uttendorf im Salzburger Pinzgau wird seit Herbst 1976 ein großes Gräberfeld freigelegt, das wahrscheinlich von einer bergbautreibenden Bevölkerung angelegt worden war. Denn Uttendorf liegt im Bereich ausgedehnter Kupfervorkommen. Auch wurden im sogenannten Manlitzgraben, der unmittelbar neben dem Gräberfeld in das Salzachtal einmündet, zahlreiche Spuren bergbaulicher Tätigkeit entdeckt.

Die Uttendorfer Gräber beinhalten ausschließlich Brandbestattungen, wobei die Reste des Leichenfeuers in der Regel in kleinen, aus Steinplatten zusammengesetzten Kisten beigesetzt worden waren. Der Leichenbrand wie auch die Beigaben fand man meist getrennt von diesen Brandresten wenige Zentimeter über der Grabsohle. Da man nur in drei Steinkisten auf Tonurnen stieß, dürften die Leichenbrandbehälter in den übrigen Gräbern aus organischem Material, also aus Stoff, Holz und ähnlichem bestanden haben.

Außer der hier eher selten vorkommenden Keramik wurden alle Beigaben dem Leichenfeuer ausgesetzt, wobei besonders die Bronzeobjekte unter der Hitzeeinwirkung stark litten. Dennoch konnte man in Frauengräbern zweischleifige Bogenfibeln aus Bronze oder Eisen sowie Spiralarmringe und Fingerringe aus dünnem Bronzedraht entdecken. In den Männergräbern fand man bronzene und eiserne Mehrkopfnadeln. An Waffen konnten nur einige Beile geborgen werden. Zu den häufigsten Beigaben – sowohl in Männer- als auch in Frauengräbern – zählen kleine eiserne Messer mit geschwungenem Rücken. Sowohl Bewaffnung als auch Trachtausstattung dürfte sich an südlichen Vorbildern orientieren. Ein Teil des Schmuckes scheint sogar aus dem Südalpenraum zu stammen.

Die ersten Lehmziegel

Während die Bergleute und Bauern in dörflicher Umgebung in einfachen Blockhäusern beziehungsweise Ständerbauten wohnten, lebten die Fürsten und anderen Angehörigen der Oberschicht in gewaltigen Burgen mit ausgeklügelten Befestigungsanlagen. Seit den umfangreichen, ab 1950 von der deutschen Forschung durchgeführten Ausgrabungen auf der Heuneburg in der Nähe des Ortes Hundersingen in Baden-Württemberg kennen wir interessante Details von der Errichtung solcher Herrensitze.

Das Areal der Heuneburg war schon ab der Frühbronzezeit, also ab etwa 1800 v. Chr., besiedelt und auch befestigt. Nach weiteren Bauphasen in der Mittelbronzezeit und der Urnenfelderkultur war der Platz mehrere Jahrhunderte unbewohnt. Erst während der späten Hallstattkultur, also im 6. Jahrhundert v. Chr., baute man den Ruinenhügel zu einem Herrensitz aus. Vorerst umgab die locker gruppierten Wohngebäude eine Umwehrung aus einer in einheimischer Tradition errichteten Kastenmauer in Holz-Erde-Bauweise. Intensive Kontakte zum Mittelmeerraum ließen die Burgherrn die Anlagen dann nach südlichen Vorbildern neu gestalten.

Um 500 v. Chr. baute man eine auf einem 3 Meter breiten und 0,6 Meter hohen Kalksteinsockel stehende Lehmziegelmauer. Die Ziegel maßen etwa 40×40 Zentimeter. Die Mauer erreichte wohl ehemals eine Höhe von etwa 4 Meter. An der Nordseite waren mit der Lehmziegelmauer acht bastionartig vorspringende Türme verbunden, die wohl als Wohntürme dienten. Gefährdete Stellen waren aber interessanterweise in der üblichen Holzrahmenbauweise mit Steinfüllung und nicht aus Lehmziegeln errichtet worden. Auf jeden Fall wurden hier zum ersten Mal im Donauraum Lehmziegel verwendet.

Nach einer gewaltsamen Zerstörung folgten dann wieder Bauphasen in alter einheimischer Technik. Die letzte Burganlage ging um 400 v. Chr. durch ein Feuer zugrunde.

In Österreich gab es zwar keine so großen Repräsentationsbauten, aber dennoch gut ausgestattete Fürstensitze. Unter anderem am Hellbrunnerberg inmitten des durch seine Wasserspiele bekannten Parks des Jagd- und Lustschlosses Hellbrunn. Auf diesem Berg, der bereits in der Jungsteinzeit besiedelt war, befand sich während der späten Hallstattkultur, also im 6. Jahrhundert v. Chr., ein Adelssitz. Man entdeckte künstliche Podien, auf denen einst 30 bis 40 Häuser gestanden haben könnten. Leider war es bisher nicht möglich, intensive Forschungen durchzuführen. Die Funde, die dort gemacht wurden, stammen großteils von einer Abfallhalde, die seit 1975 mit Hilfe systematischer Grabungen genauer untersucht wird. Neben Unmengen von Tierknochen fand man dort Spinnwirteln, zahlreiche Fibeln, verschiedene Nadeln, Ohrringe, Tierzahn- und andere Schmuckanhänger, aber auch einen Möbelgriff aus Eisen sowie ein Toilettebesteck. Der Fund einer dreiflügeligen Pfeilspitze läßt auf Verbindungen mit dem Osten schließen. Auf jeden Fall gab es Kontakte mit dem Südostalpenraum, worauf reich verzierte, eiserne Gürtelhaken hinweisen. Von Beziehungen zum mediterranen Raum zeugt vor allem ein 395 Gramm schweres Bronzegewicht, das – obwohl noch keine genaue Parallele gefunden wurde – mediterranen Einheiten ähnelt.

Die Hauptmenge der Funde besteht aus Keramik. Man fand einheimische Gefäßreste, hauptsächlich Trinkschalen, ebenso wie aus Südwest-Deutschland importierte Waren. Daneben entdeckte man einen Stierkopfhenkel, der aus der Südsteiermark oder aus Kärnten stammen dürfte, und einen Pokal aus Slowenien. Aus dem Isonzobereich dürfte eine honigfarbene Glasschale importiert worden sein, die übrigens ein besonders wertvolles Fundstück darstellt, da man bis jetzt nur sieben dieser Art im Entstehungsbereich und drei in Hallstatt entdeckte.

Die umfangreichen Funde und die daraus abzuleitenden Handelsbeziehungen bestätigen, daß hier einst das Leben von großem Wohlstand geprägt war. Er steht möglicherweise mit der nun einsetzenden Nutzung der Salzvorkommen am Dürrnberg bei Hallein in Zusammenhang. Der Dürrnberg liegt ja nur 10 Kilometer vom Hellbrunnerberg entfernt. In der Latènezeit scheinen die Salzherren ihren Wohnsitz gleich an die Quelle ihres Reichtums verlegt zu haben, denn mit dem Ende der Hallstattkultur wurde die Siedlung am Hellbrunnerberg aufgegeben. Gleichzeitig begann jene am Dürrnberg aufzublühen.

Sturm über Europa
Früh- und Mittellatènezeit

Autos kontra Keltengräber

Gegenüber dem sagenumwobenen Untersberg, auf einer kuppenreichen Stelle an der Westflanke des Mosersteines, liegt in 770 Meter Höhe Bad Dürrnberg. Umgeben von saftigen Wiesen und romantischen Wäldern präsentiert sich diese ehemalige Knappensiedlung heute als ehrgeiziger Höhenluftkurort. Obwohl bis heute hier Salz gewonnen wird, bilden derzeit die Hauptgeldeinnahmequellen die in- und ausländischen Kurgäste, Sommerfrischler und Wintersportbesessene.

Dennoch besitzt Bad Dürrnberg, das seit 1938 zur Salinenstadt Hallein gehört, keine bequeme Zufahrt. Es ist lediglich mit Hilfe der 1952 eröffneten Seilbahn »Salzbergbahn« und über den in den sechziger Jahren zur Entlastung der alten, steilen Dürrnbergstraße errichteten Güterweg »Winterstallstraße« zu erreichen. Schon 1932 zerbrach man sich zwar den Kopf über ein Straßenbauprojekt, es wurde jedoch nie verwirklicht. Angesichts der Gemeinderatswahlen von 1974 wurde die Idee wieder aufgegriffen.

Da die Vorteile dieses Projekts einen besseren Wahlschlager abgaben als ein Plädoyer für die gefährdete Landschaft, versprach man eine neue Straße. Und da sich keine Partei von diesem Versprechen ausschließen konnte, war es auch nach der Wahl nicht leicht vom Tisch zu fegen. Also begann man mit dem Land Salzburg über die Verwirklichung des Projekts zu verhandeln. Die Straße sollte von Hallein-Kaltenhausen nach Dürrnberg und über den bereits bestehenden Grenzübergang geleitet werden. 1977 einigte man sich über die Finanzierung.

Für die Naturschützer war der Kampf verloren, für die Urgeschichtsforschung begann er jetzt. Denn der Dürrnberg zählt zu den bedeutendsten Fundstellen der jüngeren Eisenzeit Europas. Was hier vorerst von Schubraupen und später von Autos überrollt werden sollte, waren Gräber mit reichen Inventaren, Kultanlagen, Siedlungsteile und Industrieanlagen zur Salzgewinnung und Aufbereitung.

Der Salzburger Landesarchäologe Ernst Penninger schlug unverzüglich Alarm. Mit Erfolg: Für die Durchkämmung des rund 30.000 Quadratmeter umfassenden, gefährdeten Gebietes im Ramsautal und am Steigerhaushügel unweit der Salzbergbahn-Bergstation erhielt er vom Land Salzburg 1,5 Millionen Schilling. Die Abteilung für Bodendenkmalpflege des Bundesdenkmalamtes beteiligte sich an den Grabungen auf eigene Kosten. 1978 konzentrierte Penninger die gesamte »Grabungskapazität« des Landes Salzburg auf dem Dürrnberg.

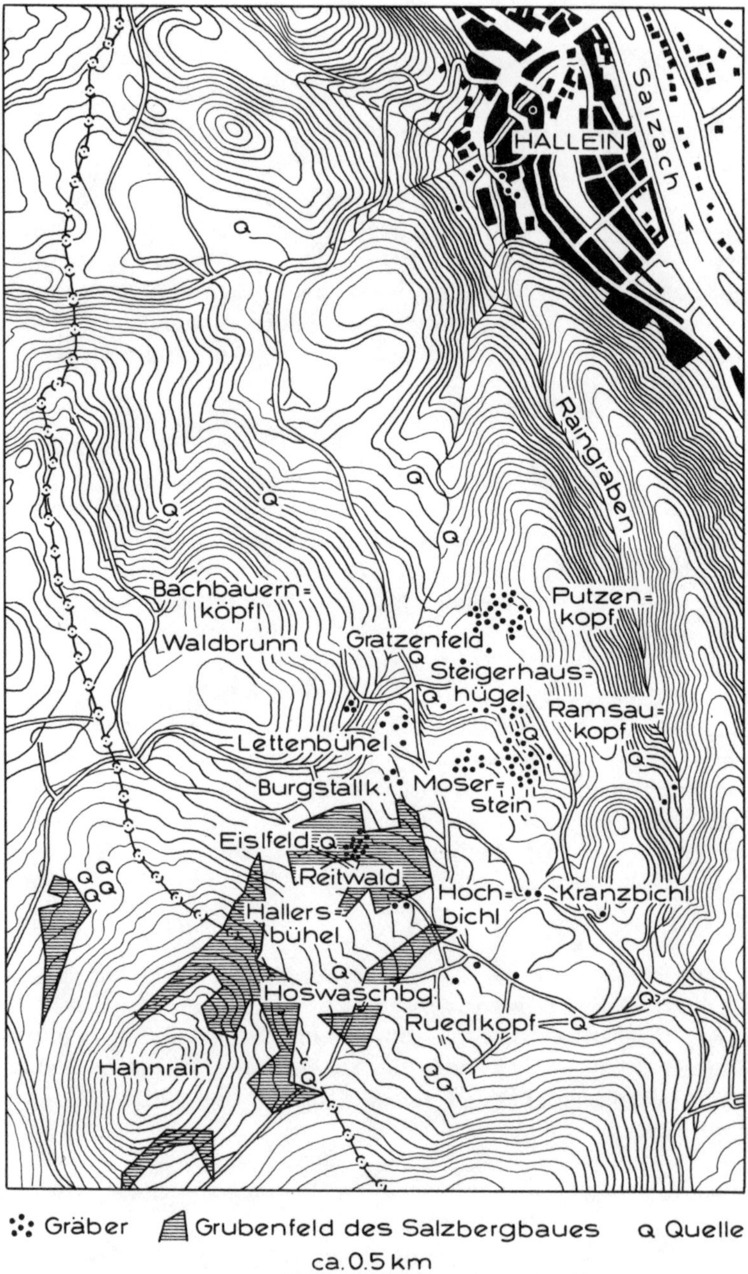

Plan von Hallein und dem Dürrnberg (nach F. Maier)

Mit Beginn der warmen Jahreszeit tauchten die Grabungsteams des Salzburger und des Halleiner Museums auf, um ihre systematische Such- und Grabungstätigkeit im Bereich der geplanten Trasse aufzunehmen. Im Herbst trafen dann noch Urgeschichtsforscher der Wiener Universität und des Bundesdenkmalamtes ein. Noch nie hatte es in Österreich eine Kooperation solchen Umfangs gegeben. Insgesamt bis zu 50 Fachleute und Helfer arbeiteten hier bis Ende Oktober. Weder die sommerliche Hitze, noch die herbstlichen Regengüsse und die schließlich einsetzenden Schneeschauer konnten sie von ihrer Tätigkeit abhalten.

Die Mühe lohnte sich: Man barg zahlreiche wertvolle Grabbeigaben, wie zum Beispiel ein Paar massiver Silberarmreifen, kunstvoll ausgeführte Fibeln mit Korallen- oder Bernsteinverzierung, Schmuckspangen in Tierform, ein aus Knochen geschnitztes Adlerfigürchen bisher unbekannter Art und ein mit Stichornamenten verziertes Tontrinkgefäß in Stiefelform. Den Höhepunkt der Grabungskampagne bildete die Auffindung eines Kriegergrabes, in dem man einen besonders gut erhaltenen Bronzehelm mit Koralleneinlagen entdeckte. Auch eine Frauenbestattung fand man in dem Grab. Sie war umgeben von unzähligen Fibeln, darunter einer, deren aus Bernstein gefertigter Bügel einen Eber darstellt. Daneben untersuchte man Teile von Industrieanlagen und Blockbauten mit Spuren handwerklicher Tätigkeit.

Eine reichliche Ausbeute, die von der Größe und dem Reichtum der prähistorischen Siedlung zeugt. Einer Siedlung, aus deren Resten seit über 150 Jahren Funde geborgen werden.

Als der Komet kam

Im Jahre 1576 lernte man am Dürrnberg das Gruseln. Laut den Aufzeichnungen des Chronisten Franz Dückhers von Haßlau zu Urstein und Winkel sei »den 13. Winter Monats ein erschröcklicher Comet-Stern erschienen und den 26. dieses Monats im Salzburger Dürrnberg 630 Schuh tief im ganzen Berg ein Mann neun Spannen lang, mit Fleisch, Bein, Haar, Bart und Kleidung gantz unverwesen, jedoch etwas breitgeschlagen, am Fleisch ganz geselcht, gelb und hart wie ein Stockfisch ausgehaut worden, auch etliche Wochen bei der Kirche allda männiglich zu sehen gelegen: Endlich aber angefangen zu faulen und begraben worden, der muß nun vor Menschengedenken in dem Berg verschüt, darin verwachsen und vom Salz solange ohne Faulung erhalten seyn, in Ansehen zuweilen Schuch, Kleider und hölzerne Bickel in ganzem Stein verwachsen gefunden worden«. »Und wie die Alten vermainen, es soll solche Verschüttungen vor etlich hundert Jar und gar bei der Haydenschaft geschehen sein . . .« teilte der Verwalter Hannes Schützing dem Salzburger Fürst-Erzbischof Johann Jakob von Kuen-Belasy mit. Einen weiteren in Salz konservierten »Heiden« fand man 1616. Da man damals keine Möglichkeiten hatte, diese »Männer im Salz« der Nachwelt zu erhalten und man es auch nicht für wichtig erachtete, ihr Aussehen in einem Bild zu überliefern, können wir nur vermuten, daß es sich dabei um zwei keltische Bergleute gehandelt hat. Denn ähnlich wie in Hallstatt barg und birgt der Dürrnberg noch heute umfangreiche Hinterlassenschaften aus dieser Zeit.

Prähistorische Gräber fand man am Dürrnberg erst viel später. Die ältesten Nachrichten über Grabfunde stammen aus dem frühen 19. Jahrhundert. Zu dieser Zeit begann man sich für die am Dürrnberg gefundenen Gegenstände zu interessieren und sie zu sammeln. 1804 sollen »mehrere Gerippe« und elf Armringe gefunden worden sein, 1820 entdeckte man angeblich Gräber in der Nähe der »Berchtesgadischen Grenze«. Da es sich bei diesen Nachrichten jedoch um erst wesentlich später aufgezeichnete Überlieferungen handelt, werden sie nur zum Teil der Wahrheit entsprechen.

Dem 1762 in Hallein geborenen Andreas Seethaler ist es zu verdanken, daß viele der späteren Funde genau beschrieben wurden. Er machte sogar den Versuch einer Interpretation. Wieso sich Seethaler, der eine vielseitige berufliche Tätigkeit ausübte und unter anderem als Pfleger, Land- und Schiffsrichter, Oberschiffmeister und Direktor der Salzschiffahrt in Laufen tätig war, so intensiv mit dem Fundmaterial vom Dürrnberg auseinandersetzte, wird wohl nie ganz geklärt werden können. Fest steht, daß er eine profunde Kenntnis von der damaligen archäologischen Literatur und auch von den antiken historischen Quellen hatte. Für seine Zeit ungemein exakt datierte er die Fundstücke in die Jahrhunderte vor Christi Geburt und schrieb sie den Kelten zu. Und Fundstücke wurden ihm in Hülle und Fülle übergeben.

1823 entdeckte man bei Erdarbeiten am Hallersbichl, 400 Meter südwestlich der Wallfahrtskirche »Unsere Liebe Frau«, in einem Stein- und Erdhaufen einige Skelette. Ein angeblich 2,20 Meter großes befand sich in Rückenlage und war mit Kopf-, Arm- und Beinringen geschmückt. Auf seiner Brust lag ein reich verziertes Lappenbeil aus Bronze. Verstreut im selben »Steinhaufen« fand man weitere Skelette und Fundgegenstände. Die Zuordnung der Beigaben zu den Bestattungen führte Seethaler allerdings nur ungenau durch. Die ungeordnete Lage der Skelette interpretierte er völlig falsch. Er dachte an Einwirkungen von Regen und Schnee sowie Verschiebungen durch Baumwurzeln. Spätere Untersuchungen ergaben, daß die Störungen auf Bestattungen in bereits belegten Grabkammern zurückzuführen sind, wobei naturgemäß die Überreste des oder der früher Begrabenen weggeräumt werden mußten. Oder es waren Grabräuber, die die Skelette beim Ausplündern achtlos beiseite warfen. Dennoch wurden die »Erklärungen« von Seethaler noch längere Zeit von späteren Autoren übernommen.

Selbst der Fachmann Georg Kyrle sprach 1918 in einer umfassenden Bestandsaufnahme des prähistorischen Fundmateriales des damaligen »Kronlandes Salzburg« von eigenartigen Verschiebungen eines großen Teiles der Halleiner Gräber. Unter anderem meinte er, daß Bestattungen von der Höhe des Kranzbichels 150 Meter weit abgerutscht wären. Doch eine solche Verschiebung wäre schon geologisch nicht möglich gewesen. Die Gräber dürften wirklich in diesem Steilhang angelegt worden sein. Da nämlich am Dürrnberg nur ein begrenzter Siedlungsraum zur Verfügung stand, bestattete

Kultwagen aus Bronze aus einem zerstörten Hügelgrab der Hallstattkultur von Strettweg bei Judenburg, Steiermark.

Bronzemaske und Votivhände aus den Hügelgräbern bei Kleinklein, Steiermark.

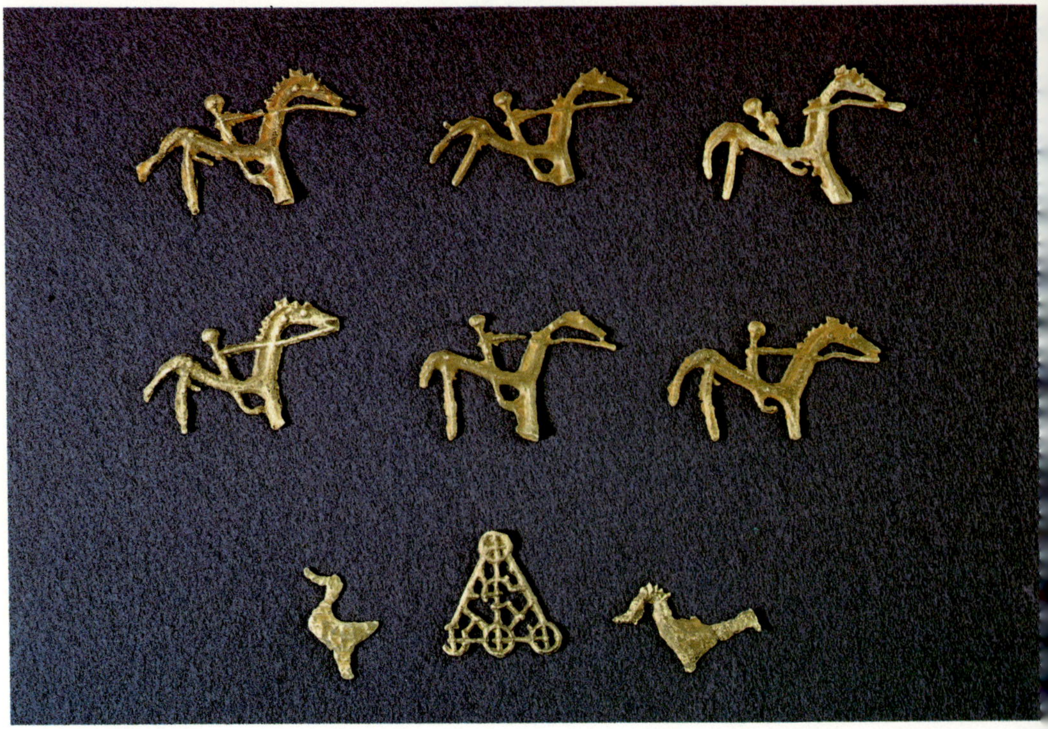

Halbplastische Bleiverzierungen von Grabgefäßen der Hallstattkultur aus dem Hügelgräberfeld von Frög bei Rosegg, Kärnten.

Goldener Halsring aus einem Hügelgrab der Hallstattkultur von Helpfau-Uttendorf bei Braunau am Inn, OÖ.

Höhensiedlung der Hallstattkultur auf dem Hellbrunnerberg bei Salzburg.

Brandgrab der Hallstattkultur in Uttendorf bei Zell am See, Salzburg, während der Freilegung 1978.

Ansicht von Hallein-Bad Dürrnberg, Salzburg, im Winter, etwa in der Bildmitte der Moserstein mit der Wallfahrtskirche.

Hügelgräbergruppe am Fuße des Mosersteins am Dürrnberg bei Hallein.

man die Toten vorwiegend in jenen Bereichen, die nicht für Wohn- und Wirtschaftszwecke benötigt wurden. Also in stark geneigten, felsigen Abhängen außerhalb der Siedlung.

Goldrausch am Dürrnberg

Im Laufe des 19. Jahrhunderts entdeckte man immer mehr Hinterlassenschaften der Kelten. Doch erst die Funde, die 1881 in der Nähe der sogenannten »Grubermühle« gemacht wurden, ließen vor allem die Schatzgräber aufhorchen. Nach einem kleinen Erdrutsch im Rainergraben, der sich im Osten des Dürrnberges befindet, ging man daran, den Hang zu sichern. Dabei zerstörte man einige Gräber und sammelte die als wertvoll erachteten Fundobjekte ein. Sie gingen weg wie die sprichwörtlichen warmen Semmeln: Ein gewisser Baron Löwenstein erwarb ebenso welche wie Franz Heger, der Kustos am naturhistorischen Hofmuseum in Wien. Binnen kürzester Zeit sprach sich herum, daß die Funde, unter denen sich auch ein goldener Fingerring befand, einen relativ hohen Gewinn erbracht hatten. Wen aller diese Nachricht auf den Dürrnberg lockte, um hier als Schatzgräber sein Glück zu versuchen, kann heute nicht mehr gesagt werden. Auf jeden Fall trafen im Oktober 1887 Bergknappen aus Gastein ein, um jenen Schatz zu heben, von dem sich ihrer Meinung nach 1881 nur Teile gezeigt hatten. Bis Mai 1888 gruben sie einen 35 Meter tiefen Stollen genau an der Stelle in den Berg, an der der goldene Ring gefunden wurde – natürlich ohne Erfolg.

Mehr Glück hatten dann in den neunziger Jahren ein Taglöhner und seine Frau, die eine Reihe von Grabungen durchführten und einen schwunghaften Handel mit den gefundenen Gegenständen aus Bronze und Edelmetall betrieben. Keramik und Eisengegenstände waren weniger gefragt und wurden von ihnen deshalb nicht geborgen. Die Funde wanderten hauptsächlich nach München, wo sie Kunsthändler weiter verkauften. Ihr Verbleib ist unbekannt. Was dieses Ehepaar alles zerstörte, darüber schweigen die Chroniken. Wahrscheinlich werden sie zahlreiche große, auffallende Grabhügel geplündert haben. So paradox es klingt: Im Gegensatz zu den Gelehrten der damaligen Zeit hatten sie die Bedeutung dieser Hügel als erste richtig erkannt.

Die wissenschaftliche Erforschung des Dürrnbergs begann erst 1910, als sich Martin Hell für die Urgeschichte des Landes zu interessieren begann. Von Anfang an stellte dieser Berg einen Schwerpunkt seiner Forschungstätigkeit dar. In zahlreichen Fachpublikationen beschrieb er die Salzmetropole. Schon 1926 veröffentlichte er eine Karte, in die alle Altfunde und die Entdeckungen, die er bei seinen Begehungen machte, eingetragen waren. Da er die Forschungen nur nebenbei betrieb – seinen Lebensunterhalt verdiente er sich nach wie vor als Bauingenieur –, mußte er auf eigene größere Grabungen verzichten. Ein einziges Mal untersuchte er einen Hüttengrundriß am Südabhang des Ramsaukopfes. Daneben wurden ihm einige zufällig geborgene Grabinventare zur Bearbeitung übergeben.

1926, anläßlich einer Exkursion der Wiener Anthropologischen Gesellschaft, bereitete Hell im Schulhaus eine kleine Ausstellung von Grabfunden vor. Einer der Teilnehmer war Oliver Klose, der Betreuer der »Antikensammlung« des Salzburger Museums. Er zeigte sich von den Exponaten höchst überrascht. Trotz seines Alters von 66 Jahren, seiner Schwerhörigkeit und Kurzsichtigkeit, beschloß er, selbst Ausgrabungen vorzunehmen. Ihn lockte der Erfolg. Um eventuellen Entdeckungen Hells zuvorzukommen, sicherte er sich die alleinigen Grabungsrechte bei den entsprechenden Grundbesitzern. Zudem versuchte er Hells »Vertrauensleute«, die nach Zufallsfunden Ausschau hielten, für sich zu gewinnen.

In Anbetracht dieser unerfreulichen Situation zog sich Martin Hell vom Dürrnberg zurück. Jetzt konnte Klose ungestört arbeiten. Neben einigen bei Bauarbeiten entdeckten Gräbern widmete er sich vor allem den großen, auffallenden Grabhügeln am Moserstein und am Westhang des Putzenkopfes. Da sie jedoch alle bereits durch frühere Plünderungen zerstört waren und die damals praktizierte Grabungsmethode nicht dazu geeignet war, komplizierte Fundverhältnisse zu klären, gab es zwar einige bedeutende Fundstücke, aber nur wenige gesicherte Befunde. Zur spärlichen wissenschaftlichen Ausbeute hat sicher auch Kloses Kurzsichtigkeit beigetragen. Seine Schwerhörigkeit wiederum erschwerte die Verständigung mit den sowieso ungeschulten Hilfskräften, meist Bauern vom Dürrnberg. Auch vom Anfertigen von Zeichnungen hielt Klose nicht sehr viel, und so machte er nur von drei Gräbern eine ungefähre Fundskizze.

Dennoch ging Klose kurz vor seinem Tod in die Geschichte der prähistorischen Forschung ein: 1932 öffnete er unterhalb der »Hexenwand« am Moserstein einen bereits geplünderten großen Grabhügel. Neben den Resten eines zweirädrigen Wagens mit Deichsel, zahlreichen Keramikbruchstücken und einem Hiebmesser fand er die bekannte bronzene Schnabelkanne, die eine einzigartige kunsthandwerkliche Leistung darstellt und heute zu den berühmtesten österreichischen Bodenfunden zählt. Sie wurde von einem einheimischen Künstler nach etruskischem Vorbild hergestellt, dabei jedoch modifiziert: Im Gegensatz zu etruskischen Kannen ist sie stark überhöht und schlank. Neben den keltischen Elementen prägen die Schnabelkanne auch griechische und skythische Eigenheiten. Die Kanne selbst wurde als Treibarbeit hergestellt, die beiden Tiere an der Öffnung und der Henkel sind im Wachsausschmelzverfahren entstanden.

Fürsten, Krieger, Handwerker

1949 wurde in Hallein das Stadtmuseum neu errichtet. Als Kulturreferent der Stadt übernahm Ernst Penninger die Stelle des Kustos. Nebenbei führte er – zuerst noch unter Anleitung Hells – Fundbergungen am Dürrnberg durch. Da diese Arbeit äußerst erfolgreich war, bewarb sich Penninger um die Betriebsleiterstelle der neuen Salzbergbahn, um auch im Dienst mit dem Dürrnberg »verbunden« zu sein. Neben der Überwachung der Erdbewegungen beim

Seilbahnbau erhielt er durch Vertrauensleute laufende Informationen über neue Bauvorhaben am Berg und konnte dadurch eine Reihe vorbeugender Rettungsgrabungen einleiten.

Als am Plateau des Mosersteines ein Kurgarten angelegt werden sollte, ging man 1959 in Windeseile daran, die dort gelegenen Grabhügel eingehend zu untersuchen. Bei der Öffnung des am höchsten Punkt des Mosersteins gelegenen Grabes, von dem nur mehr eine flache Kuppe zu sehen war, stieß man bereits nach einem halben Meter auf ein Skelett. Da dieses jedoch nicht die einzige Bestattung des Hügelgrabes sein konnte, forschte man weiter. Kurz darauf entdeckte man zwischen Resten eines zweirädrigen Wagens einen weiteren Toten. Ihm war ein Schwert mit Horngriff an einem mit Bronzeschließen versehenen Gürtel und ein äußerst seltener bronzener Spitzhelm mit ins Grab gegeben worden. Als Schmuck trug er ein goldenes Armband, einen aus fossilem ebenholzartigen Sapropelit gefertigten Ring und drei Goldfibeln. Zusätzlich fand man ein Rasiermesser und einen dazugehörigen Schleifstein. Als Wegzehrung für die Reise ins Jenseits hatte man den Verstorbenen mit Beerensäften, Wein, Hirsebrei und Fleischspeisen ausgestattet. Die dafür verwendeten Getränke- und Speisengefäße waren besonders interessant: Man entdeckte eine zweihenkelige griechische Schale, ein flaches Bronzebecken, eine Bronzesitula, die mit 88 Zentimeter Höhe und 190 Liter Fassungsvermögen die bisher größte ihrer Art darstellt, ein 60 Zentimeter hohes, mit menschlichen Füßen versehenes bronzenes Standgefäß in Form einer Pilgerflasche und die verzierten bronzenen Beschläge einer vergangenen hölzernen Röhrenkanne. Von den Beschlägen fällt besonders die aus Bronzeblech getriebene Gesichtsmaske eines bärtigen Mannes auf. Bei der Untersuchung der Pilgerflasche entdeckte man, daß ihr etwa 18 Liter umfassender Inhalt einmal aus südeuropäischem Gewürzwein bestanden haben muß.

In einem benachbarten Hügelgrab fand man neben den üblichen Beigaben ein 6,6 Zentimeter langes aus Goldblech hergestelltes Schiffchen mit zwei kleinen Rudern. Es dürfte entweder ein Berufssymbol sein oder mit der antiken Vorstellung von der Bootsfahrt ins Jenseits zusammenhängen. Bis jetzt wurde im keltischen Raum nur ein einziges Mal ein solches Schiffchen in Goldblechausführung gefunden, als Teil eines Schatzfundes, der im irischen Broight geborgen wurde. Aus Ton hingegen entdeckte man ein solches Schiffchen auch am Gipfel des Magdalensberges in Kärnten. Darin sitzt ein nackter Mann mit affenartigem Gesicht. Diese Tonplastik, die vermutlich ebenfalls den Kelten zuzuschreiben ist, wurde von dem österreichischen Volkskundler Leopold Schmidt als »norischer Himmelsbootfahrer« gedeutet.

Die Archäologen bezeichnen die reich ausgestatteten Gräber – wie die eben geschilderten – gewöhnlich als »Fürstengräber«. Wer allerdings wirklich unter den Hügeln in den Bohlenkammern bestattet wurde, ob Adelige, Salzproduzenten, Krieger oder Priester, kann kaum beantwortet werden. Da sich aber auffallend reiche mitten unter normalen oder sogar ärmlichen Gräbern befinden, erhebt sich die Frage, ob es überhaupt innerhalb des Gemeinwesens soziale Unterschiede gab. Vielleicht nutzten nur einige den Reichtum, um »Statussymbole« zu erwerben, die dann ins Grab mitgegeben wurden.

Auch in den »freien Bergstädten« des Mittelalters gab es keine übermäßig starke soziale Differenzierung. Möglicherweise befand sich auf dem Dürrnberg der Eisenzeit ebenfalls ein Gemeinwesen, das aus mehreren gleichberechtigten Familien bestand. Ihren beträchtlichen Reichtum, ihr wirtschaftliches Ansehen und ihre politische Unabhängigkeit mußten sie allerdings durch mühevollen Einsatz unter Tage teuer erkaufen.

Das Leben am Dürrnberg

Die am Dürrnberg entdeckten Gräber lassen sich zu einzelnen Gruppen zusammenfassen, wo wohl jeweils die Bewohner von zwei oder drei Anwesen ihre Toten bestatteten. Diese Streusiedlungen wurden von einzelnen »Salzbergfamilien« bewohnt, »deren Gemeinschaften kulturell sehr einheitlich wirken und die im Durchschnitt gleich wohlhabend waren«, wie es Ludwig Pauli ausdrückt.

Für den Betrieb eines einzelnen Bergbaureviers rechnet man mit zehn bis zwölf Arbeitskräften, die von den Häuern über die Förderer bis zu den Beleuchtern reichen. Zudem waren für den Bergwerksbetrieb Werkzeugmacher und Schmiede notwendig. Da die Dürrnberger Keramik eine gewisse Eigenständigkeit aufweist, kann angenommen werden, daß es lokale Töpfereien gab. Ebenso dürften hier Edel- und Buntmetallgießer sowie -schmiede, Glaserzeuger und Sapropelitschleifer gewirkt haben. Jedenfalls fand man an verschiedenen Punkten Rohsapropelit und Rohglas. Viele Schmuckformen, insbesondere einige Fibeltypen, sind bisher nur am Dürrnberg entdeckt worden. Zur Sicherung des Gemeinwesens existierte wohl eine spezielle Truppe. Da alle notwendigen Tätigkeiten und Berufe innerhalb der einzelnen Familien gleichmäßig verteilt gewesen sein dürften, scheint man keine Sklaven benötigt zu haben.

Eine Gleichsetzung der verschiedenen Berufe mit den Grabfunden ist allerdings unmöglich, da eindeutige Werkzeugbeigaben fehlen. Von den Waffenbeigaben, die in zwei Drittel der Männergräber entdeckt wurden, auf Krieger schließen kann man ebenfalls nicht: In diesem Fall käme man zu einem Mißverhältnis zwischen Kriegern und unbewaffneten Bergarbeitern.

Für Acker- und Gartenbau blieb am Dürrnberg nur wenig Raum. Landwirtschaftliche Produkte mußten daher von auswärts bezogen werden. Das dürfte aber für die Bewohner kein Problem gewesen sein: Sie befanden sich an einer Handelsstraße und waren reich genug, nicht nur Grundnahrungsmittel, sondern auch Genußmittel, wie südländischen Gewürzwein, von weither zu beziehen.

Über den Reichtum und die Handelsbeziehungen geben auch die Gräber Aufschluß: Gegen das begehrte Salz wurde eine ungeheure Menge und Vielfalt an Rohstoffen wie Gold, Silber, Kupfer und Zinn für die Bronzeherstellung, Eisen, Bernstein, fossile Materialien wie Gagat und Sapropelit, Harz,

Koralle, Glas, erlesene Hölzer, Felle, Leder, Stoffe (sogar Seide) und vieles mehr eingetauscht. Dazu kamen die bereits erwähnten Fertigprodukte. All dies zeugt von Handelsbeziehungen und Kulturkontakten zum Mittelmeerraum, zu Griechenland und Süditalien, zum Südostalpenraum, zu Slowenien und Norditalien sowie zum West- und Südwestdeutschen Raum.

Die Skelette und die Beigaben der Gräber gewähren aber auch Einblicke in das mühevolle tägliche Leben und in die geistige Vorstellungswelt der prähistorischen Bewohner des Dürrnberges. Bei der Untersuchung der menschlichen Überreste durch die deutsche Anthropologin Ilse Schwidetzky wurde eine überaus geringe Lebenserwartung festgestellt. Der »Durchschnittsdürrnberger« konnte lediglich auf eine Lebensdauer von 26 Jahren hoffen. Bei den Frauen lag der Gipfel der Sterblichkeit schon knapp unter 20 Jahren, was mit einer überaus hohen Kindbettsterblichkeit zusammenhängen kann. Die Mehrzahl der jungverstorbenen Frauen wird das erste Kind nicht überlebt haben.

Da man aus dem Skelettmaterial der Männer kaum Hinweise auf Kampfverletzungen oder Unfallfolgen erhielt, dürfte für die niedrige Lebenserwartung eine miserable Hygiene verantwortlich gewesen sein. Die »extrem unsaubere Lebensweise« kann zum Beispiel in Hallstatt anhand von Exkrementfunden im Salz nachgewiesen werden, wo man massiven Wurmbefall feststellte. Diese hygienischen Verhältnisse werden natürlich auch eine hohe Säuglings- und Kindersterblichkeit verursacht haben.

Die geringe Lebenserwartung führte dazu, daß sich die Menschen dieser reichen Siedlung an magisches Gedankengut klammerten. Es gibt keinen anderen Ort, wo sich amulettartige Grabbeigaben und Sonderbestattungen so häufen wie am Dürrnberg: Man fand schuh- oder fußförmige Anhänger, menschen- und tierähnliche Figürchen, Steinbeile, durchlochte Steine, Hirschhornstücke und Tierzähne. Diese Dinge sind nicht unmittelbar zur Tracht zu zählen, sondern besitzen – wie wir auch aus jüngerer Zeit wissen – schützenden, beschwörenden und abwehrenden Charakter.

Ähnlich verhält es sich mit den Abweichungen von den üblichen Bestattungsformen, mit den sogenannten »Sonderbestattungen«. In diesem Fall wollte man sich vor der »Gefährlichkeit« gewisser Verstorbener, wie zum Beispiel solcher, die eines unnatürlichen Todes starben, durch besondere Maßnahmen schützen.

In zwei Gräbern von Frauen wurden unter anderem auch verschieden gestaltete Kultstäbe, einmal in Form eines Szepters, ein anderes Mal in Gestalt einer Geißel, entdeckt. Die Stäbe dürften bei Feierlichkeiten von Frauen höheren Standes, die bei gewissen Kulthandlungen eine Rolle spielten, getragen worden sein. Vielleicht handelte es sich auch bei den Trägerinnen um Priesterinnen.

Die für damalige Verhältnisse relativ hochwüchsige Dürrnberger Bevölkerung – Männer erreichten im Durchschnitt eine Größe von 169 Zentimeter, Frauen

158 Zentimeter –, mit eher grazilen Gesichtszügen, mußte wegen der hohen Sterblichkeit laufend arbeitsfähige Menschen aufnehmen. Anhand der Funde konnte man nachweisen, daß Kulturkontakte zum alpinen Hinterland, vor allem zu den Tälern der Salzach, Saalach und des Inns, bestanden. Vielleicht waren es auch nur Saisonarbeiter, die aus verschneiten Regionen auf den klimatisch günstigeren Dürrnberg kamen. Es kann nämlich sein, daß wegen Schwierigkeiten in der Bewetterung, also der Frischluftzufuhr der Stollen, die Bergbautätigkeit im Sommer eingestellt war. Denn im Winter dürfte die wärmere in den Stollen befindliche Luft nach oben gestiegen und entwichen sein, was die Luftzirkulation begünstigte. Im Sommer allerdings war es in den Stollen kühler als ober Tag, und die Luft bewegte sich nicht. In diesem Fall jedoch war nach einiger Zeit der Sauerstoff verbraucht, und es konnte nicht weitergearbeitet werden. Das hieße jedoch, daß für den Untertagabbau nur rund sieben Monate in der kalten Jahreszeit zur Verfügung standen.

Die Quelle des Reichtums

Schon der Mensch der Jungsteinzeit suchte den Dürrnberg auf. Er siedelte hier allerdings nur in der warmen Jahreszeit und nutzte auch nur in diesen Perioden die wohl zufällig entdeckten natürlichen Salzquellen. Diese vor über 4000 Jahren einsetzende Salzgewinnung durch Verdunsten oder Versieden der Quellsole wurde bis in die frühe Bronzezeit betrieben.

Aus der Bronze- und Urnenfelderzeit sind nur spärliche Funde bekannt, eine Besiedlung des Berges und ein Salzabbau dürften in dieser Zeit kaum stattgefunden haben. Erst in der Hallstattzeit gewann der Dürrnberg wieder an Bedeutung. Man ließ sich hier dauernd nieder und rückte dem weißen Gold mit neuen Methoden zu Leibe: Man trieb Stollen in den Berg. In fünf Zonen wurde in einer Tiefe von 90 bis 200 Meter das Steinsalz um den Hahnrainkopf abgebaut. Ehemalige Stolleneingänge und eingestürzte Gruben kann man heute noch als »Pingen« oberflächlich erkennen. Auf den Nordostabhängen des Hahnrainkopfes, in der Nähe der ehemaligen Mundlöcher, sind auch noch mächtige Abraumhalden zu sehen.

In der jüngeren Eisenzeit verlagerte sich der Schwerpunkt der Salzgewinnung gänzlich von Hallstatt auf den Dürrnberg. Die Tatsache, daß die Kelten dem Dürrnberg den Vorzug gaben, hängt möglicherweise mit jenem gewaltigen Bergsturz zusammen, der in Hallstatt dem Abbau ein Ende bereitet haben dürfte, noch bevor die Salzvorkommen hier ausgebeutet waren. Auch die für den Salzhandel günstige Verkehrslage des Dürrnberges wird eine Rolle gespielt haben.

Nach Angaben des Bergbaufachmannes Othmar Schauberger betrug die maximale Gesamtlänge der Stollen rund 5000 Meter. Sie dehnten sich auf einem Gebiet von 173.000 Quadratmeter aus. Errechnet wurden diese Zahlen aufgrund der Fundstellen der im Berg eingeschlossenen und konservierten Hinterlassenschaften des prähistorischen Bergmannes. Der neuzeitliche Bergbau fördert viele dieser Relikte zutage: Beleuchtungsspäne, Axt- und Pickelstiele, Seilstücke aus Bast, Riementeile, Holzschaufeln und Tragtaschen aus Leder, Wetzsteine, Pflanzen-, Speise-, Gewebe- und Fellbekleidungsreste sowie Stollenverzimmerungen geben ebenso wie in Hallstatt Aufschluß über die Art des Stollenausbaues, der Abbau- und Fördertechnik sowie über die Beschaffenheit der Werkzeuge, Geräte, Ausrüstung und Bekleidung der urzeitlichen Bergleute.

Eine planmäßige Untersuchung des Halleiner Heidengebirges wurde bis jetzt allerdings nicht vorgenommen. Man konnte nicht einmal die Bergbehörde dazu bringen, bei Arbeiten in diesen Gebieten sorgfältige Fundbeobachtungen anzuordnen. Kein Wunder also, wenn Ernst Penninger wettert: »Immer wieder muß in Erfahrung gebracht werden, daß beim Nachschlag oder der Zurüstung von Stollen, Schürfen, etc. prähistorische Funde entdeckt werden, die man aus Bequemlichkeit oder Unachtsamkeit verwirft oder die in die Privatsammlung eines Knappen kommen.« Eine weitere Folge dieser Situation ist, daß fast alle im Halleiner Keltenmuseum ausgestellten Untertagfunde nur Dauerleihgaben der Privatsammlung des 1924 verstorbenen Arztes Karl Mittermayer sind. Ihm war es möglich, nach anstrengenden Arbeitstagen nachts in den Berg einzufahren und im ausgelaugten Bodensatz der Sinkwerke nach prähistorischen Fundgegenständen zu suchen.

Die Umstellung des Untertagbaues zum Laugverfahren, also zur künstlichen Soleerzeugung und -versiedung, fand wahrscheinlich in der frühen Phase der jüngeren Eisenzeit statt. Dadurch war es nicht nur möglich, reines Salz zu gewinnen, sondern auch die weniger salzhältigen Vorkommen wirtschaftlich zu nutzen. Die Soleversiedung wurde sicher einige Zeit parallel zum Steinsalzabbau betrieben. Bisher konnten allerdings die Versiedeanlagen noch nicht eindeutig lokalisiert werden. Einige Funde von Martin Hell, die er im Ramsautal machte und mit deren Hilfe er auf Industrieeinrichtungen schloß, gelten heute nicht mehr als sichere Beweisstücke.

Wo man opferte und wohnte

Zu allen Zeiten besaßen Siedlungen Kultstätten. Solche gibt es auch am Dürrnberg. Infolge der ausgeprägten mythischen Vorstellungen der Kelten ist es weiter nicht verwunderlich, daß sich am Dürrnberger Hallersbühel ein Brandopferplatz befunden hatte. Bereits 1926 erkannte Martin Hell aufgrund von Oberflächenfunden die wahre Bedeutung dieser Stätte. 1969 bis 1971 konnte Ernst Penninger durch eine planmäßige Ausgrabung Hells Vermutungen bestätigen. Hier waren während der Späthallstatt- bis in die Mitte der jüngeren Eisenzeit – wie die gefundenen Knochenreste eindeutig ergaben – Rinder, Schweine und Schafe beziehungsweise Ziegen den Flammen übergeben worden. Zudem entdeckte man massenhaft Tonscherben, die von kleinen Bechern bis zu Großgefäßen mit fast einem Meter Randweite stammten.

In der Mitte der jüngeren Eisenzeit war der gesamte Brandopferplatz einplaniert und Scherben, Knochen, Holzkohle und Asche in einen Graben an der Nordwestseite des Platzes geworfen worden. Noch heute findet man diese Materialien bis in eine Tiefe von zwei Meter. Geheimnisumwittert sind zwei je 1,1 Meter breite und 4 Meter lange Bänder aus mosaikartig aneinandergelegten Scherben, die sich rund 30 bis 40 Zentimeter unter der Oberfläche des Opferplatzes dahinziehen, an dessen Fuß sich auch noch eine gefaßte Quelle befindet.

Möglicherweise wurde diese Kultstätte von einer anderen abgelöst, die am Westfuß des Putzenkopfes, einem Ausläufer des Ramsaukopfes, lag. Bei dieser handelt es sich um eine Art »Viereckschanze«, also um eine jener Anlagen, die ihren Namen von den Wällen haben, die die heiligen Bezirke der Kelten umgaben. Der Name stammt noch aus der Zeit, als sie von der Forschung für Befestigungen gehalten wurden. Die Innenfläche der 25×30 Meter großen Dürrnberger Anlage wurde künstlich eingeebnet. Dadurch mußte man sie nur gegen Westen durch einen niedrigen Steinwall begrenzen, an den übrigen Seiten befindet sich eine 2 bis 3 Meter hohe Böschung. In der Südostecke befindet sich ein torartiger Einlaß. Es gibt weiters Anhaltspunkte, daß sich an der Nordseite einmal ein sogenannter Umgangstempel befunden hat. Da bei der Erbauung ein angrenzender Grabhügel aus der frühen Phase der jüngeren Eisenzeit beschädigt wurde, kann die Viereckschanze frühestens in der Mitte der jüngeren Eisenzeit errichtet worden sein.

Von der Besiedlung des Dürrnberges ist trotz aller Begehungen und der vielen Zufallsfunde nicht allzuviel bekannt. Während der Hallstattkultur befand sich das Siedlungszentrum am Moserstein. Im Osten reichten die Gebäude bis zum Ramsaukopf, im Westen und Süden bis zum Hahnrain- und Ruedlkopf. Die Siedlung der jüngeren Eisenzeit ging weit über die Grenzen des Hallstattwohnraumes hinaus und umfaßte fast zur Gänze die heutige Gemeinde Dürrnberg. Am Ramsaukopf entstand eine befestigte Höhensiedlung, die vermutlich den etwa 10 Kilometer entfernten Fürstensitz am Hellbrunnerberg ablöste. Auf diesem Höhenrücken sind heute noch zahlreiche Siedlungsterrassen zu erkennen. Sowohl die Nord- als auch die Südflanke waren einst mit mächtigen Wällen gesichert. Im Süden existierte eine doppelte Toranlage. Wie Probegrabungen ergaben, befanden sich auf den Terrassen Wohnhütten. Diese Höhensiedlung konnte in Notzeiten dem größten Teil der Bevölkerung vorübergehend Schutz bieten. Zusätzlich kontrollierte diese Anlage den alten Weg vom Dürrnberg nach Hallein, der durch den Rainergraben ins Ramsautal führte.

Als 1956 am Westwall des Ramsaukopfes im Bereich eines der Befestigungswälle ein Hangrutsch erfolgte, durchsuchte man das abgerutschte Material und legte einen Suchschnitt bis zur Wallkrone an. Dabei fand man überraschend viele Siedlungsfunde, aber auch Gegenstände, wie zum Beispiel Schleuderkugeln, die auf Kämpfe um diese Wallburg schließen lassen.

Ein objektives Bild der urgeschichtlichen Besiedlung des Dürrnberges gelang es bis jetzt allerdings nicht zu zeichnen. Sehr weit über Martin Hells ersten

Versuch von 1926 ist man, abgesehen von einigen kleineren Grabungen bei Wohnstellen und zusätzlichen Kartierungen von Streufunden, nicht hinausgekommen.

Lediglich das Freilegen einiger Hausgrundrisse konnte ein spärliches Licht in das Dunkel des Siedlungswesens bringen. Als 1954 am Moserstein 30 Zentimeter Humus abgegraben wurde, zeichneten sich die Grundrisse von zwei langgestreckten Großbauten deutlich als dunkle Verfärbungen von der Umgebung ab. Noch mehr förderte man am Ostabhang des Mosersteines zutage: Auf einer Geländestufe hatten Fliegerbomben des 2. Weltkrieges zwei tiefe Krater gerissen. Als sie der Grundbesitzer zur Erleichterung der Feldbestellung einebnen wollte, führte man gleich eine Ausgrabung durch. 1963/64 stieß man dabei auf einen in der ersten Hälfte des 4. Jahrhunderts errichteten Blockwandbau, der nach kurzem Bestand abgebrannt sein mußte und auf einen mehrräumigen Neubau. Auch er wurde in Blockbauweise hergestellt, allerdings setzte man die sorgfältig mit Lehm verstrichenen Stämme auf Steinfundamente auf. Das Gebäude bestand bis ins 2. Jahrhundert vor Chr. und verfiel dann langsam. Bei den Rettungsgrabungen von 1978 fand man in unmittelbarer Nähe ähnliche Häuserreste.

Geheimnisvolle Barbaren

Viel wurde bereits darüber geschrieben, woher die Kelten kamen. Da in kaum einer überlieferten schriftlichen Quelle exakte Anhaltspunkte über ihre Urheimat zu finden sind, wurden diese Barbaren, wie sie die Antike bezeichnete, oft als geheimnisumwittertes Volk mit mysteriöser Vergangenheit dargestellt. In der »Österreichischen Geschichte für das Volk« aus dem Jahr 1865 kann man zum Beispiel lesen, daß die Kelten im 16. Jahrhundert v. Chr. »aus Asien, der Wiege des Menschengeschlechtes« kommend, in Europa einwanderten. Die Wahrheit allerdings dürfte viel einfacher sein.

Von den ältesten Nachrichten über die Kelten blieb uns ein Hinweis von Hekataios aus Milet aus der Zeit gegen 500 v. Chr. erhalten, aus dem hervorgeht, daß Massalia, das heutige Marseille, in der Nähe des keltischen Gebietes lag. Allerdings sind uns die Angaben des Hekataios nur fragmentarisch und als Abschrift in viel späteren Büchern überliefert, und wir wissen nicht, inwieweit der ursprüngliche Text verändert wurde.

Herodot berichtete um 450 v. Chr. in seinem historischen und ethnographischen Werk über die damals bekannte Welt, daß die Kelten »jenseits der Säulen des Herakles ... im äußersten Westen Europas wohnen«. Außerdem entspringe in ihrem Land der Istros, die Donau. Allem Anschein nach dürfte der Bericht darauf zurückgehen, daß Seefahrer nach der Durchfahrt durch die Meerenge von Gibraltar, deren Felsen in der Antike als die »Säulen des Herakles« bezeichnet wurden, an der spanischen oder französischen Küste auf Kelten gestoßen sind. Danach käme für die Heimat der Kelten, die damals noch nicht ihre großen Züge nach dem Süden begonnen hatten, das Gebiet Westeuropas und des südlichen Mitteleuropas in Frage.

Auch spätere Nachrichten und mitunter auch Sagen vom Ursprung mancher Stämme führen uns bei der Suche nach der Heimat der Kelten ebenfalls an die obere Donau und nach Westeuropa. So berichtet der römische Historiker Titus Livius von einer Sage, nach der der keltische Biturigerkönig Ambigatus wegen Übervölkerung zwei Scharen auswandern ließ. Die eine soll nach Osten zum herzynischen Wald gezogen sein, vermutlich also in Richtung Böhmerwald, Erzgebirge und Sudeten, die andere nach Süden in den italienischen Raum. Auch wenn der Wahrheitsgehalt dieser verhältnismäßig spät entstandenen Sage einigermaßen umstritten ist, so stellt sie doch ein Beweisbruchstück für die Theorie dar, daß als Ursprungsgebiet der Kelten der ostfranzösische, nordschweizerische und süddeutsche Raum, also ein breiter Streifen von der Champagne bis nach Böhmen, in Betracht zu ziehen ist. Während der Hallstattzeit muß hier jenes Volk »gewachsen« sein, das um 400 v. Chr. als die historisch bezeugten Kelten von sich reden machten.

Die Zeitepoche, deren Kultur sie prägten, wurde nach einer Sandbank am Ufer des Neuenburger Sees in der West-Schweiz Latènekultur benannt. Nicht ohne Grund: In der Mitte des 19. Jahrhunderts stieß man dort beim Baggern auf große Mengen von Eisengegenständen. 2500 Schwerter, zahlreiche Lanzen, Schilde, Messer, Sicheln, Sensen und Fibeln wurden aus dem See gefischt.

Als sich 1853/54 infolge eines strengen Winters der Wasserstand des Sees vorübergehend senkte, begann sich Ferdinand Keller für diese Sandbank zu interessieren. Systematische Forschungen wurden allerdings erst in den Jahren 1907 bis 1917 unternommen. Doch sie konnten ebensowenig zur Klärung der Frage, was sich dort einst befunden hatte, beitragen wie die Publikationen der Schweizer Prähistoriker Emil und Paul Vouga. Es könnte sich hier um eine Zoll- oder Militärstation gehandelt haben, aber auch ein Warenlager oder gar ein Opferplatz ist denkbar.

Auf jeden Fall besaßen die Funde aus La Tène einen einheitlichen Charakter und unterschieden sich von den bis dahin bekannten eisenzeitlichen Fundstücken aus Hallstatt.

Da sich ähnliche Fundobjekte im Laufe der Zeit an anderen Orten mehrten, machte Hans Hildebrand 1872 den Vorschlag, die vorrömische Eisenzeit in zwei Abschnitte aufzuteilen: in einen älteren, die Hallstattzeit, und einen jüngeren, die Latènezeit. Bald darauf versuchte man diese Periodeneinteilung einer weiteren, feineren Gliederung zu unterziehen. Da man modische Veränderungen von Waffen und Schmuckstücken, besonders bei Fibeln feststellte, unterteilte man zunächst die Latènezeit in drei Stufen. Weitere Funde veranlaßten den deutschen Prähistoriker Paul Reinecke im Jahr 1902, sogar vier Entwicklungsstufen herauszuarbeiten: A (500 bis 400 v. Chr.), B (400 bis 300 v. Chr.), C (300 bis 100 v. Chr.) und D (100 bis Christi Geburt). Latène A gilt als die Frühlatènezeit, B und C als die Mittellatènezeit und D als Spätlatènezeit.

Heute orientieren sich die meisten Forscher nach dieser Einteilung. Etwas abgewandelt schrieb der tschechische Urgeschichtsforscher Jan Filip 1956 in seinem Standardwerk »Die Kelten in Mitteleuropa«, daß Latène 1 das 5. Jahrhundert v. Chr. umfasse, also jene Zeit vor der historischen Expansion der Kelten, in der sie starke Handelsbeziehungen zur südlichen Welt unterhielten. Unter Latène 2 (400 bis 250 v. Chr.) sei die Periode der Ausbreitung der Kelten zu verstehen, in der sie als Schrecken Europas in Mittel- und Südosteuropa sowie in Italien einfielen und mit dem etruskisch-italienischen, griechischen und skythischen Milieu in unmittelbare Berührung kamen. Bei Latène 3 (250 bis 125 v. Chr.) handle es sich um jene Zeit, in der sich die aus Süd- und Südosteuropa zurückgedrängten Kelten in Mitteleuropa konzentrierten, wodurch es zu einer wirtschaftlichen und gesellschaftlichen Umstellung kam. Latène 4 (125 bis 50 v. Chr.) umfasse die Blütezeit des keltischen Siedlungs- und Befestigungswesens sowie den Höhepunkt des keltischen Handels und Gewerbes, auf den dann durch den ständig anwachsenden Druck der Germanen der Niedergang erfolgte.

Die Geburt eines Volkes

Will man die Frage beantworten, wie die Kelten entstanden, muß man davon ausgehen, daß Stämme und Völker, also sogenannte ethnische Einheiten, nicht unverändert jahrtausendelang existieren, sondern ständigen Veränderungen unterworfen sind. So gesehen ist es praktisch unmöglich, das Volk der Kelten – wie es vergangene Forschergenerationen versuchten – in der Bronzezeit oder gar Jungsteinzeit nachzuweisen. Nicht zuletzt deshalb, weil – wie bereits erwähnt wurde – die verschiedenen »Kulturen« nicht oder zumindest nicht in jedem Fall mit Stämmen bzw. Völkern gleichzusetzen sind.

Die Entstehung eines Volkes ist ein »komplizierter und komplexer ökonomisch-sozial-politisch-ethnogenetischer Vorgang«, wie es der ostdeutsche Urgeschichtsforscher Friedrich Schlette ausdrückt. Versucht man diesen Prozeß im Fall der Kelten mit archäologischen Mitteln zu rekonstruieren, wird man entdecken, daß in jenem Gebiet, in dem die Kelten laut der ersten schriftlichen Nachrichten vor ihren großen Wanderungen siedelten, die West-Hallstatt-Kultur in ihrer spezifischen Ausprägung verbreitet war. In diesem Raum konzentrierten sich während des 6. und beginnenden 5. vorchristlichen Jahrhunderts über 50 Wagengräber und etwa 70 Goldfundplätze. Darunter befinden sich gewaltige Grabhügel mit kostbaren Beigaben, die sich in unmittelbarer Nähe einer bedeutenden Burganlage befanden. Der Reichtum dieser Gräber, die gewaltige, zentral gelenkte Arbeitsleistung, die für die Anlage der großen Grabhügel und stattlichen Befestigungen notwendig war, weisen auf jene Adelsschicht hin, die bereits in der Hallstattkultur vorhanden war.

Durch Kriege konnte das Ansehen des Adels wesentlich erhöht werden. Politisch zählte der militärische Erfolg, ökonomisch die dabei gemachte Beute, von der die Krieger, insbesondere die Gefolgschaftsleute, ihren entsprechenden Anteil erhielten. Da bei der Einverleibung von Gebieten zudem Arbeitskräfte gewonnen wurden, kann man davon ausgehen, daß der Krieg in dieser Zeit einen fast alltäglichen Erwerbszweig darstellte. Naturgemäß führte dies zu Reaktionen der Besiegten. Davor schützte man sich durch die Anlage von stattlichen Wallburgen, die möglicherweise auch ein Statussymbol darstellten.

Die Übereinstimmung des ursprünglichen Wohngebietes der Kelten mit dem Siedlungsgebiet der späten Hallstattkultur sowie die kontinuierliche Fortführung der sozial-ökonomischen Strukturen dieser Kultur in der keltischen Latènezeit läßt den Schluß zu, daß man als Träger der Westgruppe der späten Hallstattkultur bereits die Kelten betrachten kann. Vorerst dürfte nur ein als ethnische Einheit herausgebildeter Stamm den Namen »Kelten« getragen haben, der im Lauf der Zeit eine gewisse Vorherrschaft erlangte. Wo die Führer dieser ethnischen Einheit saßen, wissen wir nicht. Fest steht, daß bald darauf andere Stämme diesen Ur-Kelten untertan wurden und entweder ihren Namen übernahmen oder von der antiken Welt einfach aus unzureichender Kenntnis als Kelten bezeichnet wurden.

Während des 5. vorchristlichen Jahrhunderts verlagerte sich der kulturelle Schwerpunkt aus dem Rhein-Donau- in das Rhein-Mosel-Gebiet. Diese Veränderung könnte mit der historischen Expansion der Kelten in Zusammenhang stehen, die vom Oberrhein ihren Ausgang nahm. In diesen Zeitraum fällt auch das Ende der großen Burgen und der prunkvoll ausgestatteten Gräber.

Die Problematik der Entstehung und Ausbreitung der Kelten wirft ihre Schatten auch auf den Dürrnberg. Wenn die Kelten aus der West-Hallstattkultur hervorgingen, so hat Fritz Moosleitner recht, wenn er behauptet: »Der Dürrnberg besitzt zwar starke Beziehungen auch zum Westen, aber an eine Einwanderung von dort ist keineswegs zu denken!« Der Übergang von der älteren zur jüngeren Eisenzeit, von der Hallstatt- zur Latènekultur läßt sich am Dürrnberg seiner Meinung nach besonders gut verfolgen: Die Gräbergruppe am Eiselfeld südwestlich der Wallfahrtskirche beherbergt Späthallstatt- und Frühlatènegräber. Sie liegen in engster Nachbarschaft über- und nebeneinander, was beweist, daß der Übergang von einer Kultur auf die andere innerhalb der bereits ansässigen Bevölkerung sehr rasch erfolgt sein muß.

Eine interessante neue Meinung vertritt der deutsche Prähistoriker Ludwig Pauli. Da in den Funden am Dürrnberg eine starke inneralpine Komponente zu finden ist, schließt er auf ein nichtkeltisches, inneralpines Volkstum, das am Dürrnberg der Hallstattzeit siedelte. Da aber zu Beginn der Latènekultur keine Einwanderungen festgestellt werden können, kann sich das Volkstum nicht gewandelt haben. Pauli sieht deshalb in dem nun auftretenden Wechsel im materiellen Besitzstand eine freiwillige Umorientierung und Selbstzuordnung der Dürrnberger zu den Schöpfern der Frühlatènekultur, also zu den Gebieten, die im Norden und Nordwesten angrenzen. Pauli nimmt weiters an, daß sich daraufhin Dürrnberger Handwerker an Ort und Stelle mit der Weiterentwicklung des Frühlatènestils befaßt hätten.

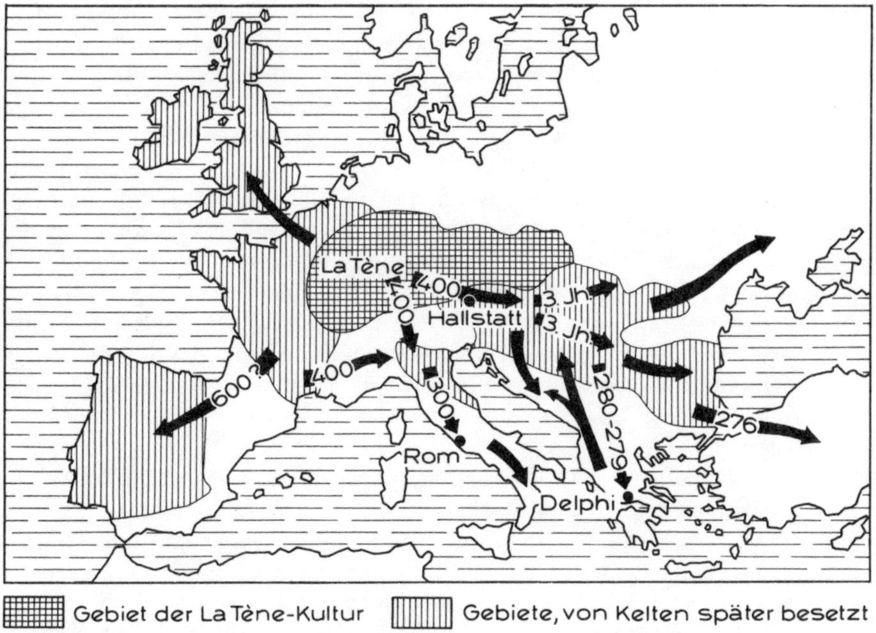

Verbreitung der Latènekultur und keltische Wanderungen (nach Ausstellungskatalog „Die Kelten in Gallien")

Da Pauli aber hinter der Frühlatènekunst religiöse Ideen vermutet, würde diese plötzliche radikale Umorientierung auch eine Hinwendung zu diesen religiösen Vorstellungen bedeuten. Dadurch bestünde aber gleichzeitig die Berechtigung, die prähistorischen Dürrnberger im weitesten Sinne als Kelten zu bezeichnen. Auf jeden Fall glaubt auch Pauli nicht an eine Besitzergreifung des Dürrnberges zu Beginn der Latènekultur durch Einwanderer.

Schwarze Tage für die Antike

Im Jahre 387 v. Chr. erreichte Rom eine Schreckensnachricht: Kelten hatten die Römer an der Allia, einem Nebenfluß des Tibers, vernichtend geschlagen und marschierten gegen die Hauptstadt. Kurz darauf war auch Rom in ihren Händen. Nur das Kapitol, die Tempelburg im Inneren der Stadt, blieb von den plündernden Kelten verschont.

Dorthin hatten sich laut Titus Livius alle wehrfähigen Männer sowie die Frauen und Kinder zurückgezogen. Angeblich harrten die Kelten mit beispielloser Energie sieben Monate unter dem steilen Burgfelsen aus. Eine Erstürmung gelang jedoch nicht. Selbst einer Schar Kelten, die sich »in einer sternenklaren Nacht« anschlich, wie Livius berichtet, boten die Römer die Stirn. Allerdings nur mit Hilfe ihrer heiligen Gänse. Die Kelten fanden einen leicht zu erkletternden Felsen und gelangten »so leise zum Gipfel, daß sie von den Wächtern unbemerkt blieben, ja nicht einmal die Hunde weckten, die sonst bei jedem nächtlichen Geräusch anschlagen. Nur den Gänsen blieben sie nicht ungehört. Man hatte diese trotz der größten Hungersnot geschont, weil sie der Juno heilig waren. Ihr Geschnatter und Flügelschlagen weckte Marcus Manlius. Er war ein kriegstüchtiger Mann und vor drei Jahren Konsul gewesen. Hastig nahm er sich Waffen, rief die anderen und stürmte herbei. Während seine Kameraden noch zusammenliefen, stieß er mit dem Schildrükken den ersten obenstehenden Gallier hinunter. Der Stürzende riß die nächsten mit, und Manlius tötete einige andere, die ganz bestürzt die Waffen weggeworfen hatten und nun an den Klippen hingen und sich daran festklammerten. Inzwischen scharten sich schon mehrere Römer um Manlius und verjagten den Feind mit Pfeilen und Schleudersteinen.« Soweit der Bericht von Titus Livius, der allerdings erst rund 300 Jahre nach diesem Ereignis verfaßt wurde. Zudem war Livius kein Historiker im heutigen Sinn. Quellen stand er durchaus unkritisch gegenüber. So wird sicher nicht alles so geschehen sein, wie er es schilderte.

Der Tag an der Allia ging als »Dies ater«, als schwarzer Tag in die Geschichte des römischen Imperiums ein. Er sollte jedoch nicht der einzige für die Antike bleiben. Die Kelten expandierten, und wer sich ihnen entgegenstellte, wurde überrannt. Die eigentlichen Ursachen für diese Wanderungen sind uns nicht bekannt. Tatsache ist, daß die Kelten bis an die Grenzen Europas und sogar darüber hinaus vordrangen.

Die einzelnen Wanderungen dürften aus verschiedenen Beweggründen erfolgt sein und vollzogen sich auch unterschiedlich. Zum Teil waren es Wanderungen ganzer Stämme oder Stammesteile, die der heimatliche Ackerboden nicht mehr ernähren konnte. So zog man mit Frau und Kind sowie der ganzen beweglichen Habe auf der Suche nach ertragreichen Gebieten fort. Ein solcher Zug bestand vermutlich aus Zehntausenden von Menschen, und es dauerte sicher einige Jahre, bis man sich für kürzere oder längere Zeit mit Gewalt oder im Einvernehmen mit der einheimischen Bevölkerung entsprechendes Land angeeignet hatte. Daneben gab es ausgesprochene Kriegs- und Plünderungszüge, die dem Erwerb von fremdem Vieh, Rohstoffen, Edelmetallen, Getreide und ähnlichem dienten.

Betrachtet man das Ursprungsgebiet der Kelten am Oberrhein und an der oberen Donau mit der riesigen Fläche, in die keltische Scharen eindrangen, erscheint dieses Verhältnis fast unrealistisch. Dabei darf jedoch nicht außer acht gelassen werden, daß die Wanderungen auch Stämme mitmachten, die keine »echten« Kelten waren. Sie waren unterjocht worden und wurden nur aus dem Blickwinkel der antiken Welt als Kelten bezeichnet. Auch dürfte sich mitunter die einheimische Bevölkerung den keltischen Eroberern angeschlossen und so die Zahl der Wandernden vermehrt haben. Dazu kommt, daß ja nicht alle Wanderungen und Kriegszüge gleichzeitig stattfanden und oft nur kurzfristiger Natur sowie ohne nachhaltige Wirkung waren.

Man nimmt an, daß die Expansionen im 5. Jahrhundert v. Chr. begonnen haben. Allerdings ist dieses Datum keineswegs gesichert. Da die Vorgänge nördlich der Alpen außerhalb des Interessenbereiches der mittelmeerländischen Städte und Staaten lagen, blieben sie auch weitgehend unbekannt und wurden nicht überliefert. Erst als die Kelten über die Alpenpässe nach Italien einfielen, verließen sie das »Dunkel der Geschichte«. Über verschiedene westalpine Pässe drangen sie in den Machtbereich einiger ligurischer Stämme und des etruskischen Städtebundes. Um 390 v. Chr. zerstörten sie die etruskische Stadt Melpum und gründeten an ihrer Stelle Mediolanum, das heutige Mailand. Auch Brescia, Bologna, Bergamo und Verona gehen auf keltische Gründungen bzw. Neugründungen zurück.

Nachfolgende keltische Stämme wandten sich gezwungenermaßen weiter nach Süden. Sie überschritten den Appenin und nahmen Rom ein. Ein Teil von ihnen marschierte bis nach Süditalien und Sizilien.

Der »gallische Schrecken« sollte Italien noch viele Jahre beherrschen. Das 4. und 3. vorchristliche Jahrhundert sind durch wechselvolle Kämpfe gekennzeichnet, bei denen die Kelten einmal im Bündnis mit anderen italienischen Stämmen, dann wieder zusammen mit Rom gegen gemeinsame Feinde stritten. Die Kelten wurden in die Kämpfe um die Vorherrschaft in Italien einbezogen – in jene zwischen Rom und den Etruskern ebenso wie in jene zwischen Rom und Karthago, seinem Nebenbuhler im Mittelmeerraum. Mehr noch: Sie wurden zum Spielball der kämpfenden Parteien. So wurde ihr Leben abwechselnd von friedlichen Beziehungen, neuen Raubzügen, Freundschaftsverträgen, Kampfhandlungen sowie Siegen und Niederlagen geprägt.

Da die Kelten den mittelmeerländischen Stämmen und Völkern kulturell unterlegen waren, glichen sie sich den einheimischen Verhältnissen an. Sie lernten neue Produktionstechniken und -erfahrungen kennen und übernahmen den Lebensstil dieser Völker.

Um 225 v. Chr. kam es zu erneuten keltischen Einwanderungen aus dem nordalpinen Raum und zu neuen Kämpfen mit Rom. Doch diesmal gelang es den Römern, die Kelten bei Telamon, noch über 100 Kilometer vor der Stadt, zu schlagen. Der Zusammenhalt zwischen den einzelnen keltischen Stämmen war äußerst gering: Auch auf römischer Seite kämpften Kelten. Dies dürfte auch die Ursache gewesen sein, daß es ihnen nicht gelang, gemeinsam mit dem nach Italien eingedrungenen Hannibal eine Wende herbeizuführen. Als der zweite Punische Krieg gegen Karthago (218–201 v. Chr.) zugunsten Roms entschieden wurde, war das Schicksal der Kelten endgültig besiegelt. Ein Teil von ihnen, darunter der Stamm der Boier, wanderte aus, einige zogen sich in die Alpentäler zurück. Jene, die zurückblieben, vermischten sich mit der römischen Bevölkerung.

Kriegsschauplatz Gallien

Wie weit in Richtung Westen das hallstattzeitliche Keltentum im 5. und 6. Jahrhundert v. Chr. verbreitet war, ist nicht mehr feststellbar. Es ist aber nicht anzunehmen, daß die Burg von Mont Lassois an der oberen Seine der westlichste Punkt des frühen Keltentums war. Auf jeden Fall breiteten sich im

Laufe des 5. und 4. Jahrhunderts v. Chr. die Kelten aus dem ostfranzösischen und westschweizerischen Gebiet über ganz Frankreich aus. Auf ihrem Weg nach Süden an die Mittelmeerküste trafen sie auf ligurische Stämme, in Richtung der Pyrenäen und vor allem nach Überschreiten dieses Gebirges auf iberische. Da sich diese Vorgänge großteils in antiken Nachrichten niederschlugen, können wir in diesen Gebieten die einzelnen Stämme unterscheiden. Auch wissen wir, daß sich die Kelten auf der Pyrenäenhalbinsel – von dem rein iberischen Nordostspanien abgesehen – mit der einheimischen Bevölkerung vermischten und als Keltiberer bezeichnet wurden. Ähnlich war es im Gebiet der Rhône, wo man von Kelto-Ligurern sprach. Diese westeuropäischen Kelten waren es wahrscheinlich, von denen Hekataios und Herodot berichteten.

Zuletzt war ganz Gallien – also das Land zwischen Rhein, Atlantik, Pyrenäen, Mittelmeer und Alpen – von Kelten besiedelt. Bald schon zeigten die Römer an diesem Gebiet Interesse. Vorerst allerdings wandten sie sich Spanien zu: 197 v. Chr. gründeten sie an der Ostküste der Pyrenäen-Halbinsel die Provinz Hispania citerior sowie an der Südküste Hispania ulterior. 133 v. Chr. eroberten sie die Stadt Numantia. Nun versuchten sie eine römische Landbrücke zwischen dem italienischen Mutterland und Spanien zu schaffen. Als Massilia, damals die bedeutendste Handelsstadt an den westeuropäischen Mittelmeerküsten, die Römer um Hilfe gegen feindliche ligurische und keltische Stämme bat, blieb das römische Heer nach seinem Sieg einfach dort. Damit fiel ihm ein Küstenstreifen in die Hände, der vom heutigen Monaco bis zu den Pyrenäen reichte. Gleichzeitig schürte man die ohnehin bestehenden Zwistigkeiten und Uneinigkeiten zwischen den einzelnen gallischen Stämmen. Als Folge davon trat der bedeutende Stamm der Haeduer aus dem gallischen Bund aus und wurde Verbündeter des Römischen Volkes. Als 121 v. Chr. der damals führende keltische Stamm der Arverner sowie die Allobroger geschlagen werden konnten und der Arverner-König gefangen wurde, erklärten die Römer das Gebiet vom Genfer See und den französischen Alpen bis zum Oberlauf der Garonne bei der heutigen Stadt Toulouse und bis zu den Pyrenäen zur römischen Provinz. Etwas später wurde sie nach dem Namen der neugegründeten Hauptstadt Narbo Gallia Narbonensis benannt. Damit war nicht nur die Landbrücke vom Mutterland nach Spanien, sondern auch die politische und militärische Basis für eine weitere Expansion in Gallien geschaffen.

Eine solche aber vereitelten vorerst die germanischen Kimbern und Teutonen, die wenige Jahre später nach wechselvollen Kämpfen gegen Kelten, Illyrer und Römer im mittleren Donau- und Ostalpengebiet nach Gallien einfielen, zweimal die Römer besiegten und tiefer in die römische Provinz eindrangen. Erst als die Römer 102 und 101 v. Chr. die Germanen vernichtend schlugen, war der »teutonische Schrecken« gebannt.

Der keltische Stamm der Sequaner empfand die Germanen weniger schrecklich: Er ersuchte den Germanenfürsten Ariovist, ihnen bei den Kämpfen gegen die Haeduer zu helfen und leitete damit den letzten Akt der keltischen Geschichte in Gallien ein. Denn als 72 v. Chr. die Haeduer besiegt waren, dachte Ariovist keineswegs daran, das links vom Rhein liegende Gebiet wieder zu räumen, sondern verlangte von den Sequanern Siedlungsland. Daraufhin verbanden sich Haeduer und Sequaner gegen den gemeinsamen Feind. Doch ihre Attacken blieben ohne Erfolg. Im Gegenteil – die Gefahr, daß Ariovist ganz Gallien unterwerfen würde, wuchs ständig. Nun sah sich Rom ähnlich bedroht wie vor einem halben Jahrhundert durch die Kimbern und Teutonen.

Was jetzt in Gallien passierte, überlieferte uns eine der bedeutendsten Persönlichkeiten der altrömischen Geschichte: Gaius Julius Cäsar. Seit 59 v. Chr. war er Statthalter der Provinzen Illyrium, Gallia cisalpina und Gallia Narbonensis. Und ihm fiel die Aufgabe zu, die ungestümen Scharen des Ariovist aufzuhalten und Gallien in das römische Imperium einzugliedern. Den eigentlichen Anlaß zum siebenjährigen Kampf um dieses Gebiet bildete aber nicht Ariovist, sondern der keltische Stamm der Helvetier. Sie waren ein halbes Jahrhundert zuvor in die heutige Schweiz eingewandert und entschlossen sich, wahrscheinlich unter dem Druck germanischer Scharen, erneut auszuwandern. Teile der Boier, Rauriker und anderer keltischer Stämme schlossen sich ihnen an. Als ihnen Cäsar auf ihrem Weg zur Garonnemündung den Durchzug durch die römische Provinz verwehrte, wichen sie auf das Gebiet der Haeduer aus. Diese wiederum riefen Cäsar um Hilfe, der auch prompt erschien und die Helvetier am Bibracte, dem heutigen Mont Beauvray besiegte, so daß sie wieder in ihre Schweizer Heimat zurückkehren mußten. 58 v. Chr. schlug er dann bei Mühlhausen im Elsaß Ariovist und seine Germanen.

Jetzt blieb Cäsar gleich in diesem Gebiet und versuchte es dem römischen Imperium einzugliedern. Doch die Gallier widersetzten sich immer wieder einer vollständigen Unterwerfung, da sie nur ein lockeres Bündnis mit Rom anstrebten, wie das ihrer Auffassung vom Verhältnis zu anderen Stämmen und Völkerschaften entsprach. Der letzte große Aufstand fand 52 v. Chr. statt. Dem Arvernerfürsten Vercingetorix gelang es, fast alle gallischen Stämme gegen Rom zu vereinen. Cäsar erwähnte in seinem Werk »Commentari de bello Gallico« über 40 Stämme, die 258.000 Mann als Entsatzheer für das von den Römern belagerte Alesia, das sich westlich der heutigen Stadt Dijon befand, stellten. Wie bei allen Aufständen rettete Rom die Uneinigkeit der gallischen Stämme, Stammes- und Heerführer. Der Entsatz der Stadt mißlang, und Alesia mußte kapitulieren. Damit war Gallien endgültig unterworfen, und der Rhein bildete die Grenze des römischen Reiches.

Die gesellschaftlichen Institutionen wurden den Galliern – wie überall während der römischen Besatzung – gelassen, soferne sie nicht im Gegensatz zur römischen Staatsordnung standen oder die römische Machtauswirkung behinderten. So blieb ihre Einteilung in Stämme, ihre Stammesverfassung und ihre Religion erhalten, wenngleich auch ein Romanisierungsprozeß einsetzte, der alle Bereiche des gesellschaftlichen Lebens, der materiellen und der geistigen Kultur umfaßte.

Nicht überall vollzog sich ein solcher Kulturwandel. In Irland zum Beispiel blieb das Keltentum infolge der Abgelegenheit der Insel bis zum heutigen Tag relativ unverfälscht erhalten. Wie und wann die Kelten allerdings nach Irland und auf die britischen Inseln gelangten, konnte bis jetzt nicht zufriedenstellend geklärt werden. Die Einwanderungen sollen sich jedenfalls in mehreren Phasen vollzogen haben.

Der Weg nach Kleinasien

Der östliche Teil des heutigen Österreichs gehörte zu einem der ersten Gebiete, in das keltische Stämme eindrangen. Die Forschung nimmt an, daß die Frühlatène-Funde aus der Zeit ab der Mitte des 5. Jahrhunderts v. Chr. hauptsächlich dem Salzhandel zu verdanken sind, während die Zunahme der Latène-Bestattungen und -Friedhöfe am Beginn des 4. Jahrhunderts bereits Einwanderungen zuzuschreiben ist. Hinterlassenschaften der Kelten sind auch in der Tschechoslowakei und in Westungarn zu finden. Im 3. und 2. vorchristlichen Jahrhundert gelangten Kelten von Westungarn und Slowenien entlang der Drau und Mur in die Steiermark und nach Kärnten. Hier gerieten sie in den Siedlungsraum der noch von der Hallstattkultur geprägten Veneter und Illyrer. Da auch in diesem Gebiet eine Bevölkerungsvermischung stattgefunden haben wird, darf man hinter den nun auftretenden Stämmen keine »reinen« Kelten vermuten. So wird es sich bei den nach antiken Quellen im östlichen Alpenraum siedelnden Tauriskern verhalten haben. Oder bei den Skordiskern, die östlich der Taurisker, hauptsächlich in der pannonischen Tiefebene, wohnten. Sie umfaßten sowohl Kelten als auch Illyrer.

Doch nicht immer kam es zu friedlichen Vermischungen. So war das Ende des 4. Jahrhunderts v. Chr. durch zahlreiche Kämpfe mit den Illyrern gekennzeichnet. Daneben führte man Raubzüge bis in das Gebiet der Thraker im heutigen Bulgarien durch. Vor allem nach dem Tode Alexanders des Großen, 332 v. Chr., und dem damit einsetzenden Zerfall seines Weltreiches häuften sich diese Angriffe. Um 280 v. Chr. sollen drei keltische Heere aufgebrochen sein, von denen sich das eine nach Thrakien und die beiden anderen nach Makedonien und Illyrien wandten.

279 v. Chr. fielen Kelten über Thrakien kommend in Thessalien und Griechenland ein. Doch an den Thermopylen wurde ihr Vorstoß gestoppt. Ähnlich wie 480 v. Chr., als König Leonidas und seine Spartaner den Persern erfolgreich Widerstand leisteten. Und wie die Perser umging ein Teil des keltischen Heeres den Engpaß und wandte sich gegen Delphi. Das Heiligtum konnte zwar von den Griechen erfolgreich verteidigt werden, die Stadt wurde jedoch geplündert und zerstört. Der beginnende Winter und die Gegenangriffe der Griechen zwangen die Kelten bald darauf zu einem verlustreichen Rückzug. Als auch die Makedonier die Kelten besiegten, blieben sie nun diesen Gebieten fern. Statt dessen siedelten sie nun in verschiedenen Gebieten Thrakiens und Illyriens. An der unteren Save gründeten die Skordisker ihre Hauptstadt Singidunum, das heutige Belgrad. In Thrakien schufen die Kelten 277 v. Chr. ein Königreich in unmittelbarer Nähe von Byzanz, das aber 212 v. Chr. von den Thrakern wieder beseitigt wurde.

Im oberen Donaugebiet zogen keltische Scharen über das heutige Gebiet der Tschechoslowakei bis nach Südpolen und in das Gebiet nördlich der Karpaten. Entlang des Dnestr gelangten sie in den Machtbereich der Skythen und bis an die Küste des Schwarzen Meeres.

Die Kunde von den kriegerischen Keltenscharen drang bis nach Kleinasien, wo aus den Trümmern des Alexanderreiches das Seleukidenreich entstanden war. So ist es weiters nicht verwunderlich, wenn im Zuge der Auseinandersetzungen zwischen den dort ansässigen Herrschern der bithynische König Nikomedes 278/277 v. Chr. 20.000 Kelten als Söldner anheuerte. Doch die Geister, die er rief, wurde er nicht mehr los: Nachdem sie ihre Pflicht getan hatten, führten sie auf eigene Faust Krieg. Um ihrem Treiben ein Ende zu setzen, siedelte man sie schließlich um 270 v. Chr. am Fluß Halys an, wo sie mit kleinasiatischen und griechischen Bevölkerungsteilen ein eigenes Staatswesen schufen. Der Name Galater, den sie dort trugen, ist durch einen Brief des Apostel Paulus bis heute geläufig.

Immer wieder tauchten die Galater als Söldner auf, 187 v. Chr. sogar in Ägypten. Erst 180 v. Chr. gelang es Pergamon, der mächtigsten Dynastie Kleinasiens, die Kelten endgültig unter ihre Gewalt zu bekommen. Vom damals in Pergamon errichteten Siegesaltar ist noch eine römische Kopie der berühmten Plastik des »Sterbenden Galliers« erhalten.

Vermutlich infolge der Expansion germanischer Stämme stießen in der zweiten Hälfte des 2. Jahrhunderts v. Chr. die Skordisker noch einmal in thrakisches Gebiet vor. Da Makedonien seit 148 v. Chr. eine römische Provinz war, gerieten sie bald mit den Römern in Konflikt. 114 v. Chr. konnten sie noch ein römisches Heer schlagen und anschließend Delphi plündern. Doch mit den langwierigen Kämpfen zwischen Rom und Thrakien sowie der schließlichen Unterwerfung des Landes durch Rom im Jahre 10 v. Chr. und der Bildung der römischen Provinz Thracia im Jahre 46 n. Chr. war auch ihr Geschick besiegelt.

Sieht man von Irland und den britischen Inseln ab, so war das Verschwinden des Keltentums aus Europa ein Werk Roms. »Wie die anderen europäischen Altvölker, die Etrusker, Thraker, Illyrer, Daker, Veneter, Ligurer und Iberer, bei denen sie sich in friedlicher oder feindlicher Nachbarschaft niedergelassen haben, gingen auch die Kelten mit Sprache und Kultur im römischen Imperium auf . . .« meinte der derzeitige Direktor der Prähistorischen Abteilung am Naturhistorischen Museum in Wien, Wilhelm Angeli.

Vorliebe für Schreckliches

Die Kelten schufen keine monumentalen Bauwerke und keine idealisierenden ebenmäßigen Menschenplastiken wie zum Beispiel die Griechen. Wenn Menschen dargestellt wurden, dann waren ihre Gliedmaßen verstümmelt, ihr Gesicht entstellt und mit hervorquellenden Augen versehen. Obwohl gerade der Kontakt mit der griechischen Welt von Bedeutung für die Kunst der Kelten war, orientierten sie sich nicht am mediterranen Schönheitsideal, sondern übernahmen lediglich Stilelemente. Ähnlich verhielt es sich mit jener Kunst, die um 550 v. Chr. mit den aus Etrurien in die Poebene eindringenden Etruskern auch in der Nähe der Alpen verbreitet wurde und über die Alpenpässe Mitteleuropa erreichte.

Zumeist war die Konfrontation mit der Kunst der Mittelmeerhochkulturen ein »Nebenprodukt« des Handels mit notwendigen und nützlichen Dingen. Als trinkfreudiges Volk zeigten die Kelten eine besondere Vorliebe für griechischen Wein. Als um 600 v. Chr. die Handels- und Hafenstadt Massilia gegründet wurde, stand dem Import nichts mehr im Wege. Von dort gelangte der Wein dann über Rhône und Saône nach Gallien. Mit ihm kamen aber auch Gefäße der verschiedensten Art ins Land: bronzene Trinkbecher, Schnabelkannen mit schrägem Ausguß sowie plastischen Verzierungen an Henkeln und Mundsaum, schwarz und rot bemalte griechische Tonwaren und ähnliches. Naturgemäß wurden diese Gefäße als Vorbild für die lokale Produktion verwendet, doch begnügte man sich keinesfalls damit, sie zu kopieren. Fast scheint es so, als sollte die Kunst der Kelten eine Antwort auf die Herausforderung durch die fortgeschrittene Kunst der Stadtkulturen des Mittelmeerraumes sein.

Bei der Übernahme der fremden Stilelemente bewiesen die keltischen Handwerker und Künstler einerseits ein starkes Anpassungsvermögen, anderseits eine enorme Kreativität. Dadurch war man fähig, eine fast unbegrenzte Anzahl von Elementen aufzunehmen und sie in eigenwilliger Weise umzugestalten. Die so entstandenen neuen Formen wurden in durch Pflanzen und Tiere charakterisierte Ornamente eingebaut, die wiederum auf den geometrischen Mustern der Hallstattkultur basierten. Ein typisches Beispiel dafür ist die Palmette, ein aus fächerförmig angeordneten Palmblättern zusammengesetztes Stilelement, das der griechischen Kunst entstammt.

Die Entwicklung des Latènestils muß relativ rasch vor sich gegangen sein. Bereits um die Mitte des 5. Jahrhunderts v. Chr. scheint sie abgeschlossen gewesen zu sein, jedenfalls besitzt die keltische Kunst zu dieser Zeit bereits ihre spezifische Ausprägung. Dieser Stil ist trotz der Naturverbundenheit der Kelten, die besonders in ihrer Mythologie und Religion deutlich wird, durch ein Fehlen naturalistischer Darstellungen gekennzeichnet. Dafür wird alles schematisiert und in eine bildhafte Symbolik umgesetzt. Diese Darstellungen wiederum werden in abstrakte Ornamente aufgelöst, mitunter unter Zuhilfenahme von symmetrischer Verdoppelung. Verziert wurden vor allem Metallgegenstände, auch jene des täglichen Bedarfs.

Bei genauer Betrachtung der Dekorationen fällt besonders die Liebe der Kelten zum Schrecklichen auf. Die mit der Steppenkunst der Skythen und Perser verwandten Tierfiguren, die Fabelwesen aus menschlichen und tierischen Körpern sowie die zu Masken erstarrten, fratzenhaft entstellten Menschenköpfe zeugen davon. Alles scheint einer Traumwelt zu entstammen und wirkt beunruhigend. Zahlreiche Maskenfibeln, also Fibeln mit maskenhaften

Tier- oder Menschenköpfen, und auch die berühmte Schnabelkanne, die auf dem Dürrnberg gefunden wurde, verdeutlichen dies. Der schlanke Schnabel und der anmutig gekrümmte Henkel der Kanne sind mit Löwen dekoriert, aus deren Maul die Schwänze gefressener Tiere ragen. Vielleicht sollte dies ebenso das »Fressen und Gefressen-werden«, also die Vergänglichkeit alles Irdischen symbolisieren, wie die Henkel zweier Bronzekannen, die man in Basse-Lutz, in Lothringen, fand. Sie bestehen aus bizarren Tieren, die zum Sprung auf nichtsahnende Enten ansetzen. Was uns jedoch heute an der keltischen Kunst gräßlich erscheint, hat möglicherweise auf die Kelten ganz anders gewirkt. Man darf nicht vergessen, daß wir uns bei der Betrachtung vergangener Kunst fast ausschließlich an den antiken humanistischen und idealisierenden Darstellungen orientieren. Vielleicht waren für die Kelten all ihre Fratzen und Fabelwesen etwas Mythisch-Natürliches.

Die Kreativität der keltischen Handwerker und Künstler wird auch durch zahlreiche Eigenschöpfungen dokumentiert. Sie schufen Röhrenkannen, Feldflaschen, Hals-, Arm- und Fußreifen mit Pufferenden, mannigfaltige Fibeln sowie Gürtelhaken und -ketten. Für kriegerische Zwecke kreierte man Spitzhelme und fertigte verzierte Lanzenspitzen sowie Schwerter mit reich ornamentierten Scheiden an.

Die Töpferei erfuhr nicht zuletzt infolge der erstmaligen Verwendung der Töpferscheibe einen ungeahnten Aufschwung. Auch bot die Scheibe reichlich Möglichkeiten zum Variieren der Formen, wie dies bei den sogenannten Linsenflaschen zu beobachten ist. Interessante Keramikformen ergaben sich auch bei der Nachahmung von Metallgefäßen wie z. B. der Schnabelkannen.

Ab der Mittellatènezeit begann man dem Ton Graphit beizumengen, um die Wasserundurchlässigkeit zu verbessern. Die Gefäße wurden mit senkrechten Kammstrichmustern verziert, was dazu führte, daß sie heute als »Kammstrichtöpfe« bezeichnet werden. In der Spätlatènezeit artete das hochstehende Kunsthandwerk und das Töpfergewerbe in eine Massenproduktion aus, die zu einer Verflachung der künstlerischen Ausprägungen führte.

Die keltische Kunst ist in vielen Details für uns unverständlich. Möglicherweise, weil sie schon für die Kelten eine gewisse Widersprüchlichkeit beinhaltete. Paul Jacobsthal, einer der bedeutendsten Kenner der keltischen Kunst, nennt sie jedenfalls »anziehend zugleich und abstoßend, ausgeklügelt und klug; voller Widersprüche, ruhelos, rätselhaft zweideutig; rational und irrational; dunkel und unheimlich«. Sollte diese Beschreibung auch für die Kelten selbst gelten?

Die Odyssee eines Torques

Im Salzburger Museum Carolino Augusteum befindet sich ein besonders gehüteter Vertreter keltischer Kunst: das reich verzierte Pufferende sowie ein Teil des glatten Reifens eines aus massivem Gold gefertigten keltischen

Goldtorques von der Maschlalm, Salzburg (nach F. Moosleitner)

Halsreifens, eines sogenannten Torques. Obwohl dieses wertvolle Stück in der Nähe der Salzburger Maschlalm gefunden wurde, ist es lediglich einem Zufall zu verdanken, daß es heute – nach einer halben Weltreise – in Salzburg zu besichtigen ist.

Im Frühjahr 1874 wurde der Torques vom ungarischen Taglöhner Josef Milesa, der in der Nähe der Maschlalm im Seidlwinkeltal, einem Nebengraben des Rauriser Tales, mit Holzarbeiten beschäftigt war, beim Roden eines Wurzelstockes entdeckt. Er wußte nicht, was er hier gefunden hatte, und bog das Halsreifenbruchstück infolge dieser Unkenntnis einfach gerade, um es als Pfeifenstopfer zu verwenden. Er erzählte niemandem davon und nahm seinen Fund mit in seine Heimat, wo er ihn rund 20 Jahre nach der Auffindung einem Vergolder in Groß-Kanisza zeigte. Dieser verständigte die ungarischen Behörden, die der Sache nachgingen. Schließlich landete der Goldtorques 1902 im ungarischen Nationalmuseum in Budapest.

Das Salzburger Museum war darüber wenig erfreut und bemühte sich um die Rückführung dieses bedeutenden Fundes, was nach langwierigen Verhandlungen und für den Preis von 500 Kronen auch gelang. 1911 wurde der Goldtorques dem Salzburger Museum übergeben. Und immerhin war er dort über 30 Jahre ausgestellt. Angesichts der Bombenangriffe der Alliierten wurde er jedoch neben vielem anderen wertvollem Museumsgut in Sicherheit gebracht. Wohin genau, ist heute nicht mehr zu rekonstruieren. Tatsache ist jedenfalls, daß er nach 1945 von einem amerikanischen Besatzungssoldaten gestohlen wurde.

1972 tauchte das Halsreifenbruchstück wieder auf: Im Herbst dieses Jahres erschien ein Münzhändler im Britischen Museum und legte es zur Begutachtung vor. Die unverzüglich von Cathrine Johns, der Sachbearbeiterin für keltische Kunst, durchgeführte Labor-Untersuchung ergab, daß dieses Stück von Hand gearbeitet worden war. Es fehlten jene feinen Bläschen, wie sie bei Abgüssen stets auftreten. Für Cathrine Johns war dies der Beweis, daß es sich hier um ein Original handeln mußte. Dennoch warf sie einen Blick in das umfassende Werk »Early Celtic Art« von Paul Jacobsthal aus dem Jahre 1944. Und da fand sie eigenartigerweise genau jenes goldene Halsreifenfragment, das sie gerade in Händen gehalten hatte. Der Text wies darauf hin, daß das Original im Salzburger Museum verwahrt wird. Also mußte es sich doch um eine Fälschung handeln. Cathrine Johns konnte ja nicht wissen, daß der Torques gestohlen worden war und sich nicht mehr im Museum befand.

1973 fand in Ljubljana (Laibach) ein Symposion über neue urgeschichtliche Forschungsergebnisse statt. Dabei traf Cathrine Johns den Salzburger Althistoriker Norbert Heger. Von ihm erfuhr sie die Geschichte des Halsreifenbruchstückes. Nach London zurückgekehrt, übermittelte sie dem Salzburger Museum unverzüglich die Adresse des amerikanischen Münzhändlers. Wieder kam es zu langwierigen Verhandlungen, in die sich auch der amerikanische Generalkonsul in Salzburg einschaltete. Schließlich konnte der Torques wieder zurückgekauft werden.

Funde keltischer Halsreifen aus Bronze sind nichts Außergewöhnliches. Aus Gold allerdings hat man bisher nur zehn entdeckt, wobei sich die Fundplätze von Frankreich über Westdeutschland, die Schweiz sowie Norditalien und die Donauländer bis Bulgarien erstrecken. Der Goldtorques von der Maschlalm ist ein besonders kostbares und seltenes Stück. Im Gegensatz zu allen anderen Halsreifen dieses Typs sind die Verzierungen nicht gegossen, sondern von der Hand aus mit Hilfe von Punzen in das Werkstück eingeschlagen. Das so entstandene Ornament ist kennzeichnend für den nach einem reichen Grabfund im Rheinland benannten Waldalgesheimstil, der im 4. Jahrhundert v. Chr., in der Zeit der großen Expansionsbewegung der keltischen Völker, auftauchte.

Die von den übrigen Halsreifen dieses Typs abweichende Herstellungstechnik spricht für eine lokale Entstehung des Torques. Wahrscheinlich wurde er absichtlich im Boden deponiert. Vermutlich handelt es sich um einen Verwahrfund, möglicherweise hat der Torques auch als Beigabe in einem Grab gelegen. Es ist denkbar, daß der Fund mit dem Paßverkehr über den Hauptkamm der Tauern in Beziehung steht. Denn durch das Seidlwinkeltal gelangt man zum rund 2500 Meter über dem Meeresspiegel liegenden Hochtor und weiter in das Gebiet von Heiligenblut.

Interessant ist in diesem Zusammenhang die Tatsache, daß im Herbst 1962 in der Nähe des Schweizer Ortes Erstfeld an der Gotthardroute ein Goldhort gefunden wurde, der aus vier reich verzierten Halsreifen und drei Armreifen bestand. Auch hier liegt die Vermutung nahe, daß dieser Fund in Zusammenhang mit dem Paßverkehr steht. Vielleicht waren Wegelagerer, ein Unwetter oder ein Felssturz die Ursache für eine überstürzte Deponie des Goldschmucks. Der Torques von der Maschlalm allerdings kann auch als Beleg für eine latènezeitliche Goldsuche in diesem Tal gewertet werden.

Halsreifen wie der Goldtorques von der Maschlalm waren für die Kelten ein kennzeichnendes Symbol. Die Bezeichnung Torques kommt aus dem Lateinischen und bezog sich ursprünglich auf tordierte (torquere = drehen, winden) Halsringe mit scheibenförmig verdickten Enden. Bald schon wurde diese Bezeichnung auch bei glatten Halsreifen, die offen und deren Enden verstärkt waren, angewandt. Im 5. und 4. vorchristlichen Jahrhundert schmückten sich damit die keltischen Damen. Auch der Torques von der Maschlalm dürfte einer Frau gehört haben. Nach 300 v. Chr. endet plötzlich diese Sitte. Von diesem Zeitpunkt an ist der Torques den Männern vorbehalten, er wird zum Würdezeichen der Krieger wie auch hochgestellter Persönlichkeiten. Auf fast allen Keltendarstellungen griechisch-römischer wie auch einheimischer Herkunft ist dieser Halsschmuck zu finden. Auch ihre Götter bildeten die Kelten häufig damit ab.

Um ihre Überlegenheit gegenüber den Kelten zu demonstrieren, schmückten sich die Römer ab dem 4. Jahrhundert v. Chr. mit erbeuteten Halsreifen. So erhielt 361 v. Chr. T. Manlius Impresiosus, nachdem er den Halsschmuck eines von ihm im Zweikampf erschlagenen keltischen Häuptlings trug, den Beinamen Torquatus. Der römische Historiker Titus Livius berichtet, daß Konsul Cornelius Scipio 218 v. Chr. beim Kampf gegen die keltischen Boier 1400 goldene Halsringe erbeutete. Darstellungen auf Grabsteinen zeugen davon, daß der Torques auch von römischen Soldaten als ordensartiges Schmuckstück getragen wurde.

Ein »Höhlenpfarrer« forscht

Der Benediktinerpater Lambert Karner aus Göttweig war ein höchst ungewöhnlicher Hirte seiner Schäflein: Neben seiner seelsorgerischen Tätigkeit kraxelte er in allen mittelalterlichen Fluchtgängen und kellerartigen Zufluchtsstätten herum, die er fand. Er tat dies nicht etwa, um dort den Teufel zu suchen, sondern um diese »Erdställe« zu erforschen. Bald schon war er als der »Höhlenpfarrer« bekannt. Nicht wenige werden ihn und sein Tun belächelt haben, doch Pater Karner war ein durchaus ernstzunehmender Forscher, der seine Tätigkeit 1903 in dem prächtig ausgestatteten Werk »Künstliche Höhlen in alter Zeit« dokumentierte.

Ab und zu beschäftigte er sich auch mit der Urgeschichte. Und so ist es weiter nicht verwunderlich, daß ihm im Frühjahr 1891 der Straßenmeister von Mautern an der Donau, in Niederösterreich, die Nachricht zukommen ließ, daß »in einer Schottergrube ein eisernes Schwert und Pfitschipfeile« gefunden worden wären. Pater Karner machte sich unverzüglich auf den Weg, und man händigte ihm bereitwillig ein in der Grube gefundenes eisernes Hackmesser, einige Lanzenspitzen und einen großen Bronzelöffel aus. Der Straßenarbeiter, der die Sachen gefunden hatte, führte ihn zu der zwischen Kuffarn und Statzendorf liegenden Schottergrube, wo er – glaubt man den Worten Pater Karners – so nebenbei aus dem Sand und dem Schotter die Hälfte eines Bronzeeimers, einer sogenannten Situla, hervorzog. »Wenngleich durch Sand stark verunreinigt, sah ich doch gleich die getriebenen Figuren und erkannte, welch' einen kostbaren und bedeutenden Fund ich in Händen hielt...« erzählte Karner noch im gleichen Jahr vor der Wiener Anthropologischen Gesellschaft. Da es aber eben nur ein Teil der Situla war, die er in Händen hielt, ließ er den Schotter umschaufeln und durchsieben. Dabei entdeckte er noch weitere Situlenteile, eine Certosafibel und menschliche Knochen. Langsam gelang es ihm auch zu rekonstruieren, wie die Funde in die Schottergrube gelangt waren: Man hatte den Schotter durch Untergraben der Oberfläche gewonnen, was bewirkte, daß ein überhängender Teil, nämlich jener, der das Situlengrab beherbergte, in die Tiefe stürzte. Dort fand dann der Straßeneinräumer die Reste der Bestattung.

Kuffarn, das sich heute Kuffern schreibt und zur Großgemeinde Statzendorf gehört, liegt in unmittelbarer Nähe der Straße St. Pölten-Krems, einer alten Nord-Süd-Verbindung. Josef Szombathy erkannte sofort, daß sich hier weitere Gräber befinden müssen. Also wandte er sich an Adalbert Dungel, den Prälaten von Stift Göttweig, der sich schon immer für Bodenfunde interessierte. Szombathy wollte ihn für Grabungsarbeiten gewinnen, was ihm schließlich auch gelang. Zwischen 1892 und 1899 stieß Dungel dann wirklich auf 20 weitere Gräber, von denen 14 aus der Latènezeit stammten. Trotzdem gelang es nur einen kleinen Teil des Friedhofs zu erforschen.

Das Prachtstück unter den Kuffarner Funden ist nach wie vor die bekannte Situla, die wohl den wichtigsten Frühlatènefund Niederösterreichs darstellt. Sie ist das am weitesten nordöstlich gefundene Stück und das einzige, das man nördlich der Alpen entdeckte.

Die Form und die ornamentale Verzierung der Kuffarner Situla lassen darauf schließen, daß sie erst zwischen 475 und 425 v. Chr. in Slowenien hergestellt wurde. Ihr guter Erhaltungszustand und das Fehlen von Flickstellen weisen darauf hin, daß sie nicht sehr lange in Verwendung stand, sondern bald als Grabbeigabe diente. Dies wiederum deckt sich mit der Altersbestimmung der Kuffarner Gräber, die Latène 1 zugeordnet werden, also um 450 bis 350 v. Chr. angelegt worden sein dürften.

Die verzierten Streifen der Situlen stellen zumeist ein in Einzelszenen aufgelöstes Fest dar. Man sieht dabei Zuschauer, die zu Fuß und zu Wagen kommen, Bewaffnete, die mit ihren Rossen in den Wettstreit ziehen, Opfertiere und Opfergaben, die in feierlichen Prozessionen herangebracht werden, musische und sportliche Wettkämpfe wie Hantelkampf, Wettreiten und Wettfahrten sowie einen festlichen Umtrunk. Gerade letzterer ließ Pater Karner darauf schließen, daß die 25 Zentimeter hohe, etwa acht Liter fassende Situla von Kuffarn dazu diente, alkoholische Getränke zu transportieren. Vor der Anthropologischen Gesellschaft führte er daher aus: »Die ganze Scenerie ist, nach meiner Ansicht, eine lustige Wirthshausgeschichte. Der behäbige Wirth

Darstellung eines Trinkgelages, eines Faustkampfes und eines Pferderennens auf der Situla von Kuffern, Niederösterreich (nach L. Karner)

schwingt zwei leere Situlen, er geht in den Keller, um sie wieder zu füllen. Im Gegensatze zu dem dicken Wirthe schänkt der dünne Kellner mit lachendem Gesichte dem Zecher ein, und das Büblein, das da emporschaut, wartet auf den Augenblick, in welchem ihm der Hut vom Kopfe fällt. Wir wissen nun auch, wozu unser Bronzelöffel gedient hat; mit ihm wurde das köstliche Nass aus der Situla in die Becher gegossen, der dem frohen Zecher graciös credenzt wurde. In dem Gestelle mit den hängenden Situlen erkenne ich das Wirthshausschild zu den sechs Kannen, gewiss ein einladendes und vielversprechendes Zeichen. Und nun folgen die Belustigungen, der Kampf um den Preishelm mit Preisrichtern, Zuschauern und Bogenschützen.« So zumindest stellte es sich Pater Karner vor – heute ist man mit einer Deutung viel vorsichtiger.

Skelette, Waffen, Schädellöcher

Das Kuffarner Frühlatènegräberfeld ist keineswegs das einzige in Ostösterreich. Einen besonders interessanten Friedhof aus dieser Zeit entdeckte man in Herzogenburg, in der Flur Kalkofen. Als man dort zwischen 1969 und 1972 in einer der vielen Schottergruben Material abbaute, stieß man immer wieder auf Bestattungen. Man fand ein Brandgrab mit quadratischer Einfriedung sowie eine Reihe von Körperbestattungen in Grabschächten, die möglicherweise einst von einem Erdhügel überdeckt waren. Auch einige reich ausgestattete Kriegergräber befanden sich darunter. Neben Gefäßen, Fibeln, Hals-, Arm- und Fingerringen bargen sie eiserne Hiebschwerter, die dazugehörigen Scheiden sowie die aus Kette und Gürtelhaken bestehenden Wehrgehänge, Lanzenspitzen, Messer und Schleifsteine. Ein Schwert war mit einem kunstvoll gearbeiteten Bronzegriffabschluß in Tierform versehen. Auch bei dieser Frühform keltischer Kunst tritt bereits das Maskenhafte und die Symmetrie in den Vordergrund. Von den Behältern fällt vor allem ein Kegelhalsgefäß auf, das die Verwandtschaft zur vorangegangenen Hallstattkultur nicht leugnen kann. Dennoch darf es nicht als Beweis dafür angesehen werden, daß sich die Latènekultur im Osthallstattkreis, also in Ostösterreich, ähnlich wie am Dürrnberg entwickelte. Befand sich schon die Salzmetropole am Rand des Entstehungsgebietes der Kelten, hat Ostösterreich nichts mit ihrer Entstehung und ihrer Kultur zu tun. Die Frühlatènefunde aus diesem Gebiet beweisen allerdings, daß Kulturbeziehungen bestanden haben müssen. Die passive Rolle dieses Teiles von Österreich ist auf das Fehlen wirtschaftlicher Voraussetzungen zurückzuführen. Denn in Ostösterreich gab es weder Salz noch andere Bodenschätze. Solche Dinge mußten importiert werden. Und mit den Importen keltischer Waren kamen auch andere Errungenschaften ins Land wie die Kenntnis der Töpferscheibe.

Die Kulturkontakte und die Latènisierung des Ostens nahmen von den Salzbergbauzonen Dürrnberg und Hallstatt ihren Ausgang. Das westliche Alpenvorland ermöglichte die Verbindung dieser Gebiete mit der Region östlich des Dunkelsteiner Waldes, mit Kuffarn und Herzogenburg. Über das Tullner Feld gelangte die Latènekultur auch in den Wiener Raum, wo man in Leopoldau ein Gräberfeld entdeckte. Von hier aus verbreitete sie sich bis zum Leithagebirge: 1978 fand man in der Nähe von Mannersdorf am Leithagebirge in einem neu entdeckten großen Gräberfeld einen etruskischen Bronzeeimer, Waffen, Fibeln und Keramiken, unter anderem ein Gefäß in Schuhform und eine tönerne Röhrenkanne. Schon früher erforschte man in Loretto interessante Überlagerungen von Späthallstattgräbern durch solche der Frühlatènezeit.

Um 350 v. Chr., also am Beginn der Mittellatènezeit, verlagerte sich der Schwerpunkt der Latènekultur Ostösterreichs ins Wiener Becken und ins nördliche Burgenland. Gleichzeitig nahm die Zahl der Latènefriedhöfe schlagartig zu. Im östlichen Mitteleuropa war ein Aufschwung der Wirtschaft zu verzeichnen, was durch eine Konzentration politischer Macht im Karpatenbecken verursacht wurde. Diese Macht wurde von Kelten ausgeübt, die inzwischen vom Westen eingewandert waren. In dieser Zeit wurde Ostösterreich also nicht mehr nur mit der Kultur der Kelten konfrontiert, sondern bereits mit ihnen selbst.

In den weniger zugänglichen Teilen des Waldviertels, in den bergigen Teilen der Steiermark und Kärntens hielt sich die Hallstattkultur am längsten: Erst nach 250 v. Chr. tauchten hier nach und nach keltische Elemente auf.

Charakteristisch für den Beginn der Mittellatènezeit ist das Auftreten einer eigenartig geformten Fibel, die zum ersten Mal in Dux, dem heutigen Duchcov, einer Stadt in Nordost-Böhmen am Südfuß des Erzgebirges, entdeckt wurde. 1882 stieß man dort bei der Regulierung einer Heilquelle, der sogenannten Riesenquelle, in sechs Meter Tiefe auf einen Bronzekessel mit rund 2000 Schmuckstücken. Man fand Arm- und Fingerringe, hauptsächlich aber Fibeln, die von den bisher bekannten Formen abwichen. Sie besaßen einen länglichen, gewölbten Bügel und einen freien, zurückgebogenen Schlußknopf. Als Duxer-Fibeln gingen sie in die Forschungsgeschichte ein. Sie verdrängten in ganz Mitteleuropa die vielfältigen Masken- und Tierkopffibeln. Aber nicht nur auf dem Gebiet der Fibeln kam es zu einer Vereinheitlichung der Typenvielfalt und zu einem Verschwinden regionaler Eigenheiten. So wurde die Keramikproduktion hauptsächlich auf Schalen und flaschenförmige Gefäße eingeschränkt. Auch auf dem Gebiet des Bestattungswesens gab es Änderungen. Zog man früher Körperbestattungen vor, wurden die Toten nun bis etwa 100 v. Chr. in zunehmendem Maß verbrannt.

In dieser Zeit gewann auch eine Sitte des keltischen Volksglaubens an Bedeutung: die Schädeltrepanation. Darunter versteht man die operative Öffnung des Schädels mittels eines Hohlbohrers. Dies kann zum Beispiel durch eine einfache Bohrung bewerkstelligt werden. Oder es werden mehrere Löcher, etwa in Kleeblattform, hergestellt.

Schädeltrepanationen wurden gemacht, um entweder eine magische oder eine heilende Wirkung zu erzielen. Letztere war nicht nur bei Verletzungen, sondern auch bei seelischen Störungen wünschenswert. Selbst nach dem Tode wurden Trepanationen durchgeführt. Sie dienten der Gewinnung von sogenannten Schädelrondellen für Amulette. Ludwig Pauli stellte fest, daß Personen, bei denen ein solcher operativer Eingriff durchgeführt wurde, oft in Form einer Sonderbestattung begraben wurden, also zu den »gefährlichen« Toten zählten. Dies läßt entweder darauf schließen, daß eine Krankheit der Grund der Trepanation war oder daß der Tote an den Folgen des Eingriffs beziehungsweise auf eine andere unnatürliche Weise gestorben ist.

Aufbruch der Völker
Spätlatènezeit und frühe römische Kaiserzeit

Ein Opfer für die Götter

Im November 1811 machte der Arbeiter Jurij Slaček in der Dorfflur von Schöniak, dem heutigen Zenjak in Slowenien, südlich von Radkersburg einen eigenartigen Fund: Nach dem Fällen von einigen Eichen stieß er »beim dritten Umackern« des Areals auf 26 ineinandergesteckte Bronzehelme von mehr oder minder gutem Erhaltungszustand. Da das Grundstück, das gerodet und in einen Acker umgewandelt wurde, damals zum Bezirk der Herrschaft Negau, dem heutigen Negova, gehörte, ging der Fund als »Negauer Helmfund« in die Geschichte ein.

Einen der Helme zerbrach Slaček und gab ihn entweder als Metallprobe weiter oder warf ihn einfach weg. Die restlichen 25 verkaufte er an den Kupferschmied Johann Denzl in Maribor (Marburg). Als Erzherzog Johann, der Bruder von Kaiser Franz I., von dem Fund erfuhr, setzte er alles daran, die Helme für das steiermärkische Landesmuseum Joanneum in Graz zu erwerben. Einige Helme hatte Denzl allerdings bereits eingeschmolzen oder weiterveräußert. So trafen nur insgesamt 17 Helme im Joanneum ein. Davon allerdings erfuhr wiederum das k. k. Antikencabinet, das heutige Wiener Kunsthistorische Museum, und erzwang die Übersendung der Helme. Zwölf der Helme behielt sich das Antikencabinet, fünf schickte es wieder zurück. Später bekam das Grazer Joanneum noch weitere drei Helme, die angeblich ebenfalls vom Negauer Helmfund stammen sollen. Auch in der Antikensammlung in München und in der von Berlin sowie im Narodni Muzej Laibach befindet sich heute je ein Helm, der aus Negau stammen dürfte.

Der Helmfund umfaßte drei zu verschiedenen Zeiten entstandene Arten von Bronze-Helmen: etruskische, zentralalpine und südostalpine. Ihnen allen gemeinsam sind eine breite Krempe und Hiebspuren, die Beschädigungen aus Kämpfen darstellen. Mehrere Helme weisen eine Inschrift bzw. Herstellerbezeichnungen in nordetruskischem Alphabet auf. Eine dieser Inschriften konnte als »Harigasti Teiva« entziffert werden. Ob es sich dabei um eine Widmung an eine Gottheit oder nur um einen Besitzvermerk handelt, konnte bis heute nicht geklärt werden.

Auf eine kultische Niederlegung, beziehungsweise auf ein Opfer läßt die Tatsache schließen, daß es mehrere ähnliche Funde ineinandergestülpter Helme gibt. So kamen 1910 in Etrurien, an der Stadtmauer von Vetulonia über 120 absichtlich beschädigte Helme vom Negauer Typ zutage, von denen sich heute der Großteil im Naturhistorischen Museum in Wien befindet. Es könnte also sein, daß nach einem Kampf die Sieger Helme der Besiegten zum Dank einer Gottheit opferten. Die Unruhen oder Kämpfe, die in Negau zur

Niederlegung der Helme führten, scheinen mit dem Zug des germanischen Stammes der Kimbern zusammenzuhängen. Denn manche Forscher glauben, daß es sich bei der Inschrift »Harigasti Teiva« um germanische Worte handelt.

Gegen Ende des 2. Jahrhunderts v. Chr. rafften die Kimbern, die in Jütland und an den Küsten von Schleswig-Holstein siedelten, ihr Hab und Gut zusammen und brachen auf, sich eine neue Heimat zu suchen. Nicht aus Abenteuerlust oder dem vielzitierten »norischem Fernweh«, sondern aus Landnot und drückendem Nahrungsmangel. Der Stein des Anstoßes für den Aufbruch dürfte eine mächtige Springflut gewesen sein, von der Titus Livius berichtete, daß sie die Küstengebiete des Kimbernlandes verheerte.

Der Zug der Kimbern stieß durchwegs auf den Widerstand der Völker, durch deren Land sie zogen. In Böhmen wurden sie von den Boiern abgedrängt. Nicht viel mehr Glück dürfte ihnen am Balkan beschieden gewesen sein, wo sie um 120 v. Chr. erschienen. 113 v. Chr. erlitten sie in Serbien im Lande der Skordisker eine Niederlage und erreichten noch im selben Jahr das Reich des norischen Königs, das damals mit Ausnahme von Tirol und Vorarlberg fast ganz Österreich umfaßte. Dieses Königreich gehörte allerdings zum Interessengebiet Roms. Es bestand zwar kein Bündnis, aber – seit 170 v. Chr. – doch ein »hospicium publicum«, also eine »staatliche Gastfreundschaft«.

In dieser Situation erschienen die Kimbern. Sie störten nicht nur empfindlich den alpenländischen Frieden, indem sie »plündernd in das Land der Noriker« einfielen, wie es Appian von Alexandria in seiner römischen Geschichte um die Mitte des 2. Jahrhunderts n. Chr. beschreibt, sondern stellten auch für Rom eine Bedrohung dar. Der zum Schutze der Grenze ausgesandte römische Konsul Papirius Carbo wollte einen Kampf erzwingen, doch die Kimbern griffen nicht an. Vielleicht aus Scheu vor den Römern, vielleicht weil sie sich von der nüchternen Überlegung leiten ließen, daß ein solcher Kampf sinnlos wäre und sie bei ihrer Suche nach einer neuen Heimat nur behindern würde.

Papirius Carbo ließ jedoch nicht locker. Wenn schon die Kimbern zögerten anzugreifen, dann wollte er den Kampf beginnen. Eine fadenscheinige Begründung dieser Handlungsweise war rasch gefunden: Obwohl die »staatliche Gastfreundschaft« zwischen den Römern und Norikern keine Beistandspflicht enthielt, erklärte Papirius Carbo, daß er dem bedrohten Bündnispartner zu Hilfe kommen wolle. Doch noch immer wollten die Kimbern den Kampf verhindern und schickten Gesandte zu den Römern, um ihnen ihre Unkenntnis der bestehenden Gastfreundschaft zu versichern. Da sie davon jetzt wissen, würden sie selbstverständlich schleunigst das Land der Noriker verlassen.

Laut Appian lobte der Konsul Papirius Carbo die Gesandten und gab ihnen Führer mit, die den Kimbern den besten Weg aus dem Labyrinth der Berge und Täler zeigen sollten. In Wirklichkeit hatten diese jedoch den Befehl, die Kimbern in einen Hinterhalt zu locken. In einem schmalen Bergtal traten nun die Römer unvermutet den Germanen entgegen und hofften auf einen schnellen Sieg. Doch Papirius Carbo hatte sich getäuscht: In Windeseile formierten sich die Kimbern und schlugen die Römer in dem für ihre Kampfesweise äußerst ungünstigen Gelände in die Flucht. Angeblich hat nur ein plötzlich hereinbrechendes heftiges Gewitter die Römer vor der vollkommenen Vernichtung bewahrt. Doch die Römer hatten noch mehr Glück, denn die Kimbern fielen trotz ihres Sieges nicht in Italien ein, sondern zogen in das Land der Helvetier, die damals noch im westlichen Süddeutschland bis zum Main wohnten. Da sie diese freundschaftlich aufnahmen, ließen sie sich hier für einige Jahre nieder.

Das Norische Reich

Das keltische Königreich Norikum ist das erste mit Sicherheit nachgewiesene politische Gebilde auf dem Gebiet des heutigen Österreichs. Der Grundstein für dieses Reich wurde im dritten Jahrhundert vor Christus gelegt. Damals drangen Kelten in die Steiermark und nach Kärnten ein. Dort trafen sie auf die noch der Hallstattkultur angehörenden einheimischen Illyrer sowie auf Veneter und »keltisierten« diese. Die Illyrer besiedelten damals den Nordwestteil der Balkanhalbinsel, die Adriaküste, Nordgriechenland, Ost- und Süditalien und den Osten des späteren Königreiches Norikum. Sie bestanden ähnlich wie die Kelten aus zahlreichen Stämmen ohne engeren politischen Zusammenhang.

Die Heimat der Veneter, die einer eigenen alteuropäischen Sprachgruppe angehörten, war dagegen Norditalien. Zahlreiche Inschriften und Fundgegenstände zeugen davon, daß sie auch im späteren Südwest-Norikum siedelten: 1857 entdeckte der deutsche Althistoriker Theodor Mommsen zwischen Plöcken-Paß und dem Gurina am alten Handelsweg zwischen Norditalien und Südnorikum auf der Misoria-Alpe bei Würmlach verschiedene Felsinschriften. In einem eigenen venetischem Alphabet standen hier die Namen von durchreisenden Venetern, Etruskern und Kelten. Auf dem Gurina befand sich einst eine bedeutende prähistorische, die Straße beherrschende Wallburg, die ein wirtschaftliches und kulturelles Zentrum darstellte. Hier fand man auch bronzene Beschläge von Holzkästen mit venetischen Inschriften, die Gottheiten und Spender bezeichnen. Auch am Findening-Thörl in den karnischen Alpen stieß man auf Inschriften. Die hier entdeckten Worte »ex voto« dürften Teile einer Weihinschrift an eine Gottheit darstellen.

Die in Südösterreich eindringenden, verschiedenen Stämmen angehörenden Kelten vermischten sich mit der einheimischen Bevölkerung. Bei den antiken Autoren tauchen für das Völkergemisch immer wieder zwei oft widersprüchlich verwendete Namen auf: Taurisker und Noriker. Während der griechische Geograph Strabo die Taurisker für einen Zweig der Noriker hielt, dachte der 79 n. Chr. beim Vesuvausbruch ums Leben gekommene römische Schriftsteller Plinius der Ältere, daß Taurisker der frühere Name für die Noriker war.

Auch heute noch gehen die Meinungen auseinander. Sicher ist, daß die Noriker ein stark keltisiertes Volk waren, das in Zentralkärnten lebte und am Magdalensberg sein Zentrum hatte. Der Wiener Althistoriker Gerhard Dobesch vermutet, daß sich Ende des 3. und Anfang des 2. vorchristlichen Jahrhunderts einige keltisierte Stämme zum großen Volk der Noriker zusammengeschlossen hätten. Von den Römern wurden sie ihrer Sprache und Kultur wegen als Kelten angesehen. Der keltische Stamm der Taurisker lebte dagegen im oberen Savetal. Verschiedene antike Quellen lassen jedoch darauf schließen, daß sich sein Lebensbereich zeitweise bis nach Österreich erstreckt hat. Auch bringen manche Forscher die »Tauern« sowie den Namen der ehemaligen römischen Stadt »Teurnia« im heutigen Kärnten mit den Tauriskern in Verbindung und sprechen von einem Nebeneinander von Tauriskern und Norikern. Erst allmählich sei dieser Dualismus aufgegeben worden und die Noriker hätten die Taurisker schrittweise verdrängt. Zahlreiche Wissenschaftler sehen jedoch die Beweise für die Anwesenheit der Taurisker in Österreich für nicht ausreichend.

Wenn in den antiken Schriften von Norikum die Rede ist, so wird es immer als »regnum Noricum«, also als Norisches Königreich bezeichnet. Auch der ungarische Althistoriker Geza Alföldi schließt nicht aus, daß Norikum ein Königreich war. Er nimmt an, daß bald nach dem Eindringen der Kelten in die Kärntner und steirischen Gebiete eine »Zentralgewalt« entstanden war, deren wirtschaftliches Rückgrat das wertvolle Eisen bildete. Demgegenüber ergaben die Untersuchungen der norischen Münzen, daß Norikum kein Königreich gewesen sein dürfte. Da meist mehrere Fürsten gleichzeitig Münzen prägen ließen, ist vielmehr mit einem lockeren Gefüge von »Gaufürstentümern« zu rechnen. Denn das Recht der Münzprägung steht immer nur Herrschern zu. So dürfte es im Falle Norikums ein Kollegium von Stammesherren gegeben haben.

Der Wiener Althistoriker Gerhard Dobesch kann diese Ansicht nicht teilen. Bei einer Neubetrachtung sämtlicher antiker historischer Nachrichten entdeckte er, daß in Gallien starke Stämme über schwächere im Sinne des Gefolgschaftswesens eine politische Vorherrschaft, eine Hegemonie, ausgeübt hätten. Die Noriker hätten sich in ähnlicher Weise im 2. Jahrhundert v. Chr. nach und nach über keltisierte alpine Stämme die Hegemonie erkämpft. Diese Stämme wären dann sogenannte Klienten oder socii geworden, die zwar einerseits eine gewisse Selbständigkeit behalten hätten, etwa bei der Prägung der Münzen, anderseits aber, zum Beispiel im Kriegsfalle, Gefolgschaft leisten mußten und unter dem Befehl des norischen Königs standen. Außenpolitische Verträge abschließen konnte lediglich der norische König. Sein Reich bestand daher aus dem Stammesgebiet der Noriker und einer Reihe abhängiger, Gefolgschaft leistender Stämme.

Die Römer wurden zu Nachbarn der Noriker, als sie die in der Poebene siedelnden Kelten 225 v. Chr. bei Telamon und 222 v. Chr. bei Clastidium schlugen und danach ihre politische und militärische Macht nach Norden ausdehnten. Doch die ersten Kontakte waren nicht unbedingt freundschaftlicher Natur: 186 v. Chr. tauchten in der Nähe von Aquileia im Isonzo-Delta,

Hallein-Dürrnberg, Salzburg: Grabfunde. Freigelegtes Grab 145 von 1978 mit Bronzehelm, Eisenschwert und zahlreichen Schmuckbeigaben.

Unverzierter Bronzehelm mit ausgezogener Spitze aus Grab 44, Skelett 2.

Bekanntes Meisterwerk vom Dürrnberg bei Hallein, Salzburg:
Schnabelkanne aus Bronze mit reicher Verzierung aus dem Grab 112.

Hallein-Dürrnberg, Salzburg: Funde aus Grab 44, Skelett 2.
Bronzeblechbeschlag einer Holzkanne in Form eines männlichen Kopfes (oben).

Bronzestandgefäß in Form einer Felsbzw. Pilgerflasche mit Standbeinchen in Menschenbeinart (unten).

Figuralverzierte Bronzesitula aus einem Grab der Frühlatène-Kultur von Kuffern bei Herzogenburg, NÖ. (oben).

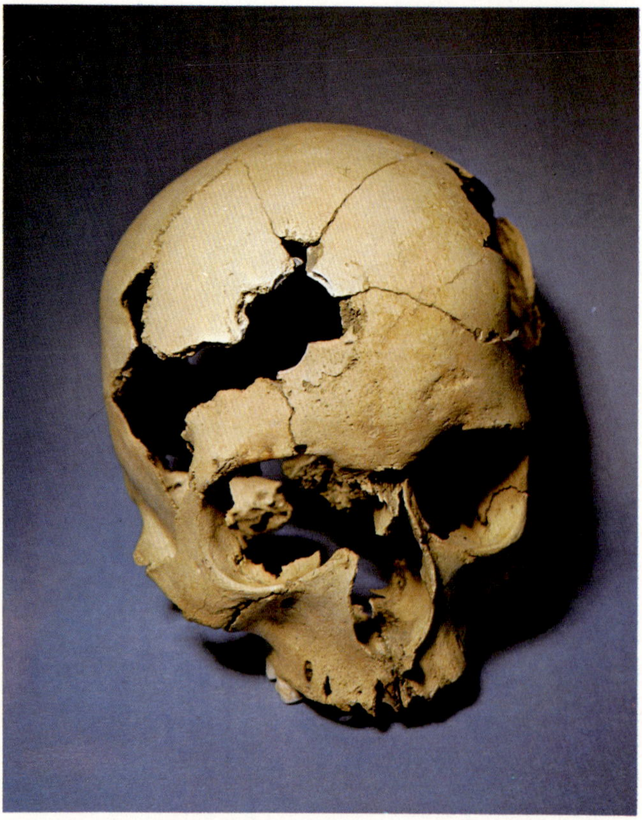

Mittellatènezeitlicher menschlicher Schädel mit mehreren Trepanationsspuren aus Guntramsdorf, NÖ. (unten).

also mitten in dem Gebiet, aus dem die Römer die Kelten verdrängt hatten, 12.000 bewaffnete Kelten, höchstwahrscheinlich Noriker aus Kärnten auf. Sie plünderten nicht, sie mordeten nicht und sie brandschatzten nicht. Sie begannen nur eine eigene Stadt zu bauen.

Die Römer waren verblüfft und schickten eine Abordnung nach Norikum, um festzustellen, was dies zu bedeuten habe. Wie Titus Livius schildert, erfuhr diese jedoch nicht viel mehr, als daß die städtebauenden Kelten nicht mit Genehmigung ihres Stammes ausgewandert seien. Auch was sie vorhätten, wisse man nicht. Jetzt war es an der Zeit zu handeln. Der Prokonsul Lucius Porcius rückte mit seinen Legionen gegen die neu angelegte Stadt vor. Die Kelten leisteten keinen Widerstand und ergaben sich. Was sie auf die Frage, warum sie nach Italien gekommen sind, antworteten, darüber berichtet Livius: »Sie wären bei der Übervölkerung in ihrer Heimat, durch den Mangel an Ackerboden und durch die Not gezwungen, über die Alpen gestiegen, um einen Wohnsitz zu suchen. Sie hätten in einem Landstrich, welchen sie unbesiedelt und daher ungerodet gefunden, ohne irgendjemandes Beeinträchtigung sich niedergelassen; auch eine Stadt hätten sie zu bauen begonnen; ein Beweis dafür, daß sie nicht hergekommen seien, um das flache Land oder eine Stadt anzugreifen.«

Die Römer schickten die Noriker kurzentschlossen zurück. Um weiteren Einwanderungen vorzubeugen, ließen sie Gesandte mitreisen, die den keltischen Völkern mitteilen sollten, daß sie ihre Leute in der Heimat zusammenzuhalten hätten. Gleichzeitig bemühte man sich um ein freundschaftliches Verhältnis zu den Norikern. Die Schlacht an der Allia, der berühmte schwarze Tag für die Römer, schien nach wie vor nicht vergessen zu sein.

In der Folge war man peinlichst darauf bedacht, die guten politischen Beziehungen zu pflegen. Gesandtschaften statteten Besuche ab, Höflichkeiten und Geschenke wurden ausgetauscht. Und wenn sich dann doch ein römischer Feldherr keltisches Hab und Gut aneignete, worüber im Jahre 170 v. Chr. eine keltische Abordnung klagte, entschuldigte sich der Senat und schickte reiche Geschenke.

Der römische Geschichtsschreiber Livius berichtet, daß die Römer 170 v. Chr. mit einem König Kinkibilus, der wohl der frühest genannte norische König ist, jenes lose Freundschaftsverhältnis eingegangen wären, das sie »hospicium publicum«, also staatliche Gastfreundschaft, nannten. Damit schaltete Rom nicht nur eine Bedrohung durch die Noriker aus, sondern schuf auch die Basis für einen umfangreichen Handel. Denn einerseits wollte man für eigene Produkte Abnehmer finden, andererseits lockten reiche Bodenschätze, wie das berühmte norische Eisen, aber auch Kupfer und Blei.

Bis zur römischen Okkupation, die 15 v. Chr. erfolgte, wurde an diesem Freundschaftsverhältnis nicht gerüttelt. Selbst als im Süden Norikums reiche Goldvorkommen entdeckt wurden und römische Goldsucher die Vorkommen selbst ausbeuten wollten, kam es nur zu einer kurzen Unruhe, in deren Verlauf die Noriker die Goldsucher kurzerhand »hinauskomplimentierten«.

Auf der Suche nach einer neuen Heimat

Etwa drei bis vier Jahre lang blieben die Kimbern nach ihrem Sieg über die Römer im Land der Helvetier. Als sie weiterzogen, schlossen sich ihnen die helvetischen Tiguriner an. Ungefähr zur selben Zeit vereinigten sie sich mit den ebenfalls germanischen Teutonen und Ambronen, die ihre Heimat im Nordseegebiet verlassen hatten. Auch sie waren auf der Suche nach neuem Ackerland. In Gallien zogen diese Völkerscharen jahrelang plündernd umher. Teile von ihnen gelangten bis an die untere Rhône, wo ihnen ein römisches Heer entgegentrat, das sie aber besiegen konnten. Ein weiteres Vordringen nach Süden unterließen sie. Sie baten den römischen Senat lediglich um Siedlungsland. Doch die Römer schlugen ihnen diese Bitte ab.

Als Folge der Auseinandersetzungen zwischen den beiden römischen Heerführern Servilius Caepio und Mallius Maximus gelang den Germanen am 6. Oktober 105 v. Chr. bei Arausio, dem heutigen Orange, erneut ein entscheidender Sieg: Da sich die beiden Heerführer nicht einig wurden, traten die Heere getrennt zur Schlacht an – und wurden einzeln geschlagen. Abermals verwarfen die Germanen den Gedanken, in Italien einzufallen. Dafür trennten sich die Kimbern von den übrigen weiterhin in Gallien herumziehenden Stämmen und drangen in Spanien ein, wo sie jedoch von den Keltiberern abgedrängt wurden. Jetzt hatte Rom Zeit, eine gründliche Heeresreform durchzuführen und zum entscheidenden Schlag zu rüsten. Der damals tüchtigste Heerführer, Marius, wurde mit der Kriegsführung betraut. Um neue Rekruten zu gewinnen, veranlaßte er, daß die altrömische ständische Wehrverfassung geändert wurde. So war es ihm möglich, aus den Besitzlosen Roms ein Berufsheer zu rekrutieren. Auch die Gliederung des Heeres wurde geändert. Ein Jahr lang drillte Marius seine Truppe. Selbst Trainingsmärsche mit Gepäck, bei denen 30 Kilometer in fünf Stunden zurückgelegt wurden, waren üblich.

Im Jahr 103 v. Chr. kamen die Kimbern aus Spanien zurück und vereinigten sich an der unteren Seine erneut mit den Teutonen, Ambronen und Tigurinern. Jetzt erst beschlossen sie, in Italien einzufallen, allerdings in zwei getrennten Gruppen. Dieser Entschluß, den sie wohl nur aufgrund ihres Unwissens über die römische Heeresreform fassen konnten, sollte ihnen zum Verhängnis werden.

Als die Teutonen und Ambronen 102 v. Chr. durch die südgallische Provinz an der ligurischen Küste entlang Richtung Italien marschierten, folgte ihnen Marius mit seinem Heer durch das Curance-Tal. Bei Aquae Sextiae, dem späteren Aix, überholte er die germanischen Truppen, um einen Engpaß zu besetzen. Doch noch vor diesem natürlichen Hindernis kam es mit einem Teil des germanischen Heeres zur Schlacht, die mit dem Sieg der Römer endete. Zwei Tage später griff Marius das Hauptheer der Teutonen an und vernichtete es.

Unterdessen hatten die Kimbern unter ihrem König Boiorix die Alpen überquert und drangen wahrscheinlich über den Brenner in das Etschtal ein.

Unterhalb von Triest, vor der Veroneser Klause erwartete sie Konsul Lutatius Catulus mit seinem Heer. Die Kimbern, die Felsblöcke und entwurzelte Bäume zur Vernichtung der römischen Etschbrücke heranwälzten, überrannten die Römer. Nur mit viel Mühe konnte Catulus eine vollkommene Auflösung verhindern und den Rückzug organisieren. Die Kimbern ließen sich daraufhin häuslich nieder und verbrachten als erste Germanen der Geschichte einen Winter südlich der Alpen.

In der Zwischenzeit drangen die Tiguriner in Süd-Norikum, das Pustertal, in Osttirol und in Teile Kärntens ein, unterließen es aber, sich mit den Kimbern zu vereinen. Das war ein Fehler, den Catulus nicht machte: Er rückte nun gemeinsam mit Marius und dessen Truppen erneut gegen die Kimbern vor, deren wiederholtes Gesuch um Land, wie nicht anders zu erwarten, wieder abschlägig behandelt worden war.

Am 30. Juli 101 v. Chr. prallten auf den Feldern bei Vercellae, zwischen Mailand und Turin nördlich des Po, die beiden Heere aufeinander. Der keilförmig vorangetriebene Stoß des germanischen Fußvolkes traf auf das etwas zurückgenommene Zentrum des römischen Heeres unter der Führung von Catulus. Während die Römer hier energisch Widerstand leisteten, umgingen die Heersflügeln unter dem Befehl von Marius den Kampfplatz und näherten sich dem Lager der Kimbern. Mittlerweile war König Boiorix gefallen und Catulus' Truppen begannen ebenfalls in Richtung Lager zu marschieren. Dort bot sich ihnen nur mehr ein Bild des Grauens: Tausende germanische Frauen verübten Selbstmord, um nicht in die Hände der Römer zu fallen. Männer und Kinder hatten sie vorher in den Tod geschickt. Als die Tiguriner davon erfuhren, flohen sie großteils in Panik zurück in ihre helvetische Heimat.

Die Hinterwäldler der Antike

Von all diesen Ereignissen nur am Rande berührt wurde ein Volk, dessen Entstehungsgeschichte ebenso ungeklärt ist, wie seine eigentliche Verbreitung: die Räter. Sie kamen lediglich mit den Kimbern bei deren Zug ins Land der Helvetier in mehr oder weniger kriegerischen Kontakt. Der Grund für ihr »hinterwäldlerisches« Dasein ist wohl darin zu sehen, daß sie in oft unwegsamen, bergigen Alpengebieten siedelten. Wo genau, darüber zerbrechen sich Urgeschichtsforscher ebenso den Kopf wie Sprachforscher.

Zum ersten Mal in der Geschichte wird der Name Räter in einem Brief aus der ersten Hälfte des 2. Jahrhunderts v. Chr. erwähnt. Dort rühmte man den rätischen Wein, der damals und in der frühen römischen Kaiserzeit als einer der besten Italiens galt. Obwohl die Räter noch einige Male in antiken Schriften auftauchen, sind die dabei gemachten Angaben über das von ihnen bewohnte Gebiet alles andere als präzise und widerspruchsfrei. Der Althistoriker und Sprachforscher Ernst Meyer versuchte ihr Verbreitungsgebiet anhand literarischer Schriftquellen und anhand von Inschriften zu rekonstruieren. Er meint, daß das Kerngebiet der Räter die Südalpentäler vom Piavetal bis an den Comosee umfaßte. Es reichte nach Süden bis um die Städte Verona und Brescia und erstreckte sich nach Norden über den Veltlin und Vintschgau. Eisacktal, Pustertal und das Tiroler Inntal waren seiner Meinung nach nicht mehr rätisch. Dafür greift das rätische Siedlungsgebiet über das Engadin hinüber in das bündnerische und St. Galler Rheintal bis zum Bodensee.

Der Tiroler Urgeschichtsforscher Osmund Menghin siedelt die Räter um die Mitte des 1. Jahrtausends v. Chr. zwischen den Flußläufen des Tessins und der Etsch an. Ihr Wohngebiet habe seiner Meinung nach im Alpenrhein und Innsbruck über den Alpenhauptkamm nach Norden hinausgereicht und erstreckte sich nach Osten wahrscheinlich bis ins obere Drautal.

Fast unmöglich erscheint es auch, zu klären, wer die Räter waren und woher sie kamen. Fest steht lediglich, daß sie aus einer Reihe von Bergstämmen bestanden, die sich weder ethnisch noch kulturell zu einer Einheit zusammenfassen lassen, und auch keine politische Gemeinschaft bildeten. Dennoch bezeichneten die antiken Autoren im letzten Viertel des ersten Jahrhunderts v. Chr. die Bevölkerung eines bestimmten Gebietes als Räter. Osmund Menghin erklärt diesen scheinbaren Widerspruch damit, daß die Räter möglicherweise eine Kultgemeinschaft bildeten, die mit der in Norditalien und Venetien in der Eisenzeit verehrten Göttin Reitia in Zusammenhang zu bringen sei. Der Kult der Reitia ist seiner Meinung nach jedoch nicht ausschließlich die Religion der rätischen Alpenbewohner gewesen. Vielmehr wurden die aus den Bergen zu den Heiligtümern der Reitia wallfahrenden Verehrer der Göttin von der norditalienischen Bevölkerung mit einem dem lateinischen »raeti« entsprechenden Ausdruck bezeichnet oder die Wallfahrer nannten sich selbst so.

Ein Heiligtum, das wahrscheinlich mit dem Kult der Reitia in Zusammenhang steht, wurde im Oktober des Jahres 1976 in der Nähe von Telfs im Stubaital entdeckt. Bei der Anlage eines Weges stieß man auf eine Höhle, der man vorerst keine Beachtung schenkte. Man schüttete den Eingang zu, damit weder Kinder noch Tiere zu Schaden kommen konnten. Den Buben aus Telfs allerdings blieb das Loch nicht verborgen. Einige räumten den Höhleneingang frei und krochen hinein. Auf dem Höhlenboden fanden sie Gefäßbruchstücke und Tierknochen. Davon erfuhr Gerard Kaltenhauser vom Innsbrukker Bundesdenkmalamt. Bei der Besichtigung der Fundstelle mußte er feststellen, daß es einem erwachsenen Menschen unmöglich ist, sich in die Felsspalte zu zwängen. In Anbetracht des nahenden Wintereinbruchs ließ er die Fundstelle verschließen und verschob die Untersuchung auf das nächste Jahr.

Im Frühjahr 1977 erschien Kaltenhauser mit seiner Grabungsmannschaft erneut in Telfs. Man erweiterte den Felsspalt und drang in die Höhle ein. Der niedrige Zugang verlief etwa vier Meter eben in das Berginnere. Dann stieß man auf eine wannenartige Vertiefung, in der spärlich zufließendes Wasser aufgefangen wurde. Was man vorerst vermutete, bestätigten auch Geologen: Hier handelt es sich um eine künstlich angelegte Zisterne. Die Analyse des Wassers ergab einen sehr hohen Mineralgehalt. Diesem Wasser mußte eine besondere Bedeutung zugekommen sein, wenngleich es auch nach unseren heutigen Erkenntnissen nicht als Heilwasser anzusprechen ist.

Auf jeden Fall dürfte es sich bei dieser Zisterne um ein Quellheiligtum gehandelt haben, was die zahlreichen Funde verdeutlichen: Die Reste von über 100 Tongefäßen und eine Unmenge tierischer Fußwurzelknochen konnten entdeckt werden. Die deponierten Gaben lassen darauf schließen, daß mit der Wassernutzung wohl auch die Verehrung einer Gottheit vorgenommen wurde. Darauf jedenfalls weisen die auf den Knochen befindlichen Zeichen und jene Kultgefäße hin, die aus drei zu einem Hohlfuß vereinigten Schalen bestanden. Auf einigen der Gaben, die wahrscheinlich Amulette darstellten, sind Zeichen zu finden, die IX oder XI ähnlichschauen. Man deutet sie als Weihung an die dort verehrte Reitia, die als Heilgöttin galt. Ein Kultbild allerdings fehlt.

Auch befestigte Höhensiedlungen der Räter wurden auf österreichischem Gebiet untersucht. Eine solche aus der älteren rätischen Epoche Tirols befand sich auf der Kuppe des »Himmelreiches« zwischen Wattens und Volders. Es handelte sich hier um eine im 4. Jahrhundert v. Chr. begründete Terrassensiedlung, die seit der Jahrhundertwende durch einen Steinbruch in Mitleidenschaft gezogen wurde.

Auch wenn hier nie fachmännisch im Sinne der modernen Urgeschichtsforschung gegraben wurde, konnte man nachweisen, daß es eine die Siedlung beherrschende Familie gegeben haben mußte. Man fand nämlich einen Haufenhof, der durch seine isolierte Lage, durch seine Hervorhebung mit Hilfe einer Ummauerung, durch die Besonderheiten der Bautechnik sowie durch seine Größe auffiel. Er war durch etwa zweieinhalb Jahrhunderte bewohnt. Die jüngste Gruppe unter den chronologisch eindeutig bestimmbaren Funden von diesem Herrensitz sind teilweise durch Hitzeeinwirkung verschmolzene Glasarmreifen. In Böhmen wird dieser Typ als charakteristisch für das letzte Viertel des 2. Jahrhunderts v. Chr. angesehen. Daraus und aus dem Vorhandensein umfangreicher Brandspuren folgert Osmund Menghin, daß das Ende dieser Siedlung gewaltsam war und auf die 113 oder 102 v. Chr. durchziehenden Kimbern zurückzuführen sei.

Auf der »Burg« bei Stans befindet sich ebenfalls eine Siedlung aus der älteren rätischen Epoche. Auch ihr Ende kann man mit Hilfe solcher Glasarmreifen datieren. Möglicherweise wurde sie wie die Siedlung am Himmelreich durch die Kimbern zerstört. Aus dem 1. Jahrhundert v. Chr. konnte in Nordtirol bis jetzt nur eine einzige rätische Siedlung untersucht werden: In Birgitz bei Innsbruck entdeckte man einen aus etwa vier Haufenhöfen bestehenden Weiler, den man anhand von Bronzefibeln der Mittel- und Spätlatènezeit zuordnen konnte.

Viele Gegenstände und Gedenksteine, die man bei den Ausgrabungen rätischer Siedlungen fand, weisen eigenartige Inschriften auf. Man spricht in diesem Zusammenhang von »Alpenalphabeten«, die gewisse Ähnlichkeiten mit der etruskischen Schrift aufweisen. Auch die Sprache der Räter, die nicht zu den indogermanischen gezählt wird, kann diese Ähnlichkeit nicht verleugnen. Möglicherweise haben sich beide Sprachen aus der gleichen Grundsprache entwickelt. Darüberhinaus meint Ernst Meyer, daß die Räter nach Sprache und Kultur sowohl mit den Venetern in Nordostoberitalien und den südlichen Ostalpentälern sowie mit den übrigen nichtkeltischen Ostalpenvölkern nahe verwandt waren. Es ist also auch damit zu rechnen, daß Stämme, die die antiken Autoren als besondere Völker nennen, zu den Rätern zu zählen sind.

Sturm der Boier

Nach dem endgültigen Sieg der Römer über die Kimbern und die Flucht der Tiguriner herrschte in Norikum ein paar Jahrzehnte Frieden. Doch um 60 v. Chr. drangen Boier ein und belagerten die Hauptstadt Noreia.

Die Boier waren einer der größten keltischen Stämme. Sie waren gleichzeitig in verschiedenen Teilen Europas zu finden. Vom vierten vorchristlichen Jahrhundert an siedelten sie in Böhmen und Mähren, um die Mitte des 2. Jahrhunderts v. Chr. drangen sie in die Slowakei ein. Wenige Jahrzehnte später mußten sie den aus der Maingegend vordringenden germanischen Markomannen weichen, überschritten die Donau und nahmen Nordwest-Pannonien, also das heutige Wiener Becken, Burgenland und die kleine pannonische Tiefebene in Besitz. Die Noriker wurden vorerst unbehelligt gelassen, dafür drangen die Boier in der ersten Hälfte des ersten vorchristlichen Jahrhunderts unter ihrem König Kritasiros in östliche Richtung vor und dehnten ihren Machtbereich bis zur Theiss aus. In diese Zeit fällt der Höhepunkt ihrer Macht, der allerdings nur von kurzer Dauer war: Um 60 v. Chr. drangen die im heutigen Rumänien beheimateten Daker unter ihrem König Burebista in das Zentrum und den Westen des Karpatenbeckens ein und besetzten die Ebene zwischen Theiss und Donau sowie das Gebiet westlich von Budapest bis in die Höhe der Südslowakei.

Das Vordringen der Daker war der Grund für einen teilweisen Abzug der Boier nach Norikum, wo sie plündernd und brandschatzend bis nach Noreia zogen, das sie belagerten. Nachdem es ihnen nicht gelang, die Stadt einzunehmen, zogen sie zu den Helvetiern in die Schweiz weiter.

Während sich die Noriker mit Waffengewalt der eingedrungenen Boier erwehrten, versuchte sie der norische König Voccio mit politischen Schachzügen loszuwerden. Er gab seine Schwester dem Germanenfürsten Ariovist, dessen Volk in Süddeutschland und in Gallien siedelte, zur Frau, um ihn als Verbündeten gegen die Boier und Helvetier zu gewinnen. Doch das Einvernehmen war nur von kurzer Dauer. Obwohl die Römer Ariovist zuerst als »König und Freund« anerkannten, sahen sie sich bald durch seine Heerscharen bedroht. Als Cäsar die Helvetier besiegte, wandte er sich gleich darauf Ariovist zu und schlug ihn 58 v. Chr. bei Mühlhausen im Elsaß. Voccio blieb mit Cäsar in gutem Einvernehmen, da er sich davon mehr Vorteile versprach. Ob die Noriker allerdings 49 v. Chr. während des Bürgerkrieges gegen

Pompeius Cäsar wirklich 300 Reiter zur Verfügung stellten, wie dieser berichtete, konnte bisher nicht nachgewiesen werden.

Um 45 v. Chr. gelang es Norikum noch einmal, seinen Machteinfluß auszuweiten: Als der Dakerkönig Burebista starb, nahmen die Noriker das Gebiet bis zum Plattensee in Besitz. Während der zweiten Hälfte des ersten vorchristlichen Jahrhunderts dehnte man das Reich auch im Norden aus, wo man die Donau erreichte. Mehr Land bedeutete aber auch die Eingliederung neuer Stämme in das Staatsgefüge. Bei der Erweiterung Norikums nach Osten und Norden schob man die Grenze in einen Bereich zwischen Wachau und Marchmündung vor. Bei der Ausdehnung nach Westen traf man auf die keltischen Ambisonten und Alaunen, die bisher kaum mit Norikum in Verbindung standen. Sie anerkannten in der zweiten Hälfte des letzten vorchristlichen Jahrhunderts die Oberhoheit der Noriker. Mit der Eingliederung der Ambisonten und der in der Nähe siedelnden Alaunen in den norischen Stammesbund hatte Norikum den Gebietsumfang der gleichnamigen späteren römischen Provinz erreicht.

Nach den Angaben des ägyptischen Geographen und Astronomen Claudius Ptolemaios aus dem Jahr 150 v. Chr. bewohnten die Ambisonten den Salzburger Pinzgau. Der befestigte Sitz ihres Stammesfürsten befand sich zweifellos auf dem Biberg bei Saalfelden. Dort wurden im Zuge von Steinbrucharbeiten spätkeltische Keramik, Bronzeschmuck, Silbergeld und Eisenwerkzeug geborgen. Das alles wurde Martin Hell übergeben. 1930 erhielt er den ersten Fundposten. Hell entdeckte auch an der Ost- und Nordseite des Berges, knapp unterhalb des Plateaus, Reste von übereinandergeschichteten, ohne Mörtel verbundenen Steinen, also sogenanntes Trockenmauerwerk. Er datierte es in die späte Latènezeit. Eingehende wissenschaftliche Untersuchungen wurden leider nie durchgeführt. Auch eine Bronzeplastik, die einen Hirsch darstellt, fand man. Obwohl römische Einflüsse bemerkbar sind, konnte der »Biberger Hirsch« als keltische Arbeit aus dem 1. Jahrhundert vor Chr. identifiziert werden.

Auf der Suche nach Noreia

Seit über 100 Jahren zerbrechen sich Fachleute und Heimatforscher den Kopf, wo sich die einstige Hauptstadt Norikums, Noreia, befunden hat. Besonders in der Zeit übersteigerten Nationalgefühls gewann diese Frage an Bedeutung, war man ja damals besonders stolz auf jene Stätte, wo »Römer und Germanen erstmals so aufeinanderstießen, daß Rom den Kürzeren zog«, wie es Walter Schmid ausdrückte. Allerdings, so meint er, wenn auch die älteren Menschen »die Noreia-Frage noch als vom Nationalgefühl her aufgeladene kennen«, ist die Faszination, die vom Komplex dieser Frage einst ausging, »gewiß für viele heute nicht mehr zu begreifen«. Und zum Glück ruft das, was ein Oberst d. R. 1930 an die Grazer »Tagespost« schrieb, heute bei vielen nur mehr ein Lächeln hervor: ». . . Und da die erste geschichtliche Kunde eine Ruhmestat unserer Ahnen war, ist die Errichtung eines würdevollen Denkmals eine Ehrensache.« Und das war es damals wirklich. Allerdings mußte man vorerst Noreia gefunden haben.

Auch Walter Schmid begab sich auf die Suche nach dieser geheimnisvollen Stadt. In antiken Quellen wird sie zwar fünfmal genannt, doch nirgends finden sich konkrete Hinweise auf ihre Lage. Am meisten erfährt man darüber noch bei Strabo, der davon spricht, daß Noreia 1200 Stadien, also etwa 222 Kilometer von Aquileia entfernt liege und ausgiebige Goldwäschen und Eisengruben besitze. Als Schmid der Sage von der versunkenen Stadt im Hörfeld bei St. Margarethen am Silberberg in der Nähe von Neumarkt in der Steiermark nachging, fielen ihm Terassen auf, die nur von Menschenhand angelegt sein konnten. Zudem gehörte die Kirchenpatronin, die heilige Margaretha, zu den vier »Drachenheiligen«, zu denen noch Magdalena, Georg und Michael zu zählen sind. Und Kirchen im Bereich urgeschichtlicher Siedlungen – so folgerte Schmid – haben meist als Symbol für die Ablösung der heidnischen Lebensweise durch die christliche, einen Drachenheiligen zum Patron.

1929 griff Schmid zum Spaten und förderte bis 1933 eine teilweise mit Pfahlzäunen, Holztürmen und Steinwällen befestigte Siedlung, bestehend aus rund 50 Blockhäusern und einem »Königshaus«, zutage. Nach seinen Angaben stieß man auf Überreste der Späthallstattkultur und der Spätlatènezeit. Die wenigen Artefakte, die dabei entdeckt wurden, sind allerdings heute nicht mehr aufzufinden, was eine Überprüfung der Ausführungen Schmids unmöglich macht. Auf jeden Fall war Schmid davon überzeugt, Noreia ausgegraben zu haben. In Einöd glaubte er, die Reste der Gebäude der späteren, in der Tabula Peutingeriana, der mittelalterlichen Kopie einer antiken Straßenkarte, eingezeichneten römischen Poststation Noreia entdeckt zu haben. Sie könnte – so überlegte Schmid – den Namen der nahegelegenen vorrömischen Siedlung übernommen haben. Stolz auf diese Entdeckungen benannte man kurz entschlossen die heutige Bahnstation St. Margarethen am Silberberg in »Noreia« um. Dennoch muß man den nun rund 50 Jahren zurückliegenden Grabungsbefunden skeptisch gegenüberstehen. Walter Schmids Theorie wurde übrigens schon in den dreißiger Jahren angefeindet. Spöttisch bemerkte man damals, daß man wohl ein fahrbares Kimbern-Denkmal errichten werde müssen, das je nach dem Stand des Forschungsstreites verschoben werden kann.

Rund 30 Jahre nach den Schmid'schen Forschungen lokalisierte Geza Alföldy Noreia am 20 Kilometer nördlich von Klagenfurt liegenden Magdalensberg, der sich zwischen Zollfeld und unterem Gurktal befindet. Er meinte, daß auf diesen zentralen Punkt Norikums alle Angaben der antiken Autoren in idealer Weise zutreffen. Der österreichische Althistoriker Ekkehart Weber ist jedoch wiederum der Meinung, daß die etwas später von den Römern im Zollfeld gegründete Stadt Virunum den gleichen Namen wie die Vorgängerstadt am Magdalensberg haben müßte. Diese Theorie wird dadurch erhärtet, daß man am Magdalensberg ein Inschriftenfragment mit den Buchstaben »VIRUN . . .« fand.

Alles in allem ist es bis heute nicht möglich gewesen, die Lage der Stadt

Noreia eindeutig festzustellen. Durch die seit 1948 durchgeführten planmäßigen Ausgrabungen am Kärntner Magdalensberg besitzen wir wenigstens genauere Vorstellungen von dieser Stadt. Ihre Geschichte beginnt in der späten Eisenzeit und endet mit der langsamen Verödung des einstigen Handelszentrums im ersten Jahrhundert nach Christus, als unter dem römischen Kaiser Claudius mit Virinum im Zollfeld eine neue Hauptstadt der Provinz Norikum errichtet wird. Geblieben ist dem Berg und seiner den Heiligen Helena und Magdalena geweihten Kirche lediglich die sakrale Bedeutung. Noch heute sind sie zu Ostern Ausgangspunkt eines Flurumzuges, des sogenannten Vierbergelaufes.

Ein geheimnisvoller Berg

In Gröblach erzählt man sich heute noch die Sage vom Lichtlein am Magdalensberg: Ein Bauer sah einmal in der Nacht am Magdalensberg ein Lichtlein brennen. Als er hinging, traf er dort auf einen schwarzen, zottigen Hund. Der Bauer schlug das Kreuzzeichen und beschüttete den Hund mit Weihwasser aus einem Fläschchen, das er bei sich trug, worauf der Hund verschwand. An der Stelle, wo er gesessen war, versank eine Kiste in die Erde. Als der Bauer Pickel und Schaufel holte, um sie auszugraben, waren das Lichtlein und die Kiste verschwunden. Auch die anderen Gröblacher fanden nichts, als sie am nächsten Tag gruben.

Es ist heute nicht mehr festzustellen, wie lange man sich schon Geschichten über den geheimnisvollen Magdalensberg mit seinen herumliegenden Steinblöcken und verborgenen Schätzen erzählt. Fest steht, daß man bereits 1502 einen aufsehenerregenden Fund machte: Angeblich beim Ackern fand ein Bauer am Gipfel des Berges die lebensgroße Bronzestatue eines athletischen Jünglings. Da es jedoch unwahrscheinlich ist, daß auf dem von Mauertrümmern durchsetzten Gipfel jemals Äcker waren, wurde diese Statue möglicherweise nicht ausgeackert, sondern von Schatzgräbern entdeckt. Es ist dies der erste Fund, den wir vom Magdalensberg kennen und bisher auch der berühmteste.

Die Statue ist die Kopie einer griechischen Bronzeplastik des 5. Jahrhunderts v. Chr. Wahrscheinlich stammt sie aus einer italienischen Kopierwerkstätte, wo sie im frühen ersten vorchristlichen Jahrhundert angefertigt wurde. Lange Zeit stand der Jüngling vom Magdalensberg in Salzburg. Dort wurde er auch einer »gründlichen« Restaurierung unterzogen: Ein Erzgießer ergänzte vier Finger der linken Hand mit einer helleren Bronze und rückte der ganzen Statue zwecks Reinigung mit Meißeln, Schabeisen und Feilen zu Leibe. Dabei entfernte er nicht nur die dunkelgrüne Patina der Figur, sondern vernichtete auch die feinere Modellierung des Körpers. Heute befindet sich die Statue im Wiener Kunsthistorischen Museum.

Die Inschrift am Schenkel des Jünglings weist darauf hin, daß er von Kaufleuten aus Aquileia gespendet worden war. Er dürfte sich ursprünglich als

Kultstatue in einem keltischen Tempel befunden haben und dort als Gott Mars Latobius verehrt worden sein. Darauf jedenfalls ließ die Inschrift auf einem zusammen mit der Statue gefundenen Schild schließen, der leider verlorengegangen ist.

Am 24. März 1843 entdeckte ein Landwirt beim Ausroden von Baumstrünken einen weiteren interessanten Fundgegenstand: die Bronzestatuette eines Greifen, der möglicherweise zu einer Statue des keltischen Heilgottes Belenus gehört hatte. Auch der geheimnisvolle »Kahnfahrer«, jene mit dem Jenseitsglauben zusammenhängende Weihgabe aus Ton, von der im Zusammenhang mit dem Goldschiffchen vom Dürrnberg bereits die Rede war, wurde am Plateau des Magdalensberges entdeckt.

1970 führte man im Zuge von Restaurierungsarbeiten an der urkundlich bereits im 12. Jahrhundert genannten Kirche am Magdalensberggipfel eine Versuchsgrabung im Inneren durch. Die dabei gemachten Funde lassen den Schluß zu, daß im Bereich der Kirche zumindest im 1. Jahrhundert n. Chr. ein größerer Tempel stand, der mit Quadern, Platten und Gesimsen aus Marmor, sowie roter und weißer Wandmalerei ausgestattet war. Im Inneren befand sich eine lebensgroße, männliche Skulptur aus weißem Marmor, deren Reste man im Schutt entdeckte. Ob hier allerdings bereits in keltischer Zeit ein Tempel existierte, kann nicht gesagt werden. Doch befindet sich in der Vorhalle der Kirche ein steinernes Becken mit drei Köpfen in flachem Relief. Falls seine Datierung stimmt, könnte es zu einem keltischen Heiligtum mit Kultwasserbecken gehört haben.

Auf dem Südhang des Magdalensberges, rund 100 Meter unterhalb des Gipfels, liegt auf einer künstlich eingeebneten Terrasse das Zentrum der Bergstadt: Um einen 114×55 Meter großen Marktplatz gruppieren sich mehrere Gebäudekomplexe. Darunter befand sich in der Mitte der Nordseite auf einem Podium ein großer Tempel mit einer Seitenlänge von 30×17 Meter. Nordöstlich davon sind terrassenförmig in den Hang hinein zahlreiche Häuser gebaut. Sie stellen einen Teil des noch vor Christi Geburt entstandenen Großhandelszentrums dar. Zu Beginn dieser Siedlung im 1. Jahrhundert v. Chr. wurden Holzhäuser mit Fachwerk errichtet, nach Christi Geburt Steinbauten.

Schon vor der Errichtung des Podiumtempels verehrte man hier Götter. Das älteste Heiligtum dürfte von der einheimischen, keltischen Bevölkerung gebaut worden sein. 1957 fand man in den Überresten dieses Kultbaues das künstlich zugerichtete Schädeldach eines 25- bis 30jährigen Mannes. Der untere Teil des Schädels war weggeschnitten worden, so daß man den Rest als »Schädelbecher« verwenden konnte. Es war dies keinesfalls ein gewöhnliches Trinkgefäß, sondern eine im 1. Jahrhundert v. Chr. bei Kulthandlungen benützte Schale. Dieser Fund erinnert an die in der gesamten Latènezeit von den Kelten in vielfältiger Weise ausgeübten Schädelkulte.

Der Kult der abgeschlagenen Köpfe

Etwa 30 Kilometer nördlich von Marseille liegt Entremont. Es war einst das politische und religiöse Zentrum des keltisch-ligurischen Stammes der Salluvier. Eng aneinandergereihte, gemauerte Häuser und mitunter sogar gepflasterte Straßen wurden hier von gewaltigen, mit Türmen ausgestatteten Steinmauern, umgeben. Auf der höchsten Stelle befand sich ein Tempel. Seinen Mittelpunkt bildete eine Galerie in Stein gehauener Köpfe. Säulen mit eingemeißelten Köpfen, Plastiken von Männer-, Frauen- und Kinderschädeln zierten diesen Raum, in dem der gewaltsame Tod allgegenwärtig zu sein schien: Bei einer Kopfplastik war eine Hand zu sehen, die den Schädel erfaßt hat; an verschiedenen Steinsäulen waren einst in kleinen Nischen menschliche Schädel angenagelt gewesen.

In Noves, in der Nähe der südfranzösischen Stadt Avignon, fand man eine aus dem 3. Jahrhundert v. Chr. stammende Kalksteinfigur von 110 Zentimeter Höhe, die ein Tierungeheuer darstellt. Es hockt auf den Hinterbeinen und stützt sich mit den Vorderpfoten auf je ein abgeschlagenes bärtiges Männerhaupt. Aus seinem Mund hängt ein menschlicher Arm.

Der Schädel spielte bei den Kelten eine zentrale Rolle. Keltische Krieger behängten mit den frisch abgeschlagenen Köpfen der Feinde ihre Streitwagen und die Dachsparren ihrer Häuser. Oder sie steckten sie auf rund um das Haus verteilte Pfähle. Auch die Toreinfahrten von Dörfern und Städten wurden mit Schädeln versehen, wahrscheinlich um diese Anlagen vor Unheil zu schützen. Der sizilianische Geschichtsschreiber Diodor schildert den Schädelkult keltischer Stämme: »Sie schneiden die Köpfe der gefallenen Feinde ab und hängen sie ihren Pferden um den Hals. Die blutigen Waffen geben sie ihrem Gefolge und lassen sie unter Kriegsgeschrei und Siegesliedern als Beute vor sich hertragen. Das beste der Beute wird dann von ihnen an die Wand ihres Hauses angenagelt, als hätten sie Tiere auf der Jagd erbeutet. Die Köpfe berühmter Feinde balsamieren sie ein und bewahren sie in einer Truhe auf. Sie zeigen sie ihren Gästen, wobei sie sich rühmen, daß keiner der Vorfahren, auch ihr Vater oder sie selbst nicht, für den betreffenden Kopf noch so viel Geld als Bezahlung genommen hätten.« Livius wiederum berichtet, daß der in der Po-Ebene ansässige keltische Stamm der Boier erbeutete Schädel mit Gold verzierte und als Trinkgefäße benutzte.

Vieles wurde bereits darüber geschrieben, welche Bedeutung der menschliche Kopf für die Kelten hatte. Mit Bestimmtheit kann jedoch heute kaum etwas gesagt werden. Möglicherweise suchten die Kelten im Kopf nicht nur den Sitz der Sinne und des Verstandes, sondern auch einer geistig-seelischen Kraft, von der sie wahrscheinlich glaubten, daß sie auch nach dem Tod im Schädel verblieb und man in ihren Besitz gelangen könnte.

Anne Ross, eine englische Keltenspezialistin, meint, daß die Kelten den Kopf wahrscheinlich als Sitz der Seele, als die Substanz des Seins betrachteten, wobei Unsterblichkeit und sogar Göttlichkeit anklang. Man glaubte, daß ein abgeschnittener Kopf ein bestimmtes Eigenleben bewahrte und die Macht besaß, für seine Eigentümer bestimmte Wirkungen hervorzubringen. Vielleicht auch, daß gesammelte Feindesschädel die eigene Stärke auf magische Weise erhöhten, und daß sie eine schützende Funktion ausübten. So gesehen wäre es durchaus möglich, daß die Stellung eines Mannes in der keltischen Gesellschaft – ähnlich wie bei verschiedenen Naturvölkern – nach der Zahl der im Kampf erbeuteten Köpfe gewertet wurde. Gleichzeitig stellten die Schädel ein Opfer an die Gottheiten dar.

Das Opfer bildete überhaupt einen wesentlichen Bestandteil keltischer Kulthandlungen. Lange Zeit wurden Menschen geopfert, erst in römischer Zeit wurden sie – zumeist weil es die Römer verlangten – durch Tieropfer ersetzt. Cäsar berichtete, daß Menschenopfer erfolgten, wenn jemand schwer erkrankt, Kämpfen oder anderen Gefahren ausgesetzt war. Man glaubte, daß man als Ersatz für ein Menschenleben ein anderes opfern müßte.

Die magischen und religiösen Vorstellungen der Kelten waren vielseitig und auch die Menschenopfer wurden scheinbar aus verschiedenen Gründen vollbracht. Unter anderem wollte man damit die göttlichen Wesen geneigt machen, um sich Beschlüsse bestätigen oder die Zukunft voraussagen zu lassen. Zu diesem Zweck wurden die Opfer ausgeweidet, damit die Druiden, die Priesterkaste, aus der Verfassung der dampfenden Eingeweide die Zukunft vorhersagen konnten. Sie taten dies auch aus der Stellung der Glieder, wenn das Opfer aufgehört hatte, sich zu winden. Die Druiden leiteten praktisch jede größere kultische Handlung und natürlich jede Opferung. Über ihren Einfluß wurde bereits viel gerätselt. Möglicherweise war ihre politische aber auch ökonomische Macht ähnlich bedeutend wie die des keltischen Adels.

Etwas war allen Opfern gemeinsam: Sie sollten die Verbindung zwischen der realen Welt, also dem Menschen und den Göttern beziehungsweise dem Jenseits herstellen. Neben dem Menschenopfer wurde auch das Opfer von Gütern und Tieren praktiziert. Auch dabei versuchte man unter Mithilfe der göttlichen Wesen einen Blick in die Zukunft zu tun. Man aß das Fleisch eines Opfertieres, um die Befähigung zur Zukunftsdeutung zu erhalten und glaubte im Schlaf etwas aus dem Mund der Gottheiten zu erfahren. Um mit dem Transzendenten, dem »Jenseits« in Verbindung zu treten, wurde die Anthropophagie, der kultische Kannibalismus betrieben. So sollen die Kelten nach der Eroberung einer griechischen Stadt von dem Fleisch von Säuglingen gegessen und ihr Blut getrunken haben. Die irischen Kelten – so wurde überliefert – hatten vom Fleisch ihrer verstorbenen Väter gegessen, um deren Kraft und Stärke auf sich zu übertragen. Als archäologischer Beweis für die Ausübung des Kannibalismus werden Skeletteile, die Schnittspuren aufweisen, angesehen, aber auch das Fehlen von Körperteilen bei Leichen und menschliche Skeletteile, die sich gemeinsam mit Tierknochen in einer Grube als Rest einer kultischen Mahlzeit befinden.

Die Heiligtümer der Kelten

Die Kelten vollzogen ihre kultischen Handlungen an vielerlei Orten, ursprünglich wohl hauptsächlich in freier Natur wie zum Beispiel bei besonders geformten Felsgebilden, auf Berggipfeln oder Bergabhängen sowie an Quellen und Flüssen. Seit der Jungsteinzeit, besonders aber ab der Bronzezeit war es üblich, Weihgaben in Flüssen und in Quellen zu versenken. Für die keltische Zeit ist der Bronzefibelfund von Dux, dem heutigen Duchkov, ein typisches Beispiel dafür.

In der späteren Phase der Latène-Kultur baute man zur Verehrung der Gottheiten Tempelanlagen. Die nach der römischen Okkupation von Gallien ausgehende Architektursitte kennt vier- oder mehreckige, beziehungsweise kreisrunde, gewöhnlich mit einer äußeren Säulenhalle oder einem überdachten Umgang ausgestattete Heiligtümer, die heute von der Forschung als »gallo-römische Umgangstempel« bezeichnet werden. Den Kern bildete eine kleinere Halle, die Cella. Hier wurden die heimischen Götter verehrt, vermengt mit neuem, antikem Gedankengut. Diese Umgangstempel waren aber nicht nur in Gallien, sondern auch im Rheinland und ganz Mitteleuropa verbreitet.

Die Vorgänger dieser keltischen – teils in Holz, teils in Steinbauweise ausgeführten – Tempelbauten dürften annähernd quadratische heilige Stätten gewesen sein, die mit Gräben und Erdwällen umgeben waren. Infolge ihres festungsartigen Aussehens prägte die ältere Forschung, die von ihrer wahren Bedeutung noch keine Ahnung hatte, den Namen »Viereckschanzen« für sie. Doch bald kamen Zweifel auf, da die eigenartige Art der »Befestigungen« und die oft ungünstige Lage in der Niederung nicht mit der Befestigungskunst der Kelten in Einklang gebracht werden konnte. So dachte man an geschützte Gutshöfe oder gar Viehpferche. Vielfach war man auch der Meinung, daß die an der Seinemündung, im Loire-Bogen und in Süddeutschland hauptsächlich verbreiteten Erdwerke in der römischen Kaiserzeit erbaut worden wären.

Erst nach dem Zweiten Weltkrieg erkannte der deutsche Urgeschichtsforscher Klaus Schwarz ihre wahre Bedeutung und ihr richtiges Alter. Die auffallend regelmäßigen quadratischen Grundrisse der Viereckschanzen, ihre Brandopferplätze, brunnenartige Kultschächte und das teilweise Vorhandensein von Holzbauten, die den vorher erwähnten Umgangstempel auffallend ähneln, konnten nur zu spätkeltischen Heiligtümern gehören. Zumeist beträgt die Seitenlänge dieser Viereckschanzen 70 bis 90 Meter. In das Innere gelangte man durch ein offenes, nicht besonders gesichertes Tor, das, wie auch der Eingang des Umgangstempels, sehr oft nach Osten gerichtet war, nie jedenfalls nach Norden.

In den Jahren von 1957 bis 1963 untersuchte Schwarz eine solche Viereckschanze in Holzhausen im Landkreis München. Er entdeckte, daß ihr fünf Bauphasen zugrunde liegen. Dabei wurde die Seitenlänge von 90×95 Meter annähernd beibehalten. Auch die Ecken wiesen immer in die Haupthimmelsrichtungen und der Eingang befand sich seit jeher im Südosten. Während der ersten drei Phasen war die Anlage nur mit Pfostenwänden eingefriedet, erst danach wurde ein Wall und ein Graben errichtet. Dies läßt den Schluß zu, daß hölzerne Viereckanlagen größtenteils wieder die Vorgänger der noch heute durch ihren Wall und Graben im Gelände gut erkennbaren Viereckschanzen waren. Diese ältesten keltischen Kultplätze hinterließen jedoch kaum oberflächliche Kennzeichen und werden meist nur durch Zufall entdeckt.

Auch der Umgangstempel der Holzhausener Anlage wurde erst während der dritten Bauphase errichtet. Vorher befanden sich an dieser Stelle lediglich Brandaltäre. Vom kultischen Charakter zeugen auch drei Opferschächte. Sie waren – wie Klaus Schwarz herausfand – nicht gleichzeitig in Verwendung und wurden auch nach und nach errichtet. Ein Schacht wies die unglaubliche Tiefe von 35,3 Meter auf, die beiden anderen waren »nur« 6,1 Meter und 18,35 Meter tief. Im kürzesten Schacht stieß man auf einen langen Holzpfahl. Darüber befanden sich stickstoffhältige Schichten, die auf geopfertes Blut oder Fleisch schließen lassen. Im tiefsten Schacht entdeckte man Rückstände von Brandopfern und darunter den scheibenförmigen Kopf eines Kultpfahles, der aus einer bisher noch unbekannten organischen Substanz besteht.

Viereckschanzen sind sogar in Böhmen und Mähren zu finden. Auch in Österreich gibt es solche Anlagen. Nachgewiesen allerdings konnten bisher nur wenige werden. Bereits erwähnt wurde die mit den Viereckschanzen verwandte Kultanlage am Dürrnberg. Eine »echte« Anlage dieser Art existiert in Lochau, einem kleinen oberösterreichischen Ort in der Nähe von Braunau am Inn. Ihre Seitenlänge beträgt rund 45 Meter, eine eingehende Untersuchung wurde noch nicht vorgenommen. Auch in Ostösterreich scheint es solche Anlagen gegeben zu haben: 1978 stieß Johannes-Wolfgang Neugebauer in der Nähe der zwischen Judenau und Sieghartskirchen liegenden niederösterreichischen Ortschaft Zöfing auf ein rechteckiges Grabensystem mit Innenpalisaden von etwa 80 Meter Seitenlänge. Die in den Graben gefundene verbrannte Keramik, die auf Brandopfer hinweist, und die Form der Anlage läßt auf eine Viereckschanze schließen. Allerdings kann man dies vor einer Weiterführung der Untersuchungen nicht mit Sicherheit annehmen.

Verwirrende Götterwelt

Die Kelten kannten also heilige Plätze, Tempelanlagen und ein ausgeprägtes Kultwesen. Doch etwas konnte bis heute nicht mit Sicherheit geklärt werden: welche Götter sie verehrten. Obwohl uns rund 400 verschiedene Götternamen beziehungsweise -beinamen bekannt sind, läßt sich relativ wenig über den Inhalt der keltischen Religion aussagen. Der Grund dafür ist sicher unter anderem darin zu suchen, daß die Druiden ihre religiösen Vorstellungen geheim hielten. Nicht zuletzt deshalb kannte kaum ein antiker Schriftsteller die Funktion der keltischen Götter.

Als die Römer keltische Gebiete okkupierten, erzwangen sie nicht die Verehrung ihrer eigenen Götter, sondern versuchten, die Vertreter der einheimischen Götterwelt Gestalten des griechisch-römischen Götterhimmels gleichzusetzen und zu interpretieren. In der Praxis sah das so aus, daß die römischen Götter keltische Beinamen erhielten. Allein von Mars kennt man 75 und von Merkur 46 verschiedene Beinamen. Diese Interpretatio Romana führte zwar zu relativ unbefriedigenden Ergebnissen, bildet aber die Grundlage unserer Kenntnis von der keltischen Götterwelt.

Im Königreich Norikum war die Landesgöttin Noreia eine der angesehendsten Gottheiten. Sie wurde von den Römern als die ägyptische Göttin Isis interpretiert und als Isis Noreia verehrt. Beide waren Göttinnen der Monde und des Himmels, Spenderinnen von Fruchtbarkeit, Beschützerinnen der Mütter und Kinder sowie der weiblichen Schönheit. Sie waren Personifikationen des Sieges, aber auch Göttinnen der Unterwelt und der Toten, des Meeres, des Wassers und des Schicksals sowie Heilgottheiten. Als Fruchtbarkeitsspenderin wurde Noreia oft nackt dargestellt, was zu einer weiteren Gleichsetzung durch die Römer führte, nämlich mit Venus-Aphrodite.

Der männliche Gegenspieler oder Gefährte der Isis Noreia war Casuontanus, den die Römer vor allem als Dionysos-Bacchus, den Gott des Weines und der Vegetation, interpretierten. Ein anderer Gegenspieler der Noreia dürfte ein einheimischer Gott gewesen sein, den die Römer als Kriegsgott Mars kannten und der als Mars Latobius für Kärnten bezeugt ist. In St. Paul im Lavanttal gibt eine Inschrift an, daß man Heilung von ihm erbat und daß sein Tempel »Schiffshaus« genannt wurde, wahrscheinlich, weil ein Schiff zu ihm gehörte. Auch eine Wasserkult ist mit ihm in Verbindung zu bringen. In Seggau nennt ihn eine Weihinschrift den Starken, Großen, den Alten und den Stammesvater. Darüber hinaus dürfte er mit dem Totengeleit und der Landesverteidigung zu tun gehabt haben. Letzteres würde seine oft vorgefundene Ausrüstung als Krieger erklären. Zudem muß er ein Beschützer der Fruchtbarkeit gewesen sein, worauf eine in St. Paul gefundene Kultstatue schließen läßt, bei der er eine Hirtenkeule trägt, die sonst nur Silvanus besitzt, der ein Spender des Gedeihens in Wald und Feld sowie Haus und Hof ist.

Neben Mars gab es in Kärnten noch einen Gott mit dem keltischen Namen Belenus oder Betinus. Er wurde gerne mit Apoll identifiziert und wird also ein Licht- und Heilspender gewesen sein. Reliefs, die ihm zu Ehren gesetzt wurden, zeugen davon, daß er auch ein Gott der Fruchtbarkeit war.

Eine keltische Gottheit unterlag nicht der Interpretatio Romana: die Göttin Epona. Sie wurde meist zusammen mit Pferden dargestellt, wobei das Pferd hier ein Symbol der Fernenbeherrschung, sowohl der Weite des Himmels wie des Niemandslandes der Toten ist. Es kann die Sonne selbst bedeuten, also das Licht, es kann aber auch das Reittier ins Jenseits sein und damit der Bote des Dunkels. Dea Epona ist die Göttin des Lichtes und die Göttin der Toten. Sie spendet Nahrung für das Diesseits und das Jenseits. Sie ist Fruchtbarkeitsbringerin und behütet auch, wie man aus Funden in Frankreich schließen kann, die Quellen und Seen.

Eine andere keltische Gottheit, ein kleines in einen Kapuzenmantel eingehülltes Männchen, wurde angeblich noch im 20. Jahrhundert gesichtet: Nach einem Bericht der italienischen Illustrierten »Oggi« vom 30. April 1959 erschien in bestimmten Häusern Neapels ein kleiner Mönch in Kapuze, die er über den Kopf gestülpt oder herabgelassen trug, so daß man auf dem Scheitel ein rotes Käppchen sah. Dabei soll es sich um einen keltischen Genius Cucullatus, also einem »Geist im Kapuzenmantel« gehandelt haben. Als man eine kleine Villa, in der er seit 1939 öfters gesehen worden war, niederreißen wollte, verschüttete dieses Männchen einen der Arbeiter mit Steinen. Dieser konnte jedoch unverletzt geborgen werden. Er beschrieb das Kapuzenmännchen als etwa 20 Zentimeter groß, in einer braunen Mönchskutte steckend, deren Kapuze es über die Augen gezogen hatte, doch nur so weit, daß man sein Lachen wahrnehmen konnte. Ebenfalls 1959 sah das Dienstmädchen Graziella Lobasso das Kapuzenmännchen aus ihrem Kasten herauskommen. Es trug einen Stock, mit dem es das Mädchen schlug, so daß sie in ein Spital gebracht werden mußte. Ebenso schlagkräftig gab es sich 1911, als es im Haus der Familie De Magistris in der Via Grande Archivio ein böses Gespenst besiegte. Freundlich erwies sich das Kapuzenmännchen gegenüber dem Maurer Giuseppe Varriale, den es einen 5000 Lire-Schein in der Hosentasche finden ließ.

Jedoch nicht nur in Italien geistert dieses Kapuzenmännchen herum, auch in Österreich lebt es als Waldschrat oder in Form von Zwergen in Sagen und Märchen weiter. Archäologisch nachgewiesen konnte es in einem keltischen Tempelbezirk in Wabelsdorf, in der Nähe von Klagenfurt werden. Dort fand man ein Heiligtum, in dem – laut zweier Inschriften – der Genius Cucullatus verehrt wurde, wobei es sich bei diesem Namen wieder um die Interpretatio Romana handeln dürfte. Dieses Kapuzenmännchen aus Wabelsdorf dürfte ein heilkräftiges Wesen dargestellt haben. Jedenfalls weist die Verbindung dieses Kultortes mit einem Brunnen darauf hin, da ja nach keltischem Glauben vor allem Wasser eine heilende Wirkung hatte. Aufgrund anderer Funde wurde festgestellt, daß es ein Wesen war, das aus der unbegrenzten Unendlichkeit des Vergangenen in den Augenblickspunkt der Gegenwart eingreift, nicht um zu schaden und zu verletzen, sondern um zu helfen und zu heilen. Auch daß es etwas mit der Welt der Verstorbenen zu tun haben muß, wurde entdeckt. Da sein Antlitz jedoch gewöhnlich kindlich und heiter ist, dürfte das Kapuzenmännchen nicht als Gott des Todes, sondern als der des Schlafes verstanden worden sein.

Manchmal war der Genius Cucullatus mit einem oder mehreren Schriftstükken ausgestattet. Für den Naiven war der hilfreiche Kleine scheinbar ein Weiser, der aus dem Ahnenreich sein Wissen um Heilung und Glück bezog und dieses auch in aufgezeichneter Form mit sich trug. Für den Gebildeten enthielten die Schriftrollen sicherlich ärztliche Heilvorschriften und Rezepte.

Gesamtansicht des Magdalensberges, Kärnten, mit Gipfelplateau und Händlersiedlung.

Westnorische Tetradrachme des Königs Voccio, Vorder- und Rückseite, Original im Landesmuseum für Kärnten.

»Späträtische« Höhensiedlung auf der Hohen Birga bei Birgitz in der Nähe von Innsbruck, Tirol.

Spätkeltische Bronzeplastik eines Hirsches vom Biberg bei Saalfelden, Salzburg.

Unfertiges, lebensgroßes Grabporträt eines Mädchens mit norischer Haube aus Sandstein vom Bereich des Magdalensberges, Kärnten, frühes 1. Jh. n. Chr. (links).
Römischer Grabstein aus Wagna bei Leibnitz, Steiermark, Frauen der Familiendarstellung mit norischer Haube (rechts).

Sandsteinrelief der Dea Epona, der keltisch-römischen Schutzgöttin der Pferde und Stallungen, aus Bregenz.

Ausschnitt aus dem Relief der Markussäule in Rom: Kaiser Marc Aurel überschreitet bei Carnuntum die Donau und beginnt seinen Feldzug gegen die Markomannen und Quaden (links).

Germanische Siedlung in der Flur Aulüssen bei Bernhardsthal mit rekonstruiertem Wirtschaftsgebäude.

Keltische Großstädte

Am Magdalensberg wurden jedoch nicht nur Götter verehrt: Schon seit langer Zeit waren den Fachleuten die in alter Zeit von Menschenhand angelegten Siedlungsterrassen rund um die Kirche am Gipfel des Magdalensberges aufgefallen. Bei ersten Grabungen konnte 1948/49 eine Bewehrung des Gipfelplateaus in Form einer Umfassungsmauer festgestellt werden. Ursprünglich bestand diese aus zwei Palisadenreichen, deren Zwischenraum mit Erde und Steinen gefüllt war. Erst später wurde eine Steinmauer errichtet. 1973 entdeckte man noch eine dazugehörige, mächtige Toranlage: ein Kastentor mit Wehrturm, von dessen Seitenbauten die Umfassungsmauern abzweigen. Fünf Meter weiter innen befand sich noch ein Tor, welches an seiner Front bastionartig ausgebaut war. Die Bastionen waren in ihrem unteren Teil mit Erde ausgefüllt. Um den Druck der Erdmassen von den Außenmauern fernzuhalten und ihn gleichmäßig zu verteilen, baute man innen halbkreisförmige Schalenmauern ein und füllte lediglich die entstehenden Zwischenräume mit Erdmaterial aus.

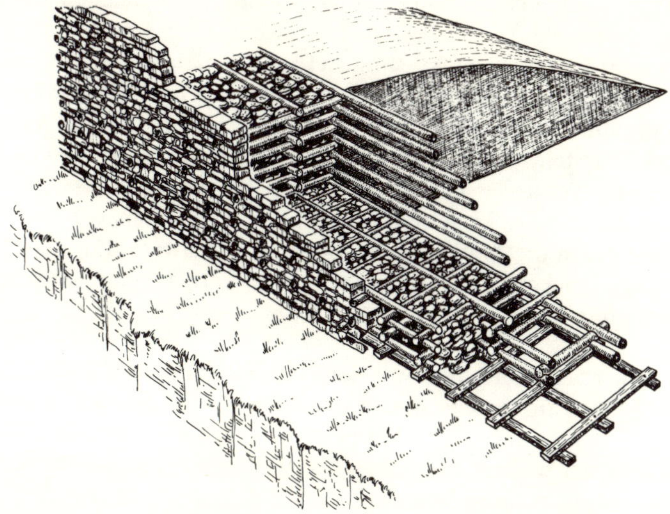

Westeuropäische Befestigungsmauer aus der spätkeltischen Zeit (nach F. Schlette)

Aufgrund einiger Keramikfunde und der Befestigungstechnik glauben die Leiter der Ausgrabungen, Hermann Vetters vom Archäologischen Institut und Gernot Piccotini vom Kärntner Landesmuseum, daß die Befestigungen bereits ins erste vorchristliche Jahrhundert, also in die spätkeltische Zeit datiert werden können: »Nach dem bisherigen Stand der Untersuchungen weist die mächtige Befestigung ihrer Toranlage, welche wohl die größte bisher im Ostalpenraum freigelegte darstellt, zweifellos auf das Vorhandensein des schon immer postulierten Oppidum auf dem Gipfel des Magdalensberges hin. Mit seiner Größe stellt es sich würdig an die Seite ähnlicher Anlagen in Gallien (Bibracte) und in Deutschland (Heiligenberg bei Heidelberg)«. Gertrude Mossler, wissenschaftliche Bearbeiterin der keramischen Funde vom Magdalensberg, mahnt allerdings zur Vorsicht, da die keltischen Gefäßreste sehr gering sind und auch unzweifelhaft Scherben aus späterer Zeit vorlägen.

Demnach könnten auch frühmittelalterliche Bauherrn Schöpfer der Wehrbauten gewesen sein. Wie aber sehen die von Vetters und Piccotini zitierten keltischen Großsiedlungen, die sogenannten »Oppida« sonst aus?

Ein Oppidum, wie es Cäsar in seinem Werk über den gallischen Krieg beschreibt, besaß als Befestigung den »murus Gallicus«, die sogenannte gallische Mauer. Sie bestand aus einem steingefüllten, vernagelten Holzkastenwerk, wobei die Außenfront mit zugehauenen Steinen aufgefüllt wurde, so daß nur die Querbalkenköpfe sichtbar blieben. Auf der Innenseite dürfte eine Erdrampe angeschüttet worden sein, um den Verteidigern ein rasches Besteigen der Mauern zu ermöglichen. Cäsar berichtet über die Bauart dieser Befestigungen: »Balken werden rechtwinkelig zur Mauerrichtung in einem Abstand von zwei Fuß, gleichmäßig in dieser Richtung verlaufend, auf den Boden gelegt. Dann werden sie nach der Innenseite fest verankert und mit Erde beworfen. Die Abstände aber werden auf der Außenseite mit festen Steinen ausgefüllt. Sind diese fest zusammengestampft und zusammengefügt, wird eine zweite Schicht daraufgelegt, so daß derselbe Zwischenraum bleibt und die Balken sich nicht berühren, sondern, einzeln in gleichen Zwischenräumen gelegt, durch die dazwischengelegten Steine ohne Spielraum festgehalten werden. So wird das ganze Werk nacheinander gleichmäßig aufeinandergeschichtet, bis die richtige Mauerhöhe erreicht ist. Wie ein solches Mauerwerk einerseits im äußeren Aussehen und in seiner Mannigfaltigkeit beim Wechsel von Balken und Steinen, die in geraden Linien geordnete Reihen bilden, nicht häßlich ist, so hat es anderseits vor allem den großen Vorteil, höchst praktisch und ein sicherer Schutz zu sein, da die Steine die Balken vor Feuer und die Balken diese gegen die Mauerbrecher schützen. Meistens durch 40 Fuß lange durchlaufende Querbalken stadteinwärts verankert, können sie weder eingestoßen, noch auseinandergerissen werden.«

Ursprünglich bezeichnete man mit dem lateinischen Begriff Oppidum einen durch eine Mauer und einen Graben geschützten Ort, der sich in einer schwer zugänglichen Lage, zum Beispiel auf einem Berggipfel, befindet. Heute wird er vor allem in der wissenschaftlichen Literatur für befestigte Zufluchtsstätten oder für befestigte, ständig bewohnte Orte mit bedeutenden Produktionsstätten verwendet. Speziell die befestigten Siedlungen der Kelten werden als Oppida bezeichnet. Die Befestigungsanlagen müssen jedoch nicht immer so ausgesehen haben, wie sie Cäsar beschrieb. Solche findet man nämlich hauptsächlich in Westeuropa, unter anderem in Frankreich, in der Schweiz, in Belgien und stellenweise auch auf den Britischen Inseln.

Eine Abart dieser Befestigung gibt es vor allem in Mitteleuropa. Auch hier wurde der Wall mit einem Holzgerüst und einer Steinmauer an der Außenseite versehen. Diese Holzgerüste bestanden jedoch lediglich aus in die Erde eingegrabene Balken, die die Steinmauer hielten. Um die Frontseite mit dem Wallkern zu verankern, wurden waagrechte Balken in den Wall eingezogen, der ebenfalls in Form einer Rampe angelegt war. In allen Fällen dürften die Wälle mit Brustwehren versehen gewesen sein. Die Befestigungsart der mitteleuropäischen Oppida scheint die ältere zu sein. Sie ist bereits aus der Hallstattkultur bekannt.

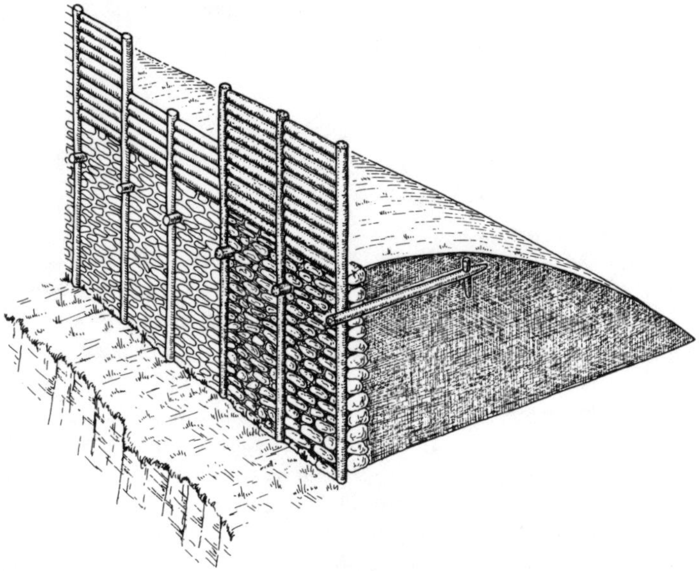

Mitteleuropäische Abart einer eisenzeitlichen Befestigungsmauer (nach F. Schlette)

Naturgemäß sind die Toranlagen eines Oppidums die bei Angriffen gefährdetsten Stellen. Deshalb reduzierte man ihre Zahl auf ein Mindestmaß und schützte sie besonders: Man führte die Enden der Außenmauer in einem rechten Winkel in das Innere der Anlage. Zwischen den dadurch entstehenden etwa 20 Meter langen Torwangen, den sogenannten Zangen, ließ man eine Einfahrt frei, die durch eine Palisadenreihe noch in zwei Durchfahrten von je 3 bis 3,5 Meter Breite geteilt war. Die Fachliteratur spricht in diesem Zusammenhang von »Zangentoren«.

Oppida wurden vor allem ab der Mitte des 2. Jahrhunderts v. Chr. errichtet. Sehr häufig befanden sie sich in der Nähe von Eisenerzvorkommen oder von anderen Rohstofflagerstätten. Aber auch eine für den Handel günstige Verkehrslage spielte bei ihrer Entstehung eine Rolle. Natürlich besaß ein Oppidum auch eine große militärische Bedeutung. Deshalb baute man sie häufig an durch Bergabhänge, Flüsse, Moore und ähnliches geschützte Stellen, die gleichzeitig einen weiten Blick in die Umgebung gestatteten. Bei kriegerischen Auseinandersetzungen hatte ein Oppidum auch als Fluchtburg zu dienen. Deshalb mußte es eine entsprechende Größe und eine solche Lage besitzen, daß jene, die außerhalb der Befestigungsanlagen siedelten, möglichst rasch Zuflucht finden konnten. Diese Landbevölkerung versorgte die Bewohner des Oppidums nicht nur mit Nahrungsmitteln, sondern wurde mitunter auch in den Prozeß der Rohstoffgewinnung mit einbezogen.

Die keltischen Oppida weisen keineswegs einen einheitlichen Charakter auf. Noch ist nicht geklärt, was die einzelnen befestigten Anlagen darstellten, ob reine Fluchtburgen, Herrschersitze oder stadtähnliche Zentren. Dennoch darf davon ausgegangen werden, daß die meisten Oppida ein politisches, religiös-kultisches und strategisch-militärisches Zentrum waren. In ihnen befanden sich führende Adelsfamilien und die obersten Priester, die Druiden. Zumeist gab es hier auch umfangreiche Produktionsstätten, die Münzprägungen mit einschlossen.

Das Leben in den Städten

Daß die Kelten zur Zeit der Oppida eine gut durchorganisierte und auch zahlenmäßig große Gemeinschaft dargestellt haben mußten, beweist schon die Größe dieser stadtähnlichen Anlagen, deren Errichtung gewaltige Arbeitsleistungen erforderten. Viele Oppida überschritten flächenmäßig den Umfang bedeutender mittelalterlicher Städte.

Eines der größten Oppida befand sich in Manching, in der Nähe von Ingolstadt. Es umfaßt eine 380 Hektar große Fläche und war von einer 7 Kilometer langen Mauer umgeben. Das keltische Manching lag einst am Südufer der Donau und wurde im 2. vorchristlichen Jahrhundert, also in der Mittellatènezeit gegründet. Die antiken Schriftquellen lassen den Schluß zu, daß Manching der Hauptort der keltischen Vindeliker war. Spätestens Ende des 1. Jahrhunderts v. Chr., als die Römer die Alpen und die sie umgebenden Landstriche in Besitz nahmen, wurde dieser Ort aufgegeben. Historische Nachrichten über seinen Untergang gibt es allerdings nicht. Dafür weisen die gefundenen Skelette von Erschlagenen und die zerbrochenen Waffen auf eine gewaltsame Zerstörung hin.

Manching wurde im Gegensatz zu den meisten anderen Oppida in der Ebene erbaut. Umgeben von kargem Boden scheint lediglich die verkehrsmäßig günstige Lage für seine Errichtung bedeutend gewesen zu sein. Vielleicht spielte dieses Oppidum eine zentrale wirtschaftlich-politische Rolle.

Die meisten Häuser von Manching waren nicht besonders prunkvoll ausgestattet. Es handelte sich um Pfostenbauten, deren Wände aus Flechtwerken bestanden. Um die Wände abzudichten, wurden sie mit Lehm, dem man Häcksel beimischte, beworfen. Das zeltähnliche Dach dürfte eine Giebeldachkonstruktion gewesen sein, die mit Schilf belegt war. Beim Eingang, der bei den kleineren Häusern meist an der Giebelseite war, befand sich eine Steinschwelle oder ein Schwellbalken. Im Haus gab es einen Lehmestrich oder Kiesboden, wahrscheinlich auch niedere Lehmbänke.

Die kleinen, viereckigen Häuser von Manching könnten jeweils eine Familie beherbergt haben. Obwohl man in diesen Häusern bis jetzt keine Herdstellen fand, mußten solche in den bewohnten Wohnstätten vorhanden gewesen sein. Wahrscheinlich waren es Steinherde und befanden sich in der Mitte des Raumes. An den Wänden werden sich entsprechende Vorrichtungen befunden haben, um Gefäße, Werkzeuge und Waffen aufzunehmen. Zu jedem dieser Häuschen gehörte eine Vorratsgrube, die vor allem die Nahrungsmittel für die Überwinterung aufnehmen mußte. Bewohnt wurden diese kleinen Häuser wahrscheinlich von Handwerkern, Händlern und Bauern.

Daneben existierten große, langgestreckte Bauten, umgeben von Höfen, die mit wandartigen Zäunen abgeschlossen waren. Diese Häuser hatten eine Breite von etwa 6 Meter und eine Länge von 35 bis 80 Meter. Möglicherweise handelt es sich dabei auch um mehrere in gleicher Richtung stehende Häuser. Oft befanden sich in einem Hofareal zwei Langhäuser und mehrere Nebengebäude. Natürlich gab es auch hier Vorratsgruben. Wen oder was die Langhäuser beherbergten, konnte bis jetzt nicht geklärt werden. Denkbar wäre, daß sie nicht nur zum Wohnen dienten, sondern auch als Stall. Vielleicht aber wurde in einem solchen Haus auch ein Gewerbe betrieben. Vieles deutet darauf hin, daß zumindest einige dieser Häuser als Schmiede benutzt wurden. Soferne es sich um Werkstätten handelt, mußte es damals regelrechte Unternehmer gegeben haben. Inmitten eines Hofareals fand man die Spuren eines dreigeteilten, großen Hauses von 20 Meter Länge und 10 Meter Breite, das keine Ähnlichkeit mit den Langhäusern aufweist und ein Herrensitz gewesen sein dürfte. Auf eine starke soziale Differenzierung weisen auch zahlreiche Ketten hin, die wahrscheinlich der Sklavenhaltung dienten. Die Funde von Manching beweisen, daß hier auch Münzen geprägt und Glasschmuckstücke hergestellt wurden. Zudem fand man Importgut aus Italien, den Alpenländern und dem germanischen Norden, sowie Hinweise auf Schriftgebrauch, Weingenuß und Würfelspiel.

Auch Speicher mit ähnlichen Grundrissen wie die Langhäuser hatte es gegeben. In ihnen bewahrte man möglicherweise nicht nur Getreide und andere Lebensmittel auf, sondern auch wertvolle Kleider, Waffen, Werkzeuge und Schmuck. Jedenfalls fand man Schlüssel, die davon zeugen, daß man Gebäude durchaus abschließen konnte. Man entdeckte auch Scharniere aus Metall, die wohl zu Schranktüren gehörten. Also dürfte es in den reicheren Häusern auch Möbel gegeben haben. Über die bisher ergrabene Fläche von Manching – ungefähr zwei Prozent der gesamten Siedlung – verstreut fand man etwa 100.000 Scherben, die von rund 12.000 Gefäßen stammen. Daraus schloß man, daß in diesem Oppidum insgesamt mehr als eine halbe Million Tongefäße in Gebrauch waren. Die etwa 400.000 aufgelesenen Tierknochen stammen von mindestens 8000 Haustieren und wenigen Wildtieren. Aufgrund der Knochen schätzte man den Fleischverbrauch. Von diesem ausgehend, errechnete man, daß Manching mindestens mehrere Tausende von Einwohnern umfaßt haben mußte.

Mehr Vermutungen als Beweise

Ähnliche Forschungsergebnisse liegen in Österreich nicht vor. Neben den umstrittenen Untersuchungen am Magdalensberg und den Funden vom Ramsaukopf in Dürrnberg und vom Biberg bei Saalfelden, gibt es zwar eine Reihe von spätlatènezeitlichen Siedlungen, doch entweder wurden sie bisher nur ungenügend beziehungsweise gar nicht erforscht, oder es handelt sich dabei um kein Oppidum. Lediglich vermutet werden Oppida am Rainberg in der Nähe der Stadt Salzburg, am Freinberg bei Linz in Oberösterreich, am Leopoldsberg bei Wien sowie am niederösterreichischen Göttweigerberg,

In der Latènezeit wurden die Haustiere im Zuge der Domestikation erst kleiner und dann – durch die Zucht – wieder größer (nach J. Boessneck)

auf dem sich das Stift Göttweig befindet. Ähnlich unsicher ist man beim Gründberg bei Linz, wo man 1937 durch kleinere Grabungen feststellen konnte, daß sich hier eine spätlatènezeitliche Siedlung befunden haben mußte. Eine solche entdeckte man auch am Umlaufberg bei Altenburg am Kamp in Niederösterreich. Sie zeichnet sich durch eine günstige natürliche Lage auf einer vom Kamp umflossenen Kuppe aus. Als man 1930 Grabungen durchführte, konnte man zwar zahlreiche Spätlatènefunde bergen, oppidaähnliche Befestigungen fand man jedoch nicht.

Dafür gelang es am Oberleiserberg bei Ernstbrunn in Niederösterreich Befestigungen und Hausgrundrisse aus der Spätlatènezeit nachzuweisen. Obwohl dieses Gebiet derzeit eingehend untersucht wird, kann bis jetzt nur mit Sicherheit gesagt werden, daß sich hier kein Oppidum befunden hatte.

Etwas mehr weiß man über die keltische Befestigungsanlage am Braunsberg bei Hainburg in Niederösterreich. Die etwa 13 Hektar umfassende Plateaufläche, die auf den meisten Seiten steil abfällt, wird von einem 1640 Meter langen, bis zu 1 Meter hohen und 2 bis 3 Meter breiten Wall umschlossen. Bei der systematischen Untersuchung konnte man feststellen, daß der Hauptwall an der Nordfront aus einer 3,9 Meter breiten Steinanlage bestand, die wie die anderen mitteleuropäischen Oppida mit senkrechten Holzpfosten versehen war. Die Süd- und Westfront bestand nur aus mit zwei bis drei Pfostenreihen versteiften Erdaufschüttungen. Das Haupttor an der Nordfront wurde durch das Übergreifen des westlichen Wallastes über den östlichen gebildet. Es gilt als relativ sicher, daß der Wall aus der Spätlatènezeit stammt. Im Innenteil der Anlage fand man neben Funden aus der Hallstattzeit ein spätlatènezeitliches Blockhaus. Darin entdeckte man eine Herdstelle mit Bratspieß, Mühlsteine, eiserne Schildbuckel, Eimerhenkel, Nähnadeln, Türangeln und Kammstrichkeramik. Demnach wurde hier über einer ausgedehnten Siedlung der Hallstattkultur in der Spätlatènezeit eine befestigte, stadtähnliche Anlage errichtet. Bei einer weiteren Untersuchung im Jahre 1932 wurden deutliche Anzeichen einer Erstürmung festgestellt: Man entdeckte Breschen in den Wällen, verlorene Waffen und ein Depot von Wurfgeschossen. Allerdings ist es fraglich, ob das Ende der Siedlung auf innerkeltische Streitigkeiten oder auf die Okkupation durch die Römer 15 v. Chr. zurückzuführen ist.

Lieferte also die österreichische Forschung bezüglich der keltischen Städte bis jetzt relativ magere Ergebnisse, konnte man am Magdalensberg wenigstens die Namen der Stämme feststellen, die einst in Norikum siedelten. Auf den Resten von drei römerzeitlichen Marmortafeln, die Widmungen an Frauen der kaiserlichen Familie im fernen Rom enthielten, fand man die Namen der norischen Stämme, die diese Tafeln widmeten. Bei allen drei Inschriften stehen die Norici, also die Noriker, die in Zentralkärnten und in der Obersteiermark beheimatet waren, an der Spitze. Ein deutliches Zeichen ihrer Vorrangstellung. Weiters findet man auf den Tafeln die Ambilini aus dem Gailtal, die Ambidravi aus dem Drautal, die Uperaci aus dem Bacherngebirge, die bis Flavia Solva, dem heutigen Wagna bei Leibnitz, siedelten, die Saevates aus dem Pustertal, die Laianci, ihre unmittelbaren Osttiroler Nachbarn, die Ambisonten aus dem Salzachtal und die Helveti, die 102 v. Chr. mit den Tigurinern nach Norikum gelangten und wahrscheinlich nördlich des Wörthersees siedelten.

Noch etwas konnte man rekonstruieren: die Tracht der spätkeltischen weiblichen Bevölkerung Österreichs. Figurale Reliefs auf Grabsteinen aus der frühen römischen Kaiserzeit und Realfunde aus Gräbern ermöglichten nämlich Rückschlüsse auf die Bekleidung und den Schmuck der einheimischen Keltinnen in den ersten beiden Jahrhunderten nach der Zeitwende, was bei der schon bald romanisierten Männertracht nicht möglich war. Es scheint, daß die einheimische Frauentracht selbst bei einer Verehelichung mit einem Römer toleriert wurde.

Gemäß der Darstellung auf den Grabsteinen bestand die keltische Frauentracht aus einem langärmeligen Untergewand, über dem ein ärmelloses Kleid getragen wurde, das an den Schultern große Flügel- oder Doppelknopffibeln zusammenhielten. Auf der Brust befanden sich zu ähnlichen Zwecken kräftig profilierte Knie- oder Scheibenfibeln. Auch Gürtel gab es, die durch spezielle Schließen zusammengehalten wurden. Als Kopfbedeckung verwendete man Hauben, zylindrische oder kegelstumpfförmige Mützen, Pelzhüte und Schleierhauben. Trotz des römischen Einflusses hielt sich die Tracht bis in die Mitte des 2. Jahrhunderts n. Chr. Dann verschwand sie allmählich und wurde von der römischen Kleidung abgelöst.

Rom unterhielt ab dem ersten Jahrhundert v. Chr. einträgliche Handelsbeziehungen zu Norikum. Der Handel wiederum gehörte neben Bergbau, Industrie und der landwirtschaftlichen Produktion zu den wirtschaftlichen Grundpfeilern dieses Königreiches.

Als das älteste österreichische Zeugnis des Handels der Kelten mit den Römern wurde der angeblich aus 100 v. Chr. stammende »Grabstein des Popaius Senator« angesehen. Man fand ihn 1932 in Matrei in Osttirol und erblickte in Popaius einen römischen Handelsherrn aus Norditalien, der in Osttirol seinen Geschäften nachging. Doch die unübliche Namensschreibweise, die eigentümliche Ausführung des Monuments und die dubiosen Fundumstände lassen die heutige Forschung auf eine Fälschung schließen. Egal nun, ob Popaius Senator existierte oder nicht, fest steht, daß Handel betrieben wurde und daß dabei das »norische Eisen« eine gewichtige Rolle spielte.

Eine technologische Revolution

Der ältere Plinius berichtet in seiner Naturgeschichte von »Erzlagerstätten, die durch ihre Güte hervorragen, wie etwa bei den Norikern«. Damit dürfte er jedoch nicht nur gemeint haben, daß es in Norikum Vorkommen qualitativ hochwertigen Erzes gegeben hat, sondern auch, daß die von den Norikern hergestellten Eisengegenstände eine besondere Qualität aufwiesen. Das »Ferrum Noricum« dürfte wirklich in vielen Teilen der antiken Welt sehr beliebt gewesen sein. Dennoch zweifelte man lange Zeit daran, ob die Kelten wirklich einen bedeutenden Anteil am Aufschwung der Eisentechnologie hatten. Nicht zuletzt, weil ja verschiedene Elemente der Eisenverhüttung schon vor den Kelten bekannt waren. Und schließlich war es auch keineswegs sicher, ob die Kelten bereits Stahl erzeugen konnten.

In Norikum und den angrenzenden Gebieten stieß man jedenfalls immer wieder auf die Reste von latènezeitlichen Bergbau- und Verhüttungsanlagen. So unter anderem auch im Burgenland, wo, wie man glaubt, eine Eisenproduktion im großen Stil existiert haben mußte. Abgebaut wurde das Eisenerz von den Kelten in der Regel im Tagbau. Davon zeugen die Pingen, die sich oft einige Kilometer weit erstrecken. Cäsar berichtet zwar in seinem Kommentar zum Gallischen Krieg, daß einige gallische Stämme Eisen im Untertagbau gewannen, jedoch konnte bis jetzt ein solches Bergwerk nur im Heiligenkreuzergebirge, der Lysa Gora in Rudki, Polen, nachgewiesen werden.

Das abgebaute Eisenerz, eine Eisen-Sauerstoff-Verbindung, mußte vom Sauerstoff befreit, also »reduziert« werden. Dies geschah in sogenannten Rennöfen, die ursprünglich nur aus einer lehmverkleideten Erdgrube bestanden und später als niedrige gemauerte Schachtöfen errichtet wurden. Zusammen mit Holzkohle, die den zur Reduktion notwendigen Kohlenstoff enthält, wurde das Eisenerz dem Feuer ausgesetzt. Dabei »rann« die entstehende flüssige Schlacke weg. Das reduzierte Eisen sammelte sich am Grund des Ofens. Es war nicht flüssig, sondern fest und mußte anschließend noch gehämmert werden, um es von Oxiden und Silikaten zu befreien. Für den Vorgang der Reduktion ist natürlich ein entsprechender Luftzug notwendig. Ursprünglich nutzte man nur den natürlichen Wind, später wurden Gebläse

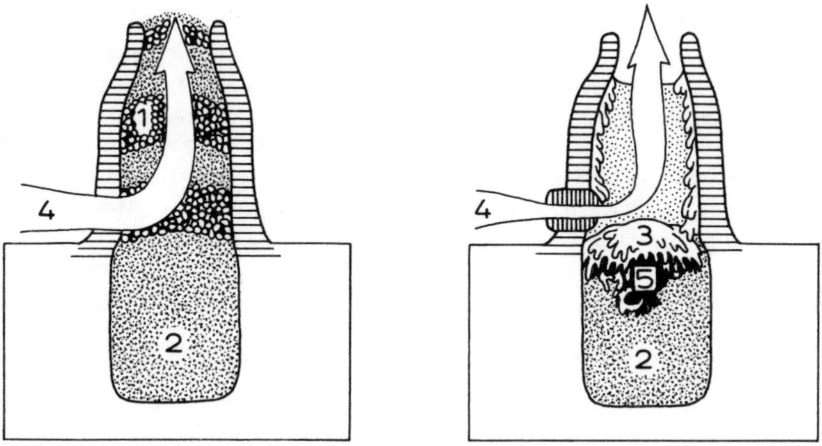

Erzreduktion in einem Rennofen. Das linke Bild zeigt die Anfangs-, das rechte die Endphase (nach F. Schlette und R. Pleiner)

verwendet, wobei die Luft mit Hilfe von Düsen in das Ofeninnere geblasen wurde. Von der im Rennofen erzeugten Temperatur hing es schließlich ab, ob kohlenstoffarmes, ziemlich weiches Eisen oder kohlenstoffreicher härterer und vor allem härtbarer Stahl entstand.

Die Frage, welche Ofentemperatur die Kelten erreichen konnten, beschäftigte auch Hermann Vetters. In den Fünfzigerjahren stieß er bei der Untersuchung des Tempelhofes am Südhang des Magdalensberges auf die Reste eines keltischen Schmelzofens. Auf einer mit einer Vertiefung versehenen Schichte rotgebrannten Lehms lag der von Steinen eingefaßte, hartgebrannte, mit einem Mundloch versehene Mantel eines zusammengestürzten Ofens. Darunter befand sich angebackene Schlacke. Insgesamt fand Vetters 15 teils runde, teils viereckige Schmelzöfen. Mitunter enthielten sie noch Metallreste. Auch tönerne Düsenmundstücke und Düsenrohre zum Anschließen von Blasbälgen wurden gefunden. Die Keramikfunde und die vielfach übereinanderliegenden Öfen bewiesen, daß die Anlage aus dem ersten vorchristlichen Jahrhundert stammt, und daß sie lange Zeit in Verwendung gewesen sein mußte. Als man die Metallreste, die man in den Öfen entdeckt hatte, metallurgisch untersuchte, bemerkte man, daß es sich hier um Eisen verschiedenen Kohlenstoffgehaltes handelte. Unter anderem lag dieser ungewöhnlich hoch, nämlich bei über zwei Prozent. Das wies darauf hin, daß die von den Norikern erbauten Schachtöfen Temperaturen erreichen mußten, die die Stahlerzeugung ermöglichten.

Ein weiterer Hinweis darauf, daß die Noriker Stahl erzeugen und verarbeiten konnten, ergab sich bei der metallurgischen Untersuchung von keltischen

Werkzeugen und Nägeln, die man am Magdalensberg fand: Sie bestanden großteils aus gehärtetem Stahl. Natürlich gab es daneben auch Werkzeuge, die keinen hohen Ansprüchen entsprechen mußten und dementsprechend aus kohlenstoffarmem, weichen Eisen bestanden. Auch teilweise gehärtete Stücke und solche, die aus Stahl und weichem Eisen zusammengesetzt waren, wurden verwendet. Bei letzteren zeigte sich besonders deutlich, daß die Erzeuger der Werkzeuge bewußt dort gehärteten Stahl anwendeten, wo eine besondere Beanspruchung zu erwarten war. So wurden Meißelspitzen und Messerschneiden oft aus Stahl erzeugt, während die Meißelschäfte und Messerrücken aus weichem Eisen bestanden. Solche Verbundwerkstoffe stellte man wahrscheinlich her, indem man Stahl und kohlenstoffarmes Eisen zusammenschmiedete.

Untersuchungen an den Werkzeugen ließen auch die Vermutung aufkommen, daß die Erzeugung des Stahls aus norischem Eisen auf direktem Weg, also gleich bei der Verhüttung, erfolgte. Dennoch konnte man es noch immer nicht glauben, daß dies die Noriker in ihren Schachtöfen bewerkstelligen konnten. Hermann Vetters ließ diese Frage nicht ruhen: 1964 bat er ein Forschungsteam eines Edelstahlwerkes, zwei Schmelzöfen nach dem Muster der im Tempelhof entdeckten zu bauen und einen Verhüttungsvorgang nachzuvollziehen. Nachdem die Öfen errichtet waren, beschickte man sie mit Hüttenberger Erz sowie Buchenholzkohle und heizte sie an. Nach etwa zehn Stunden zeigten die Meßinstrumente im Inneren des Ofens eine Temperatur an, von der man bis zu diesem Zeitpunkt immer geglaubt hatte, daß sie mit solchen Öfen nicht zu erreichen sei: 1420°C. Aus dem Eisenerz bildete sich im Nu metallisches, kohlenstofffreies Eisen. Unter der Einwirkung der Kohlenstoffgase wurde es verhältnismäßig rasch aufgekohlt. Gleichzeitig sank der Schmelzpunkt, das Eisen verflüssigte sich und tropfte in tiefere Schichten, wo es sich zu großen Metallklumpen verband. Diese wiederum wurden dem durch das Gebläse einströmenden Sauerstoff ausgesetzt und oxydierten, was einen Entzug des Kohlenstoffes bewirkte, den Schmelzpunkt erhöhte und die Klumpen erstarren ließ. Um den Stahl nicht wieder zu kohlenstoffarmem Eisen werden zu lassen, mußten die Kelten also den Metallklumpen, die sogenannte Luppe, zum richtigen Zeitpunkt entfernen. Daß sie dies kannten, davon zeugen die qualitativ hochwertigen Eisenwerkzeuge und -geräte, die aus Norikum stammen und binnen kurzer Zeit zur begehrten Handelsware wurden.

Der 66 n. Chr. verstorbene römische Dichter Petronius erwähnte Messer aus norischem Stahl als allseits bewundertes Geschenk und Plinius vergleicht das »Ferrum Noricum« hinsichtlich seiner Güte mit dem chinesischen und persischen Eisen. Die Kelten waren also die ersten Europäer, die Eisen in großem Umfang erzeugten und ein reichhaltiges Sortiment von Eisenerzeugnissen anboten. Sie waren es, die durch ihre Kenntnisse von der Stahlerzeugung eine technologische Revolution einleiteten. Das norische Eisen dürfte auch der Grund gewesen sein, warum die Römer mit Norikum schon im 1. Jahrhundert v. Chr. und vielleicht sogar noch früher, freundschaftliche Beziehungen pflegten. Damit erklärt sich ebenso, warum römische Kaufleute so wertvolle Weihgaben wie den Bronzejüngling stifteten und warum man so erpicht darauf war, eine römische Handelsniederlassung zu gründen.

Gleichzeitig beweist diese umfangreiche wirtschaftliche Tätigkeit und die dadurch bedingte Arbeitsteilung, daß eine ausgeprägte Gesellschaftsordnung bestanden haben mußte. Von Fürsten über Krieger, die die Nobilität darstellten, bis zur Mehrheit der Bevölkerung, die aus freien Bauern und Hirten, Handwerkern, Bergleuten und Händlern bestand, erstreckte sich die gesellschaftliche Stufenleiter. Wie die Funde von Manching beweisen und wie auch Livius überlieferte, der um 170 v. Chr. von »Knechten« an einem Fürstensitz berichtete, gab es auch Sklaven.

Kopf und Pferd

Der umfangreiche Handel, den die Kelten betrieben, begünstigte die Entstehung eines Münzwesens, das als das erste bodenständige Mitteleuropas angesehen werden kann. Daß es keltische Stämme gab, die eigene Münzen prägten, war schon in der Barockzeit bekannt. In Berichten englischer Reisender aus dem Jahre 1737 konnte man lesen, daß am Braunsberg bei Hainburg »viele barbarische Silbermünzen mit einem Kopf auf der einen Seite und einem Pferd auf der anderen gefunden« wurden. Bereits 1687 sollen sich in einer Privatsammlung in Preßburg boische Silbermünzen aus Carnuntum befunden haben.

Auch später stieß man immer wieder auf keltische Münzschätze. So zum Beispiel am 24. Juli 1880, als Arbeiter in Wien, im Haus Nr. 56 auf der Simmeringer Hauptstraße an den Wasserrohren arbeiteten. Dabei entdeckten sie einen grauen Tontopf, der neben einem Silberreifen 20 große und 261 kleine boische Silbermünzen enthielt. Zwei Meter von der Fundstelle entfernt lagen die morschen Teile eines Skelettes, das jedoch nicht unbedingt mit dem Schatzfund in Beziehung zu bringen ist. Der Fund wurde aufgeteilt, der Verbleib des Armreifens und der Münzen ist heute unbekannt.

Wissenschaftlich setzte man sich erst in unserem Jahrhundert mit den keltischen Münzen auseinander. 1939 erstellte der Wiener Ordinarius für antike Numismatik, Karl Pink, eine grobe Einteilung der bis jetzt gefundenen Münzen. Sein Nachfolger, Robert Göbl, führte 1973 erstmals einen systematischen Vergleich der Münzen durch. Er kam darauf, daß die von den Kelten verwendeten Münzstempel, nachdem sie abgenutzt waren, keineswegs weggeworfen, sondern mehrfach nach- und umgeschnitten wurden. Mit Hilfe dieser Analyse gelang es Göbl, eine Geschichte des keltischen Münzgeldes zu entwerfen.

Naturgemäß kommen Völker in den Randzonen von antiken Hochkulturen mit den dort eingeführten Münzen in Berührung und gehen oft auch dazu über, selbst Münzen zu prägen. Ähnlich war es bei den Kelten, die vor allem mit griechischen und römischen Münzen konfrontiert wurden: Sie begannen die Münzen nachzuahmen. Es dauerte jedoch nicht lange und bald veränderten sie dank ihrer ausgeprägten Phantasie das Vorbild. Schließlich entstand ein eigenes Gepräge der Münzen.

In Österreich waren zwei Arten keltischen Geldes im Umlauf. Die eine stammte aus den Prägewerkstätten der Noriker, die andere kam aus Preßburg, wo die Boier ihre Münzen herstellten. Bei den norischen Münzen zeigt die Vorderseite einen nachgeahmten Apollokopf, der vielleicht einen König darstellen sollte. Sie können wiederum in zwei Gruppen, in eine ostnorische und eine westnorische, unterteilt werden. Während die ostnorischen Münzen auf der Rückseite ein reiterloses Pferd aufweisen, zeigen die westnorischen einen sogenannten Kugelreiter, also ein Pferd, auf dem statt des Reiters eine Kugel sitzt. Beide wurden ab rund 60 v. Chr. in einem österreichischen Zentrum, höchstwahrscheinlich am Magdalensberg, geprägt. Aufgrund von Funden glaubt man heute annehmen zu können, daß die ostnorischen Münzen später auch in Cilli im heutigen Jugoslawien und in zwei bis drei anderen Münzwerkstätten hergestellt wurden. 16 oder 15 v. Chr. dürfte die Produktion eingestellt worden sein.

Mit Hilfe der Analyse der Prägestempel gelang Göbl der bereits erwähnte Nachweis, daß fünf westnorische Fürsten gleichzeitig Münzen prägen ließen. Man findet ihre Namen und damit frühe Herrschernamen der österreichischen Geschichte auf der Rückseite dieser Münzen: Escingoma(rus), Adnamati(us), Nemet, Atta und Eccaio. Auch von König Voccio entdeckte man eine Münze.

Interessant ist, daß manche norische Fürsten wie zum Beispiel Svicca und sein Sohn Eccaio Namen tragen, die uns auch aus dem Pariser Becken überliefert sind. Scheinbar haben sich also während der Zeit der Kriegszüge Cäsars Flüchtlinge in alle Winde zerstreut. Ein Teil von ihnen scheint damals bis nach Norikum gekommen zu sein.

Während die westnorischen Münzen sehr häufig den Namen eines Fürsten tragen, ist das bei den ostnorischen eher selten der Fall. Lediglich die Namen Fes, Oke und Eko konnte man bis jetzt, neben einigen anderen unleserlichen, entdecken. Bei all diesen Münzen handelt es sich um große Silberlinge, sogenannte Großsilberprägungen. Daneben gab es auch das norische Kleinsilber, das noch lange nach der römischen Okkupation bis in die claudische Zeit, also etwa bis zur Mitte des 1. Jahrhunderts n. Chr. im Umlauf war. Robert Göbl fand heraus, daß bei den jüngeren westnorischen Prägungen oft Weißbronze statt Silber als Rohmaterial verwendet wurde. Anhand der Prägung konnte er nachweisen, daß es sich hierbei nicht um Fälschungen handelte.

Da die Noriker ausschließlich Silbergeld herstellten, hielt man ein 1901 in einem Weingarten im burgenländischen Tieschen bei Radkersburg gefundenes Goldstück, das eine typisch norische Prägung aufwies, für eine Nachahmung. Obwohl die Münze seit 1945 verschollen ist, steht fest, daß sie eine den Silbermünzen entsprechende Prägung besaß. Deshalb nimmt Robert Göbl auch an, daß die Münze mit einem offiziellen norischen Prägestempel hergestellt wurde und damit echt ist.

Ein keltischer Stamm, der Goldmünzen prägte, waren die Boier. In Böhmen imitierten sie den »Nikestater«, jene berühmte griechische Münze Alexander des Großen, und schufen neben Nachahmungen in sehr guter Qualität auch völlig unkenntliche Ausführungen. Schuld an solchen »Münzfragmenten« waren einfach die zu lange verwendeten Prägestempel. Daneben stellten sie auch kleinere Goldstücke her. In Preßburg prägten die Boier später auch Silbermünzen, die langsam die Goldmünzen ablösten. Auch beim Silbergeld konnte Göbl feststellen, daß relativ gleichzeitig Münzen mit den Namenszügen Titto, Ainorix und Fariaris hergestellt wurden. Es wurde nämlich immer mit den gleichen Stempeln geprägt und lediglich der Name umgeschnitten. Daneben gab es auch Kleinsilbergeld. Einige wenige boische Fürsten wie Biatec und Nonnos ließen neben Silberstücken nach wie vor Goldmünzen anfertigen.

Vom Handel zur Okkupation

Mit Kaiser Augustus, der von 30 v. Chr. bis 14 n. Chr. regierte, begann die römische Kaiserzeit, die nicht ohne Folgen für Norikum bleiben sollte. Wegen der immer drohender werdenden germanischen Gefahr mußte zur Sicherung des römischen Imperiums die Zweistromgrenze Rhein-Donau geschaffen werden. Ursprünglich wollte Augustus die Grenze sogar bis zur Elbe vorschieben, was er jedoch nach der Niederlage der Römer unter Quintilius Varus im Teutoburger Wald 9 n. Chr. aufgab. Um während der Offensive am Rhein eine mögliche Koalition zwischen Kelten und Germanen zu verhindern, mußten die Alpenvölker unterjocht werden. Dies bewerkstelligten Tiberius und Drusus, die Stiefsöhne des Augustus. Mit zwei Heeren marschierten sie gegen die sich oft heftig zur Wehr setzenden rätischen und vindelikischen Stämme und verleibten das heutige Tirol und Vorarlberg dem römischen Imperium ein.

Kaum Kämpfe gab es im Ostalpenraum. Da Norikum schon lange infolge wirtschaftlicher und politischer Bindungen unter römischen Einfluß stand, war die Übernahme der Herrschaft durch die Römer um 15 v. Chr. nur eine letzte Konsequenz dieser Entwicklung. Zunächst verblieb Norikum ähnlich wie Raetien im »Kriegszustand«. Erst unter Kaiser Claudius, der von 41 bis 54 n. Chr. regierte, wurde es zur römischen Provinz. Während um 6 n. Chr. das strategisch wichtige Wiener Becken nachweislich noch zu Norikum gehörte, wurde es bald danach davon abgetrennt und der infolge größerer Truppenkonzentrationen militärisch besser geschützten Provinz Pannonien einverleibt.

Nach dem Sieg über die Alpenvölker errichteten die Römer in Turbia, dem heutigen La Turbie bei Monaco ein Siegesdenkmal, auf dem 46 im Kampf unterworfene Stämme verzeichnet sind. Von den norischen scheinen nur die Ambisonten auf, die sich als einzige gewehrt haben dürften.

Die Germanen kommen

Mit der Eroberung Galliens durch Cäsar, die zwischen 58 und 51 v. Chr. stattfand, und schließlich mit der Errichtung der Provinzen Raetien, Norikum und Pannonien, war die Grenze des römischen Reiches an Rhein und Donau fixiert. Über 400 Jahre sollte sie die Trennung zwischen der südlichen Mittelmeerzivilisation und den noch in prähistorischen Verhältnissen lebenden Germanen sein, die nun verstärkt nach dem verlockend gewordenen Süden drängten.

Die einheimische kelto-illyrische Bevölkerung des heutigen Niederösterreich kam südlich der Donau unter römische Herrschaft und wurde vor allem im Umkreis der städtischen Zentren sehr rasch romanisiert. Nördlich der Donau lebte sie einige Zeit relativ ungestört und errichtete unter anderem am Umlaufberg am Kamp und am Oberleiserberg bei Ernstbrunn große befestigte Siedlungszentren.

Doch die Offensive der Römer am Rhein war wieder einmal der Stein des Anstoßes für neuerliche Völkerbewegungen, die auch den österreichischen Raum betrafen: Rom besiegte die in der Maingegend siedelnden germanischen Markomannen und Mainsweben. Um der römischen Unterwerfung zu entgehen, zogen die Markomannen unter ihrem König Marbod nach Böhmen, die von den Römern als Quaden bezeichneten Mainsweben unter ihrem König Tudrus nach Südmähren, dem norddanubischen Niederösterreich und der Südwestslowakei. Durch die Abwanderung der Boier standen diese Gebiete als neuer Lebensraum für die Germanen zur Verfügung. Trotz dieser neuen Siedler war der Donauraum während des 1. Jahrhunderts n. Chr. nur relativ dünn von Germanen besiedelt. Das änderte sich um die Wende zum 2. Jahrhundert: Durch zunehmenden Druck benachbarter germanischer Stämme gezwungen, verließen zahlreiche Markomannen Böhmen und zogen Richtung Südosten. Fast ausnahmslos ließen sie sich an den fruchtbaren Ufern der Flußläufe nieder und bauten – wie Perlen an einer Kette gereiht – an March, Zaya, Thaya, Pulkau, Iglawa, Schwarzawa und Zwittawa Gehöft neben Gehöft. Die Flüsse erleichterten die Kontakte untereinander und schufen eine Verbindung zur Donau und damit zu den großen römischen Städten am Limes.

Eines dieser Gehöfte befand sich in der Nähe der niederösterreichischen Gemeinde Bernhardsthal direkt an der Thaya. 1974 war es das erste germanische Siedlungsobjekt Österreichs, das systematisch untersucht wurde: Im Frühjahr dieses Jahres teilte der Bernhardsthaler Gemischtwarenhändler und Heimatforscher Otto Berger dem Bundesdenkmalamt mit, daß ab 1980 sowohl auf tschechoslowakischem als auch auf österreichischem Staatsgebiet entlang der Thaya ein Hochwasser-Schutzdamm gebaut werden soll. Unter anderem würden Bulldozer und Bauarbeiter gerade an jener Stelle das Gelände zerstören, wo er schon vor etlichen Jahren ritzverzierte Keramikscherben und andere germanische Siedlungsspuren entdeckt hatte. Dank Bergers Informationen wußte das Bundesdenkmalamt schon lange über die bei Bernhardsthal befindliche germanische Siedlung Bescheid. Doch jetzt galt es zu handeln: Die einzige Möglichkeit, das für die Geschichtsforschung so wertvolle Areal vor der Zerstörung zu untersuchen, war eine großangelegte Grabung. Und so begann noch im Herbst dieses Jahres der Wiener Frühgeschichtsspezialist Horst Adler mit einer umfangreichen archäologischen Untersuchung. Mehrere Dinge lagen ihm am Herzen: Die Grabung sollte Erkenntnisse über die Struktur germanischer Siedlungen, aber auch über das Leben ihrer Bewohner bringen. Zudem sollte das Verhältnis der Germanen zur wahrscheinlich im Lauf des 2. Jahrhunderts assimilierten kelto-illyrischen Bevölkerung sowie zu den Römern geklärt werden.

Das Gehöft, auf das man stieß, umfaßte unter anderem ein über 10 Meter langes und über 5 Meter breites, ebenerdiges Wohnhaus. Sein ehemaliges Grundgerüst bestand aus Pfostenreihen, die einst mit Flechtwerkwänden verbunden waren und das Dachgerüst trugen. Das Dach war wohl mit Stroh oder Schilf gedeckt. An Wirtschaftsbauten fand man drei verschiedene Arten: Die Objekte mit einer unregelmäßigen Pfostensetzung, also mit einem unregelmäßigen Grundriß dürften ebenso überdachte Arbeitsplätze gewesen sein wie die sogenannten Sechspfostenhütten. Bei letzteren handelt es sich um 10 bis 20 Quadratmeter große Bauten. Ihre Längsachse ist immer West-Ost orientiert. Der über Stufen führende Eingang befindet sich stets in der Mitte der südlichen Längsseite. Sechs Pfosten mußten einst die Dachkonstruktion getragen haben. Unklar war, welchen Zweck ein Pfosten in der Mitte der Hütte und eine größere seichte Grube knapp innerhalb des Einganges hatte. Wofür die dritte Art der Hütten, quadratische Bauten mit rund 6,4 Meter Seitenlänge, dienten, ist heute nicht mit Sicherheit zu sagen. Möglicherweise handelte es sich dabei um Vorratshütten oder Ställe. Alle diese Bauten waren natürlich nicht gleichzeitig in Verwendung. Die in Bernhardsthal gefundenen Hütten werden wohl kaum eine längere Lebensdauer als 15 bis 20 Jahre gehabt haben. Das Siedlungsareal war hingegen etwa 120 bis 130 Jahre bewohnt.

Doch wie sahen die damals gebräuchlichen Arbeitshütten eigentlich aus? Viel mehr als die Spuren der Pfostenlöcher, die sich als dunkelbraune Verfärbung vom gewachsenen Erdboden abzeichnen, haben sie ja nicht hinterlassen. Der Grundriß ist zwar noch einigermaßen zu rekonstruieren, doch wie sahen die Aufbauten aus? Sicher, es gibt einige gezeichnete Rekonstruktionen. Doch stimmen sie auch? Den Grabungstechniker Johann Offenberger ließ diese Frage nicht ruhen. Und als man 1976 die Reste einer jener ominösen Sechspfostenhütten freilegte, entschloß er sich, eine praxisnahe Rekonstruktion zu versuchen: Er ging daran, die Hütte direkt auf den freigelegten Resten nachzubauen. Wo sich einst die sechs Pfosten befunden hatten, steckte Offenberger einige von den neben dem Grabungsgelände wachsenden Weidenstöcken in die Erde und errichtete das Grundgerüst. Die Höhe ermittelte er aufgrund der Überlegung, daß eine 1,70 Meter große Person die Hütte ohne Bücken betreten können und das Satteldach wegen der Gewichtsverteilung eine Schräge von 50 Grad besitzen müsse. Als das Grundgerüst stand, war man über die Höhe des Dachraumes erstaunt. Er wurde sicher zur Lagerung von Stroh, Schilf, Heu und anderen Gütern benützt. Dazu jedoch mußte der Dachraum mit Stangenboden versehen gewesen sein. Um eine gewisse Tragfähigkeit des Bodens zu gewährleisten, mußte dieser von einem Steher unterstützt gewesen sein. Damit erklärt sich auch die kleine Pfostengrube in der Mitte der Hütte. Die seichte Grube im Eingangsbereich diente wahrscheinlich zum Auffangen des Wassers, das bei jedem größeren Regen oder gar bei einem Unwetter in das leicht eingetiefte Hütteninnere dringen mußte. Ursprünglich dürfte sie mit Holzbohlen abgedeckt gewesen sein.

Nachdem das Grundgerüst stand, ging man daran, das Dach zu decken. Als Material wählte man Schilf, da dieses in ausreichender Menge in der Umgebung zu Verfügung stand und außerdem bis zu Beginn des Zweiten Weltkrieges schilfgedeckte Heuhütten in dieser Gegend üblich waren. Auf die Dachstangen band man insgesamt acht Schilflagen. Erstaunlich war die Menge des benötigten Schilfes. Noch mehr Staunen allerdings löste eine andere Tatsache aus: Dieser Nachbau bewies, daß zahlreiche, auf Grabungsergebnisse in anderen Ländern basierende zeichnerische Rekonstruktionsversuche in manchen Punkten unrichtig waren.

Sie lebten von der Viehzucht

Den Funden in Bernhardsthal verdanken wir auch einen relativ guten Einblick in das Wirtschaftsleben der niederösterreichischen Germanen. Die ökonomische Basis dürfte in erster Linie die Viehzucht gewesen sein. Der Getreideanbau scheint eine etwas geringere Rolle gespielt zu haben. Jagd und Fischfang bildeten eine willkommene Ergänzung. Ihre Bedeutung dürfte von Siedlung zu Siedlung unterschiedlich gewesen sein.

Siedlungen beziehungsweise Gehöfte waren gleichzeitig die Erzeugungsstätten für die Gegenstände des täglichen Gebrauchs, also für Gefäße, Werkzeuge, Toilettegegenstände wie Kämme aus Bein und ähnliches. Auch Rasen- und Sumpfeisenerze dürften hier abgebaut, verhüttet und verarbeitet worden sein. Darauf jedenfalls lassen die Funde von kleinen Schmelztiegeln und von Eisenschlacke, die in Bernhardsthal sowie im Horner Becken gemacht wurden, schließen. Daneben wurde Handel betrieben, den die Lage an den Flüssen begünstigte. Dadurch erklären sich auch die häufigen Funde provinzialrömischen Importgutes, vor allem von scheibengedrehter Keramik, mitunter auch von Glas- und Metallgefäßen.

Fast nichts weiß man über die Bestattungsbräuche der Germanen des nördlichen Niederösterreichs, da noch kein einziges Gräberfeld aus der römischen Kaiserzeit systematisch freigelegt wurde. Das spärliche Wissen, das wir darüber besitzen, stammt aus Grabungsergebnissen der Nachbarländer und einiger älterer Zufallsfunde: Bis tief ins 3. Jahrhundert war bei den Germanen die Verbrennung und die Beisetzung des Leichenbrandes zusammen mit Beigaben in Tongefäßen üblich. Nur sehr hochgestellte Persönlichkeiten wurden nicht verbrannt. Bei Bauarbeiten konnten im Dezember 1975 Reste eines fast zur Gänze zerstörten germanischen Grabes im niederösterreichischen Neuruppersdorf bei Poysdorf geborgen werden. Bei dem Toten handelte es sich um einen etwa 50jährigen Mann, der zu Beginn des 2. Jahrhunderts bestattet worden war und neben einem germanischen Tongefäß zahlreiche provinzialrömische Importgegenstände mit ins Grab gelegt bekommen hatte. Unter anderem fand man eine Kanne und eine Griffschale aus Bronze, zwei gerippte Glasschalen und einen Kupfereimer.

Auch auf andere germanische Gräber mit reichen Beigaben stieß man in Niederösterreich. Zwei im ausgehenden 1. Jahrhundert angelegte, im Jahre 1937 in der Nähe von Mistelbach gefundene Brandgräber enthielten neben den Tonurnen ebenfalls viele aus den römischen Provinzen stammende Gegenstände. Man entdeckte Bronzegefäße als Bestandteile von Koch- und Speisegarnituren, Beschläge von Trinkhörnern, Bronzefibeln, eine Bronzenadel, Bruchstücke eines bronzenen Schildgriffes sowie Schmelztropfen von am Scheiterhaufen mitverbrannten Glasgefäßen.

Ab Mitte des 3. Jahrhunderts wurden die Toten nicht mehr verbrannt, sondern in rechteckigen Grabschächten beigesetzt. Aus dieser Zeit fand man jedoch in Österreich bis jetzt nur einige wenige unbedeutende Einzelgräber.

Panik bei den Römern

Die am Ende des 1. und zu Beginn des 2. Jahrhunderts einsetzende umfangreiche Zuwanderung germanischer Siedler im nördlichen Niederösterreich wurde von den Römern argwöhnisch beobachtet. In Windeseile ging man daran, den Donaulimes noch besser zu schützen und eine militärische Reorganisation vorzunehmen. Im Jahre 106 teilte man aus militärischen Erwägungen die Provinz Pannonien in zwei Teile. Die bisher in der Hauptsache aus Erde und Holz gebauten Lager wurden innerhalb des ersten Drittels des 2. Jahrhunderts in Stein errichtet. Noch in trajanischer Zeit, also um die Wende des 1. zum 2. Jahrhundert wurden gegenüber Carnuntum in Devin und Stupave, auf der slowakischen Seite der March, zwei römische Wachstationen errichtet. In diese Zeit fiel möglicherweise auch der Um- beziehungsweise Ausbau der urzeitlichen Wallanlage am Kirchberg im niederösterreichischen Stillfried zu einem römischen Lager. Es scheint damals also auch römische Stützpunkte nördlich der Donau, am Südrand des damaligen germanischen Siedlungsgebietes gegeben zu haben.

Reste in römischer Art gemauerter Bauten sowie eine Umfassungsmauer fand man auch am Oberleiserberg, etwa 40 Kilometer von Stillfried. Noch kann allerdings nicht gesagt werden, ob dies eine von den Römern eingerichtete Handelsstation oder der Sitz eines germanischen Anführers war. Ein solcher hätte besonders gute Beziehungen zu den Römern unterhalten haben müssen, um sich einen derartigen Luxus leisten und auch die dazu notwendigen Baumeister ins Land holen zu können. Solche Beziehungen wären aber durchaus denkbar, denn trotz der Angst der Römer vor einem germanischen Einfall pflegte man gute Kontakte zu den Germanen des nördlichen Niederösterreichs. Und diese wiederum legten auf solche Kontakte wegen ihres Abhängigkeitsverhältnisses von Rom – sie waren Klienten, also Schutzbefohlene – besonderen Wert.

Im Jahre 167 allerdings wurde diese friedliche Koexistenz jäh unterbrochen: Nordelbgermanische Truppen überschritten die Donau und drangen in das Gebiet des römischen Reiches ein. In der Folge wurden auch Markomannen und Quaden von dieser Bewegung mitgerissen, die 169 sogar bis nach Oberitalien vorstießen. Angst und Panik verbreiteten sich wie ein Lauffeuer. Die Grundfesten des römischen Reiches erzitterten. In letzter Minute gelang es dem besten Feldherrn des damaligen Kaisers Marc Aurel, Tiberius Claudius Pompeianus, die Germanen zu schlagen. Um weitere Übergriffe in Zukunft auszuschalten, schritt man 172 zum Gegenangriff, unterwarf vorerst die Markomannen und dann die Quaden. Von diesen Kriegszügen berichten nicht nur schriftlich überlieferte Nachrichten, sondern auch die in die Marcussäule in Rom eingemeißelten Darstellungen. Dort sieht man das römische Heer unter Führung Kaiser Marc Aurels und seiner Generäle auf einer Schiffsbrücke die Donau überschreiten. Nach einer Opferung und einer Ansprache an die Soldaten marschieren sie in das feindliche Land. Germanische Dörfer werden in Brand gesetzt, Männer und Frauen als Gefangene abgeführt, Vieh wird weggetrieben, Anführer geköpft. Aus diesen Darstellungen geht jedoch auch hervor, daß dàs römische Heer auf erbitterten Widerstand stieß und einige Male in Schwierigkeiten geriet. So mußten – zumindest auf der Marcussäule – die Götter des öfteren bemüht werden, den Römern beizustehen. Und das taten sie auch, indem sie in einen hölzernen Belagerungsturm der Germanen den Blitz einfahren ließen oder einer von den »Barbaren« eingeschlossenen, dem Verdursten nahen römischen Abteilung Regen schickten. Es ist das jenes berühmte »Regenwunder«, das manche antike Historiker auf die Anrufung des Christengottes zurückführen. Dies ist der älteste Hinweis auf das Christentum in Österreich.

Die Hauptroute dieser Strafexpeditionen, die von einzelnen Abteilungen der am Donaulimes stationierten römischen Legionen durchgeführt wurden, führte in Niederösterreich meist entlang der March und der Thaya. Archäologische Zeugnisse dieser Züge konnten allerdings lange Zeit nicht festgestellt werden. Und als Horst Adler bei seiner Bernhardsthaler Grabung auf ein solches stieß, brachte er es vorerst nicht mit den Markomannenkriegen in Verbindung: 1975 entdeckte er im südlichen Teil des germanischen Gehöfts einen 1,80 Meter tiefen und 3 Meter breiten Spitzgraben. Seine Ähnlichkeit mit römischen Erdwerken dieser Art führte Adler darauf zurück, daß Markomannen diese Schanztechnik bei ihren Kriegszügen im Süden kennengelernt hätten. Als man dann das Siedlungsareal nördlich von diesem Spitzgraben untersuchte, fand man vom Graben keine Spur mehr.

Bei den 1978 im südlichen Bereich durchgeführten Untersuchungen, tauchte dann der Spitzgraben wieder auf. Diesmal verfolgte man ihn genauer und entdeckte, daß er nicht das germanische Gehöft, sondern ein Areal südlich davon schützte. Es konnte sich hier also nur um ein römisches Marschlager aus den Markomannenkriegen handeln, wie es von den Soldaten bei Feldzügen jede Nacht angelegt worden war. Dabei wurde ein bis zu 2 Meter tiefer Spitzgraben ausgehoben und das gewonnene Erdmaterial an der Innenseite zu einem Wall aufgeschüttet, auf dem als zusätzliches Annäherungshindernis Palisaden eingerammt wurden. Horst Adler lieferte mit seinem Fund jedenfalls eine archäologische Sensation, denn zum ersten Mal konnten damit die Feldzüge der Markomannenkriege archäologisch nachgewiesen werden.

Mit der Okkupation des süddanubischen Gebietes und den Expeditionen der Römer im »Freien Germanien«, jenem Bereich nördlich der Donau, der nie dem römischen Imperium einverleibt werden konnte, trat Österreich aus der Dunkelheit der Urgeschichte in das Dämmerlicht der durch schriftliche Quellen charakterisierten Frühgeschichte. Nun berichteten Historiker, nicht zuletzt Kaiser Marc Aurel selbst, über die Vorgänge während der Markomannenkriege. Bildliche Darstellungen wie die Reliefs auf der Markussäule illustrieren das Geschehen. Für den österreichischen Raum brach eine neue Zeitepoche an. Das menschliche Wagnis wurde fortgesetzt. Wie erfolgreich, bleibe dahingestellt. Auf jeden Fall wurde der Weg vom Eisenschwert zum Düsenkampfflugzeug in einem winzigen Bruchteil jener Zeit zurückgelegt, die von der Verwendung des Faustkeils bis zu der des Schwertes verstrich.

Kleines Lexikon der Sachbegriffe

(Definitionen zum Teil nach J. Filip, Enzyklopädisches Handbuch zur Ur- und Frühgeschichte Europas, und W. Bray, D. Trump, Lexikon der Archäologie.)

Abri:
(französisch, »Obdach«)
Felsüberhang, Felsschutzdach; kleine Felsnische mit vorspringendem Schutzdach, Wohnstelle unter einem Felsüberhang, besonders in der Altsteinzeit üblich.

Abschlaggerät:
Werkzeug, das aus einem von einem Feuersteinknollen abgesplitterten Stück, einem sogenannten Abschlag, hergestellt wurde. Der scharfkantige Abschlag kann direkt ohne weitere Zurichtung als Schneidewerkzeug verwendet werden oder durch weitere feine Bearbeitung (Retouchierung) zu einem spezialisierten Werkzeug (Spitze, Bohrer, Kratzer usw.) umgewandelt werden.
Geräte: Klingen dienten zum Schneiden, Schaber und Kratzer zum Abheben in flächiger Form, Stichel zum Ausheben, Bohrer zum Lochen und Lanzen und Pfeilspitzen als Waffen.

Abstammungslehre (auch Deszendenztheorie, Evolutionstheorie):
Die von Lamarck und Darwin begründete Lehre einer kausalen Entwicklung aller Lebewesen, nach der sich aus wenigen einfachen Lebensformen immer höhere, stärker differenzierte Organismen entwickeln.

»*Alter Mann*«:
In der Bergmannsprache die Abbauräume und alle Hinterlassenschaften früherer Zeiten.

Antennendolch oder -schwert:
Dolche oder Schwerter aus der Späthallstattzeit, deren Knauf »antennenförmig«, mit einem U-förmigen Abschluß in Form einer Antenne, gestaltet ist. Sie können darüber hinaus kunstvoll gearbeitete Griffe und Scheiden haben.

Anthropologie:
(griechisch, »die Lehre vom Menschen«)
Im deutschen Sprachgebrauch die Naturkunde des Menschen, die seine Vergangenheit und Gegenwart umfaßt. Sie beschäftigt sich mit der Entstehung des Menschen, mit seiner Entwicklung und seinen biologischen und geistigen Eigenschaften sowie der zeitlich und räumlich verschiedenen Ausbreitung verschiedener Rassen und Völker. Der älteste Abschnitt wird auch als Paläoanthropologie bezeichnet.

Archäologie:
(griechisch, »Altertumskunde« beziehungsweise wörtlich »die Lehre von den Anfängen«)
Die Wissenschaft von den dinglichen Hinterlassenschaften der menschlichen Vergangenheit, die nicht unmittelbar aus schriftlichen Quellen erschlossen werden können. Sie wird heute in mehrere Sparten geteilt: prähistorische oder urgeschichtliche, klassische, provinzialrömische, frühgeschichtliche, mittelalterliche und Industriearchäologie.

Artefakte:
(lateinisch, »künstlich Hergestelltes«)
Alle vom Menschen »künstlich« geschaffenen Gegenstände; in der Wissenschaft heute vornehmlich auf alt- und jungsteinzeitliche Stein- und Knochengeräte beschränkt. Bisweilen ist eine Trennung zu zufällig entstandenen Naturprodukten, sogenannten Eolithen, schwer zu ziehen.

Ausbiß:
Das Zutagetreten einer Erzlagerstätte an die Erdoberfläche.

Ausgrabung:
Hilfsmittel der verschiedenen Archäologien, die auch als Wissenschaften des Spatens bezeichnet werden, die schriftlosen Kulturen der Urgeschichte zu erschließen. Die jeweils angewendeten Methoden des Eindringens in den fündigen Boden richten sich nach dem Ziel der Ausgrabung und den örtlichen Verhältnissen. Bei der Grabung ist es notwendig, nicht nur Bodenfunde zu bergen, sondern auch die Befunde, also die Fundumstände, zu beobachten und zu dokumentieren (Vermessung, Zeichnung, Photographie, Beschreibung usw.). Die dabei erschlossenen archäologischen Quellen lassen sich in Siedlungs-, Grab-, Kult-, Depot- oder Hortfunde einteilen. Sie vermitteln uns Wissen über Siedlungswesen, Wirtschaftsweise, Bestattungsriten, Tracht und Schmuck sowie Kultanlagen der schriftlosen urgeschichtlichen Kulturen.

Axt:
Ein Werkzeug mit besonders schmaler Schneide und langem Schaft. Formvarianten haben hauptsächlich mit dem Material der Schneide (Stein, Kupfer, Bronze, Eisen usw.) und der Befestigung am Schaft zu tun.

Barren:
Handelsform des noch unbearbeiteten Metalls, oft als »Zahlungsmittel« gedeutet. Kupferbarren gibt es ab dem Ende der Jungsteinzeit; in unseren Gegenden zumeist in Ringform, daher auch Ringbarren und bei flacheren Formen Spangenbarren genannt. In der jüngeren Eisenzeit sind dagegen längliche Eisenbarren mit quadratischem Querschnitt und jeweils spitz ausgezogenen Enden im Umlauf.

Beigaben:
Den Toten ins Grab mitgegebene Gegenstände; neben persönlichem Besitz auch Abschiedsgeschenke, Gegenstände des Totenkultes und Opfergaben für die Götter sowie Speise und Trank für die Reise ins Jenseits. Die unterschiedlichen Beigabensitten enden in Mitteleuropa mit der Verbreitung des Christentums. Grabbeigaben stellen für den Archäologen eine wichtige Quellengruppe dar, da die Gegenstände zur gleichen Zeit wie der Tote in die Erde gelangten.

Beil:
Scharfes Werkzeug zum Behauen von Holz und anderen Materialien. In der Regel verläuft die Schneide parallel zum Schaft, sie kann aber auch quer stehen. Formvarianten haben hauptsächlich mit dem Material der Schneide (Stein, Kupfer, Bronze, Eisen usw.) und der Befestigung am Schaft zu tun.

Bergbau:
Aufsuchen, Erschließen, Gewinnen und Fördern von Bodenschätzen. In der Urzeit wurde Bergbau sowohl im Tagbau als auch schon im Tiefbau betrieben. Unter Tagbau versteht man die Gewinnung von Mineralstoffen auf der Erdoberfläche (Steinbrüche, Sand- und Lehmgruben, einfache Schürfe nach Metallerzen usw.). Tiefbau ist die Gewinnung der Rohstoffe unter der Erdoberfläche (bis gut 100 Meter unter der Oberfläche). Zum Abbau dienten in der Steinzeit Geweih-, Knochen und Steingeräte, ab der Bronzezeit neben der Feuersetzmethode Pickel, Schlägel, mannigfaltige Holzgeräte (Keile, Schaufeln usw.) und anderes Zubehör (Körbe, Tröge, Tragsäcke aus Darm usw.). In der Urzeit waren beim Abbau als Beleuchtung (Geleucht) Kienspäne üblich; auch eine Holzverzimmerung der Stollen ist erwiesen.
Schacht: senkrechter oder nahezu senkrechter bergmännischer Einbau.
Stollen: waagrechter bergmännischer

Einbau, vom Tag aus in den Berg führend.
Strecke: waagrechter Grubenbau, der nicht an den Tag führt.

Bestattung:
Die Beisetzung des verstorbenen menschlichen Körpers (Körperbestattung) oder der Totenasche (Brandbestattung) in einem Grab wird in vielen urzeitlichen Kulturen mit einem besonderen Ritual verbunden, zu dem sehr häufig das Mitgeben oder Niederlegen von Gegenständen im oder am Grab (Beigaben) gehört. Körperbestattungen sind ab der Altsteinzeit, Brandbestattungen ab der Jungsteinzeit nachgewiesen. Der Ort der Bestattung, der von religiösen Vorstellungen abhängig war, konnte innerhalb der Siedlung (zum Beispiel unter dem Fußboden der Häuser) oder außerhalb, sehr oft in großen Friedhöfen, liegen. Als häufigste Formen der Körperbestattung können in der Urzeit die gestreckte Rückenlage und die Hokkerlage, bei der Brandbestattung das Urnengrab beobachtet werden.
Brandbestattung: Sitte, die Toten zu verbrennen. Das Knochenklein, der sogenannte »Leichenbrand«, wird entweder aufgesammelt und in einem Gefäß, der »Urne«, beigesetzt (Urnengrab) oder aber aufgesammelt und teilweise mit Resten des Scheiterhaufens in das Grab gestreut (Brandgrubengrab, Brandschüttungsgrab).
Hockerbestattung: Bestattungsform, bei der der Tote seitlich mit angezogenen Beinen in sogenannter »Hocker-« oder »Schlafstellung« in die Grabgrube gelegt wurde. Manchmal sind Fesselungen zu beobachten, die wohl dazu dienten, die Wiederkehr des Toten zu verhindern.

Boden- und Geländedenkmal:
»Bodendenkmäler sind alle jene einst von Menschenhand geformten Objekte, die uns durch ihre Erscheinungsweise Aufschluß über Leben und Wirken der Menschen in der Vergangenheit geben.« Für die schriftlose Urzeit stellen sie die einzigen Quellen für geschichtliche Erkenntnis dar. Das Bodendenkmal kann überirdisch frei sichtbar sein, dann spricht man auch von einem Geländedenkmal (wie etwa eine in der Urzeit benützte Höhle, ein Grabhügel, eine Wehranlage oder ein Kultbau), oder im Boden verborgen sein, so daß es erst durch eine Ausgrabung oder durch Zufall (etwa im Zuge von Bauarbeiten) zutage kommt (z. B. Pfostenlöcher, Kulturgruben usw.).

Bronze:
Legierung von Kupfer und Zinn. Nach den Spurenelementen (Arsen usw.) können die Lagerstätten mittels Spektralanalyse ermittelt werden. Vorteile gegenüber dem reinen Kupfer sind die größere Härte und der niedrigere Schmelzpunkt, ein Nachteil ist das seltene Vorkommen von Zinn.

Bronzezeit:
Der Alt- und Jungsteinzeit folgten die Metallzeiten, denn von nun an wird die Werkzeug- und Waffenherstellung usw. vom Metall geprägt. In einer Frühphase am Ende der Jungsteinzeit dominiert reines Kupfer, daher der Name *Kupferzeit.* Später folgt dann die Bronzezeit (1800–750/700 v. Chr.), die von der Eisenzeit abgelöst wird.
In der *Bronzezeit* wird Kupfer mit Zinn zur härteren und widerstandsfähigeren Bronze legiert. Der Beginn der Bronzezeit ist daher nicht von Umwelt und Klima abhängig, sondern von Umwälzungen auf technologisch-wirtschaftlicher Ebene. Hinter den neuen Metallformen steht ein tiefgreifender Umbau in wirtschaftlichen, sozialen und gesellschaftlichen Bereichen. Die Errichtung von Betrieben zur Gewinnung, Aufbereitung und Verhandlung der Rohstoffe mit den entsprechenden handwerklichen und gewerblichen Berufsgruppen sind die Folge. Produktion, Verarbeitung und Handel führen zur Kapitalbildung, die verstärkte Sicherheits- und

Schutzbedürfnisse und letztlich auch neue politische Institutionen mit sich bringt.
Die *frühe und mittlere Bronzezeit* bilden trotz gewisser Unterschiede eine Einheit. So ist in der Frühbronzezeit die Hockerbestattung in einfachen Erdgräbern *(Aunjetitzkultur)* und in der Mittelbronzezeit ein Nebeneinander von Körper- und Brandbestattungen in Hügelgräbern *(Hügelgräberkultur)* üblich. Die *späte Bronzezeit,* die ausschließlich von Brandbestattungen in großen Friedhöfen *(Urnenfelderkultur)* gekennzeichnet wird, steht mit dem ersten Auftreten des Eisens schon an der Schwelle zur Eisenzeit.

Chronologie:
Zeitrechnung, Frage der Datierung archäologischer Befunde und Funde;
relative Chronologie: die Feststellung des Zeitverhältnisses von Quellenbeständen zueinander (älter – gleichzeitig – jünger); Methoden: Stratigraphie und Typologie;
absolute Chronologie: zeitliche Bestimmung gewisser Quellenbestände nach Kalenderjahren; Methoden: Kulturkontaktchronologie, Radiokarbon- oder C-14-Datierung, erdmagnetische Methode, Thermolumineszenzmethode, Dendrochronologie oder Baumjahresringchronologie, pollenanalytische Methode usw.

Depotfund (auch Verwahr-, Hort-, Massen- oder Schatzfund):
Sammelfunde einzelner Gegenstände, von Rohstücken, von Fertigprodukten, aber auch von beschädigten Altwaren, die einst aus mannigfaltigen Gründen absichtlich vergraben wurden. Dabei handelte es sich um Steingeräte, vor allem Metallgegenstände und seltener Keramik. Es ist nicht immer leicht, aus den oft sehr umfangreichen Funden die Gründe der Vergrabung zu erkennen. Es kann sich um ein Verbergen von Wertgegenständen in Notzeiten, erzeugungsmäßig bedingte Depots (Rohstoff- oder Fertigwarenlager), Handelsdepots, aber auch um Weihegaben handeln. Bei der letzten Gruppe war ein Heben der Funde nicht vorgesehen, sie wurden auf »ewige Zeiten« deponiert.

Domestikation:
Fachausdruck (lateinisch, »Zähmung«) für die Züchtung von Wildpflanzen und Wildtieren zu Kulturpflanzen und Haustieren.

Dreiperiodensystem:
Chronologiesystem nach dem dänischen Altertumsforscher Christian Thomsen, 1836: Die Einteilung der menschlichen Urzeit nach ihren Hauptwerkstoffen in Stein-, Bronze- und Eisenzeit, wird seit der 2. Hälfte des 19. Jahrhunderts laufend verfeinert.
Dieses System hat den Nachteil keine absolute Chronologie zu ermöglichen, da sich zum Beispiel steinzeitliche Kulturen bis heute erhalten haben oder in manchen Gebieten eine Periode überhaupt ausfällt. Auch sind etwa Steingeräte bis in die Eisenzeit hinein üblich.

Eisenzeit:
Die *Eisenzeit* (bei uns: 750/700 v. Chr. bis Christi Geburt) ist die jüngere der beiden Metallzeiten. Sie hebt sich durch die Durchsetzung des neuen Werkstoffes Eisen von der vorangehenden Bronzezeit ab. Zudem kommt es auch zu neuerlichen Veränderungen auf wirtschaftlichem, geistigem und gesellschaftlichem Gebiet. Durch die Gewinnung des Eisens und anderer wichtiger Rohstoffe (Blei, Salz usw.) werden alte Monopole durchbrochen, und es bilden sich neue Ordnungen und Herrschaftsgefüge. Durch verbesserte Transportmöglichkeiten kommt es zu immer weiter reichenden Handelsbeziehungen.
Die *ältere Stufe der Eisenzeit* wird nach dem berühmten oberösterreichischen Salzbergbauort und nach dem dazugehörigen reichen Gräberfeld *Hallstattkultur* genannt. *Die jüngere Eisenzeit* heißt

nach dem Fundort La Tène am schweizerischen Neuenburger See *Latènekultur.* Als Träger der Latènekultur werden Stämme angesehen, die von den antiken Quellen als »Kelten« bezeichnet werden. Während die Forschung der Meinung ist, daß der westliche Teil der Hallstattkultur (also der Bereich westlich von Hallstatt) bereits ebenfalls keltisch gewesen sein könnte, wird der östliche Teil den Illyrern zugeschrieben.

Eiszeit oder *Glazial:*
Jener Abschnitt der Erdgeschichte, in dem durch Veränderung der Klimaverhältnisse größere außerpolare Gebiete von mächtigen Gletschern und Inlandeismassen bedeckt wurden. Im Eiszeitalter wechseln mehrere Kaltzeiten (Glaziale) mit dazwischenliegenden Warmzeiten (Interglaziale) ab. Die Eiszeit wurde früher als Diluvium (Überschwemmung oder Sintflut) bezeichnet.

Erdgeschichte:
Die Erdneuzeit (Känozoikum), das jüngste Erdzeitalter, zerfällt in die beiden Perioden Tertiär (65 bis 3,0/2,5 Millionen v. Chr.) und Quartär (3,0/2,5 Millionen bis heute).
Die jüngere geologische Formation, das Quartär, läßt sich wiederum in die beiden Abteilungen Pleistozän (3,0/2,5 Millionen bis 10.000/8000 v. Chr., entspricht dem Eiszeitalter, dem Glazial oder Diluvium) und Holozän (ab 10.000/ 8000 v. Chr. bis heute, Abschnitt nach Ausklingen des Eiszeitalters) gliedern.

Erz:
Sammelbegriff für diejenigen Mineralien, aus denen sich technologisch verwendbare Metalle oder Metallverbindungen herstellen lassen.
Derberz: Wenn Erz in größeren, geschlossenen Partien auftritt.
Eingesprengtes oder verwachsenes Erz: Das Erz ist in der Gangmasse in Form von kleinen Körnern verteilt.

Fauna:
Tierwelt

Faustkeil:
Der Faustkeil ist zumeist aus dem Kern eines Gestein(Feuerstein)knollens, gelegentlich auch aus dicken Abschlägen, hergestellt. In seiner Grundgestalt hat er spitzovale Form und ist beidseitig bearbeitet. Die Bezeichnung Faustkeil rührt von der Annahme her, daß er ohne Schäftung in der Faust gehalten benutzt wurde. Manche Wissenschaftler glauben, daß dies aber nur bei größeren Exemplaren der Fall gewesen sein dürfte, während kleinere geschäftet waren. Er diente zum Schneiden, Schaben und Bohren. Der Faustkeil zählt zu den ältesten Steinwerkzeugen der Menschheit.

Flora:
Pflanzenwelt

Feuersetzen:
Von der Urzeit bis ins 17. Jahrhundert n. Chr., manchmal sogar bis ins 19. Jahrhundert, angewendetes Verfahren zum Abbau von verbandsfesten Gesteinen. Das Gestein wird durch Feuer erhitzt und nachher abgeschreckt, wodurch das Gestein oder Erz gelockert wird.

Feuerstein, Silex oder *Flint:*
Gestein aus wasserhaltiger Kieselsäure; nicht kristallinisch, zerspringt daher mit muscheligem Bruch und scharfen, gebogenen Kanten. Ausgangsmaterial für die Herstellung von Steingeräten, besonders in der Alt- und Jungsteinzeit.

Fossilien:
Abdrücke oder Versteinerungen von Pflanzen und Tieren aus vergangenen geologischen Perioden; fossil bedeutet daher, daß etwas aus einem solchen Zeitabschnitt stammt beziehungsweise im übertragenen Sinne auch ausgestorben ist.

Freilandstation:
Siedlung im freien Land, also außerhalb natürlich geschützter Plätze, wie etwa in Höhlen oder unter Felsschutzdächern (Abris).

Frühgeschichte:
Wissenschaft, die jene Zeiträume erfassen will, auf die schon das erste Licht schriftlicher Quellen fällt, in denen aber doch den archäologischen Quellen noch immer entscheidende Bedeutung zukommt. Das Aufkommen der Schrift bedeutet den für verschiedene Räume zeitlich unterschiedlichen Übergang von der Urgeschichte zur eigentlichen Geschichte. Die Schrift ist für den Historiker auch ein wesentliches Merkmal von Hochkulturen.

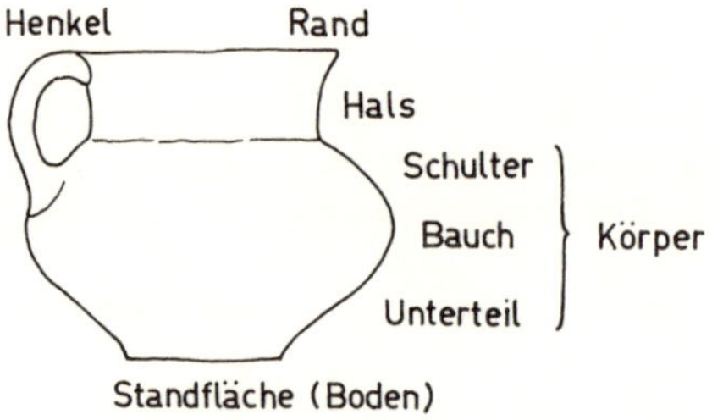

Gefäße:
Verschieden geformte Behältnisse aus Stein, Keramik, Metall, Holz usw. zur Aufnahme fester oder flüssiger Stoffe. Sie bestehen zumeist aus einer Standfläche, einem Körper und einer Mündung, wobei teilweise Handhaben, etwa in Form von Henkeln, hinzukommen können. Die Außenwandung ist sehr oft der Träger von verschiedenen Verzierungen.
Einige wichtige Formen der Urzeit:
Amphore: großes Vorratsgefäß mit hohem, engen Hals und zwei Henkeln, eiförmigem Körper und oft spitzem Boden.
Doppelkonus: zumeist größeres Gefäß mit doppelkonischem Umriß und scharfem Bauchknick; Mündungsdurchmesser ist größer als der der Standfläche.
Eimer: Größere, zylindrische (z. B. Ziste) oder leicht konische (z. B. Situla) Gefäße mit gut ausgebildeter Standfläche und Bügelhenkel.
Ferner: Becher, Flaschen, Kannen, Krüge, Schalen, Schüsseln und Tassen.
Urne: kein bestimmter Gefäßtyp, sondern verschieden geformte Gefäße zur Aufnahme des Leichenbrandes (= Asche eines verbrannten Toten).

Geologie:
Wissenschaft von der Geschichte der Erde. Die Geologie versucht die Entstehung der Erde, ihren Aufbau und ihre Entwicklung zu verfolgen. Ein für die Geschichte des Menschen wesentlicher Zweig ist die Quartärgeologie, die sich mit dem jüngsten Zeitabschnitt befaßt, in dem sich das Eiszeitalter mit den Unterstufen und die geologische Gegenwart erstrecken.

Geröllgeräte oder *pebble tools:*
Älteste Steingeräte der Menschheit, die primitive, ein- oder zweiseitig zugeschlagene Geröllsteine umfassen. Ihr Artefaktcharakter ist oft nicht mit Eindeutigkeit festzustellen.

Glas:
Durch Zusammenschmelzen von Oxyden entstandener Werkstoff. Rohstoffe: Sand, Soda, Pottasche, Feldspat, Kreide, Mergel usw. Diese werden in pulverisiertem Zustand vermischt und erhitzt. Das älteste Glas im 4. Jahrtausend vor Chr. im Vorderen Orient war lediglich eine Glasur auf Steatitgegenständen. Seit der Mitte des 3. Jahrtausends treten in Babylonien und Ägypten verschiedene Gegenstände aus Glasmasse auf. Im 2. Jahrtausend werden dann auch Gefäße erzeugt. In Europa können zu Beginn des 2. Jahrtausends v. Chr. importierte Glasperlen nachgewiesen werden. Ab der späten Bronzezeit scheint man im Gefolge des Kupferschmelzprozesses auch in Österreich blaue Glasperlen hergestellt zu haben. In der Hall-

stattkultur werden im östlichen Adriawinkel um 600 v. Chr. kleine Glasgefäße gemacht. In der Latènezeit werden besonders Glasarmreifen häufig hergestellt.

Glockenbecher:
Gefäß, das einer umgestülpten Glocke gleicht. Die Außenwandung des henkellosen Bechers war gewöhnlich fast zur Gänze mit waagrechten Streifen von Stempelmustern verziert. Charakteristische und namengebende Leitform der spätjungsteinzeitlichen »Glockenbecherkultur«.

Grabstock:
Zugespitzter Holzstab zum Ausgraben von Wurzeln und Knollen. Seit der Altsteinzeit eines der wichtigsten Geräte in den Jäger- und Sammlerkulturen. In den frühen Ackerbaukulturen diente der Grabstock zum Lockern und Umbrechen des Bodens und war so der Vorgänger des modernen Spatens.

Griffangel, Griffzunge, Vollgriff:
Verschiedene Möglichkeiten der Griffgestaltung bei Werkzeugen und Waffen, wie z. B. bei Messern, Dolchen, Schwertern usw. Das aus Metall bestehende Gerät kann entweder einen längeren dornartigen Fortsatz zum Aufschieben eines Holz- oder Beingriffes haben (Griffangel) oder der Fortsatz ist zungenförmig (Griffzunge), so daß meist zwei organische Griffteile auf jeder Seite aufgenietet werden. Ist der Griff aus Metall gebildet und mit dem Gerät in einem Stück gefertigt, so spricht man von einem Vollgriff.

Halbwertszeit:
Die Zeit, in der bei radioaktiven Stoffen die Hälfte aller anfänglich vorhandenen radioaktiven Atomkerne zerfallen ist, z. B. bei C-14 5730 Jahre.

Handgelenksschutz:
Auch Arm- beziehungsweise Daumenschutzplatten; viereckige, meist gewölbte Platten aus weichem Gestein oder Knochen, häufig mit Bohrungen an den vier Enden. Besonders in der Glokkenbecherkultur nachgewiesen. Ein Teil der Forscher ist der Ansicht, daß durch diese Vorrichtung die Hand oder der Arm eines Bogenschützen vor Verletzungen durch die zurückschnellende Sehne bewahrt werden sollte.

Handmühle:
Unterlagsplatte aus einem größeren Stein, dessen Oberfläche konkav eingesattelt ist. Hier zerrieb man das Getreide und ähnliches mittels eines kleinen, häufig kugeligen Mahlsteines. Erst später setzte sich die Drehmühle durch, bei der ein drehbarer Stein (»Läufer«) auf einem mit einem Mittelzapfen versehenen festen Stein ruht. Bei kleinen Ausführungen wurde der Läufer mit der Hand gedreht und dabei das Mahlgut zwischen den Steinen zerquetscht.

Harpune:
In der Fachsprache des Prähistorikers zumeist jede Art von gezähnter (knöcherner) Speerspitze und nicht nur die abnehmbare Spitze eines Fischspeers.

Haselgebirge:
Das Haselgebirge ist ein Gemisch von Tonen und Salzen, wobei der Hauptteil Tone umfaßt und der Salzgehalt zwischen 20 und 80 Prozent schwankt. Die Farbe kann rot, grau, grün und schwarz sein. Aus dem Haselgebirge wird mittels der Laugwerkmethode die Sole und daraus das reine Salz gewonnen.

Hausbau:
Ein Haus unterscheidet sich von einer Hütte dadurch, daß Dach und Wand der Konstruktion und Funktion nach voneinander getrennt sein müssen. Das Haus kann eingetieft, halb eingetieft

oder oberirdisch angelegt sein. Die Hauswände bestehen zumeist aus Rutengeflechten, die mit Lehm verschmiert werden, oder aus Pfosten, die dicht hintereinander in einen Fundamentgraben gesetzt werden. Neben dem Pfosten- und Ständerbau tritt ab der Bronzezeit auch der Blockbau auf, bei dem waagrechte Rund- oder Kanthölzer an den Kreuzungspunkten ineinandergefügt werden. Der Giebel wird durch immer kürzere Hölzer bis zur Dachspitze (First) hochgezogen. Die gebräuchlichste Dachform stellt das sogenannte Rofendach dar: Ein waagrechter Balken (Firstbaum) ruht auf Pfosten (Firstpfosten), die in die Erde eingegraben sind oder auf Querbalken ruhen. Auf dem Firstbaum werden abgeästete Stämme mit Hilfe eines am unteren Ende belassenen Aststumpfes verkehrt aufgehängt (Rofen), das andere Ende ruht auf der Hauswand, das Gewicht tragen somit der Firstbaum und die Firstpfosten. Bei größeren Bauten müssen beidseits der Firstpfosten weitere Pfostenreihen gesetzt werden, die wiederum waagrechte Balken in Längsrichtung des Daches tragen (Mittelpfetten), die zur weiteren Stützung der Rofen dienen. Die optimale Dachneigung bei Bedeckung mit Schilf und Stroh beträgt 45 bis 50 Grad.

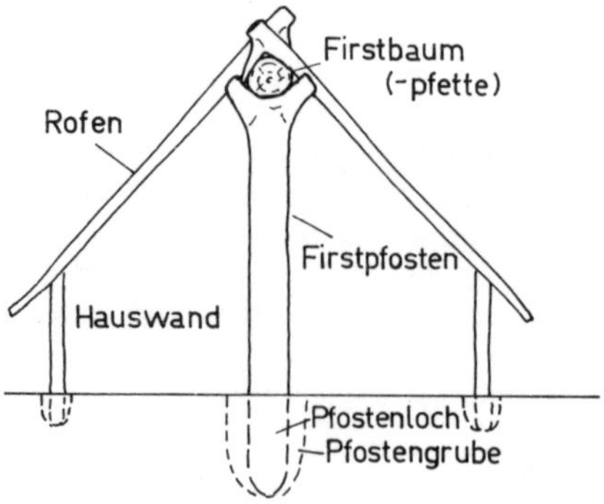

Haustiere:
Das erste Haustier war der Hund, der bereits am Ende der Altsteinzeit domestiziert wurde. In Vorderasien begann man um 8000 v. Chr. mit der Haltung von Schaf und Ziege. Bald schon folgten Rind und Schwein. Die Pferdezucht scheint in das 4. Jahrtausend v. Chr. zurückzureichen, wobei ihr Ursprung wohl in südrussischen Kulturen zu suchen ist. Mit dem Ausbreiten der jungsteinzeitlichen Kulturen ab dem 6. Jahrtausend über Europa kam es zu verschiedenen regionalen Züchtungszentren aus einheimischen Wildarten, so daß ein vielstämmiges Entstehen der heutigen Haustierrassen anzunehmen ist.

Höhle:
Jeder natürlich entstandene Hohlraum im Stein. Künstliche, zumeist in den Erdboden gegrabene, mittelalterliche bis neuzeitliche Gang- oder Höhlensysteme nennt man Erdställe. Höhlen können auf verschiedene Weise entstehen; die wichtigsten sind jedoch die Karsthöhlen, die sich durch die auslaugende Tätigkeit von Wasser im Kalk bilden. Die Hohlräume verfüllen sich im Lauf der Zeit mit Material, das teils von der Oberfläche stammt, wie Schutt, eingewaschene (Lehm) oder eingewehte (Löß) Füllungen, oder sich teilweise in der Höhle selbst bildet, wie Gesteinsstücke, Phosphate, Sinter usw. Wenn nun die Höhlen in der Urzeit, besonders aber in der Altsteinzeit, als natürliche Wohnräume benützt wurden, so kommen noch Kulturschichten hinzu, die dann entsprechend ihrem Alter in den natürlich entstandenen Schichten eingebettet sind.

Holz und Holzverarbeitung:
Holz ist neben Stein und Knochen einer der ältesten und weitverbreitetsten Werkstoffe der Menschheit. Allerdings sind wegen der Vergänglichkeit des Materials die erhalten gebliebenen Nachweise sehr selten, wie Grabstöcke, Speere, Gefäße usw. Nur unter ganz besonderen Umständen kann es zur Erhaltung des gesamten Holzbestandes kommen, so etwa im Rahmen der Pfahlbauten und Uferrandsiedlungen, in Kupfergewinnungs- und -verarbeitungsgebieten oder in Salzbergwerken.

Hüttenlehm:
Reste von Wandverputz aus Lehm. Die aus Flechtwerk bestehenden Hauswände wurden häufig mit Lehm verschmiert. Brannte nun ein Haus ab, wurde der Lehm gebrannt und Stücke blieben mit den Rutenabdrücken im Original erhalten.

Idol:
Menschen- oder tiergestaltige Kleinplastik (zumeist aus Ton) mit kultischer Verwendung. Es ist in der Forschung umstritten, ob hier Gottheiten (bei den häufigen weiblichen Figuren eine Muttergottheit, die sogenannte Magna Mater) oder Ahnen dargestellt wurden oder ob es sich vielleicht nur um Votivfiguren handelt, die die anbetenden Menschen selbst wiedergeben. Idole sind besonders in der Jungsteinzeit überaus häufig nachgewiesen.

Kalenderbergkultur:
Auf der Hochebene des Kalenderberges bei Mödling, NÖ., befindet sich eine ausgedehnte Siedlung der Hallstattkultur, die besonders durch reliefverzierte Keramik gekennzeichnet ist. Die Gefäße weisen Buckelreihen, Wülste, Kannelierung usw. in Kreisform, Girlanden und ähnlichen Mustern auf; sie werden allgemein nach dem Fundort als »Kalenderberggefäße« bezeichnet.
In der älteren österreichischen Literatur und von der tschechischen Forschung auch heute noch wird die Hallstattkultur in Ostniederösterreich, im Burgenland und in der ČSSR oft als »Kalenderbergkultur« bezeichnet. Diese ist durch die Kalenderbergkeramik, Mondidole, tiergestaltige Gefäße und Töpfe mit plastischen Aufsätzen in Tier- und Menschenform charakterisiert.

Kammstrichtopf:
Scheibengedrehter Topf, dessen Außenwandung fast zur Gänze mit senkrechten Rillen verziert ist. Die Herstellung dieser Rillen erfolgt im lederharten Zustand (vor dem Brennen des Tons) mit einem kammartigen Gerät. Gefäße dieser Art sind in der jüngeren Eisenzeit, ab der mittleren, besonders aber in der späten Latènekultur verbreitet. Dem Ton wird häufig Graphit beigemengt, um die Wasserundurchlässigkeit und die Feuerfestigkeit zu erhöhen. Manchmal finden sich auch auf der Standfläche der Gefäße eigenartige Y-förmige Zeichen.

Kannibalismus oder *Anthropophragie:*
Verzehr von Menschenfleisch durch Menschen, entweder in besonderen Notsituationen oder aus magisch-rituellen Gründen, um sich durch das Verspeisen gewisser Körperteile von Verwandten oder Gegnern auf magische Weise deren Kräfte anzueignen. Zersplitterte menschliche Röhrenknochen oder aufgebrochene Schädel können archäologische Hinweise für Menschenfresserei der Urzeit sein.

Keramik:
Sammelbezeichnung für alle Arten der Töpferei beziehungsweise Töpfer- oder Tonware, häufig jedoch nur auf die gebrannten Gefäße aus Ton beschränkt. Keramik ist eine wichtige Errungenschaft des Menschen und gehört zu den bedeutendsten erhaltenen Äußerungen urgeschichtlicher Kulturen. Beim Erhitzen auf mindestens 400 Grad Celsius, zumeist aber 600 bis 900 Grad Celsius, erstarrt vorher plastischer, feuchter Ton zu einer festen, backsteinartigen Masse, die sich durch Befeuchten nicht mehr plastisch machen läßt. Das Erhitzen erfolgte anfangs in einer Grube, später dann in einem Ofen. Vor Einführung der Töpferscheibe wurden die Gefäße in verschiedenen Techniken mit der Hand geformt. Keramik ist auch Träger vielfältiger Verzierungen.

Kernsalz:
Das Kernsalz besteht aus ca. 90 bis 95 Prozent Natriumchlorid. An sich ist die Farbe wasserhell, durch Tonteilchen, Eisen-, Schwefel- oder Kupferverbindungen kann die Farbe von rötlich über

gelblich, grünlich bis violett und blau schwanken. In der Urzeit wurde vornehmlich das reine Kernsalz bergmännisch in Stücken abgebaut, soferne nicht aus Meerwasser oder Quellsole Salz gewonnen wurde.

Kommandostab:
Verlegenheitsbezeichnung der Prähistoriker für altsteinzeitliche Gegenstände unbekannter Bedeutung. Meist stabartige Geweihstücke, die an einem Ende verdickt und durchbohrt sind. Im Magdalénien sind sie oft Träger reicher Verzierungen. Es ist ungeklärt, ob es sich hiebei um Szepter, Keulen oder andere Gegenstände handelt.

Kult:
Die Verehrung von Gottheiten durch eine bestimmte Gemeinde, die sich in den verschiedensten Handlungen – wie Tanz, Opfer, Gebete, Prozessionen – vollzieht. Oft wird die Kulthandlung an bestimmten Orten (Berge, Felsen, Höhlen, Quellen usw.) und zu bestimmten Zeiten durchgeführt. Eine andere Form des Kultes drückte sich in den mit der Beisetzung von Verstorbenen verbundenen Sitten und Handlungen aus (Totenkult).

Kultur:
Nicht zuletzt infolge der zahlreichen methodischen Standpunkte der Geisteswissenschaftler existieren heute über 300 Definitionen der Kultur. Der von der Urgeschichtsforschung geprägte Begriff unterscheidet sich weitgehend von vielen anderen, da er die Grundlage für das System der einzelnen urgeschichtlichen Kulturen bildet. Diese wiederum orientieren sich meist nicht an völkischer oder soziologischer Einheitlichkeit, sondern an einer Einheitlichkeit der prähistorischen Hinterlassenschaften. Sie stellen also konstruierte Gruppierungen dar, die mit Hilfe von typischen Artefakten definiert werden. Deshalb versteht die Urgeschichtsforschung unter Kultur die Gesamtheit der »typischen« Lebensäußerungen einer Gruppe von Menschen, soferne sie eine entsprechende Vielfalt aufweisen und regional sowie chronologisch faßbar sind.

Kultur- oder Siedlungsgruben:
Im Grundriß zumeist kreisförmige, im Längsschnitt entweder rechteckige oder trapezförmige Gruben, die den Menschen der Urzeit primär als einfache Vorrats- oder Speichergruben dienten. Wie Versuche gezeigt haben, eignen sich besonders die sich trichterförmig mit zunehmender Tiefe erweiternden Gruben (Tiefe etwa 2 bis 3 Meter, größter Durchmesser an der Sohle 3 Meter) als Getreidesilos. In jedem Fall ist aber eine Deutung als »Wohngruben« irrig, da mit Sicherheit in diesen Löchern niemals jemand gewohnt hat. Nach Aufgabe der Speicher wurden die leerstehenden Gruben zumeist als Abfalldeponien verwendet und mit Müll wieder einplaniert. Solcherart werden sie sekundär zu besonderen »Fundgruben« der Archäologen. Gruben der beschriebenen Art waren in fast allen Perioden der Ur- und Frühgeschichte in Gebrauch.

Kulturschicht:
Ablagerung mit hohem Anteil von Spuren menschlicher Aktivität jeglicher Art.

Kulturpflanzen:
Wildgräser unterscheiden sich von den Kulturpflanzen durch Details in Form und Größe, wie z. B. Ährenstand, -länge und Korngröße. Bei den Wildgräsern sitzen die reifen Körner sehr locker in der Ähre, so daß sie von selbst ausfallen. Bei der Kulturpflanze hingegen ist diese Verbindung beständiger, so daß sie relativ leicht abgeerntet werden können. Der Anbau von Weizenarten, wie z. B. von Emmer und Einkorn, ist erstmals in der beginnenden Jungsteinzeit Vorderasiens nachgewiesen.

Laugwerk:
Methode zum Salzabbau, bei der das Salz durch Wasser aus der Lagerstätte gelöst wird. Dazu wird im Berg ein kreisrunder Raum von 2 bis 3 Meter Höhe ausgesprengt. Durch einen Schrägschacht wird mit einem Rohr Wasser eingelassen. Das Wasser löst aus der Decke des Raumes das Salz und sättigt sich. Entsprechend der Ablösung des Gebirges von der Decke wächst das Laugwerk, sich nach oben zu erweiternd, in die Höhe (nach 20 Jahren Betrieb ca. 25 bis 30 Meter). Ist die Sole gesättigt, wird sie abgelassen; sie enthält dann 32 Kilogramm Salz pro 100 Liter Wasser. Das unlösliche Gestein des Haselgebirges, wie Sandsteine, Anhydrit und Tone, wird beim Löseprozeß vom Salz getrennt und setzt sich als Werkslaist am Boden des Laugwerkes ab.

Löß:
Gelblichgrauer, mehlfeiner, poröser, meist ungeschichteter Staubsand mit wechselndem Kalkgehalt, der im trockenen, zumeist eiszeitlichen Klima vom Wind aus den Moränen- und Flußablagerungen ausgeblasen und in den Steppengebieten angelagert wird. Da Lößboden sehr fruchtbar ist, kommt diesem eine besondere Bedeutung in der Geschichte der Kultur zu, unter anderem als Grundlage der ältesten ackerbautreibenden Besiedlung Europas.

Metallverarbeitung:
Gußtechniken:
Einschalenguß: Das flüssige Metall wird entweder in eine einfache offene Schalenform gegossen und erkalten gelassen, oder aber die Form ist mit einer flachen Platte abgedeckt, und das Eingießen erfolgt durch eine Düse (offener und verdeckter Herdguß).
Zweischalenguß: Die Form besteht aus zwei oder mehr Teilen mit zumindest einem Eingußkanal. Zum schnellen Entweichen der Luft sind sogenannte Windpfeifen – feine Kanäle – angebracht.
Die entstandenen Rohlinge müssen überarbeitet werden, die Gußnähte durch Feilen, Hämmern und Abschröten entfernt werden.
Guß in verlorener Form (Wachsausschmelzverfahren): Über ein Wachsmodell wird zunächst ein feiner Lehmüberzug, dann ein stärkerer Mantel aus Lehm gebildet. Das Wachs wird ausgeschmolzen, das eingegossene Metall nimmt die Form des ursprünglichen Wachsmodells ein. Nach Erkalten wird der Lehmmantel zerschlagen.
Schmieden: Hämmern unter wiederholtem Erhitzen, setzt die Bruchanfälligkeit herab.
Treiben: Das Formen von Blechen, für gewölbte Gegenstände, besonders Gefäße. Verbindung der Bleche vorwiegend durch Nieten und Falzen.
Verzierung: gravieren, ziselieren, punzieren, tremolieren, tordieren.

Mikrolithen:
Kleine Feuersteingeräte, die besonders für die Endphase der Altsteinzeit, das Mesolithikum, charakteristisch sind. Die oft geometrisch ausgeführten Mikrogeräte, wie Spitzen, Dreiecke, Trapeze, Halbmonde usw., fanden als schneidende Einsätze bei verschiedenen Geräten, wie bei Harpunen, Pfeilspitzen, Sägen usw., Verwendung.

Mondidol:
In der Grundform liegende, halbmondförmige Tongegenstände, entweder bankförmig oder mit Standfüßen. Einfache, verschieden große Typen werden häufig als Feuerböcke gedeutet. Je zwei Stück sollen zum Auflegen von Bratspießen über ein Holzkohlenfeuer im Sinn eines Grills gedient haben. Reicher ausgeführte, reliefverzierte Stücke mit Enden in Form von Tierköpfen und Füßen in Menschen- oder Tiergestalt werden eher kultische Funktionen, vielleicht mit Bezug auf den Mond, erfüllt haben.

Muschelschmuck:
Aus den Gehäusen dickschaliger Muscheln (Spondylusmuschel) hergestellte

Schmuck- und Ziergegenstände, wie gelochte, bogenförmige oder halbkreisförmige Anhänger, knopfartige Scheibchen, Röhrenperlen usw. Muschelschmuck war besonders in der älteren Jungsteinzeit (bandkeramische Kultur) verbreitet. Durch Analysen des Materials versucht man die Herkunft der Muscheln, z. B. Mittelmeerraum oder Schwarzmeergebiet, festzustellen.

Mutation:
Die bei Pflanzen, Tieren und Menschen übliche Veränderung des Erbgutes.

Obsidian:
Meist schwärzliche, glasartige, vulkanische Lava; Naturglas, das beim Zerschlagen muschelige Scherben mit äußerst scharfen Kanten liefert und daher zur Steingeräthersteilung verwendet wurde.

Oppidum:
Das Oppidum war ursprünglich ein durch eine Mauer und einen Graben geschützter größerer Ort, der sich oft in erhöhter oder schwer zugänglicher Lage befand. In der Wissenschaft wird der Begriff zumeist für befestigte Orte verwendet, die mitunter als Zufluchtstätte dienten, manchmal aber auch große stadtartige Zentren mit beachtlichen Einwohnerkonzentrationen und bedeutender Erzeugungstätigkeit waren. Im engeren Sinn trifft dies besonders für die spätlatènezeitlichen Siedlungen der Kelten in einem Bereich zwischen Spanien und dem Karpatenbogen zu.
Die Befestigungsmauern wurden auf zweierlei Art gebaut:
1. Der sogenannte »Murus Gallicus« (die Gallische Mauer) bestand nach Cäsar aus einem steingefüllten, vernagelten Holzkastenwerk mit einer Außenfront aus zugehauenen Steinen, wobei nur die Querbalkenköpfe zwischen den Steinen sichtbar blieben.
2. Eine auf ältere, hallstattzeitliche Wurzeln zurückgehende Mauer, wo die äußere Steinverkleidung von senkrecht in die Erde eingegrabene Pfosten gehalten wurde.

Paläontologie:
Die Wissenschaft von den fossilen, das heißt ausgestorbenen Lebewesen auf der Erde.

Palisade:
Fortlaufende Reihen aneinander geschlossener Holzpfähle, die in gewissen Abständen meist senkrecht in den Erdboden eingegraben oder eingerammt werden. Diente als Befestigungselement zum Schutz oder zur Ziehung von Grenzen.

Patina:
Verwitterungsrinde auf einem von Menschen hergestellten Gegenstand aus Feuerstein, Kupfer, Bronze usw. Sie entsteht teils an der Luft durch Einflüsse von Regen, Sonnenstrahlung und Frost, teils im Boden durch Bodenfeuchtigkeit und Grundwasser; Patina ist daher in ihrer Art von der örtlichen Umgebung und vom Klima abhängig.

Pfahlbauten:
Auf Pfählen ruhende Wohnbauten, besonders an See- und Flußufern. Unterwasserforschungen in seichten Uferbereichen und Ausgrabungen am Uferrand haben vor allem an den Alpenseen an vielen Stellen Pfahlroste mit zahlreichen Funden zutage gebracht. Lange nahm die Forschung an, daß die Pfähle Plattformen über der Wasseroberfläche getragen hätten, auf denen dann die Häuser errichtet worden wären. Inzwischen weiß man aber, daß es sich um Siedlungen am Uferrand (»Seerandsiedlungen«) gehandelt hat, die durch ein späteres Ansteigen des Seespiegels unter Wasser gesetzt wurden. Die Pfahlroste hatten die Aufgabe, das feuchte Gelände am Ufer zu verfestigen, um darauf dann – zumeist zu ebener Erde – die verschie-

densten Bauten errichten zu können. In Österreich gehört die Masse der Pfahlbauten in die fortgeschrittene Jungsteinzeit und in die Bronzezeit.

Pflug:
Werkzeug, das zum Aufbrechen der Erdscholle meist von Zugtieren durch den Boden gezogen wird.
Zwei Grundarten: der aus der Hacke entwickelte Hakenpflug, der den Boden bewegt, ohne die Schollen zu wenden, und der Pflug mit Rädern und Formbrett zum Wenden der Schollen. Während Spuren des Hakenpfluges in Europa bereits in der Jungsteinzeit auftauchen, kam der andere Typ erst kurz vor Christi Geburt bei uns in Verwendung.

Pfostenloch:
Grube, in der einmal ein aufrecht stehender Pfosten eingelassen war. Nach Verfaulen des Holzes läßt sich das frühere Vorhandensein des Pfostens aus den Farb- und Materialunterschieden zwischen Füllmaterial der Grube und umgebendem Boden noch eindeutig feststellen.

Pinge:
Mulden- bis trichterförmige Vertiefung im Gelände, durch Entnahme von nutzbaren Mineralien oder Einsturz darunter befindlicher Grubenbaue entstanden.
Verschiedene Arten von Pingen: Einsturz-, Einbau-, Einsenk- und Furchenpingen.

Prospektion:
Planmäßiges und systematisches Ausschauhalten nach fundversprechenden Plätzen; dazu wurden eigens spezielle Methoden entwickelt; Ausdruck, der sowohl im urzeitlichen wie modernen Bergbau als auch bei der Archäologie üblich ist.

Rad:
Die Erfindung des Rades reicht in den Kulturen Mesopotamiens bis ins 4. Jahrtausend v. Chr. zurück. Hier tritt es nachweisbar bei der Töpferscheibe auf. Wohl genauso alt dürfte auch die Verwendung des Rades am Wagen sein. Waren vom Ende der europäischen Jungsteinzeit bislang nur tönerne Rad- und Wagenmodelle bekannt, die auf eine Kenntnis beider Errungenschaften hindeutete, so wurden 1976 am Zürichsee originale Wagenreste mit 2 Scheibenrädern aus der 2. Hälfte des 3. Jahrtausends v. Chr. ausgegraben.

Rösten:
Rösten von Erzen durch Erhitzen zum Austreiben von Kohlensäure bei karbonatischen Eisenerzen und zum Entfernen des Schwefelgehaltes bei sulfidischen Erzen, also die Vorbereitung zur weiteren Verarbeitung der Erze.

Sauggefäß:
Kleine Gefäße verschiedenster Form, manchmal sogar in Tiergestalt, mit einem seitlich angesetzten röhrenförmigen Ausguß beziehungsweise einer kurzen Saugtülle. Es scheint sich dabei um für Kinder gefertigte Trinkgefäße beziehungsweise auch um echte Sauggefäße für Babys gehandelt zu haben.

Schäftung:
Befestigung von Stein-, Knochen- oder Metallgeräten an einem meist hölzernen Stiel. Die Erfindung der Schäftung gelang wahrscheinlich dem Neandertaler, für den geschäftete Stein- und Knochenlanzen nachgewiesen sind. Die für die Jungsteinzeit charakteristischen steinernen Flachbeile, die die Hauptmasse neben den durchbohrten Lochbeilen ausmachen, können mit einem am Ende gespaltenen Ast geschäftet sein, sie können in ein Loch am verdickten Ende des Stieles eingesetzt sein, sie können aber auch mittels eines Zwischenfutters aus Geweih in den Schaft befestigt sein. An

den späteren Metallformen sind zumeist besondere Vorrichtungen zur leichteren und besseren Schäftung vorhanden, wie Leisten, Absätze oder Tüllen.

Scheiden:
Das Trennen von Erzen oder nutzbaren Mineralien vom tauben Nebengestein.

Schlacke:
Steiniger oder glasiger Schmelzfluß aus metallurgischen Prozessen.

Schlägel- und Eisen-Technik:
Schlägel: bergmännisches Werkzeug im Sinn eines Hammers.
Eisen: Spitzeisen, altes Bergmannswerkzeug.
Schlägel- und Eisen-Technik: altes Abbauverfahren oder Methode des Stollen- und Streckenvortriebes in mühseliger Handarbeit.

Schmuck:
Bestrebungen, den menschlichen Körper zu betonen oder auffälliger zu gestalten. Der Mann schmückte sich in der Urzeit ebensosehr wie die Frau. Verschiedentlich lassen sich daher sogar geschlechtsspezifische Schmuckstücke oder Schmuckkombinationen herausarbeiten. Schmuck kann in Körperschmuck, wie Frisur, Schminke, Bemalung, Tätowierung usw., und in beweglichem Schmuck aus unterschiedlichsten Materialien unterschieden werden.
Wichtige Schmuckformen (Materialien: Stein, Muschel, Knochen, fossile Materialien, wie Bernstein, Gagat usw., Metall und verschiedenste organische Substanzen):
Arm- und Fußreifen
Brustschmuck: Anhänger, Zierscheiben
Fingerringe
Gewandfibeln: Entsprechen in ihrer einfachsten Form der heutigen Sicherheitsnadel, sind also von der Funktion her eine Gewandhafte. Sie treten in der Spätbronzezeit erstmalig auf und sind ab der Eisenzeit Träger zahlreicher schmückender Elemente. Durch die starke modische Abhängigkeit eignen sich Fibeln bestens für feine zeitliche Einordnungen.
Gewandnadeln
Gürtel
Halsschmuck: Halsreif (Torques), Kollier usw.
Lockenringe: meist Metallringelchen, die als Haarschmuck Verwendung fanden
Ohrringe
Perlen: einzeln oder zu Ketten usw. aufgereiht
Reife und Diademe
Den mannigfaltigen Formen der einzelnen Schmuckstücke entsprechend, sind in der Fachliteratur unzählige Spezialbezeichnungen üblich.

»Schuhleistenkeil«:
Verlegenheitsbezeichnung für ein geschliffenes und poliertes längliches Steingerät mit einer Schneide an einem Ende. Über seine Funktion gibt es nach wie vor Meinungsverschiedenheiten, da die ältere Forschung das Gerät als Pflugschar oder Bodenbearbeitungsgerät sehen wollte, während sich in jüngerer Zeit die Ansichten häufen, daß es sich um ein Holzbearbeitungsgerät im Sinne eines Hobels gehandelt habe; aber auch eine Funktion als Waffe wird nicht ausgeschlossen.

Sediment:
In der Geologie alle durch Wind und Wasser gebildeten Absatzgesteine.

Sichel und *Erntemesser:*
Geräte zum Abschneiden der Getreideähren.
Die ältesten Erntemesser, und zwar Feuersteinklingen, deren Schneidenteil Lackglanz aufweist, stammen von verschiedenen Fundstellen des Vorderen Orients und sind Beweis, daß hier die Anfänge der Pflanzenkultivierung zu suchen sind. Mehrere Klingen wurden

gerne in mehr oder minder gekrümmte Knochen- oder Holzstücke eingesetzt und bekamen so die Funktion einer Sichel. Geräte dieser Art sind in Europa aufgrund der Funde auch ab der Jungsteinzeit belegt.

Sinkwerk:
Raum zur Solegewinnung im alpinen Salzbergbau (Laugungsraum, Laugwerk).

Spektralanalyse:
Untersuchung des Vorhandenseins (qualitative Sp.) und der Konzentration (quantitative Sp.) chemischer Grundstoffe in beliebigen Verbindungen oder Gemengen durch Zerlegen des von ihnen ausgesandten Lichtes in Spektralfarben. Durch die Lage der Spektrallinien läßt sich die Zusammensetzung des untersuchten Materials, durch ihre Intensität die Stärke der Konzentration bestimmen. Das Verfahren dient besonders zur Feststellung der Herkunft von Metallen, etwa bei Kupfer, stößt aber manchmal durch Zuschläge beim Schmelzen oder absichtliche Legierungen auf Schwierigkeiten.

Spinnen:
Herstellung eines Fadens aus pflanzlichen oder tierischen Fasern. Nach der Vorbereitung des Rohmaterials durch Klopfen und Kämmen wurden die Fäden mit Hilfe einer Spindel versponnen. Diese bestand aus einem Stab mit einer kleinen Schwungscheibe aus Ton, dem sogenannten Spinnwirtel. Aus einem Faserbündel wurden nun einige Fäden gezogen und mit der Hand zusammengedreht. Dieser Garnanfang wurde an der Spindel befestigt. Dann ließ man die Spindel frei hängen und zog mit der einen Hand Fasern aus dem Bündel, während die andere die Fäden zusammendrehte. Die Spindel mit ihrem Gewicht geriet in Bewegung, streckte die Fäden und drehte sie zu einem Garn zusammen. Das fertige Garn wurde jeweils auf der Spindel aufgewickelt. Diese Technik war ab der Jungsteinzeit bei uns weit verbreitet, wie die zahlreichen Spinnwirtelfunde zeigen.

Stein und Steinbearbeitung:
Neben Holz und Knochen ist der Stein der älteste vom Menschen zu Geräten verarbeitete Werkstoff, der auch der ältesten Epoche der Menschheitsgeschichte den Namen gab. In der Altsteinzeit wurden Fels- und Feuersteine zugeschlagen und gespalten. Dafür verwendete man Steinambosse und Schlagsteine. Eine feinere Zurichtung erzielte man später, durch Abschlagen und Abdrücken kleiner Gesteinssplitter (Retouchieren) mit Hölzer und Knochen. In der Jungsteinzeit ging man dann vornehmlich zum Zuschleifen der Geräte aus weicheren Felsgesteinen, z. B. Serpentine, über. Auch die Steinbohrung wurde nun durchgeführt.

Steinzeit:
Die Steinzeit wird in eine Alt- und Jungsteinzeit unterteilt. Der Mensch der *Altsteinzeit* lebte noch in vergangenen geologischen Perioden (Tertiär, Quartär). In diesem 3 Millionen Jahre andauernden Zeitabschnitt machte der noch unstet lebende Mensch einen Entwicklungsprozeß vom primitiven Wildbeuter zum hochspezialisierten Jäger durch. Hauptsächlich sind es die aus Felsgesteinen und dann aus Feuersteinknollen zugeschlagenen Geräte, die, zuerst nur grob zugerichtet, dann immer verfeinert, Auskunft über den jeweiligen Entwicklungsstand der Kultur geben. In Österreich werden so folgende nach franz. Fundorten benannte Kulturen (Steingerätindustrien) herausgestellt: *Moustérien* für die mittlere Stufe der Altsteinzeit, *Aurignacien*, *Gravettien* und *Magdalénien* für die jüngere Stufe.
Mit dem schrittweisen Rückgang des Eises der letzten Kaltzeit, dem Ende der geologischen Vergangenheit, kommt es nach einer Übergangsphase, der *Mittelsteinzeit* (auch *Mesolithikum*, 10.000/8000–6000/5000 v. Chr.), letztlich zur Hinwendung zur seßhaft-bäuerlichen

Lebensform der *Jungsteinzeit* (bei uns: 6000/5000–1800 v. Chr.). Der Mensch geht von der aneignenden Wirtschaftsform des Jägers und Sammlers zur produzierenden des Bauern über. Diese Entwicklung geht nur langsam vor sich, der Pflanzenanbau und die Viehzucht begann nur allmählich. Geschliffene Steingeräte aus weichem Felsmaterial, Keramik und Hausbau kennzeichnen ebenfalls die Jungsteinzeit.
In Österreich kennt man in der frühen Jungsteinzeit die *linearkeramische Kultur*, in der mittleren die *bemaltkeramische (Lengyel-) Kultur* und in der späten, der sogenannten *Kupferzeit*, die *Mondseekultur*, die *Badener Kultur* und die *Glockenbecherkultur*.

Stratigraphie:
Schichtabfolge. Folge beziehungsweise Reihung geologischer oder anthropogener Schichten, von denen im Normalfall die älteste zuunterst und die jüngste zuoberst gelagert ist. Funde aus einer Schicht können nur gleich alt oder älter als diese sein. Erkennen und Dokumentieren der Stratigraphie bei einer Grabung ist die Grundlage für eine Auswertung und zeitliche Reihung der Funde.

Tonrassel:
Kleiner hohler Tonkörper verschiedenster Gestalt (kugelig, birnenförmig usw.), der in seinem Inneren mehrere Tonkügelchen oder Steinchen enthält. Dadurch kann man ein rasselndes oder klapperndes Geräusch erzeugen. Die Interpretation dieser Rasseln erstreckt sich vom Kinderspielzeug über Musikinstrument bis zum Gegenstand mit magischer Wirkung; oft nimmt man auch eine Doppelbedeutung an, so Kinderspielzeug mit der Aufgabe, die bösen Geister abzuschrecken.

Töpferscheibe:
Auf einer Achse rotierende Scheibe, auf der Gefäße hergestellt werden. Wohl das erste Gerät des Menschen, das das Prinzip des Rades ausnützt. Im 4. Jahrtausend v. Chr. in Mesopotamien erfunden. In Österreich erst in der jüngeren Eisenzeit, also etwa um 400 v. Chr., in Verwendung gekommen.

Typologie:
Klassifikation und Vergleich einzelner Gruppen von gleichartigen Gegenständen. Unterschiede verschiedener Formen und Typen dieser Gegenstände sind Veränderungen, die einander zeitlich ablösten.
Die »Typologische Reihe«, die Beobachtung der zeitlichen Aufeinanderfolge, ist ein Mittel der relativen Chronologie.

Urgeschichte oder Prähistorie:
Spatenwissenschaft, die jenen ungeheueren Zeitraum »vom ersten Auftreten des Menschen bis zum zeitlich und räumlich sehr verschiedenen Beginn ausreichender les- und deutbarer schriftlicher Nachrichten« (Zitat F. Felgenhauer) erforschen will; die Quellen dazu sind nicht schriftlicher, sondern dinglicher Natur.

Verhüttung:
Gewinnen beziehungsweise Erschmelzen von Metall aus den entsprechenden Erzen.

Verlehmungszone (Laimenzone):
In den Warmzeiten, also in jenen Perioden zwischen den Eiszeiten, war das Klima etwas wärmer und feuchter als heute. In der Gipfelphase lag die Temperatur um 2 bis 4 Grad Celsius höher als der heutige Jahresdurchschnitt, und die Niederschläge waren um 100 Prozent ergiebiger. Während dieser Zeit wurde der Lößboden an der Oberfläche stark entkalkt und ausgelaugt, und es entstand eine Art Lößlehm. In verschiedenen Bodenaufschlüssen können diese Überreste der Warmzeiten als charakteristische rotbraune Bänder (= Ver-

lehmungs- oder Laimenzonen) zwischen den eiszeitlichen Lößablagerungen deutlich verfolgt werden. Lediglich über ihre genauere zeitliche Zuordnung besteht nicht immer ausreichend Klarheit.

Versatz:
Taubes Material, das wieder in die Abbauhohlräume gefüllt wird.

Vogelbarkenmotiv:
Bootförmiges Ziermotiv mit Vogelkopfenden. Dekor der hallstattzeitlichen Kunst, z. B. auf Metallgefäßen; vielleicht religiöses Motiv.

Völkerkunde (Ethnologie):
Als Teilgebiet der Anthropologie, der Menschenkunde, erforscht die Völkerkunde sowohl die nichtindustriellen Gesellschaften der Gegenwart als auch der Vergangenheit. Dabei berücksichtigt sie besonders das kulturelle Verhalten von Völkern und Gruppen sowie die daraus resultierenden Kulturmerkmale. Eines der Aufgabengebiete dieser Wissenschaft besteht in der Interpretation des Quellenmaterials, unter anderem auf soziologischem Gebiet. Durch Parallelen zu lebenden Naturvölkern mit vorindustriellen Technologien kann diese Wissenschaft einen wertvollen Beitrag zur Urgeschichtsforschung leisten.

Waffen:
Gegenstände, die dazu geeignet sind, einen Angriff zu führen (Angriffswaffen) oder diesen abzuwehren (Verteidigungswaffen).
Angriffswaffen:
Schwert, Dolch, Speer, Lanze, Pfeil und Bogen, Axt usw.
Verteidigungswaffen:
Helm, Panzer, Arm- und Beinschienen, Schild usw.
Sonderform: Prunkwaffen, also prachtvoll ausgeführte Gegenstände, die oftmals gar nicht mehr in der Lage sind, ihre eigentliche Funktion zu erfüllen; sie dienen der Repräsentation oder als Standes- und Würdezeichen.

Wall und Graben:
Wälle sind die Überreste künstlicher Befestigungen ur- und frühgeschichtlicher Wehranlagen. Sie können mehr oder minder kreisförmig eine Siedlung (Ringwall) oder nur gefährdete Teile einer Anlage (Abschnittsbefestigungen auf Anhöhen, Landzungen, Bergsporen usw.) umfassen. Wälle werden zumeist von entsprechenden Gräben begleitet, deren Aushub häufig zum Aufschütten der Wälle verwendet wird (V-förmiger Graben = Spitzgraben, U-förmiger = Sohlgraben). Manchmal werden auch zwei oder mehr Wälle und Gräben gleichzeitig oder kompliziert befestigte Wallburgen errichtet. Die Wälle, die heute nur mehr den Eindruck von bloßen Erd- oder Steinaufschüttungen machen, stellen den durch Zerstörung und Verfall entstandenen Überrest einer ehemaligen mauerartigen Konstruktion, oft mit verstärkenden Holzeinbauten, dar. Wälle werden zumeist von Toranlagen und Gräben von Erdbrücken unterbrochen, um den Zugang zu den Befestigungen zu ermöglichen.

Weben:
Aus dem einfachen Flechten ging in der Jungsteinzeit das Weben hervor. Das Prinzip des Webens besteht darin, daß drei Fadensysteme miteinander zu einer festen Verbindung gebracht werden. Davon sind zwei Fadenreihen, die sogenannten Kettfäden, fest, die dritte, der Schuß, wird von Hand aus eingewebt. In der Frühzeit war wohl ein einfacher Bodenwebstuhl in Verwendung. Erst dann kam der stehende Webstuhl in Verwendung. Von ihm blieben zumeist nur die verschieden geformten Webstuhlgewichte erhalten, die zum Spannen der Kette dienen. Außer geringen Originalgewebefunden sind häufig Gewebeabdrücke auf Ton usw. zu beobachten, so daß wir über Materialien,

verschiedene Bindungen und Webmuster der Urzeit einigermaßen informiert sind.

Werkzeuggebrauch und *Werkzeugherstellung:*
Will der Archäologe eine Grenze zwischen Mensch und Tier ziehen, so definiert man den Menschen, neben schwer nachweisbarem Feuer- und Sprachgebrauch, zumeist als Werkzeughersteller. Der Gebrauch von Werkzeugen kann nämlich schon bei den höheren Affen beobachtet werden. Zur gezielten Herstellung eines Werkzeuges, wozu theoretisches Denkvermögen notwendig ist, ist allein der Mensch imstande.

Wildbeuter und Höheres Jägertum:
In der Ethnologie (Völkerkunde) werden alle Jäger und Sammler, die weder Ackerbau noch Viehzucht betreiben, als Wildbeuter bezeichnet. Typisch für sie sind aneignende Wirtschaftsformen, wie Jagen, Fischen und Sammeln von Pflanzennahrung, also lediglich »Ausbeutung« natürlich vorkommender Nahrungsvorräte. Eine entwickeltere Art stellt das sogenannte »Höhere Jägertum« dar, das durch die Jagd auf ganz bestimmte Wildarten gekennzeichnet ist. Kulturen dieser Stufe zeichnen sich durch reicheren und vielfältigeren Besitz aus, wie durch hochentwickelte Jagdwaffen und Jagdtechniken, künstlerische Erzeugnisse, teilweise feste Behausungen usw.

Ziegel:
Künstliche Bausteine, die vornehmlich in steinarmen Gegenden in Verwendung waren. Man unterscheidet luftgetrocknete Lehmziegel und gebrannte Ziegel, auch Backsteine genannt. Wurden im Vorderen Orient Ziegel bereits ab der Jungsteinzeit erzeugt, so stammt der älteste Nachweis in unseren Breiten erst vom Ende der älteren Eisenzeit.

LITERATURVERZEICHNIS

1. Allgemein

a) Wichtige regelmäßig in Österreich erscheinende prähistorische Fachzeitschriften:

Fundberichte aus Österreich (FÖ), Herausgeber: Abt. f. Bodendenkmalpflege des Bundesdenkmalamtes Wien,
ab 1914: Wiener Prähistorische Zeitschrift (WPZ), Herausgeber: Wiener Prähistorische Gesellschaft,
ab 1948: Archaelogia Austriaca (ArchA), Herausgeber: Institut für Ur- und Frühgeschichte der Wiener Universität.
Archaeologia Austriaca Beiheft (ArchA Beiheft), Herausgeber wie vorher.
Mitteilungen der Anthropologischen Gesellschaft in Wien (MAG), Herausgeber: Anthropologische Gesellschaft.
Prähistorische Forschungen (PF), Herausgeber: Anthropologische Gesellschaft.
Mitteilungen der Prähistorischen Kommission der Österreichischen Akademie der Wissenschaften (MPK), Herausgeber: Österreichische Akademie der Wissenschaften.
Mitteilungen der Österreichischen Arbeitsgemeinschaft für Ur- und Frühgeschichte (MUAG), Herausgeber: Arbeitsgemeinschaft für Ur- und Frühgeschichte.
Veröffentlichungen der Österreichischen Arbeitsgemeinschaft für Ur- und Frühgeschichte, Herausgeber wie vorher.

b) Übersichtswerke:

M. Ebert, Reallexikon der Vorgeschichte, 15 Bde., 1921–1929.
J. Filip, Enzyklopädisches Handbuch zur Ur- und Frühgeschichte Europas, 2 Bde., Prag 1966–1969.
W. Bray, D. Trump, Lexikon der Archäologie, rororo-Handbuch 780, Taschenbuch Nr. 6187, 6188.
R. Pittioni, J. Reitinger, Bibliographie zur Ur- und Frühgeschichte Österreichs, 3 Bde., 1931–1965.
L. Franz, A. Neumann, Lexikon ur- und frühgeschichtlicher Fundstätten Österreichs, Wien-Bonn 1965.
Österreich: R. Pittioni, Urgeschichte des österreichischen Raumes, Wien 1954.
Wien: A. Neumann, Der Raum von Wien in ur- und frühgeschichtlicher Zeit, Wien 1961.
Niederösterreich: R. Pittioni, Vom Faustkeil zum Eisenschwert, Horn 1964.
J.-W. Neugebauer, Urgeschichte von Niederösterreich, Wissenschaftliche Schriftenreihe NÖ., 1979.
Oberösterreich: J. Reitinger, Ur- und Frühgeschichte Oberösterreichs, 2 Bde., Linz 1968/69.
Salzburg: G. Kyrle, Urgeschichte des Kronlandes Salzburg, ÖKT Bd. 17, 1918.
Nordtirol: Osm. Menghin, Untersuchungen zur Urgeschichte Tirols, Innsbruck 1957 (maschinschriftl. Habil.).
Osttirol: St. Karwiese, Der Ager Aguntinus, Lienz 1975.
Südtirol: R. Lunz, Ur- und Frühgeschichte Südtirols, Bozen 1973.
Vorarlberg: E. Vonbank, Ur- und Frühgeschichte, in: Vorarlberg, Kunst und Kultur, Ausstellungskatalog des Vorarlberger Landesmuseums 78, Bregenz 1978.
O. Menghin, Die vorgeschichtlichen Funde Vorarlbergs, ÖKT Bd. 27, 1937.
Kärnten: Einzelarbeiten in der Zeitschrift Carinthia I.
Steiermark: W. Modrijan, Ur- und Frühgeschichte, in: Die Steiermark, Land, Leute, Leistung, Graz 1956, 80 ff.

Burgenland: R. Pittioni, Beiträge der Landschaft Burgenland im Reichsgau Niederdonau, Wien 1941.
Allgem. Landestopographie des Burgenlandes, Eisenstadt, ab 1954.

c) Zusätzliche Arbeiten:

W. Angeli, Urzeit und Geschichte, MAG C, 1970, 116 ff.
E. Breitinger, J. Haekel, R. Pittioni, Wartenstein-Symposion 1958 und 1959, 2 Bde., Horn 1959 und 1961.
J. Coles, Erlebte Steinzeit, München 1976.
H.-J. Eggers, Einführung in die Vorgeschichte, München 1959.
C. Eibner, Der Mensch der Urzeit, in: Naturgeschichte Österreichs, Wien 1977.
F. Felgenhauer, Zur Geschichte des Faches »Urgeschichte« an der Universität Wien, Studien zur Geschichte der Universität Wien, Bd. III, Graz-Köln 1965, 7 ff.
–, Einführung in die Urgeschichtsforschung, rombach hochschul paperback 63, Freiburg 1973.
B. Hrouda (Herausgeber), Methoden der Archäologie, Beck'sche Elementarbücher, München 1978.
H. Jankuhn, Wirtschafts- und Sozialgeschichte der Vor- und Frühzeit Mitteleuropas, Handbuch der deutschen Wirtschafts- und Sozialgeschichte 1, Stuttgart 1971.
F. G. Mayer, Neue Wege in die alte Welt, Hamburg 1977.
–, Der Archäologe und die Zukunft, Meran-Report, 1977, 109 ff.
H. Müller-Karpe, Einführung in die Vorgeschichte, Beck'sche Elementarbücher, München 1975.
K. Narr, Urgeschichte der Kultur, Kroner-Taschenausgabe Bd. 213, Stuttgart 1961.
J.-W. Neugebauer, Ein Gräberfeld der Böheimkirchner Gruppe der Věteřov-Kultur von Gemeinlebarn, p. B. St. Pölten, NÖ., ArchA Beiheft 13 (Festschrift R. Pittioni), 1976, 433 ff.
–, Weitere Gräber . . ., ArchA 59/60, 1976, 87 ff.
R. Pittioni, Prähistorie oder Urgeschichte, Anzeiger der phil.-histor. Klasse d. österr. Ak. d. Wiss. 20, 1951, 269 ff.
–, Die Geschichtlichkeit des urzeitlichen Menschen, Wissenschaft und Weltbild XVII, 1964, 125 ff.
G. Smolla, Epochen der menschlichen Frühzeit, Studium universale, Freiburg 1967.
J. Szombathy, Prähistorische Flachgräber bei Gemeinlebarn in Niederösterreich, RGF 3, Berlin und Leipzig 1929.
M. Wheeler, Moderne Archäologie, Rowohlts deutsche Enzyklopädie, rororo 111/112, 1960.

2. Altsteinzeit

Othenio Abel, Die vorweltlichen Tiere im Märchen, Sage und Aberglaube, Wissen und Wirken 8, Karlsruhe 1923.
H. Adler, M. Menke, Das Abris von Unken an der Saalach, Germania 56, 1978, 1 ff.
J. Bayer, Der Mensch im Eiszeitalter, Leipzig und Wien 1927.
–, Die Venus II von Willendorf, Eiszeit und Urgeschichte VII, 1930, 48 ff.
F. Felgenhauer, Die ersten Bergsteiger unserer Heimat, MUAG I-7, 8, 1950, 4 ff.
–, Willendorf in der Wachau, MPK VIII u. IX, 1956–1959.
–, Das niederösterreichische Freilandpaläolithikum, MUAG XIII-1, 2, 1962, 1 ff.
R. Grahmann, H. Müller-Beck, Urgeschichte der Menschheit, Berlin-Köln-Mainz 1967.
F. Hančar, Das Mammut, der Elefant der letzten Eiszeit, MUAG I-3, 4, 1950, 1 ff.
–, Aus der Wirtschaft des jungpaläolithischen Mammutjägers, MUAG I-5, 6, 1950, 1 ff.
G. Heberer, Moderne Anthropologie, rororo-Sachbuch 6804 (380).

G. Heberer, I. Schwidetzky, H. Walter, Anthropologie, Das Fischer-Lexikon 15, 1959/1975.
W. Heinrich, Das Jungpaläolithikum in Niederösterreich, unpubl. Diss., Salzburg 1973.
–, Paläolithforschung in Österreich, ein Rückblick auf die letzten 25 Jahre, MUAG XXV-1, 1974–1975, 1 ff.
M. Hoernes, Der diluviale Mensch in Europa, Braunschweig 1903.
H. Jankuhn, Wirtschafts- und Sozialgeschichte der Vor- und Frühzeit Mitteleuropas, in Handbuch der deutschen Wirtschafts- und Sozialgeschichte 1, Stuttgart 1971.
G. Kyrle, Grundriß der theoretischen Speläologie, Speläologische Monographien, Band 1, Wien 1923.
Osw. Menghin, Weltgeschichte der Steinzeit, Wien 1931.
W. Modrijan (Herausgeber), Höhlenforschung in der Steiermark, Schild von Steier, Kleine Schriften 12, 1972.
–, Das »Alpenpaläolithikum« in der Steiermark, Steiermärk. Landesmuseum Joanneum, Graz 1974 (Doppelblatt).
M. Mottl, Neuer Beitrag zur näheren Datierung urgeschichtlicher Rastplätze Südost-Österreichs, MUAG XIX-5, 6, 1968, 87 ff.
H. Müller-Karpe, Altsteinzeit, Handbuch der Vorgeschichte I, München 1966.
–, Geschichte der Steinzeit, München 1974.
J. Szilvássy, Anthropologie, Veröffentlichungen aus dem Naturhistorischen Museum Wien, NF 16, Wien 1978.
W. Taute, Neolithische Mikrolithen und andere neolithische Silexartefakte aus Süddeutschland und Österreich, Archäolog. Informationen 2–3, 1973–1974, 71 ff. (auch Mesolithikum).
E. Thenius, Niederösterreichs eiszeitliche Tierwelt, Wissenschaftl. Schriftenreihe Niederösterreich 10/11, St. Pölten 1975.
H. Wendt, Ich suchte Adam, die Entdeckung des Menschen, rororo-Taschenbuch Bd. 707–709.
L. Zotz, Altsteinzeitkunde der Südostalpenländer, Archiv für vaterländische Geschichte und Topographie 29, 1944.

3. Jungsteinzeit

W. Angeli, Der Depotfund von Stollhof, Ann. Naturhistor. Mus. Wien 70, 1967, 491 ff.
J. Bayer, Die Ossarner Kultur, eine äneolithische Mischkultur des östlichen Mitteleuropas, Eiszeit und Urgeschichte 5, 1928, 60 ff.
I. Burger, P. Modderman, K. Reinecke, Beiträge zur Geschichte Niederbayerns während der Jungsteinzeit, Beilage zum Schul-Anzeiger für den Regierungsbezirk Niederbayern 1, Februar 1978.
K. Czech, Pfahlbausuche und Lokalisierung der Pfahlbauten im Attersee, 1. Bericht, FÖ 15, 1976, 29 ff.; 2. Bericht, FÖ 16, 1977, 83 ff.
F. Felgenhauer, Bandkeramische Großbauten aus Mannswörth bei Wien, ArchA 27, 1960, 1 ff.
–, Ein »Tonaltar« der Notenkopfkeramik aus Herrnbaumgarten, p. B. Mistelbach, NÖ., ArchA 38, 1965, 1 ff.
L. Franz, Vorgeschichtliches Leben in den Alpen, Wien 1929.
–, Wirtschaftsformen der Vorzeit, Brünn 1943.
Glockenbechersymposion Oberried 1974, Bussum/Haarlem 1976.
K. Hetzer, Beiträge zur Kenntnis der Glockenbecherkultur in Österreich, ArchA 4, 1949, 187 ff.
O. Höckmann, Die menschengestaltige Figuralplastik der südosteuropäischen Jungsteinzeit und Steinkupferzeit, Münstersche Beiträge zur Vorgeschichtsforschung 3–4, Hildesheim 1968.
Idole, Prähistorische Keramiken aus Ungarn, Veröff. aus dem Naturhistor. Mus. Wien, 7, 1972.

H. Ladenbauer-Orel, Die jungneolithische Keramik aus der Königshöhle von Baden bei Wien, ArchA 16, 1954, 67 ff.

–, Die neolithische Frauenstatuette von Lang-Enzersdorf bei Wien, IPEK 19, 1954–1959, 7 ff.

E. Lenneis, Anthropomorphe und zoomorphe Motive auf Gefäßen der Linearkeramik im Raume Niederösterreich und Burgenland, ArchA Beiheft 13 (Festschrift R. Pittioni), 1976, 235 ff.

–, Siedlungsfunde aus Poigen und Frauenhofen bei Horn, PF 8, 1977.

J. N. Leonard, Die ersten Ackerbauern, LIFE-Bildsachbuch 71, rororo 880.

W. Meier-Arendt, Die Steinzeit in Köln, Römisch-Germanisches Museum der Stadt Köln 1975.

G. Mossler, Neues zum vorgeschichtlichen Pfahlbau im Keutschacher See, Carinthia I, 1954, 76 ff.

H. Müller-Karpe, Handbuch der Vorgeschichte 2, Jungsteinzeit (2 Bde.), München 1968.

–, Geschichte der Steinzeit, München 1974.

Ch. u. J.-W. Neugebauer, Falkenstein – Schanzboden, älteste Wallburg Mitteleuropas? Antike Welt 3, 1978, 25 ff.

J. Offenberger, Die oberösterreichischen Pfahlbauten. Die Untersuchungen des Bundesdenkmalamtes in den Jahren 1970–1974, ArchA Beih. 13, Festschrift R. Pittioni, 1976, 249 ff.

–, Die österreichischen Pfahlbauten, ein Arbeitsbericht, Jahrbuch des OÖ. Musealvereines 121, 1976, 105 ff.

Ch. Osterwalder, Die ersten Schweizer, Bern-München 1977.

V. Podborský, Die wichtigsten Ausgrabungsergebnisse in Těšetice-Kyjovice in den Jahren 1964–1974, Sympozium Těšetice-Kyjovice 1974, SPFFBU 24–25, Brno 1976, 175 ff.

E. Ruttkay, Das jungsteinzeitliche Hornsteinbergwerk mit Bestattungen von der Antonshöhe bei Mauer (Wien 23), MAG 100, 1970, 70 ff.

–, Das Neolithikum in Niederösterreich, Forschungsbericht der letzten 25 Jahre, MUAG XXV/1, Wien 1974–1975, 41 ff.

R. Schreiber, Die Glockenbecherkultur in Budapest, 1973.

D. Srejović, Lepenski Vir, Lübbe-Bergisch Gladbach 1973.

K. Willvonseder, Die jungsteinzeitlichen und bronzezeitlichen Pfahlbauten des Attersees in Oberösterreich, MPK XI und XII, 1963–1968.

P. Wolff, Die Jagd- und Haustierfauna der spätneolithischen Pfahlbauten des Mondsees, Jahrbuch des OÖ. Musealvereines 122, 1977, 269 ff.

R. Wyss, Wirtschaft und Gesellschaft in der Jungsteinzeit, Monographien zur Schweizer Geschichte 6, Bern 1973.

4. Bronzezeit

E. Beninger, Die frühbronzezeitliche Dorfanlage von Groß-Mugl (Niederdonau), MPK IV/3–4, 1941.

J. Coles, Archaeology by Experiment, London 1973; (deutsch: Erlebte Steinzeit, München 1973).

C. Eibner, Beigaben- und Bestattungssitten der frühen Urnenfelderkultur in Süddeutschland und Österreich, unveröff. Diss., Wien 1966.

–, Ein mittelbronzezeitlicher Gefäßverwahrfund von Schrattenberg, p. B. Mistelbach, NÖ. ArchA 46, 1969, 19 ff.

–, Erste Großgrabung auf dem bronzezeitlichen Bergbaugelände von Mitterberg, Der Anschnitt 22/5, 1970, 12 ff.

–, Gedanken über die urgeschichtliche Bergbaugrabung, Der Anschnitt 24/1, 1972, 3 ff.

–, Mitterberg-Grabung 1971, Der Anschnitt 24/2, 1972, 3 ff.

–, Die urnenfelderzeitlichen Sauggefäße, PZ 48, 1973, 144 ff.

–, Das späturnenfelderzeitliche Gräberfeld von St. Andrä v. d. Hgt., p. B. Tulln, NÖ., ArchA Beiheft 13, Wien 1974.

–, Mitterberg-Grabung 1972, Der Anschnitt 26/2, 1974, 14 ff.

–, Die Erforschung der Urnenfelderzeit in den letzten 25 Jahren, MUAG XXV-2, 1974 bis 1975, 91 ff.
–, Legierung oder Lagerstätte, ArchA Beiheft 14 (Festschrift R. Pittioni 2), Wien 1976, 43 ff.
F. Felgenhauer, 100 Jahre archäologische Forschungen in Stillfried an der March, Unsere Heimat 45/2, 1974, 73 ff.
–, (Herausg.), Forschungen in Stillfried 1, 1974, erscheint laufend.
B. Frei, Zur Datierung der Melauner Keramik, Zeitschr. f. schweiz. Archäologie und Kunstgeschichte 19, 1954/55, 129 ff.
H. Friesinger, (Herausgeber), Die Befestigungsanlagen in Thunau, Katalogreihe des Krahuletzmuseums Eggenburg Nr. 3, 1975.
F. Hampl, Die bronzezeitliche Kupfergewinnung in NÖ., Forschungsstand Ende 1974 und Aufgaben, Das Experiment in der Urgeschichte, ArchA Beiheft 14 (Festschrift R. Pittioni 2), Wien 1976, 58 ff.
F. Hampl, H. Friesinger, Vorbericht über die Ausgrabungen des NÖ. Landesmuseums in Pitten in den Jahren 1967–1970, ArchA 50, 1971, 279.
F. Holste, Die Bronzezeit in Süd- und Westdeutschland, Handbuch der Urgeschichte Deutschlands, Berlin 1953.
A. Jöckenhövel, Zu befestigten Siedlungen der Urnenfelderzeit aus Süddeutschland, Fundberichte aus Hessen 14, 1974, 19 ff.
A. Kasseroler, Das Urnenfeld von Volders, Schlern-Schriften 204, Innsbruck 1959.
K. Kaus, Das Kriegergrab von Siegendorf, in: Siegendorf im Burgenland, Festschrift 1975, 42 ff.
W. Kimmig, Seevölkerbewegung und Urnenfelderkultur, Studien aus Alteuropa 1 = Beihefte der Bonner Jahrbücher 10/I, 1964, 220 ff.
W. Kneussl, Die älterbronzezeitlichen Funde aus der Tischoferhöhle, Innsbrucker Beiträge zur Kulturgeschichte, Sonderheft 29, 1969, 39 ff.
G. Kossack, Pferdegeschirr aus Gräbern der älteren Hallstattzeit Bayerns, JRGZM 1, 1954, 111 ff.
G. Kyrle, Urgeschichte des Kronlandes Salzburg, Österreichische Kunsttopographie XVII, Wien 1918.
R. Lunz, Bemerkungen zu einer »Kritischen Revision« des Melauner Problems, Der Schlern 46/1, 1972, 27 ff.
G. v. Merhart, Archäologisches zur Frage der Illyrer in Tirol, WPZ 14, 1927, 5 ff.
W. Modrijan, Der urnenfelderzeitliche Grabfund aus Wörschach im Ennstal und die steirischen Schwerter der Periode Hallstatt A, Schild von Steier 2, 1953, 24 ff.
–, Die Erforschung des vor- und frühgeschichtlichen Berg- und Hüttenwesens in der Steiermark, Der Bergmann, Der Hüttenmann, Gestalter der Steiermark, Katalog der 4. Landesausstellung, Graz 1968, 41 ff.
M. Much, Das vorgeschichtliche Kupferbergwerk auf dem Mitterberg (Salzburg), (Teil 1), MZK, NF IV, 1878, CXLVI ff.
–, (Schluß), MZK, NF V, 1879, XVIII ff.
H. Müller-Karpe, Beiträge zur Chronologie der Urnenfelderzeit nördlich und südlich der Alpen, RGF 22, Berlin 1959.
–, (Herausgeber), Referate des Kolloquiums über die Geschichte des 16. Jhs. v. Chr., Jahresbericht des Inst. f. Vorgesch. d. Univ. Frankfurt am Main, 1977.
–, (Herausgeber), Prähistorische Bronzefunde, vielteilig, Bände erscheinen laufend.
J.-W. Neugebauer, Bronzezeitliche Ansiedlungen in Großweikersdorf, p. B. Tulln, NÖ., ein Beitrag zur Gliederung der Věteřov-Kultur in Niederösterreich, ArchA 58, 1975, 5 ff.
–, 25 Jahre Bronzezeitforschung in Niederösterreich (1950–1975), ArchA 59/60, 1976, 49 ff.
–, Böheimkirchen, Monographie des namengebenden Fundortes der Böheimkirchner Gruppe der Věteřov-Kultur, Teil 1, ArchA 61/62, 1977, 31 ff.
–, Ein frühbronzezeitlicher Depotfund von Schrick, Gem. Gaweinstal, p. B. Mistelbach, NÖ., FÖ 16, 1977, 183 ff.
F. Pausweg, Die Bedeutung der Ur- und Frühgeschichtsforschung für die Lagerstättenkunde am Beispiel des Kupfererzbergbaues Mitterberg bei Mühlbach am Hochkönig, Salzburg, ArchA Beiheft 14 (Festschrift R. Pittioni 2), Wien 1976, 125 ff.
J. Pirchl, Geschichte des Mitterberger Kupferbergbaues neuer und alter Zeit, ArchA 43, 1968, 18 ff.

R. Pittioni, Untersuchungen im Bergbaugebiete Kelchalpe bei Kitzbühel, Tirol, MPK V/2–3, 1947.
–, Zwanzig Jahre urgeschichtliche Bergbauforschung in Österreich, Montan. Zeitung 67/2, 1951, 26 ff.
–, (Herausgeber), Studia Palaeometallurgica, ArchA Beiheft 3, 1958.
–, Ergebnisse und Probleme des urzeitlichen Metallhandels, Österr. Ak. d. Wiss., Sitzungsber. d. phil.-histor. Klasse 244/5, Wien 1964, 1 ff.
–, Über die historische Bedeutung der Urnenfelderkultur Mitteleuropas, Anzeiger der phil.-histor. Klasse d. Österr. Ak. d. Wiss. 106, 1969, 283 ff.
–, Das Mittelmetallikum, die Frühzeit der indogermanischen Einzelvölker Europas, Anzeiger d. phil.-histor. Klasse d. Österr. Ak. d. Wiss. 109, 1972, 14 ff.
–, Über die alpine Beständigkeit, Der Schlern 47/2, 1973, 109 ff.
–, Erzbergbau und Spektralanalyse, MUAG XXVI-2, 1976, 163 ff.
E. Preuschen, R. Pittioni, Die Untersuchungen im Bergbaugebiete Kelchalpe bei Kitzbühel, Tirol, MPK III/1–3, 1939.
–, Untersuchungen im Bergbaugebiet Kelchalm bei Kitzbühel, Tirol, ArchA 15, 1954.
–, Neue Beiträge zur Topographie des urzeitlichen Bergbaues auf Kupfererz in den österreichischen Alpen, ArchA 18, 1955, 45 ff.
P. Schauer, Die Bewaffnung der »Adelskrieger« während der späten Bronze- und frühen Eisenzeit, Monographien des RGZM 1/3, Mainz 1975, 305 ff.
E. Schubert, Studien zur frühen Bronzezeit an der mittleren Donau, BRGK 54, 1973, 3 ff.
E. Vonbank, Laugener und Melauner Keramik im Fürstentum Liechtenstein, Helvetia antiqua, 1978, 131 ff.
K. H. Wagner, Die Nordtiroler Urnenfelder, RGF 15, Berlin 1943.
J. Weninger, Eine seltsame Mehrbestattung aus der frühen Bronzezeit von Schleinbach in Niederdonau, Niederdonau, Natur und Kultur 10, 1941.
U. Wels-Weyrauch, Schmuckausstattungen aus Frauengräbern der jüngeren Hügelgräberbronzezeit in Deutschland (14. Jahrhundert v. Chr.), Monographien des RGZM 1/3, Mainz 1975, 300 ff.
K. Willvonseder, Die mittlere Bronzezeit in Österreich, Bücher zur Ur- und Frühgeschichte 3 und 4, Wien 1937.
L. Zemmer-Plank, Ein bronzezeitliches Gehöft auf dem Gschleirsbühel bei Matrei a. Br., Veröffentlichungen des Museums Ferdinandeum 58, 1978, 157 ff.
K. Zschocke, E. Preuschen, Das urzeitliche Bergbaugebiet von Mühlbach-Bischofshofen, Mat. zur Urgeschichte Österreichs, Wien 1932.

5. Ältere Eisenzeit

F. E. Barth, Neuentdeckte Schrämspuren im Heidengebirge des Salzberges zu Hallstatt, OÖ., MAG C, 1970, 153 ff.
–, Funde aus dem Ender-Werk des Salzberges zu Hallstatt, Aufsammlung 1899/1900, MAG 101, 1971, 37 ff.
–, Fünfundzwanzig Jahre prähistorische Forschung in und über Hallstatt, MUAG XXV/2, 1974–1975, 115 ff.
–, Bemerkungen zu Knieholzschäftungen aus dem Salzbergwerk Dürrnberg-Hallein, Mitt. d. Ges. f. Salzburger Landeskunde 115, 1975, 313 ff.
–, Abbauversuche im Salzbergwerk Hallstatt, Anschnitt 28, 1/1976, 25 ff.
F. E. Barth, H. Felber, O. Schauberger, Radiokohlenstoffdatierung der prähistorischen Baue in den Salzbergwerken Hallstatt und Dürrnberg-Hallein, MAG CV, 1975, 45 ff.
F. E. Barth, F. R. Hodson, The Hallstatt cemetery and its documentation: some new evidence, The Antiquaries Journal LVI/II, 1977, 159 ff.
M. Egg, Das Grab eines unterkrainischen Kriegers in Hallstatt, Arch. Korr. bl. 8, 1978, 3, 191 ff.
A. Eibner-Persy, Hallstattzeitliche Grabhügel von Ödenburg (Sopron). Maschinschr. Diss. Wien 1966, Vorbericht siehe MUAG XXII, 1971, 14 ff.

–, Die kulturellen Beziehungen des Osthallstattkreises, MUAG XXII, 1971, 84 ff.
F. Felgenhauer, Eine hallstättische Wagenbestattung aus Rabensburg, NÖ., MAG XCII, 1962, 93 ff.
L. Franz, Die hallstättischen Hügelgräber von Bernhardstal, Rabensburg und Bullendorf (Niederösterreich), WPZ IX, 1922, 31 ff.
–, Das Zeichen des heiligen Rindes, ArchA 40, 1966, 99 ff.
O.-H. Frey, Hallstatt und die Hallstattkultur, MUAG XXII, 1971, 110 ff.
E. Gersbach, Ergebnisse der letzten Ausgrabungen auf der Heuneburg bei Hundersingen (Donau), Arch. Korrespondenzblatt 8/4, 1978, 301 ff.
M. Hoernes, Das Gräberfeld von Hallstatt, Leipzig 1921.
D. Kapff, Das unberaubte, unberührte Grab eines keltischen Fürsten, Die Presse, 21./22. Okt. 1978, 20.
–, »Biedermeiersofa« aus der Hallstattzeit, Die Presse, 9./10. Juni 1979, 22.
K. Kaus, Chronologie und Bestattungssitten der Hallstattkultur in Niederösterreich und im Nordburgenland. Maschinschr. Diss., Wien 1973, 2 Bde.
–, Der Osthallstattkreis und der hallstättische Ostwall, Mannus 39, 1, 1973, 73 ff.
–, Zum Forschungsstand der chronologischen Gliederung des burgenländisch-niederösterreichischen Hallstattmaterials, MUAG XXV-2, 1974–1975, 103 ff.
H. Kerchler, Die hallstattzeitlichen Grabhügel von Bernhardsthal, Rabensburg und Bullendorf, p. B. Mistelbach, NÖ., ArchA Beih. 15, 1977.
I. Kilian-Dirlmeier, Beobachtungen zur Struktur des Gräberfeldes von Hallstatt, MUAG XXII, Wien 1971, 71 ff.
W. Kimmig, Die Heuneburg an der oberen Donau, Ausgrabungen in Deutschland 1, Mainz 1975, 192 ff.
K. Krenn, Hallstatt. Oberösterr. Heimatblätter 4/1, 1950, 1 ff.
Krieger und Salzherren, Ausstellungskatalog Bd. 4, Mainz 1970.
K. Kromer, Das Gräberfeld von Hallstatt, Florenz 1959.
–, Bericht über neuere Untersuchungen im Salzberg zu Hallstatt, MAG XC, 1960, 33 ff.
–, Ein hallstattzeitliches Wagengrab aus Amstetten, NÖ., in: Unveröffentlichte Funde aus der Prähistorischen Sammlung im Naturhistorischen Museum in Wien, MAG XC, 1960, 105 ff.
–, Hallstatt. Wien 1963.
–, Von frühem Eisen und reichen Salzherren, Wien 1964.
K. Kromer und Chr. Pescheck, Die hallstättischen Grabhügel in Niederösterreich und im Burgenland, MAG 87, 1957, 53 ff.
E. Lenneis, Die Frauentracht des Situlenstiles – ein Rekonstruktionsversuch, ArchA 51, 1972, 16 ff.
W. Modrijan, Die figurale Bleiplastik von Frög, Carinthia I, 140, 1950, 91 ff.
–, Das hallstattzeitliche Gräberfeld von Frög, Kärnten, Carinthia I, 147, 1957, 3 ff.
–, Das Aichfeld, vom Steinbeil bis zur römischen Poststation. Judenburger Museumsschriften III, 1962.
F. Morton, Salzkammergut, die Vorgeschichte einer berühmten Landschaft, Hallstatt 1956.
–, 4500 Jahre Hallstatt im Bildę, Hallstatt 1959.
F. Moosleitner, Hallstattzeitliche Grabfunde aus Uttendorf im Pinzgau (Österreich), Arch. Korr. bl. 7, 1977, 115 ff.
G. Moßler, Frög 1962–1969. Die Rettungsgrabungen des Bundesdenkmalamtes im Bereich des hallstättischen Hügelgräberfeldes, MUAG XXII, 1971, 97 ff.
J.-W. Neugebauer, Ein Hallstatt-C-zeitliches Brandgräberfeld in Hohenau/March, NÖ., ArchA 51, 1972, 1 ff. und weitere Ergebnisse, Ergänzungsheft zum Heimatbuch der Marktgemeinde Hohenau/M., 1974.
L. Pauli, Die Gräber vom Salzberg zu Hallstatt, Mainz 1974.
E. Pernicka, Beiträge zur Thermolumineszenz-Datierung urzeitlicher und frühgeschichtlicher Keramikfunde, I. Das Brandgräberfeld in Hohenau/March, Niederösterreich. Sitzung d. math.-naturwiss. Kl. v. 25. 1. 1979. Ö. Ak. d. Wiss., 1979, 1.
M. Pichlerová, Nové Košariská, Fontes, Bratislava 1969.
J. G. Ramsauer, Die Alterthumsgräber vom Salzberg zu Hallstatt in Oberösterreich. In verschiedenen Museen bzw. Bibliotheken befindliche handschriftliche Kopien des verschollenen Originals.

E. v. Sacken, Das Grabfeld von Hallstatt in Oberösterreich, Denkschriften der phil.-histor. Klasse d. kaiserl. Ak. d. Wiss., Wien 1868.
–, Instruction für die Eintragung und Eröffnung der Tumuli, MAG I, 1870, 1 ff.
O. Schauberger, Ein Rekonstruktionsversuch der prähistorischen Grubenbaue im Hallstätter Salzberg, PF 5, 1960.
W. Schmid, Die Fürstengräber von Kleinklein in Steiermark, PZ 24, 1933, 219 ff.
F. Simony, Alterthümer vom Hallstätter Salzberg und dessen Umgebung, Beilage zu den Sitzungsber. d. phil. histor. Cl. d. kais. Ak. d. Wiss. IV, 1850, 338 ff.
Situlenkunst zwischen Po und Donau, Ausstellungskatalog, Wien 1962.
K. Spindler, Der Magdalenenberg bei Villingen, Führer zu vor- und frühgeschichtlichen Denkmälern in Baden-Württemberg 5, Stuttgart und Aalen 1976.
J. Straberger, Vorläufiger Bericht über die Durchforschung prähistorischer Hügelgräber bei Uttendorf im Mattigthale, OÖ. Mus.-Jahr.-Ber. XLIV 1886, 3 ff.
R. Zahler, Führer durch den Hallstätter Salzberg, Hallstatt 1962.

6. Jüngere Eisenzeit

A. Dungel, Ausgrabungen bei Kuffern, Jb. f. Altertumskunde I, 1907, 86 ff.
M. Hell, Neue Beiträge zur Vor- und Frühgeschichte des Dürrnberges bei Hallein, MAG 56, 1926, 320 ff.
L. Karner, Über einen Bronzesitula-Fund bei Kuffarn in Niederösterreich, MAG XXI, 1891, [68] ff.
S. Kaufmann, Das Halleiner Heimatbuch, Heimat Österreich 16–20, 1954.
Die Kelten in Gallien, Ausstellungskatalog, Wien 1979.
Keltske Študije, Brežice 1977.
The Celts in central europe, Papers of the II. Pannonia Conference, Székesfehérvár 1975.
O. Klose, Die Schnabelkanne vom Dürrnberg bei Hallein, Salzburg, WPZ XXI/2, 1934, 83 ff.
F. Moosleitner, Die Erforschung des Dürrnberges, Salzburger Museumsblätter, Jahrg. 38, Nr. 314, Dez. 1977, 26 ff.
–, Der goldene Halsring von der Maschlalm, Salzburger Museumsblätter, Jahrg. 39, Nr. 2, Juni 1978, 13 ff.
G. Moßler, Die Latènezeit in Österreich, MUAG XXV/2, 1974–1975, 133 ff.
St. Nebehay, Beiträge zur Erforschung der frühen und mittleren Latènekultur in Niederösterreich. Maschinschr. Diss., Wien 1976.
H. Noelle, Die Kelten, Wiesbaden 1974.
L. Pauli, Keltischer Volksglaube, Münchner Beiträge zur Vor- und Frühgeschichte 28, 1975.
E. Penninger, Der Dürrnberg bei Hallein, Salzburg, MUAG XXV/2, 1974–1975, 121 ff.
–, Der Dürrnberg bei Hallein I, Münchner Beitr. z. Vor- und Frühgeschichte 16, 1972.
F. Moosleitner, L. Pauli, E. Penninger, Der Dürrnberg bei Hallein II, ebenda, 17, 1974.
L. Pauli, Der Dürrnberg bei Hallein III/1 und 2, ebenda, 1978.
R. Pittioni, Latène in Niederösterreich, Materialien zur Urgeschichte Österreichs 4, 1930.
–, Zum Herkunftsgebiet der Kelten, Österr. Ak. d. Wiss., phil.-histor. Kl., Sitzungsber. 233, 3, 1959, 3 ff.
O. Schauberger, Die vorgeschichtlichen Grubenbaue im Salzberg Dürrnberg/Hallein, PF 6, 1968.
F. Schlette, Kelten zwischen Alesia und Pergamon, Leipzig 1976.
K. Willvonseder, Keltische Kunst in Salzburg, Schriftenreihe des Salzburger Museums Carolino Augusteum 2, 1960.

7. Übergang Eisenzeit/Frühgeschichte

H. Adler, Ein germanisches Wirtschaftsgebäude aus der römischen Kaiserzeit, FÖ 15, 1976, 9 ff.

G. Alföldy, Noricum, London and Boston 1974;
siehe dazu: E. Weber, G. Alföldy, Noricum, Buchbesprechung in ArchA 57, 1975, 123 ff.

H. Birkhan, Germanen und Kelten bis zum Ausgang der Römerzeit, Ö. Ak. d. Wiss., phil.-histor. Kl., Sitzungsber. 272, 1970.

G. Dobesch, Die Kelten in Österreich nach den ältesten Berichten der Antike, Köln-Wien 1979.

M. Egg, Einige Bemerkungen zum Helmdepot von Negau (Südsteiermark), Arch. Korrespondenzblatt 6, 1976, 299 ff.

R. Egger, Führer durch die Ausgrabungen und das Museum auf dem Magdalensberg, Klagenfurt, laufend neue Auflagen.

–, Genius cucullatus, WPZ XIX, 1932, 311 ff.

J. Filip, Die keltische Besiedlung Mittel- und Südosteuropas und das Problem der zugehörigen Oppida, Keltische Oppida in Mitteleuropa und im Karpatenbecken, Symposion Praha-Liblice 1970 I, 263 ff.

B. Frei, Urgeschichtliche Räter im Engadin und Rheintal? Jb. d. Schweiz. Ges. f. Ur- und Frühgesch. 55, 1970, 135 ff.

J. Garbsch, Die norisch-pannonische Frauentracht im 1. und 2. Jahrhundert, Münchner Beiträge zur Vor- und Frühgeschichte 11, 1965.

Germanen, Awaren, Slawen in Niederösterreich, Ausstellung des NÖ. Landesmuseums, Wien 1977.

R. Göbl, Typologie und Chronologie der keltischen Münzprägung in Noricum, Denkschriften 113, Wien 1973.

–, Antike Numismatik, München 1978.

R. Hachmann, Die Germanen, Archaeologia Mundi 5, Genf 1971, Heyne-Taschenbuch 980, München 1978.

J. Hermann (Herausgeber), Die Germanen, Handbuch in 2 Bänden, Veröffentl. d. Zentralinst. f. Alte Geschichte und Archäologie d. Ak. d. Wiss. d. DDR 4/I, Berlin 1976.

G. Kaltenhauser, Die urzeitliche Zisterne von Telfes im Stubai, Veröff. d. Tiroler Landesmuseums Ferdinandeum 58, 1978, 67 ff.

H. Kenner, Zu namenlosen Göttern und einer namenlosen Stadt der Austria Romana, Römisches Österreich 3, 1975, 127 ff.

–, Zu namenlosen Göttern der Austria Romana II, Genius Cucullatus, Römisches Österreich 4, 1976, 147 ff.

E. Kornemann, Römische Geschichte I und II, Kröner-Taschenbuch 132, 133, Stuttgart 1970.

W. Krämer, Zwanzig Jahre Ausgrabungen in Manching, 1955 bis 1974, Ausgrabungen in Deutschland 1, Mainz 1975, 287 ff.

Osm. Menghin, Die Räter in Tirol, Jb. d. Schweiz. Ges. f. Ur- und Frühgesch. 55, 1970, 141 ff.

E. Meyer, Die geschichtlichen Nachrichten über die Räter und ihre Wohnsitze, Jb. d. Schweiz. Ges. f. Ur- und Frühgesch. 55, 1970, 119 ff.

W. Modrijan, Die Erforschung des vor- und frühgeschichtlichen Berg- und Hüttenwesens und die Steiermark, Der Bergmann, Der Hüttenmann, Gestalter der Steiermark, Katalog der 4. Landesausstellung, Graz 1968, 41 ff.

H. Müller-Karpe, Zeugnisse der Taurisker in Kärnten, Carinthia I, 141, 1951, 594 ff.

R. Noll, Telesphoros – Genius cucullatus, zu Denkmälern von Kapuzengöttern, Beiträge zur älteren europäischen Kulturgeschichte II, Festschrift für Rudolf Egger, Klagenfurt 1953, 184 ff.

–, Frühes Christentum in Österreich, Wien 1954.

A. Obermayr, Kelten und Römer am Magdalensberg, Wien 1971.

A. J. Ohrenberger, K. Bielenin, Ur- und frühgeschichtliche Eisenverhüttung auf dem Gebiet Burgenlands (informativer Bericht), Burgenländische Forschungen, Sonderheft II (Kunnert-Festschrift), Eisenstadt 1969, 79 ff.

G. B. P e l l e g r i n i , Die vorrömische Inschrift vom Findenig-Thörl in Kärnten, Neues aus Alt-Villach, 7. Jb. d. Stadtmuseums, 1970, 7 ff.

K. P i n k , Einführung in die keltische Münzkunde, Wien 1974 (3. durchgesehene und erweiterte Auflage, bearbeitet von R. G ö b l).

P. R e i n e c k e , Der Negauer Helmfund, BRGK 32, 1942, 117 ff. (herausgekommen 1950).

J. R e i t i n g e r , Die Latènezeit in Österreich, »Keltische Oppida in Mitteleuropa und im Karpatenbecken«, Symposion, Praha-Liblice 1970 II, 452 ff.

E. R i s c h , Die Räter als sprachliches Problem, Jb. d. Schweiz. Ges. f. Ur- und Frühgesch. 55, 1970, 127 ff.

W. S c h m i d , H. A i g n e r , W. M o d r i j a n , Noreia, Schild von Steier 13, 1973.

K. S c h w a r z , Atlas der spätkeltischen Viereckschanzen in Bayern, 1959.

–, Die Geschichte eines keltischen Temenos im nördlichen Alpenvorland, Ausgrabungen in Deutschland 1, Mainz 1975, 324 ff.

H. V e t t e r s , Der heilige Bezirk von Wabelsdorf, Carinthia I, 136–138, 1948, 280 ff.

–, Ferrum Noricum, Anzeiger d. phil.-hist. Kl. d. Ö. Ak. d. Wiss., 1966, So. 6, 167 ff.

K. W i l l v o n s e d e r , Zur keltischen Besiedlung des Ostalpenraumes, Beiträge zur älteren europäischen Kulturgeschichte, Bd. 2, Festschrift für Rudolf Egger, Klagenfurt 1953, 90 ff.